# CHRONIQUES DE LOUIS XII

PAR

JEAN D'AUTON

IMPRIMERIE DAUPELEY-GOUVERNEUR

A NOGENT-LE-ROTROU.

# CHRONIQUES
# DE LOUIS XII

PAR

## JEAN D'AUTON

ÉDITION PUBLIÉE POUR LA SOCIÉTÉ DE L'HISTOIRE DE FRANCE

PAR R. DE MAULDE LA CLAVIÈRE

---

TOME DEUXIÈME

A PARIS
LIBRAIRIE RENOUARD
H. LAURENS, SUCCESSEUR
LIBRAIRE DE LA SOCIÉTÉ DE L'HISTOIRE DE FRANCE
RUE DE TOURNON, N° 6

---

M DCCC XCI

## EXTRAIT DU RÈGLEMENT.

Art. 14. — Le Conseil désigne les ouvrages à publier, et choisit les personnes les plus capables d'en préparer et d'en suivre la publication.

Il nomme, pour chaque ouvrage à publier, un Commissaire responsable, chargé d'en surveiller l'exécution.

Le nom de l'éditeur sera placé à la tête de chaque volume.

Aucun volume ne pourra paraître sous le nom de la Société sans l'autorisation du Conseil, et s'il n'est accompagné d'une déclaration du Commissaire responsable, portant que le travail lui a paru mériter d'être publié.

---

*Le Commissaire responsable soussigné déclare que le tome II de l'édition des* Chroniques de Louis XII par Jean d'Auton, *préparé par M.* R. de Maulde la Clavière, *lui a paru digne d'être publié par la* Société de l'Histoire de France.

Fait à Paris, le 20 février 1891.

*Signé* : BAGUENAULT DE PUCHESSE.

*Certifié* :

Le Secrétaire de la Société de l'Histoire de France,

A. DE BOISLISLE.

# LES CRONICQUES

DU ROY TRES CRISTIEN, LOYS, DOUZIESME DE CE NOM,
COMMENCÉES A L'AN MIL V<sup>c</sup> ET UNG
ET CONTINUÉES JUSQUES A L'AN MIL V<sup>c</sup> ET SIX[1].

LES

# CRONICQUES DE FRANCE

### L'EXORDE DE CE PRESENT LIVRE.

Affin que tous les faictz de nostre temps,
Par ung decours de mille ou de cent ans,
Hors le savoir de memoire future
Ne demeurent, et soubz la sepulture,
Des vertueulx ne soit pas consommée,
Comme le corps, l'eureuse renommée :
Pour en vouloir mectre en veue et lumiere
Quelque relief soubz l'œuvre coustumiere

---

[1]. Ms. orig. coté 5082, à la Bibl. nat., petit in-fol., parchemin, de 232 feuillets. — Le texte est précédé de la table des chapitres. Le fol. 8, où commence le texte, porte une grande miniature représentant Louis XII sur le trône, l'épée et le sceptre à la main. Le texte est fort compact. Les miniatures y sont rares et généralement assez médiocres. On sent un auteur *arrivé*, classé, officiel. La même observation peut s'appliquer d'une manière générale au texte, qui ne porte plus le cachet d'exactitude rigoureuse des récits de 1499 et de 1500. L'appréciation est pompeuse et souvent exagérée; dans le détail même se sont glissées quelques inexactitudes, notamment dans l'énoncé des prénoms.

Des orateurs qui jadis ecripvirent
Les dignes faictz qu'ilz ouyrent et virent ;
Voulans aux bons, apres la mort des corps,
Perpetuer honnorables recors,
En ensuyvant celle fluant doctrine
Qui ne lesse nul bienfaict en ruyne,
J'ay mys a part tout occieulx repos,
Et presumé poursuyvre le propos
Dont j'ay devant touché sur les cronicques
De noz Françoys, et œuvres magnificques
Du Roy Loys douziesme de ce nom,
Eureulx en faictz de louable renom.
Ou j'ay osé mettre main a la plume
Pour en faire quelque abregé volume,
A mon pouvoir, contenant verité,
Louant celuy qui los a merité,
Sans oublyer le vicieulx meffaict
D'aucun, s'il est descouvert en effaict ;
Sachant ausi que rien ne se peult taire
Dont plusieurs font ung mesme commentaire,
Et ce, pour myeulx ouvrir le chemin ample
Des vertueulx et suivre leur exemple,
Et es autres cloure les appastys
Des reprouvez, en voyant leur chastys.
Ainsi se doit dire du bien le bien
Et du deffault, s'il y en a, combien :
La Fortune, malle ou bonne adventure,
Ne doit avoir de faveur couverture ;
Mais tout ainsi qu'elle advient, est notoire
Qu'elle se doit reciter par histoire,
Comme furent les gestes des Romains,
Dont la gloire reluyt sur les humains,
Qui a la foys furent dictz les plus fors,
Et puis deffaictz par hostilles effors,
Ores soubmys par maleureuses courses,
Ores ayans vertueuses ressources :
Ce qui plus hault fist pendre leurs escus,
Que s'ilz n'eussent oncques estez vaincus ;

Car si tousjours eussent eu l'avantage
Sur les Gaules, sur Numante et Cartage,
Et soubmarchez sans coup leurs ennemys,
A Fortune plus tost seroit commys
Le triumphe dont leur nom fut vestu,
Qu'il ne seroit aux effors de vertu :
Car homme n'est en loz adventageux,
S'il n'a vaincu ennemy oultrageulx,
Ou s'il n'a faict en dommageuse perte
Sa ressource par vertus recouverte;
C'est ce qui faict les preux commemorer,
Et leurs biensfaictz en gloire demourer,
Que celuy doit encherchher et querir
Qui les tiltres d'honneur veust acquerir.
A tant feray fin de ces petiz vers,
Pour commaincer autre propos divers
Touchant les faictz de France mis au large,
Icy, dedans le long de ceste marge.

La descripcion des œuvres recommandables et commemorables gestes de tres cristien Roy de France Loys, doziesme de ce nom, redigée en escript et mise en lumiere par moy, frere Jehan d'Auton, de l'ordre sainct Benoist, historiographe du Roy, mondit souverain seigneur [1].

Apres avoir, par volumes abregez, ostencion faicte des actes gallicanes et ultransmontanes, choses encom-

---

1. A partir de ce moment, le récit de Jean d'Auton devient le récit officiel; aussi est-il intitulé : *Cronicques de France*. Jean d'Auton accompagne le roi et raconte les faits *de visu*. Il adopte le comput officiel et termine l'année à Pâques. La chronique de l'année 1501, faisant suite à la précédente, commence au 25 mars, mais s'achève sur Pâques.

mancées a la fin de l'an mille quatre cens quatre vingtz dix huyt, et icelles continuées scelon les exploictz des acteurs et la revolucion du temps, en ensuyvant le propos susdit par maniere de seure cronicque et vraye histoire; ay, sur ce, entre mes mains voulu recullir, et au repertoire de ma memoyre mainctes bonnes choses enregistrer, dont la decheue eust esté au Royaume tres crestien de France perte de louable reputation, a plusieurs vertueulx amortissement d'eureuse renommée, a mainctz vicieulx couverture de meffaictz, et a tous noz historiographes reproche d'ocieuse negligence.

Parquoy, et a la fin que a la veue des futurs les faictz modernes ne fussent incogneuz ne redigez en ombre, la plume sur ce ay mise en œuvre, et actaché a ce papier ce que j'en ay peu veoir a l'ueil, et par la voix de verité savoir.

## I.

COMMANT LE ROY FUT VISITER SES PAYS DE BOURGONGNE, ET D'AUCUNS TRAISTRES QUI FURENT LORS EXECUTEZ A DISJON ET A LYON SUR LE ROSNE.

A la fin de ma cronicque de l'an mil cincq cens [1], j'ay laissé le Roy a Moulins, en Bourbonnoys, ou avoit ordonné de ses affaires, et grosse armée par terre mise sus, pour aller a Naples, et grant navigage en mer apresté, pour aller guerroyer les Turz, qui lors

---

1. C'est-à-dire du 25 mars 1501; car Louis XII partit précisément de Moulins le 25 mars. Il était à Chalon-sur-Saône le jour de Pâques.

estoient descendus en Grece et couroyent la crestienté, comme plus au long apres sera dit [1].

1. Le roi veillait à la restauration et à la mise en état des places de la frontière (réparation au Château-Trompette, fr. 26107, n° 298, à Touques, fr. 20592, fol. 16, etc.); il interdisait sous les peines les plus strictes l'exportation des poudres et salpêtres (rémission à Guy Dimenche, JJ 235, 105); il battait monnaie, même sur son domaine particulier (vente de Sezanne à Jacques de Crussol pour 30,000 liv., sauf rachat perpétuel, février 1500-1501; fr. 2917, 15 v°). Pierre de Rohan, maréchal de Gié, était chargé du ministère de la guerre (délégations pour revues, signées de lui seul, au nom des maréchaux, 10 juillet 1501; fr. 26108, 451; délégations du même en 1499, *Tit.* Ploret, n° 2, en 1494, *Tit.* Plouer, n° 2). Le cardinal d'Amboise pressait le recouvrement de la dîme pour la croisade. Dans sa commission à l'évêque de Cahors, il s'exprime ainsi :

« Georgius de Ambasia, miseracione divina tituli S[ti] Sixti..... etc.

« Cum, super executione recollectionis integre decime, pro fidei catholice adversus perfidos Turchos, Christi nominis hostes, deffensione, vestre dignitatis ac omnium et singulorum beneficiorum, exemptorum et non exemptorum, in vestra diocesi consistentium, vos, ad inquirendum de eorumdem vero valore, commiserimus et deputaverimus, prout in nostris inde confectis licteris plenius continetur, quod et multi egre flerebant (*sic*) oririque quamplures formidabantur questiones : qua propter, de eximiorum jurisperitorum freti consilio, Paternitatem Vestram rogamus et nichillominus in virtute sancte obediencie ac sub sentenciis, censuris, privatione beneficiorum et penis in licteris appostolicis, nobis in hac parte directis, contentis, auctoritate apostolica nobis commissa et qua fungimur in hac parte, tenore presencium vobis mandamus et injungimus quathenus voluntate et rescriptis summi pontificis satisfaciendo, vos integram decimam tocius redditus vestre dignitatis in civitate Lugduni et in manibus thesaurariorum hujusmodi decime ibidem per nos commissorum et deputatorum infra finem mensis februarii proximo futuri, per fidelem nuncium, ad hoc a vobis destinatum, transmictere curetis. Precipientes etiam et vobis commictentes ut sub similibus penis et censuris appostolicis moveatis et compellatis omnes et singulos in vestra diocesi, quoquomodo beneficiatos, tam vobis subdictos quam exemptos, ac capitula et alios in prefatis licteris appostolicis con-

Pour continuer propos, doncques est a dire que le vingt cincquiesme jour du moys de mars, en l'an mille cincq cens et ung, le Roy, voulant visiter ses pays, partit de Moulins, en Bourbonnoys, et print le chemin de la Bourgongne, en laquelle sejourna le moys d'apvrilh et de may, dedans ses villes de Disjon, de Beaune, d'Authun, d'Aussonne, de Tournu et de Mascons. Durant lequel temps, il mist ordre et pollice au faict pollitique de sondit pays[1], et a la garde d'icelluy provision de seureté[2].

tentos, ... quathenus, suorum hujusmodi beneficiorum integram decimam, sub sacris ordinibus aut alias per nos prestando juramento declarandi, unica solucione aut pluribus... vobis expediant et solvant... » (Copie authentique, lat. 5138, fol. 88.) Cf. notre ouvrage : *Origines de la Révolution française au commencement du XVIe siècle : La veille de la Réforme*, p. 133.

1. L'ordonnance du 17 mai 1501, conférant à la vicomté d'Auxonne le titre de comté, est datée d'Auxonne même (*Ordonnances des rois de France*, t. XXI, p. 277).

2. La Bourgogne était très troublée par les menées de l'Allemagne; des désordres y avaient éclaté en 1498; en 1499, Maximilien avait entamé une campagne menaçante. Louis XII, avant de se lancer dans les entreprises d'Orient, passa le commencement de l'année 1501 à assurer ses frontières, surtout de ce côté. Le tome XXI du *Recueil des Ordonnances* contient diverses mesures édictées par lui au cours de son voyage : confirmation des privilèges de la ville et des barbiers, concession de deux ponts sur la Saône, à Chalon (p. 274, 278, 276); exemption de logements de gens de guerre pour Beaune (p. 276); confirmation des privilèges de l'abbaye de Tournus, des bouchers de Dijon (p. 290); surtout exemption de tout impôt sur les vins de Bourgogne vendus aux ports de la Seine ou de l'Yonne (p. 297). Les archives municipales de Dijon contiennent aussi plusieurs ordonnances en faveur de cette ville. Nous voyons par le compte du receveur général de Bourgogne, Charolais et Màconnais, du 1er octobre 1500 au 30 septembre 1501 (fr. 2926, fol. 10-16 v°), quelles mesures prenait le roi pour s'attacher le

‑ Ung gentilhomme fut lors de la Franche Conté, nommé Jacques de Lay, lequel s'en alla secretement

pays. Il donnait aux habitants de Beaune la moitié des *partaiges* de leur ville (soit 500 fr. par an) pour l'entretien de leurs ponts et chaussées; aux habitants de Dijon, il donna 12,000 liv. pour « réparation de la ville, » versables par annuités. En 1501, les versements atteignaient le chiffre de 2,000 liv. Un grand nombre de domaines bourguignons de confiscation, provenant soit de l'ancien domaine des ducs de Bourgogne, soit de biens particuliers, avaient été distribués à des seigneurs français, ou, plus souvent, à des seigneurs bourguignons dévoués à la cause française. Nous avons raconté (*Histoire de Louis XII*, tome II) combien Philippe Pot en avait eu sa part; le chancelier de France, G. de Rochefort, était dans le même cas. Or, le roi rachetait une partie de ces domaines, c'est-à-dire qu'il les gérait directement, en servant aux bénéficiaires le montant de leurs produits. Voici la liste des domaines ainsi attribués pour le bénéfice en 1501 :

Au grand veneur Jacques de Dinteville le revenu de Châtillon-sur-Seine (360 liv.); au bâtard Marc de la Clayete le bois Sainte-Marie (100 liv.); à Jacques de Dinteville, seigneur d'Eschanetz, chargé de « la vénerie du roi en Bourgogne, » Villiers et « Maisey le duc » (400 liv.); à Jean, seigneur de Rupt, une rente de 60 liv. sur Chalon; à Didier de Mandelot, seigneur de Cisery, la prévôté d'Avallon, sauf abandon de 40 liv. sur la recette d'Auxey (240 liv.); à Bernard Urdos, chevalier, Châteauneuf-en-Mâconnais (120 liv.); à Pierre d'Aux, chevalier, Aignay-le-Duc (140 liv.); à Robert de Framezelles, 1,000 liv. sur le grenier de Nuits; à Antoine de « Baissey, » bailli de Dijon, « Brasey » et Saint-Jean-de-Losne (700 liv.).

Le roi, qui, étant duc d'Orléans, s'était épris à Lyon du vin de Bourgogne et ne buvait pas autre chose, avait gardé personnellement des vignes à Chenove, et « au finage de Beaune et Tourton. » La spéculation sans doute était détestable, car, pour une récolte de cent *queues*, à Chenove, il paie 1,600 liv. de façon et 702 liv. de transport et faux frais !... Mais il conservait un pied personnel en Bourgogne. Ajoutons que le gouverneur (le comte de Nevers) ne dépensa pas, en 1501, moins de 800 liv. pour l'*avitaillement* des places, et donnait une gratification à quiconque lui apportait « des nouvelles d'Allemagne. » La Chambre des comptes de Dijon coûtait, par an, 2,655 liv. Le recouvrement des impôts ou rede-

devers maistre George, cardinal d'Amboise, et messire Guy de Rocheffort, chancellier de France, et iceulx

vances se faisait assez largement; le roi révoqua les mandements pour les « parties non touchées, » et maintint néanmoins l'intégralité du traitement du receveur général. Enfin, le roi distribuait dans le pays un très grand nombre de dons et de pensions.

Il donne à Josse Chevrier, fourrier royal, 50 liv., en récompense de l'office d'élu de Berry; à Marie de Savoie, marquise de Rothelin, 500 liv. Voici la liste des pensions :

Le prince d'Orange, 500 liv. (pour le revenu de Rouvre, en déduction de sa pension);

Ch. de Saint-Seigne (Saint-Seine), écuyer, 190 liv. de pension;

Georges de la Trémoille, seigneur de Jonvelle, 700 liv.;

Jacques de Dinteville, seigneur de Dampmartin, grand veneur de France, 100 liv. sur le grenier à sel de Châtillon;

Jacques de Dinteville, seigneur d'Eschanetz et de Commarien, 1,320 liv.;

Girard de Longvy, chevalier, seigneur de Givry, 1,000 liv. (dont 500 représentées en nature par le revenu d'Arsey-le-Duc et Saint-Marc);

Jean Gillain, seigneur du Port, 200 liv.;

Henri Chambellan, conseiller à Dijon, 100 liv.;

Jean Aigneau, maire de Dijon, 100 liv.;

Charles de Beffroymont (Bauffremont), seigneur de Sambernon, 200 liv.;

Hugues Rabutin, seigneur d'Espiry, 200 liv.;

Claude, seigneur de Ternant, 200 liv.;

François Rolin, seigneur de Beauchamp, 200 liv.;

Jean de Pontaillier, seigneur de Thalenier, 200 liv.;

André de Poupet, évêque de Chalon, 300 liv.;

Étienne Jaqueron, élu pour le roi en Bourgogne, 50 liv.;

Dreux Deschenon, échevin de Dijon, 50 liv.;

Jean Le Noble, de Chalon, 50 liv.;

Guillaume de Villiers, seigneur de Boncourt, 40 liv.;

Jean, seigneur d'Aumont, de Coulches et d'Estrabonne, 1,200 liv.;

Sébastien Margueron, maire de Beaune, 50 liv.;

Évrard de Mypont, seigneur d'Aubigny, 60 liv.;

Guy de la Baulme, seigneur de la Roche-du-Vanneau, 150 liv.;

Jean Courtot, concierge de la maison du roi à Dijon, 10 liv.;

avertist que deulx marchans de Beaune[1], nommez Jehan Pelluchot et Jehan Courtoys, avoyent voulu vendre et livrer ladite ville de Beaune a Maximilien, roy des Rommains ; et ce avoit sceu au vray celuy gentilhomme par ung homme de la Franche Conté, nommé Petit Jehan Toetors, dit d'Aspremont, messaiger d'ung capitayne de gens de guerre pour le roy des Rommains, nommé ledit capitaine Chantrans, lequel par plusieurs foys avoit envoyé sondit messager a Beaune, pour parler audit Pelluchot et Courtoys, touchant le trecté

Charles de Mypont, seigneur dudit lieu, 60 liv.;
Claude de Raigny, seigneur dudit lieu, 120 liv.;
Robert, bâtard de Raigny, 60 liv.;
Hélien de Grantson, seigneur du Puys et de la Marche, 200 liv.;
Jean Jaquelin, seigneur de Premeaulx, 100 liv.;
Pierre de la Guische, bailli d'Autun, 300 liv.;
Jean de la Guische, chevalier, 200 liv.;
Guillaume des Bruyères, capitaine de Nuits, 50 liv.;
Robert de Mailloc, écuyer, 120 liv.;
Pierre du May, écuyer, 50 liv.;
Jean Mongin, de Dijon, ancien trésorier de Salins, 40 liv.;
Étienne Perros, de Dijon, 50 liv.;
Antoine de Salins, doyen de Beaune, 50 liv.;
Philibert de la Ferté, second président au parlement de Bourgogne, 100 liv.;
Othenin de Cleron, capitaine de Talant, 120 liv.;
Jean de Courcelles, seigneur d'Auvilliers, 100 liv.;
Henri Marchant, écuyer, 200 liv.;
Jacques de Malain, seigneur de Lux, 100 liv.;
Charles Bouton, seigneur du Fay, 100 liv.;
Hugues Courtois, maire d'Auxonne, 50 liv.;
Philippe de Lenoncourt, seigneur de Losches, 400 liv.;
Pierre Aigneau, fils du maire de Dijon, 240 liv.;
Prudence de Castaldo, écuyer, 120 liv.
En tout, 10,300 liv. tourn.

1. Eynard de Lay, seigneur de Bellegarde, était capitaine de Dijon, avec 240 liv. de pension; Jacques de Dinteville, seigneur d'Eschanetz, capitaine de Beaune, avec 150 liv. (fr. 2926, fol. 14 v°).

de ladite trayson; et, ce propos mys en avant, pour adverer le faict plus a cler, le Roy fut de ce adverty, par quoy transmist segretement le gentilhomme qui la chose avoit descouverte, en la Franche Conté, pour prendre le messager, qui la machinacion avoit pourchacée; et, pour conduyre l'œuvre plus seurement, adressa ledit gentilhomme au prince d'Orenge, qui lors estoit a Lyon le Saunier, es marches de la Franche Conté, auquel manda par lectres que en cet affaire le voulsist servir. Ce qu'il fist : car, au moyen de son secours et prochas du gentilhomme, fut ledit messager bourgongnon priz, et mené a Disjon prisonnier; et la fut, par les seigneurs du grant conseil du Roy, sur ce cas, interrogé et enquis; lequel, apres plusieurs negacions et excuses, confessa la chose estre vraye, et commant ledit Pelluchot et Courtoys luy avoyent promis, par plusieurs foys, que a leur pouvoir mectroyent peine et trouveroyent moyen de mectre ladite ville de Beaune entre les mains du roy des Rommains, et que, pour ce faire, employroyent avoir et amys, sans faillir a leur promesse, que par serment sollempnel avoyent ensemble conjurée. La confession de celuy messager ouye, le Roy transmist hastivement le prevost de son hostel a Beaune, pour prandre iceulx traistres, et manda au chastelain de ladite ville que en ce luy fist ayde et service; en quoy voluntiers s'employa. Toutesfoys l'ung d'iceulx traistres, nommé Pelluchot, se doubta de l'aventure, ou fut par aucuns de ses amys du cas adverty, dont hastivement prist de ses bagues les meilleurs et plus portatives, et, apres avoir la ville desemparé, s'enfuyt en la Franche Conté pour le plus seur. Apres ce qu'il eut vuydé, de la cause de sa fuyte fut doubté et accusé envers le Roy ledit chastellain de Beaune, et de ce luy fut faicte question : lequel si a point s'en excusa, qu'il s'en trouva sans coulpe quicte et deschiergé. Jehan Courtoys fut, par le prevost de l'ostel, priz et mené a Disjon, et la avecques ledit d'Apremont, messager, affronté et enquis sur le faict de ladicte traïson, lesquelz d'Apremont et Courtoys, ainsi affrontez, recogneurent le prodicieulx pact par confession propre ; et eulx, ainsi actaingtz du cas, furent par sentence de justice a emcourir peine capitalle condempnés. Si fut ledit d'Apremont envoyé executer a Lyon sur le Rosne, et Jehan Courtoys escartellé a Disjon, dont lez menbres furent mys devant les portes de quatre villes de Bourgongne ; c'est assavoir : a Aussonne ung des bras, a la porte dont l'on va droict a Dolle ; a Disjon, l'autre des bras et le corps furent pendus ; a Beaune, fut mise la teste ; et le demeurant, aux faulxbourgs de Chaslon dedans la Franche Conté. Ainsi furent les traistres payés selon la desserte de leurs desmerites.

A la fin de ce propos, me fault commancer a dire de l'armée que le Roy avoit ordonnée pour aller conquester le royaume de Naples, qui a luy appartenoit.

## II.

Commant le Roy mist son armée sus ; du nombre des gens d'armes ordonnez pour aller au voyage de Naples.

Le Roy, estant lors en son pays de Bourgongne, comme j'ay dit, en l'entrant du moys de may, transmist la poste dela les mons, devers messire Charles d'Amboise, seigneur de Chaumont et son lieutenant en Lombardye, pour mectre ordre en l'affaire de la guerre; et ausi envoya vers messire Berault Stuard, escossoys, capitaine des Cent archers escossoys de sa garde, et aux aultres capitaines de ses gens d'armes de dela les mons, pour iceulx avancer de faire leur monstre, et eulx acheminer au voyage de Naples; lesquelz, apres avoir eu le mandement du Roy, tant exploiterent, que le xxv$^{me}$ jour dudit moys de may, chascun a sa garnison firent leur monstre et furent payez pour troys moys le nombre de gens d'armes qui s'ensuyvent.

Les cent hommes d'armes du duc Phillibert de Savoye, soubz la charge de Aymer de Couringe;

Cent hommes d'armes, dont estoit chief Cesar Borgya, duc de Valentinoys et nepveu du frere[1] du pape Allexandre sixiesme;

Cent hommes d'armes, soubz messire Jehan Francisque de Saint Severin, itallien, conte de Gayace;

Cent hommes d'armes de messire Berault Stuart, chevalier escossoys, seigneur d'Aulbigny;

Cincquante hommes d'armes, soubz messire Françoys de la Trimoille, seigneur de Mauleon;

Cincquante hommes d'armes, soubz messire Pierre d'Urfé, grant escuyer de France;

Cincquante hommes d'armes de messire Jacques de Chabbanes, seigneur de La Pallixe;

Cincquante de ceulx de messire Yves d'Allegre;

Cincquante de ceulx de messire Aymar de Prye;

Cincquante soubz le seigneur de Chandée;

---

1. Tournure assez plaisante pour dire décemment que César était fils du pape.

Cincquante soubz la charge de Jacques de Sueilly, baillif de Can;

Cincquante soubz la charge du seigneur de Sainct Prest;

Cincquante a messire Anthoine Palvezin, en la conduyte de Aymer de Villars, dit Poquedenare;

Et cincquante de ceulx de Jehan de la Lande.

Lesquelz estoyent par nombre neuf cens hommes d'armes françoys[1].

Et, pour iceulx de plus ranforcer, le Roy mist sus sept mille hommes de pié Normans, Picquars, Gascons et Allemans, lesquelz avoit faict payer et envoyer dela les mons, pour servir a ladite conqueste et conduyre le charroy de son artillerye, dont il y avoit vingt et quatre faulcons et douze gros canons, soubz la main de Jacques de Seilly, bailly de Cam.

---

1. Le compte de Pierre Legendre, l'un des trésoriers des guerres, du 1er janvier 1500 (1501) au 31 décembre 1501 (fr. 2927, fol. 34 et suiv.), confirme l'exactitude des indications de Jean d'Auton. Les compagnies réglées par Legendre sont les suivantes :

100 lances, comte de Ligny (9,300 liv., par quartier, de solde pour toute compagnie de cent lances), Robinet de Framezelles, d'Oyzon, *comte de Cayace*;

70 lances, M. de Chaumont;

60 lances, prince d'Orange, La Gruthuze;

50 lances, amiral de Graville, maréchal de Rieux, M. de Chandée, Gracien de Guerre, Grand écuyer, M. de Miolans, Jacques de Silly, M. de la Palisse, Sénéchal d'Agenais;

40 lances, bâtard de Cardonne;

30 lances, M. de Châtillon, M. des Querdes.

Les gages de Du Plessis Courcou, secrétaire de la guerre, sont de 150 liv. par quartier; ceux de Legendre, trésorier, 500 liv.; ceux des clercs, 1,226 liv. et 200 liv.; les frais des monstres, 400 liv. et 210 liv. Total : 4,136 liv. 5 s. par quartier.

Suivent les comptes des trois autres quartiers, complétant l'année, et les patentes approbatives de Louis XII, datées de Lyon, 8 décembre 1503 (fol. 46 v° et 47 r°).

Pour le gouvernement et conduyte de tout l'ost et ordonnance de la guerre de Naples, le Roy fist son lieutenant general et grant capitaine messire Berault Stuart, escossoys, avecques luy le duc de Vallentinoys et le conte de Gayace, lesquelz savoient les pays, villes et chasteaulx du royaume de Naples ou premier failloit besongner, et les plus seures entrées dudit pays ; et ainsi furent les Françoys aprestez pour prandre les champs.

Le XXVI$^{me}$ jour dudit moys de may, gens d'armes sortirent de leurs garnisons, pietons s'acheminerent, et artillerie fut mise au charroy, pour tirer droict a Parme, en la duché de Millan, ou, le penultieme jour dudit moys de may tous ensemble se trouverent prestz de commancer leur voyage.

Jucques a temps laisseray ce propos, et diray du roy, qui lors estoit party de Bourgongne, pour tirer a Lyon sur le Rosne, auquel jour fut le II$^{me}$ jour du moys de jung [1].

1. Cette date ne doit pas être exacte, quoique M. Péricaud, dans ses *Notes et Documents pour servir à l'histoire de Lyon* (Lyon, 1840), paraisse l'accepter. Les registres de la Chancellerie contiennent deux lettres de légitimation en faveur de Madeleine de Marrafin et d'Antoine de Toursaint, datées encore, la seconde de Mâcon, la première de Trévoux, en juin 1501 (JJ 235, fol. 121 v°, 121). D'autre part, voici une curieuse note confidentielle, adressée de la cour à Accurse Maynier, ambassadeur à Venise en mai-juin 1502 (sans signature ni envoi), qui donne une date différente :

« Articles escriptz de la court du Roy tres chrestien a l'ambassadeur dudit s$^r$ a Venise, messire Accurse Maynier, du III$^e$ jour de juing.

« Mons$^r$, ces jours passez, vous ay escript par la main de la poste de la seigneurie de Venise touchant vostre argent et autres choses. Depuis, Mons$^r$, me suis trouvé en quelque part avecques de voz bons amys, lesquelz me ont chargé de vous escripre que, pour tant que vous aymez vostre honneur, en personne ne faillez

## III.

COMMANT LE ROY MIST SUR MER GROS NAVIGAGE POUR ALLER GUERROYER LES TURCZ QUI ESTOIENT EN GRECE, OU LA ROYNE DESPLOYA GRANT TRESOR, ET FIST PLUSIEURS NAVIRES SINGLER CELLE PART.

Sitost que le Roy fut a Lyon, comme j'ay dit, sans autre sejour faire, voulant donner secours a la cres-

de vous trouver a Millan quand Mons<sup>r</sup> le cardinal y sera, pour aucunes choses que je vous diray, lesquelles je ne vous oseroye escripre. Et vous prie, Mons<sup>r</sup>, que n'y failhez ou me mandez personnage seur.

« Mons<sup>r</sup>, je vous prie que advisez comme vous escriprez contre aucun. Car je me doubte que tout ne vous viengne sur les espaulles et sans prouffit. Car je ne vous escrips sans cause. Le Roy s'en part demain pour aller a Lyon, et de la mons<sup>r</sup> le cardinal s'en va a Milan.

« Mons<sup>r</sup>, apres la presente escripte le Roy a esté arrivé icy a Macon. Me suis trouvé avecques aucuns de voz bons amys, lesquelz me ont volu advertir, disant qu'ilz se sont trouvez en la chambre du Roy ou l'ambassadeur de la seigneurie luy a volu parler touchant le fait du conte de Cayas, en luy requerant qu'il feust son plaisir de non plus presser la seigneurie de luy faire tenir et rendre ce qu'il demande en Cremonnoys. Car ce qu'il demande, ledit Cayas le tenoit comme pour penssion du s<sup>r</sup> Ludovic, et non comme son dommaine ne son propre; dont le Roy luy a respondu que, si ainsi est, que la seigneurie a raison, mais quant il donna le Cremonnoys a ladite seigneurie, il promist audit conte de Cayas qu'il luy feroit rendre sa possession et que si vous eussez volu que ledit de Cayas eust eu la possession et que une foiz le vous monstrera et donnera a congnoistre et vous advisera qu'il l'a dit avecques une grant collere et qu'il veult tenir ce qu'il pro-[met . . . . . . . . . .] est fort troublé. » (Orig., sans signature, ms. fr. 3987, fol. 234. La partie entre crochets est lacérée.)

D'après cette lettre, Louis XII ne put arriver à Lyon que le 4 juin. Les Registres Consulaires de Lyon ne mentionnent rien. M. Georges Guigue ne nous y signale que la mention de l'arrivée du maréchal de Gié le 25 mai précédent (Arch. mun., BB 24, fol. 319).

tienté contre les infidelles, transmist postes a ses portz de mer, pour haster son navigage, dont la pluspart tira vers le port de Toulon, en Provence ; actendants illecques nouvelles du bon vouloir du Roy, pour meçtre, sur ce, mains en besongne, et tendre voisles celle part ou son plaisir seroit de les envoyer. La royne ausi, madame Anne de Bretaigne, comme tres catholique, a l'affaire de ce voyage n'eust le vouloir amolly, ne la main close ; mais, voulant employer le possible de sa force a la foy crestienne exaulcer, desploya ses tresors et iceux eslargist, pour souldoyer grant nombre de gens d'armes et equipper force navires ; et entre aultres voulut que sa grosse carraque, nommée *la Cordeliere*[1], et plusieurs aultres, fissent le voyage ; et lors que heure fut de tirer au vent grant flote de navires de Normendye furent au port de Brest, en Bretaigne, querir icelle *Cordeliere* et les autres de sa suyte qui la estoyent. Dedans lesdits navires estoient grant nombre de gentishommes de Bretaigne, et entre autres messire Jacques Guibbé, messire Guillaume Cadoré, messire Guillaume de Boysboissel, Guyon Bertran, Françoys de l'Espynay, Hervé de Malestroit, Jehan Grimault, seigneur de Procex ; François du Quellenec, Gilles Meschinot, le viconte de Rodez[2],

---

1. *La Cordelière* ou *Marie-la-Cordelière*, le grand vaisseau de la marine bretonne, ainsi nommé de l'emblême habituel de la reine (une cordelière). En 1505, après son retour à Brest, la reine, d'après Alain Bouchard, vint la visiter deux fois. La *Cordelière* est fameuse par son incendie dans un glorieux combat contre le *Régent*, vaisseau anglais, en 1512, combat célébré dans le poème que M. Jal a publié dans les *Annales maritimes et coloniales*, 1845. Cf. fr. 1672 ; fr. 20437, fol. 25. V. aussi Leroux de Lincy, *Vie d'Anne de Bretagne*, I, p. 188 et suiv.

2. Tous ces noms sont des noms de Bretons attachés à la reine.

Pierre Chocque, dit Bretaigne [1], premier ayrault de la Royne, laquelle y avoit envoyé pour luy en faire le rapport. Aussi y furent Jehan Bigot, seigneur de Bourgueil, Pierre de Quosquier et plusieurs autres. Ainsi partirent du port de Brest et furent passer le long de la coste d'Espaigne et de Portugal, et par les destroictz de Gilbaltar, ou prindrent deux brigandins de Juifz et Sarasins venans de Lisbonne en Portugal [2],

Jacques Guibé, neveu de Landois, comme nous l'avons déjà dit, était un de ses anciens capitaines; Guillaume Boisboissel, compromis jadis dans la guerre de Bretagne, avait été poursuivi en 1488 comme complice du duc d'Orléans (v. notre *Hist. de Louis XII*, II, 205); L'Épinay et Malestroit portent des noms extrêmement connus en Bretagne; mais il doit y avoir une confusion de prénoms, car on ne trouve pas ceux-ci dans les histoires de ces deux familles, notamment dans l'*Hist. généalogique de Bretagne*, de Du Paz, p. 189; Jean Grimauld, seigneur de Prossé, était un jeune homme de vingt-cinq ans, depuis quatre ans déjà l'un des cinquante gentilshommes de la maison de la reine, à laquelle il était personnellement attaché. Il était, en outre, homme d'armes de la compagnie du maréchal de Gié (*Procédures politiques du règne de Louis XII*, p. 7 et suiv.).

1. Pierre Chocque, dit Bretagne, hérault d'armes de la reine, chargé par elle de lui rendre compte du voyage de la *Cordelière* en 1501, et, en 1502, d'escorter Anne de Foix en Hongrie, comme on le verra plus loin, pour rendre compte aussi de ce voyage à la reine. Il écrivit plus tard la relation des funérailles d'Anne de Bretagne (Le Roux de Lincy, *Bibliothèque de l'École des chartes*, 5e série, t. II, p. 158; Godefroy, *Cérémonial françois*, p. 96).

2. Traqués et chassés en Espagne, les Juifs avaient profité de la tolérance du roi don Manuel pour former en Portugal des colonies considérables, qui ont donné naissance au rameau, bien connu encore de nos jours, des *Juifs portugais*. Mais, le 20 et le 24 avril 1499, don Manuel promulgua à son tour deux ordonnances, par lesquelles il proscrivait les *nouveaux chrétiens* et défendait aux chrétiens tout rapport avec eux (Dr M. Kayserling, *Geschichte der Iuden in Portugal*, Berlin, 1867, in-8º, s. 143; don José Amador de los Rios, et Gil Dorregaray, *Historia .... de los Iudios de España y Portugal*, édit. de 1876, t. III, p. 435).

lesquelz furent lessez aller, pour ce qu'il y avoit tout plain de petitz enfans, qui par avanture eussent estez crestiennez; toutesfoys leurs biens furent saisis et leurs livres bruslez. En ensuyvant, rangerent les crestiens la coste de Grenade, et entre le royaume de Thunis et ladicte Grenade, empres d'ung havre nommé Cardegevo [1], trouverent force navires du Roy Federich [2], chargées de sallepestres et pouldre a canon, lesquelles furent prises, par iceulx Bretons deschargées, et les corps seullement rendus pour ce qu'ilz estoient subgetz du Roy d'Espaigne; et ce faict, singlerent vers le port de Toulon, ou les autres estoient. D'icelle armée et navigage de mer fist le Roy conducteur et son lieutenant general messire Phelippe de Ravestan, qui lors estoit a Gennes gouverneur pour le Roy, auquel bailla en gouvernement, et soubz sa charge, les nefz et gallées cy dessoubz nommées. C'est assavoir la grant nef ou carraque, nommée *la Charante*, l'une des plus avantageuses pour la guerre de toute la mer [3]. Pour descripre la grandeur, la largeur, la force et equippage d'icelle, ce seroit pour trop allonger le conte et donner merveille aux oyans. Que quessoit, elle estoit armée de douze cens hommes de guerre, sans les aydes; de

1. Carthagène.
2. De Naples.
3. Antoine de Conflans, dans son *Traité sur les faiz de la marine et navigaiges* (*Annales maritimes*), p. 39, dit : « Y a autres grans navires pour faire la guerre, comme *la Loyse*, *la nef de Rouen* et autres grosses barches pour faire la guerre, et, Dieu aydant, y en aura de plus grandes ou semblables à *la Charente*. » La *Loyse*, ainsi nommée à cause de l'amiral Louis de Graville, la *Cordelière*, ainsi nommée en l'honneur de la reine Anne, et la *Charente* avaient déjà fait la campagne de 1494 à Naples (*Histoire de Louis XII*, tome III).

deux cens pieces d'artillerie, desquelles en avoit quatorze a roes, tirans grosses pierres de fonte et boulletz serpentins, avitaillée pour neuf moys, et avoit voile tant a gré, que en mer n'estoient pirates n'escumeurs qui devant elle tenissent vent. Dedans estoit ung gentilhomme de Bretaigne, capitaine d'icelle, nommé messire Jehan de Porcon, seigneur de Beaumont, et lieutenant du Roy en l'armée de Normandie[1]. Aussi furent ordonnez[2] pour le Roy messire Jacques Guibbé, chief de la grant nef de la Royne, nommée *Marie la Cordeliere*, et de six autres grosses nefz de Bretaigne; le marquis de Baulde capitaine de la nef nommée *le Marais;* le petit Porcon[3] ayant la charge de six navires de Normandie; Jehan d'Auzis capitaine d'une nef, nommée *la Marquise;* Emar de Vescq, seigneur de Monjou, chief de la nef appellée *le Lyon;* et ung gentilhomme gascon, nommé messire Pregent de Bidoulx, cappitaine de quatre galleres, par force, moult vistes, bien equippées et fort redoubtées en mer[4] : lesquelles nefz et galeres estoient de soubdartz

---

1. Jean de Porcon, seigneur de Porcon et de Bonnefontaine, en Bretagne, fils d'Arthur de Porcon, chambellan de la reine, et de Marguerite du Tiercent. Il avait épousé, le 9 février 1488 (anc. st.), Jeanne d'Estouteville, dame de Beaumont. Selon Du Paz (*Histoire généalogique de Bretagne*, v° La Marzelière, p. 686), il serait mort dans cette campagne.

2. Le commandement des vaisseaux était considéré comme un mandat personnel et essentiellement passager, comme une marque de haute confiance, dont le roi en personne se réservait de disposer à l'ouverture de chaque campagne.

3. Probablement François de Porcon, seigneur de Porcon, de Bonnefontaine et du Vivier, frère cadet de Jean de Porcon. Il épousa, selon Du Paz (p. 686), Jeanne de Pouez, dame des Carrés.

4. On verra plus loin qu'Antoine de Conflans commandait un des vaisseaux.

et de vivres garnies a suffire, armées et artillées de gros canons, coullevrines et faulcons, pouldre a canon, boulletz serpentins, pierres de grez, plombz, fers, bares, picques, pelles, tranches, pinces, testes de chievretes, garnys de piedz, trectz d'arbaleste, halbardes, lances, picques et pavoys a main, et, en somme, de toutes autres choses requises et necessaires pour la garde et deffence desdites nefz et galleres et conduyte d'icelles.

Lesquelles, apres avoir receu le mandement du Roy, firent voisle et trancherent les ondes du levant, droict au port de Gennes, lequel abborderent sur la fin du moys de jung, et la s'assemblerent avecques les grosses carraques et navires genevoises, qui pareillement estoient armées et equippées, et toutes prestes pour commancer ledit voyage.

Les roys d'Espaigne, d'Angleterre et de Portugal, et le grant maistre de Rodes, nommé Pierre d'Aulbuson, long temps devant ce, avoient juré et promys de leur part, chascun a son pouvoir, pour la crestienté secourir, mectre en mer leur navigage, et a la Saint Berthelemy ensuyvant, ou entour ce temps, eulx tous faire assembler leurs gens au port de Corso[1], terre de Saint Marc, es parties de Grece; lesquelz s'en acquiterent, comme vous oirrez, quant l'heure de parler en sera. Quequesoit, par toute la crestienté, de ce furent amples nouvelles, dont plusieurs vertueulx

---

[1]. Corfou, la plus grande des îles Ioniennes et la clef de l'Adriatique. Ancienne Drépanée, puis Scheria, enfin Corcyra, elle appartenait aux Vénitiens depuis la fin du xive siècle. Dans une expédition russo-turque, les Français s'en emparèrent sous la Révolution, et le traité de Campo-Formio la leur confirma en 1797.

gentishommes françoys et autres entreprinrent ce longtain voyage, et voulurent a tant juste querelle les armes exploiter : desquelz furent Jehan Stuart, duc d'Albanye, nepveu du roy d'Escosse, qui lors estoit en France, de la maison du Roy; le seigneur infent de Foix[1], oncle de la Royne; Loys de Bourbon, conte de Roussillon[2]; Jacques de Colligny, seigneur de Chastillon; René d'Anjou, seigneur de Mazieres[3]; Jacques Galliot, senechal d'Armegnac; messire Jehan de Tinteville[4]; messire Jehan de Lavedan[5]; Jehan de Saintz, eschanson du Roy; Jehan Chapperon; Aymon de Vivonne, seigneur de La Chastigneroye; Jehan de Mouy[6]; Gilbert des Serpens, seigneur de Cytain; Philbert de Damas, seigneur de Saint Amour, en la duché de Bourgongne[7]; Gilbert de Chasteauvert, seigneur dudit lieu; le seigneur de Cerance[8]; Loys de Chastelbayart, et grant compaignye d'autres gentishommes françoys, lesquelz, par le congé du Roy, s'en allerent dela les mons, par terre, et se rendirent a Savonne, terre de Gennevoys, assize entre Ast et la dite ville de Gennes, pres des montaignes et de la mer de levant. Ausi furent ordonnez a faire celuy voyage trente

1. L'infant de Foix était Jacques de Foix, cousin de la reine.
2. Fils du bâtard de Bourbon, amiral, comte de Roussillon, en Dauphiné.
3. Fils de Louis d'Anjou, bâtard du Maine, surtout connu par ses procès.
4. Bourguignon. V. ci-dessus, page 6, note 2.
5. Jean de Bourbon, vicomte de Lavedan, deuxième fils du bâtard Charles de Bourbon.
6. Dit le bâtard de Soyecourt, fils du dernier seigneur de Mouy (?).
7. Fils aîné de Jean Damas, seigneur de Digoin.
8. Jacques Carbonnel, seigneur de Cerance.

hommes d'armes de la compaignye de ceulx du seigneur de Chastillon, et vingt cincq de ceulx du senechal d'Armaignac, lesquelz estoyent lors en garnison en la duché de Millan ; et sitost qu'ilz sceurent la venue de leurs capitaines, et que avecques eulx leur failloit voyager, vendirent tous leurs chevaulx, reservé a chascun ung courtault, pour les porter jucques a Savonne, ou la estoient leurs capitaines et les autres François dessus nommez, lesquelz tous assemblez monterent sur mer, et voyagerent droict au port de Gennes, ou trouverent l'armée de France et de Gennes preste de tendre voisles.

## IV.

D'UNE RÉFORMATION FAICTE SUR LES VAULDOYS DU DAULPHINÉ, ET COMMANT UNG NOMMÉ FRERE LAURENS BUREAU, CONFESSEUR DU ROY, ACCOMPAIGNÉ DE PLUSIEURS GRANS CLERCZ, FUT ICEULX VAULDOYS PRESCHER ET REFFORMER.

En celuy temps le Roy fut par aucuns adverty que en son pays du Daulphiné estoient grant nombre de hereticques erronées et sectateurs reprouvez, et mesmement en la Vau Loyse, dicte la Vau Pute[1], en la Vau de la Fraissiniere[2], Pregela[3], et en l'Argentiere[4].

---

1. L'ancienne *Vallis Serentonica* jusqu'au xiii° siècle, *Vallis puta* jusqu'en 1478, appelée alors *Vallis Loysia* en l'honneur de Louis XI; actuellement Vallouise, canton de Largentière (Communication de M. Roman).

2. Freyssinières (Hautes-Alpes).

3. Pragela, dans la partie de territoire cédée au Piémont en vertu du traité d'Utrecht.

4. Largentière, chef-lieu de canton des Hautes-Alpes. Pragela,

Parquoy envoya devers le Saint Pere le pape Alexandre sixiesme, duquel obtint bulles apostolicques pour iceulx Vauldoys visiter et refformer. Lesquelz Vauldoys, au moyen du bruyt de leur erreur, par aucuns seigneurs du pays de Daulphiné, avoient paravant estez occys a martire et cruellement tirannisez; et les vouloyent iceulx seigneurs despossider de leurs terres et chacer du pays. Dont, voulant le Roy pourvoir a ce, transmist sur les lieux frere Laurens Bureau, son confesseur, evesque de Cisteron et docteur en theologie, et messire Thomas Pascal[1], docteur regent en l'université d'Orleans et official dudit lieu, pour eulx enquerir et besongner sur ce. Et iceulx, ayans bulles expresses du pape et mandement du Roy, partirent de Lyon sur le Rosne, le v$^e$ jour de juillet, l'an susdit; et avecques eulx, par l'ordonnance du Roy, fut ung chevaucheur d'escuyrie, nommé Guy de Villars, pour presenter a Grenoble, a Gap et Ambrun certenes lectres missives du Roy. Si s'en allerent iceulx a Grenoble, ou la, aux seigneurs de la court de parlement dudit lieu, presenta ledit chevaucheur les lectres du Roy. Et apres la presentation et recepcion d'icelles lectres, les deleguez susdits furent en la court, et la firent ostencion de leurs bulles et mandement, pour avoir, voir et visiter certains proces faictz desdits Vauldoys, pendans en ladite court de Grenoble; ce qui leur fut octroyé; et furent portez iceulx proces au logis desdits deleguez, a l'enseigne du Beuf, ou furent

---

la vallée de Fraissinière étaient les principaux centres des Vaudois (Léger, *Hist. générale des églises vaudoises*, t. I, p. 204. Cf. II, p. 7, 8. Cf. *Hist. des Vaudois*, de Perrin).

1. Un des témoins du jugement du divorce de Louis XII.

mys en ung coffre et bien scellez, pour la demeurer pendant le temps que lesdits deleguez yroyent a Gap, a Ambrun, et sur les lieux susdits, pour iceulx proces, au retour, visiter tout a lesir; et, ce fait, partirent iceulx de Grenoble et s'en allerent a Gap, ou le chevaucheur presenta les lectres du Roy a l'evesque dudit lieu, pour monstrer les proces qui la estoyent desdits Vauldoys; lesquelz proces furent veuz et visités par les susdits deleguez. De la s'en allerent a Ambrun et presenterent leurs lectres a l'arcevesque; lequel, apres avoir veues lesdites lectres, s'en alla, a tout son clergé, au logis d'iceulx deleguez, et la tous ensemble confererent de leur affaire, et ordonnerent que, le lendemain, seroyent visitez les lieux et les Vauldoys preschez, et sur leur cas informacion faicte par lesdits deleguez; lesquelz s'en allerent, comme avoit esté dit, a la Vau de la Fraissiniere et a la Vau Pute, ou furent par eulx examinez et ouys plusieurs tesmoings, prestres, laboureurs et marchans, sur la vye d'iceulx Vauldoys; et la, apres ce, frere Laurens Bureau, principal delegué, lequel estoit grant clerc et bon prescheur[1], fist devant iceulx Vauldoys plusieurs beaulx sermons, et en leur presence declera tous les articles de la foy catholicque par ordre. Lesquelz Vauldoys, hommes et fames, et les petiz enfans qui pouvoyent parler, sur chascun des articles de nostre foy, dirent plusieurs foys, tous a haulte voix : *Credo, Credo, Credo*. Quoy plus? En commun et particulier s'enquist iceluy prescheur a ceulx Vauldoys, de leur

---

1. Laurent Bureau, confesseur de Charles VIII, puis de Louis XII (*Histoire de Louis XII*, t. III), puis évêque de Sisteron.

foy et creance; lesquelz trouva fermes en la loy divine et creans en la foy catholicque. De quoy loua Dieu devotement et s'en retourna, avecques ledit official d'Orleans et ses gens, a Grenoble, ou par soubtilz moyens retira les proces des Vauldoys du coffre ou avoyent esté mys, et par le chevaucheur les envoya a Lyon devers messire Guy de Rocheffort, chancelier de France; et, ce faict, luy et ledit official, faignant aller a l'esbat hors la ville, voir la Chartrouze, vuyderent par le cartier de la Savoye, et s'en retournerent a Lyon, ou par le chancellier furent veuz lesdits proces et informacions, et les bons rapports desdits deleguez ouys, en maniere que les pouvres Vauldoys eurent arrest contre ceulx qui d'erreur les accusoyent et occuppoyent leurs biens.

## V.

COMMANT LE ROY ENVOYA MAISTRE GEORGES, CARDINAL D'AMBOISE, DELA LES MONS, POUR TRECTER DE SES AFFAIRES.

Le Roy, voulant de plus pourvoir a ses choses, apres avoir par mer et par terre ses armées acheminées, et le peuple de la Vaul Doute, comme avez ouy, salutairement faict visiter, transmist[1] dela les mons maistre Georges, cardinal d'Amboise, en qui avoit parfaicte amour et singuliere fiance, comme en celuy qui tous temps a son service avoit deuement plyé le dos, et au proffit de la chose publicque loyallement

---

1. En juin 1501 (Sanuto. Cf. ci-dessus, p. 5, note 1).

son pouvoir employé : auquel, dela les mons, donna charge de toutes ses choses, et pouvoir auctorisé sur icelle, pour en faire et ordonner comme si par luy mesme en estoit disposé, et, pour icelluy cardinal conduyre, luy bailla le Roy deux cens gentishommes de sa maison, pour l'acompaigner et suyvre quelque part qu'il yroit et faire ce que par luy leur seroit commandé[1]. Ainsi se mist ledit cardinal en voye pour tirer en Lombardye, et tant avança, que en moings de doze jours traversa les haultz mons de Savoye et la terre de Piemont, sans ung tout seul jour vouloir sejourner, que premier ne fust en la ville de Millan; en laquelle, a sa venue, par le seigneur de Chaumont, son nepveu, nommé messire Charles d'Amboise, lieutenant du Roy dela les mons[2], fut, avecques toute

1. Georges d'Amboise avait pleins pouvoirs du roi comme lieutenant général du roi en Milanais. Il était chargé de vérifier la conduite des officiers, de les maintenir ou de les destituer (patentes en faveur d'Angelo Antiquo, commissaire de la santé, 23 septembre 1501; lat. 9255, n° 34); il signa même avec Jean-Marie de Médicis, agissant comme citoyen et ambassadeur de Lucques, un traité qui mettait Lucques sous la protection de la France, traité que Louis XII ratifia le 16 avril 1502 (JJ 990). Le roi lui avait donné personnellement en Milanais le comté de Lomelline (auquel Jean d'Auton fera allusion plus loin)..... C'est en cette même année 1501 qu'on coula à Rouen la fameuse cloche *le Georges d'Amboise,* qui se brisa en 1786, au moment où elle sonnait l'arrivée de Louis XVI (Dibdin, *Voyage bibliographique en France,* traduction Licquet, t. I, p. 73-74).

2. Malgré l'arrivée de son oncle, M. de Chaumont conserva la lieutenance générale. Le ms. fr. 25783 (n° 57) contient le rôle du *département* de 1683 mortes-paies, sur 1700 réparties dans les châteaux, citadelles, etc., du duché de Milan, rôle établi par Charles d'Amboise, seigneur de Chaumont, grand maître et maréchal de France, lieutenant général du roi par delà les monts, pour l'année commençant le 1er janvier 1502 (anc. st.) et finissant au

reverence et joyeuse chere, amyablement recueilly, et des seigneurs et peuple de ladicte ville tant honnourablement receu que ce fut jucques a y efforcer tout l'exploict de leur grant possible.

Pour mectre en ordre le remanant du recit de ma cronicque et suyvre le propos des choses scelon le decours du temps, icy me fault mectre paille, pour retourner a parler de la gentdarmée ordonnée pour aller au voyage de Naples, laquelle j'ay cy dessus laissée a Parme, a la fin dudit moys de may.

31 décembre 1503, et pour les six mois suivants jusqu'au 1er juillet 1503. Voici le résumé de cet important état :

Château et *Roquete* de Milan, 100 hommes d'armes, 200 archers (les hommes d'armes à 10 livres par mois, les archers à 7 livres 10 sous par mois);

Palais de Milan, 75 hommes;
Novare, 36 hommes;
Alexandrie, 30 hommes;
Tortone, 15 hommes;
Château de Pavie, 10 hommes;
Pont de Pavie, 6 hommes;
Parme, 10 hommes;
*Lodde* (Lodi), 10 hommes;
*Lec* (Lecco), 30 hommes;
*Brevy* (Brivio), 18 hommes;
*Tresse*, 40 hommes;
*Monsse* (Monza), 12 hommes;
*Vallance* (Valenza), 5 hommes;
*Cosme, Chaucaines, Tiran, Placemalle* (Como, Chiavenna, Tirano), 280 hommes;
*Marcou* (Maccagno), 10 hommes;
*Lugan*, 100 hommes;
*Lucarne*, 9$^{20}$ 10 (190) hommes;
*Dandolse* (Domo d'Ossola), 250 hommes;
*Materel*, 40 hommes;
Le prévôt des maréchaux, 16 hommes.

## VI.

### DE L'ARMÉE DE FRANCE ORDONNÉE POUR ALLER A NAPLES ET DU VOYAGE D'ICELLE.

De la ville de Parme, en Lombardie, estoit l'armée de France deslogée des le premier jour du moys de jung, laquelle marchoit en ordre tant asseuré, que bien sembloit estre conduyte par chiefz experimentez aux armes. Le charroy de l'artillerie et la gent de pied furent mys devant; le conte de Gayace, avecques quatre cens hommes d'armes françoys, faisoit l'avan garde des gens de cheval; le seigneur d'Aulbigny, lieutenant du Roy, atout troys cens hommes d'armes, conduysoit la bataille; et le duc de Vallentinoys faysoit l'arriere garde, ou estoyent troys cens hommes d'armes. Grant nombre d'avant coureurs et decouvreurs de pays estoyent en voye, lors que l'armée marchoit; au costez et au derriere de ladite armée, deux mille loings, avoit deux ou troys cent chevaulx legiers par pays, pour rapporter a besoing ce qui pourroit, par embusches d'ennemys, survenir a ladite armée; et ainsi se misrent Françoys a chemin par la Lombardye.

Des repeues et logys qu'ilz firent de Parme jucques a Romme feray peu de compte, pour ce que je n'ay point sceu que, ce temps durant, aucune chose de grant effect fust par iceulx Françoys executée; si n'est que, nonobstant l'empeschement des Alpes et destroictz des chemins de Romme, l'armée françoyze, avecques soigneuse dilligence, fut si bien ordonnée, et tant a droict mise en marche, que la conduyte d'icelle donna tiltres d'honneur aux cappitaines, seurté de courage aux souldartz, amplification de chemin au charroy, merveilles d'armes aux voyans et crainte de mort aux ennemys. Quoy plus? L'excercite françoys fut de Parme a Furnoue, a Pontreme, a Seine et a Pize; et ainsi que l'armée aprochoit de Pize a cinc mille pres, grant route de Pizans et Lucans la se trouverent, lesquelz moult honnourablement receurent les Françoys, et iceulx conduisirent jucques a deux mille pres de Pize, entre Lucque et ladite ville de Pize. La sejourna l'armée par deux jours entiers, aux despens et fraiz des Pizans et Lucans, lesquelz de toute leur puissance traicterent lesdits Françoys, et sans riens y espargner, et iceulx fournirent de vivres et toutes autres choses a eux necessaires. Plusieurs capitaines et gens d'armes françoys furent dedans Pize et Lucque, et la tant doulcement acqueilliz, que chascun au departir fist bon rapport du trectement. Aussi devoyent ilz; car iceulx Pizans et Lucans s'efforsoyent a l'envy a qui myeulx festyroit lesdits Françoys, comme ceulx de qui, longs temps avoit, desiroient avoir confederée alyence, pour leur pays tenir en franchise, et contre leurs ennemys en eulx actente de secours.

Toutes ses choses expirées, l'armée de France print pays par les Italles, en adroissant ses erres vers la cyté de Romme, et tant hasta son train que de Pize a Romme ne fist de demeure que cinc journées, sans ce que le charroy de l'artillerye fist destour ou empeschement au demeurant de ladite armée; et fut faicte celle dilligence tant extreme, pour aprocher les pays contraires premier que de souldartz et vivres fussent proveuz, et ausi pour prevenir les ennemys : qui est une stragenye de guerre tant avantageuse, que souvant a petite main armée donne pouvoir sur grandes legyons, et tant seurement conduyt ceux qui son train a droict ensuyvent, que de louable victoire et curre triumphal les faict possesseurs et heritiers. Tout a cler est la chose exemplifyée par les Romains contre ceux de Cartage, et Leonidas, duc de Lacedemone, contre les Spartains (sic), et par plusieurs autres, dont n'est requis pour le present faire mencion, mais suyvre mon propos, et dire que les Françoys, dont j'ay ores escript, en allant leur voyage droict a Romme, passerent par la terre des Ursins, Romains, estans lors du party du Roy et bons Françoys; ou pays duquel trouverent le seigneur Jehan Jourdan Ursin[1], ayant pour le Roy charge de gens d'armes dela les mons, lequel receupt a grant honneur l'armée de France, et moult de services fist et de secours donna ausdits Françoys, tant de provision de vivres, que de ranffort de gens, et ouvertures de passages et de toutes autres aydes, dont en celuy pays avoit grant pouvoir, comme celuy qui, entre tous ceulx de la seigneurieuse partiaulté des Ursins, avoit puissance auctorisée; et par luy furent les Françoys advertys que messire Fabrice Collonne[2], avecques sept mille Coullonnoys estoyent

1. Gian Giordano Orsini, gendre de Ferdinand de Naples, célèbre par sa magnificence, à laquelle Louis XII rendit un éclatant hommage. V. *De gli huomini illustri della casa Orsina*, di M. Franco Sansovino, t. II, p. 77.

2. Fabricio Colonna, fils cadet d'Odoardo Colonna et de Covella di Celano, grand homme de guerre. Destiné par ses parents à l'état ecclésiastique, il s'enfuit pour aller combattre les Turcs lors

partys de Romme pour aller au secours de domp Frederich contre le Roy; parquoy n'estoit heure de retarder l'entreprise, mais sur ce promptement mectre provision de remede. De jour en autre avoyent les lieutenans du Roy courriers et postes et nouvelles du voulloir du Roy, qui estoit surtout de haster l'armée, et le plus tost que possible seroit; parquoy ne firent Françoys par chemin autre demeure, ains a toute dilligence tirerent vers Romme, et tant errerent que, ung vendredy, vingt et cinquiesme jour du moys de jung, devant Romme arriverent deux mille pres de la ville; et, pour eulx ung peu refreschir et adviser sur l'affaire de leur conqueste, et myeulx ordonner de leurs besoignes, voulurent illecques arrester le camp et prendre logis. Plusieurs grans seigneurs et cytoyens de Romme se trouverent au devant de l'armée de France, pour icelle doulcement recueillir et amyablement trecter, en offrant au Roy service de corps, secours de biens, passage ouvert par leur cyté de Romme, et par leurs pays adresse de chemin de seureté; et, pour commancer a monstrer de quoy, grant force pain, vin, chairs fresches et sallées, fain, paille, blave et toutes autres choses pour ost soustenir neccessaire, avoyent iceulx Romains, pour la venue des Fransoys, faict illecques charroyer. Ainsi fut devant Romme l'ost de France a sejour par l'espace de troys jours seullement; c'est assavoir le vendredy, le sapmedy et le dimenche. Ses jours durans, plusieurs gens

de la guerre d'Otrante, en 1481; il épousa Agnès de Montefeltro, fille de Frédéric, duc d'Urbin. Frappé en 1501 par une bulle d'Alexandre VI, il se retira à Cosenza, près de Gonsalve de Cordoue. V. Litta, *Famiglie,* Colonna, tav. VII.

d'armes françoys et allemans furent veoir Romme, visiter les sainctz lieux, et la querre ce que besoing leur faisoit. Le duc de Vallentinoys, avecques grosse garnison de gens d'armes, s'en alla dedans le chasteau Sainct Ange, lequel il gardoit pour le pape. Ce dimenche, entour les deux heures apres mydy, grant nombre de Françoys et Allemans se trouverent en la place de campe de Flour; ausi firent plusieurs Espaignolz, dont a Romme avoit grant effort; car le pape Alexandre sixiesme, qui en ce temps possidoit le Sainct Siege apostolicque, estoit de la nacion d'Espaigne, lequel en avoit grosse garde et faict grant amastz, pour estre le plus fort dedans Romme. Sur ladite place de campe de Flour commancerent iceulx Espaignolz a gronder et murmurer contre les Françoys, de ce que conquester le Royaume de Naples vouloyent, disant que au Roy d'Espaigne appartenoit myeulx que au Roy de France. Les Françoys et Allemans, qui furent fiers comme lyons, dirent que non, et que au Roy seul appartenoit ledit Royaume de Naples; et ainsi s'en aigrist la querelle de plus en plus fort, laquelle les Françoys et Allemans, la main sur l'espée, soustindrent contre les Espaignolz. De cest affaire eurent entre eulx contencieux propos, rudes parolles et grosses menaces, et tant, que de motz de langue a coups de main vint la chose; et ainsi commança la meslée bien a point. Plusieurs mecaniques et ruffiens de Romme se rallyerent avecques les Espaignolz et sortirent en armes sur les Françoys et Allemans, qui bien les recueillirent a grans coups d'espée et de hallebardes. Tous les Françoys, qui lors estoient par les rues et en la ville de Romme, accoururent a ce muttin; et quant tous furent assemblez, doze cens ce trouverent du party de France, et la fut a tous venans convy funeral apresté; si que, d'ung costé et d'autre, plusieurs sur le pavé furent mors et estandus. Ung Espaignol illecques se trouva, qui fist merveilles, a tout une raspiere en main, dont il asseina ung Allemant du party des Françoys tel coup sur le col, que la teste luy fist voller par terre. Mais de ce fut payé sur le champ; car ung autre Allemant luy rua une hallebarde sur la teste de telle force que jucques a la croisée de l'eschine le fouldroya. Assez d'autres heurent la sanglante journée, dont autre mencion ne feray, pour passer outre. Mais, quequesoit, le bruyt fut si grant par toute Romme que jucques aux oreilles du pape en furent les nouvelles; lequel, pour rapaiser la noyse, la transmist aucun de ses gens et le conte Gayace, qui lors estoit avecques luy, lesquelz, a toute peine, adoulcirent le tumulte et firent cesser le debat [1].

## VII.

Commant les lieutenans du Roy et aucuns capitaines de l'armée furent veoir le pape au palais de Romme, et d'ung banquet que le cardinal Sainct Severin fist audit capitaine.

Ce propre jour[2], les lieutenans du Roy et plusieurs des capitaines de l'armée de France furent veoir le

---

1. Jean d'Auton exagère sans doute la portée de cette rixe, car Burchard n'en parle pas.
2. 23 juin 1501, selon le *Diarium* de Burchard.

pape dedans le palais de Romme, ou trouverent grant nombre de cardinaulx et seigneurs de la ville; et la estoit lors le seigneur de Grantmont[1], ambaxadeur pour le Roy. Le pape, nonobstant qu'il fust Espaignol et mauvaiz Françoys, toutesfoys dissimula son vouloir, et avecques joyeuse chere receut les capitaines françoys de l'armée de France[2], et de plusieurs choses joyeuses leur tint propos. A messire Beraud Stuard, lieutenant general du Roy, donna ung coursier griz, bien puissant, moult viste, et tres leger a la main, avecques les bardes tant riches et belles que chascun en fist spectacle de merveilles. En divers passe temps illecques finist ce jour, jucques au soir, que le cardinal Sainct Severin, evesque de Maillezays et frere du conte Gayace[3], fist ausdits capitaines françoys ung banquet tant sollempnel que de toutes viandes exquises et solacieux deduytz furent repeuz et festyez. Dedans ung jardin qui estoit au cardinal Ascaigne fut faict celuy banquet, ouquel estoyent orengiers, citronniers et grenadiers, et toutes arbres fructiers de singuliere extime, et fleurs odorantes de diverses especes; chantres, menestriers, tragediques et comediains, tous par ordre, y excercerent leur joyeux mestier. Celuy banquet finy, les Françoys allerent prendre congé du Pere Sainct, et dirent adieu a leur hoste; et, ce faict, retournerent au camp, qui ancores estoit devant

1. Roger de Gramont, seigneur de Bidache, qui épousa Léonore de Béarn, fille de Bernard de Gerderès.
2. Cf. Sanuto, c. 82.
3. Francesco di San-Severino, évêque de Maillezais, cardinal-diacre du titre de Saint-Théodore, frère d'Antonio et de Gaspard de San-Severino.

Romme a sejour. Des le vendredy devant celle nuyt, conclurent et ordonnerent que, le lendemain au matin, l'armée deslogeroit pour aller en avant, droict a Naples, et que, sans autre sejour faire, jouxte leur possible continueroient l'œuvre emcomancée, scelon l'entreprise et le vouloir du Roy, qui estoit surtout de haster la chose a toute dilligence.

## VIII.

Commant l'armée de France partit de devant Romme pour aller a la conqueste du royaume de Naples, et commant elle passa par la ville de Romme, a grant triumphe et en armes.

Le vingt huytiesme jour du moys de jung[1], l'an susdit, et vigille de Sainct Pierre et Sainct Pol, apostres, de devant Romme deslogerent les Françoys, et au partir misrent pietons et artillerye devant, avecques le train des sommiers et charroy du bagage de l'armée; ce qui tenoit de long plus de deux mille de pays[2]. Les gens d'armes, en bon ordre et bel arroy, marcherent apres, montez et armez, la lance sur la cuisse et la teste en l'armet, tous en poinct, comme pour

1. Dès le mois de juin 1501, le roi prononça, à Lyon, la confiscation des biens de « Jacques Manselle, » au royaume de Naples (JJ 235, fol. 69).
2. L'armée, selon Burchard, comptait 12,000 hommes de pied, 2,000 chevaux et 26 charrettes, avec 36 bombardes. Jean d'Auton exagère un peu son déploiement. Sanuto lui donne 8,000 hommes de pied, 7,000 chevaux, 40 pièces d'artillerie (c. 82).

devoir combattre. Ainsi passerent par la ville de
Romme, sonnant trompettes et clairons, et groz tabours
de Suyces, si, que tonnerre n'eust la esté ouy ; dont
aucuns Rommains, et autres tenans le party contraire
aux Françoys, comme envyeulx de la gloire d'iceulx,
disoyent l'ung a l'autre : « O ! que grant honte, ver-
goigne et deshonneur est a toutes les Italles, de ainsi
lesser passer a main armée les Françoys, lesquelz
pillent nostre robe, desirent noz femmes, occuppent
noz seigneuryes, et a toute heure courent noz pays, et,
a la fin, tendent de tous poinctz nous soubmarcher ! »
Que faut il plus dire de eulx si n'est que bon est les
avoir pour amys, mais que voisins ne soyent. Autres
allarmes n'eurent d'iceux les Françoys, fors regards
hayneulx, envyeuses parolles, et menasses segrectes.
Les autres Romains monstroyent chiere joyeuse pour
leur venue, louant l'eureuse prosperité des Gaules et
leurs recommandables gestes. Devant le chasteau
Sainct Ange, au creneaulx d'unes basses galleries [1],
estoit le pape, acompaigné de grant nombre de cardinaux, d'arcevesques et evesques, et ausi aveques luy
estoit le duc de Vallentinoys et plusieurs seigneurs
de Romme ; et a la passée de l'armée ledit Sainct Pere
donna benediction apostolicque et le jubilé a tous les
Françoys et Allemans qui la estoyent [2] ; et, apres ce,
l'armée issit de Romme, et adressa vers le royaume

1. « Papa erat in cameris horti castri predicti seu supra illius
logiam, ubi cum magna delectatione vidit omnes pretereuntes »
(Burchard, III, 149).
2. Burchard ne parle pas de *jubilé* ni de grâces particulières ;
Jean d'Auton, nous l'avons dit, a une tendance marquée à l'exagération.

de Naples, en cheminant tousjours le grant pas, sans desordre, et de si bon branle que par deffault de conduyte, nulle chose demeuroit en arriere. Celuy jour [1], les Françoys furent au logis, a quatre mille de Romme, en une ville nommée Marinul [2], terre des Collonnoys, lesquelz estoyent dedans Cappe, a grant effort, au secours du Roy domp Frederich. Les Françoys, au moyen de ce, prindrent ladite ville de Marin sans empeschement; car dedans n'estoit demeuré homme, ne femme, ne enfant, que tous ne fussent fuys, reservé ung viel homme de l'aage de cent ans, qui, par deffault de ne pouvoir aller, estoit la demeuré; ou sejournerent les Françoys troys jours [3] et pillerent tout, puys firent porter ce bon viellart hors la ville, et misrent le feu dedans. De la tirerent a Bellistre [4], une ville qui est au pape [5], ou demeurerent deux jours [6]; et au partir de la prindrent la voye de Roqueserque [7]; et la firent les capitaines serrer l'armée, et chascun soy tenir sur garde, et marcher en ordre asseurée. Ausi temps et heure en estoit; car de la au pas Sainct Germain [8], qui est l'entrée du Royaume de Naples, n'avoit que huyt mille de pays : qui est une place

1. 28 juin.
2. Marino, ancienne Castrimænum, près d'Albano et de Castel-Gondolfo.
3. 29, 30 juin, 1ᵉʳ juillet.
4. Velletri, l'ancienne ville des Volsques, patrie d'Auguste.
5. 1ᵉʳ juillet.
6. 2, 3 juillet.
7. Roccasecca, village sur une colline qui domine la vallée magnifique d'où s'élève le Monte Casino, entrée du royaume de Naples.
8. San Germano, ville étroite et sale, ramassée au pied du Monte Casino.

forte et malaisée, et devant passe ung fleuve nommé le Garillant[1]; et audit pas de Sainct Germain pensoyent les Françoys avoir le combat, et la rencontrer leurs ennemys, veu que c'estoit lieu avantageux, et la premiere entrée du passage du pays contraire par ou failloit passer; pensant ausi que les Nappolitains devoyent, par raison, deffendre l'entrée de leurs terres, si gens de cueur et vertueux estoyent. Toutesfoys le firent autrement, comme pourrez ouyr cy apres. A Roqueserque fut assiz le camp des Françoys[2], et la demeura jucques au lendemain[3]. La nuyct fût faict bon guet et escoutes mises sus. Il n'y avoit nul qui ne pensast a son affaire, chascun se disposoit pour combatre, comme ceulx qui pencoyent le lendemain rencontrer leurs ennemys aux champs. Ainsi estoyent lors chevaulx de saison, et harnoys en requeste : dont chacun, scelon son pouvoir, en faisoit prochas advantaigeux. A ce logys vindrent de rainfort et en poste le seigneur de Montpencier, le seigneur de Mauléon, le capitaine Maunourry[4], le prince de Sallerne, et grant nombre de gentishommes de la maison du Roy, lesquelz se voulurent exploicter a l'excercice de la guerre, et a la perte et au gaing d'icelle abbutiner. De Roqueserque prist l'armée de France le chemin droict

---

1. Le Garigliano (*Liris*), petite rivière (*taciturnus amnis*, d'Horace), qui séparait le Latium de la Campanie et se jette dans le golfe de Gaëte.
2. 3 juillet.
3. 4 juillet.
4. Le capitaine Maunourry, que Jean d'Auton appelle plus loin (p. 45) « Henry de Maunorry, gentilhomme de chez le roy, » chevalier, seigneur du fief du Coin au Mesnil-Mauger (La Chesnaye des Bois, v° *Morin*, Banneville, n° VII).

au pas Sainct Germain; et, au partir du logis, furent mys avant coureurs sur les champs, pour descouvrir le pays, et obvier aux embusches, lesquelz ne trouverent en voye empeschement ne destour qui ennuyez sceust l'armée, laquelle se tenoit tousjours serrée, et marchoit moult fierement, et tost; si que, audit pas Sainct Germain, sans trouver aucune resistance, fut celuy jour au giste, et sejour, et la dedans ung seul jour[1] furent les gens d'armes françoys en demeure. De celuy pas Sainct Germain adressa l'ost de France vers la ville de Cape, pour y mectre le siege, laquelle estoit moult forte et bien advitaillée. Dedans estoyent sept mille Coullonnoys rommains, et bien six mille autres hommes de guerre, pour icelle deffendre et garder, lesquelz a toute heure exploictoyent leur pouvoir pour icelle remparer et fortiffyer. Grant force de bonne artillerie y avoit, et mesmement de celle que le roy Charles huytiesme avoit lessée a Naples, laquelle fut gaignée par le roy Frederich sur les Françoys, apres que ledit roy Charles fut de Naples retourné en France.

Je mectray ce propos arriere, pour parler des Françoys, qui estoyent ja partis du pas Sainct Germain pour aprocher la ville de Cape. Au partir du logys, le sire d'Aulbigny, lieutenant general du Roy, envoya ung capitaine, nommé Aulbert du Rousset, avecques quatre vingtz chevaulx legiers, pour descouvrir et adviser le pays; lequel ne trouva sur les chemins nulles embusches, ne autres empeschemens d'ennemys, qui l'arrestast que le logys ne fist pour l'armée de France,

---

1. 5 juillet.

dedans une villette estant a six mille pres de Cape[1], ou furent pour ce jour[2] logez les Françoys.

## IX.

Commant messire Beraud Stuart, lieutenant du Roy, transmist deux ayraulx d'armes sommer la ville de Cappe de faire obbeissance au Roy ; et de la responce de ceulx de Cappe.

Tantost que les Françoys furent logez, l'eure vint que, pour vouloir trecter de la paix avecques les Neapollitains et souldartz de la ville de Cappe, ou, en cas de reffus, leur annoncer le deffy de la guerre, le sire d'Aulbigny, lieutenant du Roy, transmist deux airaulx d'armes audit lieu de Cappe, pour sommer les gouverneurs de ladite ville de rendre icelle, et la mectre entre les mains et a l'obbeissance du Roy ; autrement les advertir d'avoir en brief le siege devant leur ville, et entre eux et les Françoys la guerre ouverte. Iceulx airaulx, tout ainsi que encharge leur estoit, accomplirent leur messaige, et firent leur sommacion comme devoyent, en remonstrant a ceulx de Cappe le droict que le Roy avoit au Royaume de Naples, le pouvoir des Françoys, les cruelz excez qui de guerre surviennent, et le danger ou ilz estoyent si Fortune vouloit que, par force d'assault, fussent priz et conquestez, et commant si d'avanture venoit a tant, le glayve ne pardonneroit a nul sexe. Plusieurs autres remons-

1. Sanuto l'appelle Tiano.
2. 6 juillet.

trances leur firent lesdits ayraulx, a la sommacion et remonstrance desquels lez gouverneurs et potestatz, avecques les souldartz et le peuple de la ville, firent responce que, au regart de la ville de Cappe, elle estoit au Roy domp Frederich, et que eulx, comme ses sugectz, vassaulx et souldartz, contre la puissance de France se mectroyent tous en armes et deffence, pour icelle querelle maintenir et garder, et que, a la poursuite de ce, ne gaigneroyent les Françoys autre chose que la mort ou perpetuel exil; et ausi que du siege, des assaulx et de tous effors d'iceulx Françoys, n'avoyent aucune craincte, ne nulle doubte, et que si bien a point, a coups de main et d'artillerye les recueilliroyent, qu'ilz n'auroyent cause d'en faire bon rapport; et sur ce, firent conclusion de toute responce, disant que autre chose n'auroyent pour l'eure presente, si n'est que lesdits ayraulx heussent en l'eure a vuyder la place, a peine d'estre mys a mort sur le champ. A celle responce ne replicquerent riens iceulx ayraulx, mais s'en retournerent a l'armée de France, et la firent aux lieutenans du Roy le rapport de la responce de ceulx de Cappe, et du vouloir qu'ilz avoyent de la deffendre et garder, laquelle estoit forte a l'avantage, et bien garnye de toutes pieces requises pour actendre long siege et soustenir divers assaulx. Le rapport d'iceulx ayraulx ouy par les lieutenans du Roy et capitaines de l'armée, fut dit et arresté qu'on yroit mectre le siege devant Cappe, et que le lendemain, septiesme jour du moys de juillet, se mectroient Françoys a chemin et en armes, pour mectre sur ce les mains en besoigne.

## X.

COMMANT LE DUC DE VALLENTINOYS, AVECQUES QUATRE CENS HOMMES DE PIÉ, SE RENDIT A L'ARMÉE DE FRANCE, ET DES APROCHES QUE ON FIST A CAPPE.

Ce mesme jour, sixiesme de juillet, le duc de Vallentinoys survint a l'ost du Roy, et avoit avecques luy quatre cens pietons, tous acostrez de damas jaune et de cramoisi[1]; et luy estoit vestu d'ung soye my party de drap d'or et de veloux cramoisi, et ausi avoit autour de luy quatre laquais et plusieurs gentishommes, tous vestus et habbillez de soyes my partys de drap d'or et de velloux cramoisi, lesquelz portoyent tous la livrée du Roy.

Le septiesme jour du moys de juillet, dudit lieu deslogerent les Françoys, lesquelz ne prindrent le droict chemin de Cappe, pour ce que devant la ville, et entre l'armée du Roy, passoit ung groz fleuve, qui trop heust empesché le train du charroy de l'artillerye, et arresté la passée des gens de cheval; dont tirerent a cartier vers une ville nommée Mathelon qui est du Royaume de Naples, a l'ung des seigneurs Carraphes dudit lieu de Naples, conte dudit Mathelon; et la fut devant envoyé ung capitaine nommé Jacques de Silly, bailly de Can, et maistre de l'artillerye de France, avecques quatre mille Allemans, et quarante hommes d'armes des siens, et ung homme d'armes de la compaignye du conte de Gayace, nommé Bernard de Mons,

---

1. Jaune vif et rouge, couleurs du roi.

lesquelz se mirent a chemin, et tant, que ladite ville aprocherent d'ung mille pres; et de la le baillif de Can transmist celuy Bernard de Mons, avecques deux archiers seullement, parler a ceulx qui tenoient le chasteau de Mathelon, et iceulx semondre de le rendre, et bailler les clefz au gens du Roy. Ainsi s'en alla ledit Bernard de Mons celle part, et fist tant, que a sa semonce les gardes de ladite place la rendirent, et icelle mirent entre ses mains. La ville pareillement se rendit au baillif de Caen sans coup ferir, et il, avecques ses gens, se mist dedans.

L'armée de France arriva la sur le vespre, ou demeura jucques au landemain au matin, qui fut le VIII° jour du moys de juillet, que l'armée deslogea, et prist les champs, pour de plus aprocher Cappe; et tant alla en avant, que dedans le parc de Nolle [1], ou est ung beau boys de haulte fustoye, avecques grandes prairyes et belles fontaines, a VIII mille de ladite ville de Cappe, fut a mectre le camp, lequel fut illecques assix huyt jours durans; et ce pendant gens d'armes et chevaulx se refreschirent, vivres furent charroyez au camp, conseil tenu sur le myeulx de cest affaire, priz places et chasteaux, qui autour de Cape estoyent, pour oster l'ennuy et le danger des allarmes qui, durant le siege, heussent peu donner aux Françoys; et, entre autres, fut rendue, par composicion, la ville de Verse, et les clefz mises entre les mains des lieutenans du Roy. Du camp furent apres envoyez messire Jacques de Silly, messire Françoys de la Trimoille, messire Jacques de Chabannes, avecques troys mille

---

1. Nola, domaine, alors splendide, des Orsini, qui en tiraient le titre de comtes de Nola.

Allemans et quatre cens hommes d'armes, et quelques pieces d'artillerye, assieger une ville nommée Merillane[1], a quatre mille du camp, laquelle se rendit vouluntiers. Mais le chasteau ne se voulut, de premiere venue, rendre, ains actendit a mectre le siege et asseoir l'artillerye ; et voyant que c'estoit, a tout parlementerent, et se rendirent a la volunté des capitaines françoys, dont leur en mesadvint : car, pour eulx estre rebellez, tous les souldartz, dont y en avoit deux cens, furent aux creneaulx de la place, avecques leurs capitaines, pendus, et n'en demeura de tous que le capitaine de ladite place, lequel avoit la dedans sa femme, belle a merveilles ; et elle, voyant son mary pres de l'atache, toute eschevellée et plaine de larmes, se mist aux piedz du seigneur de Mauleon, qui luy sembloit des plus apparans, et icelluy requist tant doulcement, et tant luy fist de son gré, que gracieulx luy fut jucques a respiter de mort son piteulx mary, qui avoit la hart au coul, lequel se pouvoit lors vanter de se que plusieurs taisent[2]. La fut, entre les autres, ung des souldartz de la place mys au vent, lequel, en le gectant bas, appella doulcement Nostre Dame, et de bon cueur a elle se voua ; ce nonobstant fut guyndé : tellement que une grosse heure fut branlant a ung creneau, comme s'il fust mort. Si advint que, par miracle, la corde dont il estoit actaché s'eslargit au droict du neu de la gorge, en sorte que la teste passa parmy, et cheut a bas dedans les fossez, et la corde demeura amon actachée ; lequel, a la choite, se froissa une cuisse, et se prist a plaindre pour l'an-

1. Marigliano, près Capoue, à vingt-six kilomètres de Naples.
2. Cf. Guichardin.

goisse de son mal : tant que ung varlet nommé Loys Froisseau, serviteur d'ung gentilhomme de cheux le Roy, nommé Henry de Maunorry, en pensant ses chevaulx pres d'illecques, ouyt celuy pouvre souldart la plaindre et crier, dont s'en alla ausdits fossez, et le trouva gisant a terre tout affollé; lequel le leva a quelque peine, et amena a son logys, ou fut pencé, et envoyé a sa maison sain et guery. Sur ce, se peut dire que la corde soubmist l'excucion de la rigueur de justice a l'obeissance de la pitié de la mere de misericorde, qui jamais, au besoing, n'oublye ceulx qui devotement la servent et justement la prient.

En suyvant propos, fut vray que le XVII$^e$ jour de juillet, sur l'aube du jour, deslogerent les Françoys de celuy boys, ou avoit esté leur camp, et tirerent droict a Cappe tout le plain pas, et sans desroy, si que nulz de eulx desbranloit de son ordre, mais alloit chascun en marche bien arrangée, sans ce que ung tout seul se mist a l'escart, reservez les avancoureurs, et les ordonnez pour la descœuvre du pays. Tant marcherent les Françoys, que sur le point de dix heures au matin, a quatre mille pres de Cappe furent a la repeue, et la fut advisé que le camp sejourneroit pour le jour audit lieu, et que cependant coureurs seroyent envoyez devant Cappe, pour veoir la maniere et cognoistre la puissance des souldartz qui dedans estoyent, et ausi pour adviser les seures entrées, et lieux plus adventageux et propices pour y mectre le siege; et pour ce faire, furent ordonnez le duc de Vallentinoys, le seigneur d'Allegre, et quelques autres capitaines, bons cannonnyers, et vielz routiers de guerre, lesquelz avecques quatre cens hommes d'armes et troys mille pietons partirent du camp, et devant Cappe adresserent leurs cours. Tantost qu'ilz furent au champs, et que deux mille de pays eurent marché, six cens Coullonnoys, qui ce jour en armes estoyent sailliz de Cappe, leur furent en barbe, tous en bon ordre, bien armez et montez a l'avantage, tenans assuré maintien et hardye contenance. Mais pour ce, ne demeura que les Françoys ne les aprochassent de tant, que ce fut jucques aux lances baisser, et a donner dedans. Le duc de Vallentinoys se trouva des premiers a la charge, qui moult enhardya ses gens, en leur disant : « Seigneurs Françoys, dire est commun que a vostre premiere poincte nulle puissance ne resiste. Monstrez doncques a ceste premiere rencontre la vertu de voz cueurs et la force de voz bras, tant que la louable reputassion de voz effors donne a vous augmentation d'honneur, et a voz ennemys crainctif esbahissement. » A chief de ces parolles, les Françoys se meslerent avecques les Coullonnoys, lesquelz vigoureusement se deffendirent, et tant, que pour actendre le choc tindrent pié ferme, dont plusieurs allerent par terre, qui depuys sains ne se releverent. Apres assez long combat, iceulx Coullonnoys se doubterent de recharge, et des gens de pié, parquoy recullerent et se mirent a la fuyte. Les Françoys leur donnerent la chace, et les menerent batant jucques dedans leurs barrieres, ou furent recueilliz par ceulx de la ville, qui la se trouverent a grant nombre. Apres la retraicte d'iceulx Coullonnoys, le duc de Vallentinoys voulut sommer les capitaines et souldartz de la ville de Cappe de la rendre, et icelle mectre en l'obeissance du Roy ; lesquelz ne voulurent escouter ne ouyr sa semonce, mais l'oustragerent de parolles injurieuses et de langaige hayneux, en l'appellant filz de putain et marrane, en luy faisant de grosses menasses ; lequel de tout ce ne fist semblant. Mais quant il vit que, pour l'eure, autre chose ne leur pouvoit faire, il, et le seigneur d'Allegre, et aucuns bons cannonniers et sages capitaines de guerre, se prindrent a regarder la ville, et icelle tournoyer et environner, pour adviser les lieux propices pour asseoir le siege, faire les tranchées, atiltrer l'artillerye, batre les murailles et donner l'assault, si a tant venoit ; et tout ce mys en advys, le duc de Vallentinoys et le seigneur d'Allegre, avecques leurs gens, se retirerent au camp ; et la rapporterent tout ce que ilz avoyent peu veoir, adviser et connoistre devant la ville de Cappe, tant de la force d'icelle que de l'avantage du siege. Par quoy fut apoincté et dit que, le lendemain au bien matin, l'armée marcheroit pour aller assieger ladite ville de Cappe. La nuyt tira oultre, et le jour esclarcist, trompettes et tabbours sonnerent, artillerye et gens d'armes furent avoyez et mys a l'erre ; et ainsi s'en va l'excercite de France droict a Cappe, pour y mectre le siege, celuy jour dix huitiesme de juillet. Ainsi que l'armée marchoit pour approcher ladite ville, a ung mille pres d'icelle, furent aux champs quatre cens coureurs nappollitains, lesquelz estoient allez brusler tous les logis des environs, et ja avoyent mys a feu une abbaye, et ung hermitage assez pres de la ville, avecques toutes les loges et maisons, boys, pailles et retoubles de deux mille pres ; et ce avoyent faict, affin que les Françoys ne trouvassent la logis a couvert, ne de quoy en savoir faire.

## XI.

Commant les Françoys assiegerent la ville de Cappe en Itallye, et des escarmouches qui la furent faictes, et de la baterye et des assaulx qui la furent donnez.

Apres ce que les gensdarmes françoys furent acheminez, comme j'ay dit, le conte de Gayace, qui estoit chief de l'avant garde, ou estoyent quatre cens hommes d'armes, a deux mille pres de Cappe rencontra les coureurs dont j'ay parlé cy dessus; et voyans iceulx faire empesche sur le chemin, pour adresser a eulx, sortit de la bataille avecques trente homes d'armes, qui de plusieurs conpaignyes estoient issus pour escarmoucher, et ausi avecques doze hommes d'armes des siens, desquelz estoyent le seigneur de Grigny[1], son lieutenant; Pierre de la Riviere, dit Puyberland; Jehan du Courret; Colin de Bourdelays; Philippes Pouvreau; le Monteil; Raquebidal et cincq autres des siens, lesquelz chargerent sur lesdits coureurs nappollitains, desquelz la pluspart estoit enfenterye et commune de pays. Quequessoit, tant rudement furent pourmenez, que plus de la moytié d'iceulx furent jouchés par les chemins mors et affolez. Ainsi commançoit Mars le cruel a ouvrir sa sanglante boucherye. Quoy plus? Qui fut mort si fut mort, et qui peut fuyr mist jambes a exploict droict a

1. Claude de Grignan, seigneur de Grigny (V. Duhaillan, *Hist. de France*, II, 219).

Cappe. Mais par les Françoys furent suyviz le glaive au douhe jucques dedans les barrieres de la ville, ou furent recueilliz de souldartz nappollitains, qui la estoyent en armes a grant puissance. Les coureurs françoys estoyent entrez dedans les barrieres avecques ceulx a qui il donnoyent la chace, et ja avoyent commancé bonne escarmouche avecques les Nappolitains, lesquelz a tours de bras donnoyent sur eulx. Le conte de Gayace, entre autres, se montra bien a cest affaire; car a toutes hurtes se trouvoit aux coups departir, et a tout besoing droictement mectoit ses gens en besoigne, et bien a poinct les ralyoit. Durant ce bruyt, grant foulle de Françoys survint au rainfort du conte Gayace et des siens, et besoing en estoit; car contre ung Françoys estoyent plusieurs autres. Entre les boulouars de la ville et les barrieres fut l'escarmouche dure et sanglante, et a la foys les Nappolitains estoyent chassez par les Françoys jucques encontre leurs boullouars, et puys les Françoys estoyent reboutez a puissance de gens et coups d'artillerye jucques aux barrieres. D'ung et d'autre partys furent blecez et occys plusieurs, entre autres ung homme d'armes françoys de ceulx du seigneur de Sainct Prest, lequel a celle charge fut tuhé d'ung coup d'artillerye encontre les barrieres. Grande fut la noise; car de plus en plus fort se rainforçoit le bruyt. Les Françoys de l'avangarde a grosses bendes se mirent dedans les barrieres pour soustenir le faix des lassez. Les garnisons de la ville pareillement sortoyent a la fille pour secourir leurs compaignons. La veissiez ruer gens et chevaulx par terre, esclater bourdons et lances, rebondir espées et partizanes sur le harnoys, pecter artillerye de la ville, faire courses, charger et recharger, a la rigueur executer la guerre. Que fut ce? Ladite escarmouche dura bien troys heures, et ce pendant gens d'armes françoys s'assemblerent. Le camp se logeoit et l'artillerye fut approchée; et, a sa venue, pour departir les escarmoucheurs, quatre gros faulcons furent mys en place, et deschargez sur les Nappollitains qui estoyent entre les barrieres et la ville, et si a droict donné dedans, que sur la place furent plusieurs estandus, et a grant haste les autres se retirerent dedans la place. Du nombre de ceulx qui la furent mors n'ay sceu autre chose, si ce n'est que d'ung costé et d'autre y heut grant perte de gens, et plusieurs bons chevaulx furent tuhez et blecyez. Apres celle escarmouche et la retrecte faicte, les souldartz du Roy Frederich ne sortirent plus pour ce jour, mais se tindrent tout coy dedans la ville, dont chascun des Françoys, ainsi que ordonné fut, prist son logys. L'artillerye et les gens de pié heurent lieux assignez encontre des barrieres, et tant pres de la ville que ung archier heust peu tirer une fleche de trousse jusques au dedans des murailles. Les hommes d'armes et archiers furent logez pres de l'artillerye et des pietons, a ung gect d'arc ou environ. L'avangarde d'ung costé de la ville, la bataille de l'autre, et l'arriere garde de l'autre; en maniere comme pour vouloir environner ladite ville. D'ung costé et d'autre estoit ung fluve, nommée le Vulturne, entre la ville le siege, par ou se pouvoyent retirer ceulx de Cappe ou faire saillyes et cources a la champaigne, sans savoir toutesfoys faire ennuy au siege des Françoys; lequel costé fut assiegé a temps et d'heure, comme je diray cy apres. Le duc de Vallentynoys et le conte de Gayace trouverent la pres deux petites maisonnettes eschappées a la flamme des boutesfeux de Cappe, et la dedans se mirent iceulx a couvert. Celle nuyt les pionniers misrent les mains a l'œuvre tant a point, que, devant le jour, les tranchées furent faictes, et l'artillerye assize, couverte, chargée et toute preste a ruer coups.

Le lendemain, xix$^e$ jour du moys de juillet, entre les quatre et cinc heures du matin, commança l'artillerye a tonner et bruyre devant et dedans la ville de Cappe, tant orriblement qu'il sembloit, a ceulx qui la estoyent, que tout autour d'eulx terre tramblast. Ceulx du dedans tiroyent coups sans cesser, et si a droict, que homme françoys n'osoit l'ueil descœuvrir, sans estre tout asseuré d'estre actainct ou de bont ou de vollée : car tant estoyent iceulx cannonniers justz, et si bonne artillerye avoyent, que nulz de leurs coups alloient en vain, mais rencontroient tousjours gens ou chevaulx ; et ainsi ennuyoient par trop l'ost des Françoys a coups d'artillerye et de traict, que le plus souvent tiroyent de deux boulouvars, lesquelz estoyent viz a viz du siege, et percez d'ung et d'autre coustez, pour tirer a toutes mains. Les cannonnyers françoys, voyant le dommage et ennuy que par iceulx boulouvars se faisoit a noz gens, adresserent la coups forcennez, tant et si menu, que a l'actaindre tout alloit par terre ; si que nul des ennemys osoit garder son repaire, ne soy monstrer aux creneaux, ne cannonnyers nappollitains tirrer deux coups ensuyvant par une mesme passée, que tost en l'eure ne fussent fouldroyez : car tant justement tiroyent noz cannonnyers, que bien souvent et le plus des foys, par la passée ou tiroyent ceulx du dedans, par la mesmes donnoyent sans faillir a rancontrer la bouche de leur artillerye, tant que plusieurs de leurs pieces furent rompues et brisées, et eulx mors et ruez par terre. Quoy plus? Ce bruyt dyabolicque dura quatre jours sans cesser, tel qu'onques mais n'avoyent les Nappollitains veue baterye pareille. Et de vray, d'autant que celuy siege heut de durée, la guerre y fut des deux partys chauldement et a tous effors demenée; car, pendant six jours entiers que le siege fut la, toute l'artillerye fut mise a l'exploict, et ne fut jour, ce nonobstant, que sailyes, cources et escarmouches devant la place ne se feissent. Bonne gent de guerre, et excercitée aux armes, se monstrerent lors ceulx de dedans : car, si dix, vingt, trente, cent ou mille Françoys a pied ou a cheval entroient dedans les barrieres pour escarmoucher, en pareil nombre et mesme arroy les souldartz de la ville se trouvoyent en place, et les ungs contre les autres faisoient merveilles d'armes; et tant, que premier que depart se fist, le lieu ou le combat se faisoit estoit tout semmé de mors. Nul mectoit en espairgne ce que le pouvoir savoit faire; car chascun a cest affaire envyoit le bon bruyt et s'efforçoit de l'aquerir. Le seigneur de Monpencier, lequel estoit jeune, hardy et bien adroict, la se trouvoit a toutes hurtes, a la foys a cheval et a la foys a pied, et la fist dure guerre aux Nappollitains, comme a ceulx sur lesquelz il vouloit par armes vanger la mort de son pere, que par poison avoyent prodicieusement faict mourir; dont plusieurs d'iceulx soubz le branlle de sa main passerent par la poincte du glaive. Ung capitaine de gens de pied, nommé Mallerbe, avecques grant nombre d'avanturiers, se trouva souvantes foys sur les rancz entre lesdites barrieres ; ausi firent plusieurs autres ; et tant que mortel chaplys se faisoit devant la ville de Cappe, laquelle fut batue et guerroyée par les Françoys, sans sejour, des le lundy xixe jour du mois de juillet, jucques au vendredy ensuyvant sur les troys heures apres midy, que les deux boulouvars dont j'ay dessus escript, furent abbatus et aterrez. Et a celle heure, messire Berault Stuart, qui estoit demeuré malade a Verse, vint au siege, et fut veoir les cannonniers et la baterye, et donna cent escuz ausdits cannonniers pour leur donner vouloir de bien faire, lesquelz firent grant roupture au milieu au travers desdits boulouvars, et tant qu'il fut dit et arresté que l'assault se donneroit. Et, pour ce faire, furent ordonnez le seigneur de Mauleon, Jacques de Scilly, bailly de Can, et plusieurs autres cappitaines, avecques cent hommes d'armes a pied et troys mille autres pietons. Ainsi furent gens d'armes aprestez pour donner dedans : l'assault sonna et chascun approcha la breche des boulouvars, et la commancerent a donner l'assault moult aigre et dur ; car, de premiere advenue, les hommes d'armes dresserent leurs eschelles et monterent sus et par force. Le seigneur de Montpencier monta si hardiment que avecques les mains s'estacha a une pipe du rempart, et, l'espée au poing, combattit main a main avecques ses ennemys, et receupt plusieurs coups de picque et de hallebarde, sans james lascher sa prise ; et tant, que des premiers fut au dedans dudit boulouvard. Le cappitaine Mallerbe fut la blecyé d'ung coup de trect en la cuisse, tellement que l'os luy fut mys en pieces, dont fut emporté malade a sa tente. Les autres pietons ranforcerent l'assault et entrerent par les breches et passées que avoyent faictes les coups de l'artillerye de France. Mais, en ce faisant, les gardes des boulouvars, voyans que a ceste desfortune branloit leur mortel danger, pour obvyer a ce, jouxte leur possible, mirent au devant tous hostilles effors a coups d'artillerye et de trect, avecques grans poux de lances et coups de haches, et gectz de grosses pierres; de quoy tuerent prou de gens, et entre autres ung escossoys chevalier, nommé messire Bidez Afflich[1]. Toutesfoys, a la parfin, d'assault furent emportez iceulx boulouvars, et deux cens hommes de guerre trouvez dedans, lesquelz furent tous mys a l'espée, sans ce que ung tout seul de eulx fust respité de mort. A l'eure que l'assault se donnoit, le duc de Vallentinoys et le conte de Gayace, voyans que ceulx de la ville entendoyent a ceste besoigne, et pour ce estoyent bien empeschez, prindrent quatre cens hommes d'armes et grant nombre d'aventuriers françoys, qui la estoyent, et se mirent a passer la riviere, qui entre l'armée et la ville estoit; et icelle riviere passerent en bateaux; et traversant ladite riviere, grant force coups d'artillerye leur furent envoyez de la ville, dont plusieurs furent bleciez et tuhez; toutesfoys passerent oultre, et la prindrent logys. Tantost qu'ilz heurent gaigné place, a leur rainfort vindrent quatre cens hommes d'armes,

---

1. Widast ou Wydast Afflet ou Afflect, conseiller et maître d'hôtel du roi, l'un de ses envoyés en Danemark en 1498 (cf. *Tit.* Affet 2 : 8 avril 1497, avant Pâques. Reçu par Wydast Afflet, chevalier, lieutenant de la compagnie d'Aubigny, de 240 liv. tourn. pour sa pension du roi pour un an. Orig. signé, débris de sceau).

Ursins rommains, lesquelz conduysoit le seigneur Jehan Jourdain; et au devant de eulx furent le duc de Vallentinoys et le conte de Gayace pour les recueillir et conduyre ou mestier estoit. Lorsqu'ilz furent arrivez, l'ung des costez de la ville dela la riviere heurent a garder, et deux mille Françoys adventuriers, pour leur secourir a ce besoing, leur furent baillez. Les quatre cens hommes d'armes françoys qui estoyent passez oultre ladite riviere, assiegerent la ville d'une autre part; et alors furent les Nappollitains de tous costez encloz, et la ville tout autour environnée de Françoys et de Rommains. Ce propre jour, sur l'eure de vespres, le seigneur de La Pallixe fut au siege, lequel y ala en poste, avecques plusieurs autres gentishommes de France.

## XII.

Commant la ville de Cappe fut prise d'assault par les Françoys, destruyte et pillée, et les souldartz qui dedans estoyent mys a sang avecques grant nombre de peuple d'icelle.

Apres la prise des boulouvars, dont j'ay faict mention cy dessus, grant compaignie de Françoys se logerent dedans; et celle nuyt, sur le point de l'eure de mynuyt, toute l'artillerye du Roy qui la estoit fut charryée, atitrée et assize sur le bort des fossez de la ville, et la chargée, tauldissée et mise a point pour besoigner; laquelle, sitost que jour esclarcist, commança meute de guerre a tonner et tempester, par tel effort que tout autour sembloit que fouldre et orage

deussent fendre les ellemens et subvertir la terre.
Tant de trect et de pierres d'artillerye venoyent de la
ville contre les Françoys, que nulz d'iceulx ousoyent
desemparer les tranchées, et sitost qu'ilz se descœu-
vroyent, sans faillir estoyent rencontrez : car les cannonniers de la ville estoyent tant expertz a leur
mestier, que riens, que veoir heussent peu, n'eschap-
poit a leurs coups; et ainsi donnoyent merveilleux
ennuy et dommage inréparable a l'ost françoys; et
heussent de plus, si les cannonniers du Roy qui la
estoyent n'eussent rabbatu leurs coups : ce qu'ilz
firent, car, en moings de six heures, tant menu et si
a droict deschargerent contre la muraille de la ville,
que plus de demy gect d'arc de long n'eut tour,
repaire, deffence ne creneau qui ne fussent mys a bas,
cannonniers et artillerie ruez jus, et plus de vingt
toises de muraille aterrée tout a ras. A la choite des
murs, qui estoyent haultz et espex et repoussez par
le faix du rempar du dedans, les fossez furent comblez
et emplys; tellement que, tant que la breche conte-
noit de long, que gens a pié et a cheval, a besoing
et sans autre destour, y heussent peu passer. Les
souldartz et le peuple de la ville virent que c'estoit a
tout, et que les Françoys avoyent entrée sur eulx, et
vouloir deliberé de y exploicter leur pouvoir, dont
amollirent leur fureur, et heurent doubte sur leur
affaire; car ja devant, par effect aux courses et
assaulx, avoient cognu la force et volunté d'iceulx,
qui contre eulx estoyent mortellement anymez et avan-
tageulx aux armes. Toutesfoys, pour vouloir monstrer
que a grant besoing cueur virille doibt deslyer vertus
et en neccessité urgente fortiffyer son pouvoir, au

danger de fortune submirent leur affaire, et tous ensemble se arrangerent en armes et bel arroy devant la breche de la muraille, par le dedans, et la tindrent pié ferme. Les seigneurs et marchantz de la ville, qui plus avoyent a perdre, doubterent de maleur, et voyant leur muraille rompue, leurs souldartz affoibliz, leurs ennemys branler pour leur donner l'assault, et leur vye en dangereux hazart, volurent parlamenter et demander estre ouys. Audience leur fut par les lieutenans du Roy donnée, et leur parlement ouy, par lequel vouloyent rendre la ville au Roy ; et pour les fraiz et mises de l'armée, et la despence de la pouldre de l'artillerye qui la avoit esté gastée durant le siege, trante mille ducatz vouloyent iceulx donner, requerant, en ce faisant, que leur ville, avecques leurs corps et biens, fussent saufz et garentys. Ainsi demanderent les Cappuains composision. Mais, pour garder que durant ledit parlement les gens de pié françoys ne feissent effors pour entrer, tousjours tiroit leur artillerie contre l'armée de France. Dedans la composicion n'estoyent compriz les Coullonnoys, qui de ce ne furent pas bien contantz, et si de la ville eussent peu lors saillir, leurs vies sauves, vouluntiers eussent priz ce party, mais loisir n'eurent de ce faire ; car, nonobstant ledit parlement, et ausi que celuy durant l'artillerie de la ville tiroit sur les Françoys, l'assault, comme je diray cy dessoubz, fut donné, voire sanglant et luctueulx[1] ; car a grant nombre et bien deliberez estoyent la les Françoys, envyeulx de combatre et

1. Sur le sac de Capoue, on peut rapprocher du récit de Jean d'Auton celui d'Ag. Pascale, *Racconto del sacco di Capova* (Nap., 1632, in-18), qui reproduit les mêmes accusations.

soigneulx de gaigner, saichant que ladite ville de Cappe estoit garnye de bons souldartz et remplye de richesses; car, de tout le Royaume de Naples et de Romme, estoyent la venus gens d'armes a puissance pour deffendre la ville, et ausi tous les nobles et riches marchans des villes et villages des environs s'estoyent la dedans retirez, et avecques eulx apportez leurs tresors et chevances, cuydans estre en ce lieu asseurez contre le pouvoir de tout le monde, dont leur en advint comme ouyr pourez cy dessoubz. Apres que la muraille fut rasée et brechée suffisaument pour devoir donner l'assault, les lieutenans du Roy firent sonner a force trompettes, clairons et groz tabours de Suyces pour reveiller l'armée ; et ausi firent mectre pipes et touneaulx de vin sur le cu, et la boire gens d'armes a desroy; et ce faict, pour donner cueur a chascun, les lieutenans du Roy et capitaines de son armée enhorterent leurs gens de bien faire et de monstrer a celuy grant besoing, aux ennemys, que la force de Gaules peult dompter l'orgueil des Italles. Ainsi chascun chief de guerre donnoit aux siens semonce de vertueusement ouvrer et vouloir d'honneur aquerir. Messire Beraud Stuart, lieutenant general du Roy, voyant que, a cest affaire, branloit l'augmentacion du priz des Françoys ou le rabbaiz de leur bonne reputacion, pour esvertuer les cueurs et affermer le vouloir des oyans, dist ce qui s'ensuyt, ou parolles vraysemblables : « L'eure est venue que, au service du Roy, a l'acroissement de nostre gloire, et pour lasseurté de noz vyes, nous fault la force de noz corps et la valleur de noz courages esprouver. Messeigneurs et amys, ayons memoire que le nom redoubté des Gaules, dont nous sommes issus, a jadys faict trembler toutes les autres nacions du monde et que noz devanciers ont terres et mers submarchées et mises a la raison. En ensuivant doncques les faictz chevailleureux de noz predecesseurs, et en adjoutant aux nostres nouveaulx tiltres de florissant renommée, monstrons nous, par effect, vrays imitateurs de leurs bien faictz, et, pour commancer, mectons a ceste besoigne le tout de nostre pouvoir en avant, et soyons asseurez que si, a ceste foys, nous sommes vainqueurs, noz ennemys, au demeurant de nostre guerre, n'auront vouloir de nous plus combattre ne pouvoir de nous resister. Sur doncques, que chascun de nous mecte la main a l'œuvre, par telle condicion que le peril ou nous sommes, ne la gloire que nous esperons, a ce ne nous excitent, mais seulle vertus, qui par nulz assaulx d'aversité peult estre affoiblye, ne pour aucuns effors de fortune vaincue. »

A fin de ses parolles furent les Françoys engrossez de courage vertueulx et en propos constant affermez, pour a temps marcher et demeurer pied ferme au millieu des terribles adventures de la guerre, et la vivre et mourir pour soustenir le droict de la querelle du Roy. Que diray je plus? si ce n'est que les Françoys estoient prestz de donner l'assault et les Napollitains deliberez de le deffendre, et tous arrangez autour de la passée, en armes et a grant nombre, voire tel, que assez puissans sembloient estre pour devoir estre saillis aux champs et donner la bataille aux Françoys; car autant ou plus d'ommes armez estoyent dedans que dehors; et ainsi actendirent l'assault, lequel fut donné sur les onze heures du matin, le xxv$^e$ jour du moys de juillet, et commaincé par les gens de pié, qui, de premiere venue, plancterent leurs estandars atouchant de la breche; et la main a main commança le conbat des deux partiz, tel, que estrange chose estoit a regarder et dangereuse a assister; car, autour ou estoit ce bruyt, en l'air n'apparoissoient que trectz et dartz, coups, feu et fumée d'artillerye; par terre trencher testes et mains; dedans la ville et aux fossez trebucher gens mors et affollez, ruer coups de lances, picques et hallebardes et faire tout le sanglant pis que guerre pouvoit. Moult rudement fut donné celuy assault, mais tant vigoureusement deffendu que, en moings de demye heure, plus de deux cens Allemans et Françoys furent estandus devant la passée; et est a pencer que, en ce faisant, ceulx de domp Frederich heurent portion des coups et partye au dommage; car deça et dela sonnoit le dieu des batailles, tellement que nul repos fut la donné aux hommes, mais continuel estrif, lequel n'eust esté advantaigeux pour les Françoys si les hommes d'armes de leur party ne leur fussent venus a rainfort, lesquelz, tous a pié et legierement armez, se misrent au travers de la presse pour les lassez supporter. A leur venue recommança le chaplys, plus aigre que devant, et tel que, icellz (*sic*) relaissez, deux heures durans, ne firent autre mestier que, au tranchant de l'espée et a la pointe de la lance, espandre sang humain; et a ce monstrerent les cappitaines et lieutenans et autres Françoys plus extimez la valeur de leur personnes, sans riens y espargner, ce qui de plus enhardya les autres. Nappollitains et Coullonnoys soustindrent leur querelle jucques a y reppendre mainctes gouctes de sueur et grande effu-

sion de sang; et tant furent a la parfin par la force
des Françoys oultrez, qu'ilz ne sceurent a quel remede
avoir recours, si n'est a la fuyte. Ainsi commencerent
a reculler, et les Françoys a gaigner la breche, et les
ungs et les autres a escheller la muraille. Les Coullonnoys rommains, lesquelz avoyent leurs chevaulx en
la ville, se retirerent de la pour eulx cuyder sauver
et sortir par les faulces posternes de la ville ; lesquelz,
a l'issue, furent priz et tuhez par les Ursins et Françoys qui gardoyent ce cartier. Les aucuns de eulx
gaignerent la champaigne et se misrent sur le chemin
de Naples, desquelz estoit messire Fabrice Coulonne,
cappitaine des Coullonnoys, lequel, avecques tous ses
gens, fut priz sur les chemins par les gens d'armes
du seigneur de Maleon (*sic*), qui estoyent du guect, et
embuschez sur la passée de la voye de Naples ; et icelluy prindrent troys hommes d'armes nommez le chevallier de la Mondye, Louyset, et ung autre appellé
Chardonnet, ausquelz il promist VII cens ducatz; lesquelz, apres la prise de Cappe, amenerent ledit
messire Fabrice, avecques grant compaignie d'autres
prisonniers, dedans ladite ville de Cappe.

Pour revenir a mon assault, je dy que devant la
fuyte et prise des Coullonnoys, que ceulx de Cappe
soustindrent le faix de l'assault tant que le peurent
supporter; mais quant plus ne peurent, les aucuns
habbandonnerent la place brechée, et les autres tindrent
pié ferme. Toutesfoys, les Françoys emporterent la
ville d'assault et entrerent dedans avecques bruyt
tumultueux, occision de peuple et effusion de sang.
Les gens de pié, qui des premiers furent entrez,
comme les plus legierement armez, mirent tous ceulx

que devant eulx trouverent par les rues, en armes, et mussez par les maisons, a saquement, sans pardonner a nulx, de quelque estat qu'il fust, et tant, que le long des rues, a grans ruisseaulx, descouroit le sang des mors. Je ne veux declarer les piteux plaingtz et criz lamentables des desollées femmes et petiz enfans, qui devant eulx veoyoyent meurdrir leurs peres et occire leurs parens et amys, piller leurs biens et destruyre leur cyté ; mais diray que, avecques la tuherye des hommes, furent mainctes femmes et filles viollées et forcées, ce qui est le comble du pys de tous les exces de la guerre. Les gens de pié de la bende du duc de Vallentinoys s'en acquicterent tellement que trente des plus belles de la ville en enmenerent a Romme prisonnieres [1]. Durant ce conflict, une dame de la ville, soy veoyant poursuyvye et pressée desdits laquays, qui par force la vouloyent prendre, s'enfuyt dedans une haulte chambre de sa maison, et la, du hault en bas, par une fenestre se getta en la rue, myeulx voulant mourir de telle mort que de ses ennemys estre ahontée [2]. Je n'en diray plus, sinon que

---

1. Guichardin parle même de *quarante;* mais Burchard n'en dit rien, et M. Alvisi (*Cesare Borgia, duca di Romagna*) a démontré l'inexactitude de cette accusation.

2. Pascale attribue la même conduite à douze religieuses bénédictines, qui se jetèrent par la fenêtre; Summonte va plus loin, il affirme que *les* femmes, pour sauver leur honneur, se jetèrent qui dans le fleuve, qui par la fenêtre. Cependant, les renseignements recueillis de divers côtés par le sénat de Venise, sur le moment même, sont moins explicites. Ils parlent seulement d'excès et de massacres : « La furia di francesi fu di sorte que *vix* el conte di Chaiazo poté salvare le femine e puti in le chiesie, » écrit-on de Rome. Et de Milan : « Le donne e' puti di la cità se salvorono in le chiesie.....; e le chiese non fonno tochate » (Sanuto,

maisons furent brisées, portes ronpues de toutes pars et les tresors tous pris et abutinez, a qui en peut avoir; si que plusieurs Françoys et Allemans, qui la estoyent, en furent enrichys a jamais; car tant de biens y avoit que chascun en peult avoir bonne part, ce qui de la en avant les mist en appetit de conbatre et fil de guerroyer. La boucherye des mors fut la si sanglante que de sept a huyt mille assommez fut faict ung nombre[1]. Le remanent des hommes et des femmes et les gens d'Eglize s'enfuyrent, les ungs sur les voultes des moustiers et par les clochers et tours des esglizes, les autres se musserent dedans les caves, roches et cisternes, et par les lieux ou ilz ce pençoyent myeulx garentir, lesquelz furent le lendemain cherchez et trouvez, et tous mys a ranson. Dedans ladite ville ausi furent trouvées dix huyt pieces de bonne artillerye que le Roy Charles VIIIme avoit lessées a Naples, comme j'ay dict cy dessus.

Tout ce faict, comme ouy avez, chascun des Françoys prist logis pour soy reposer, car temps en estoit. Les ungs serrerent leur butin, les autres composerent avecques leurs prisonniers, les autres firent enterrer leurs amys, et les autres pencerent leurs playes;

---

c. 77, 78). L'agent de Portugal à Rome, Francisco Lopes, écrit le 28 août 1501 (Mendes Leal, *Corpo diplomatico Portuguez*, t. I, p. 7) : « Item, Senhor, acerquo das novas que qua ha, vossa senhoria sabera ja como El-Rey de frança tomou Napoles e todo o que tocava a sua parte daquele Reyno, e capua foy mitida ha sacomana e Roubada, e mataram muita gente sem averem Respecto ha egrejas, e com molheres fazerem muitas desonestidades nellas. »

1. Burchard estime les morts à 4,000; les nouvelles recueillies par Sanuto ne les portent qu'à 1,200.

somme, il n'y heut nul qui n'eust l'ueil a ses besoignes, scelon ce que myeulx luy sembloit. Messire Fabrice Coullonne, qui lors estoit prisonnier entre les mains de ses ennemys, estoit espriz de courroux, et a bonne cause, veu la dominacion et l'estat seigneurieux ouquel peu de jours devant s'estoit trouvé, et cognoissant lors son honneur rabaissé et son pouvoir anyenty. Toutesfoys tellement en advint que le seigneur de Mauleon le retira des mains de ceulx qui prisonnier le tenoyent, moyennant doze cens ducatz qu'il leur bailla; et si ne perdit riens au marché, car, pour la ranson dudit Fabrice, en heut quatorze mille ducatz, dont celuy Fabrice romain se trouva moult empesché et necessiteux, pour ce que devant et durant le siege de Cappe, il avoit faict grande avance pour le Roy domp Frederich au payement de ses souldartz ; ce qui luy est ores et tousjours sera de reste, et a bon droict, car a ses despens, de gaytié de cueur, sans propos raisonnable, juste querelle, ne a ce faire estre obligé, de l'affaire d'autruy se voulut entremectre.

Le seigneur Jehan Jourdain, capitaine des Ursins, qui lors ennemy de celuy Fabrice estoit, voyant que pour sa delivrance argent ne pouvoit finer, et que en arriere de payement du tout se trouvoit, luy dist : « Seigneur Fabrice, pour ce que aux vaincus pityé se doit offrir et aux afflictz donner refrigere, je, toutesfoys ton ennemy, toy voyant estre captif entre les mains de tez adverses et desnué de pecune pour moyenner a ta delivrance, affin que cognoissance preignes que envers toy veulx user plus d'humanité que de vengence, je supplyray ceulx qui prisonnier te detiennent, que doulcement te vueillent trecter, et pour toy feray l'advance de ce qui reste pour le payement de ta ranson; or, advise doncques ce tu veulx acepter l'offre qui par moy t'est presentée? » A ses parolles fist response messire Fabrice Coulonne, disant telz motz au seigneur Jehan Jourdain : « Du moyen de la prierre de tes parolles, pour mon bon trectement, ne de l'ayde du prest de ton argent, pour ma delivrance, n'ay que besoigner, seigneur Jehan Jourdain : car, quant au premier point, les Françoys, qui prisonnier me tiennent, ne sont coustumiers de mal trecter ceulx qui soubz leur main tiennent prison; au surplus, j'ay encores a Romme vaisselle d'argent et meuble assez pour suffire au payement de ma ranson. Pour ce, m'essairay, pour ceste foys, de non estre a toy tenu en riens, et saiches, en oultre, que, pour le maleur de ceste ma desfortune, ja pourtant ne sera mon vouloir rabbaissé, mon courage amolly ni mon esperance perdue. » Ainsi parla en homme de grant cueur ledit messire Fabrice Coulonne et transmist a Romme vendre et engager de sa vaisselle d'argent ce qu'il avoit jucques a la somme de ce que ce montoit le taux de sa ranson; laquelle paya au seigneur de Mauleon, qui l'avoit entre mains.

Le Roy, qui estoit a Lyon sur le Rosne, heut la poste le penultime jour du moys de juillet et lectres du seigneur d'Aulbigny et de ses autres lieutenans en la guerre de Napples, dont fut accertainé du vray de la prise de Cappe et de la deffaicte des Coullonnoys; desquelles nouvelles fut moult joyeulx et fist icelles publyer partout[1]; et, au moyen de ce, fist, dedans

1. Voir plus loin, p. 73, note 2.

ladite ville de Lyon, faire les feuz de joye, et le lendemain, en devocion grande, fut ouyr messe et en voyage a Nostre Dame de Confort, dedans ladite ville de Lyon, et la tres humblement regracier Dieu et Nostre Dame de la bonne victoire que contre sez ennemys avoit obtenue.

Dedans la ville de Cappe, apres la prise d'icelle, reposerent les François deux jours seullement[1]; et ce pendant entre les cappitaines fut tenu conseil sur le surplus de leur affaire, et propos debatu sur ce que aucuns furent d'avys que la ville de Cappe devoit estre bruslée et du tout estre mise en ruyne, comme celle qui de tous temps estoit ennemye des François, et qui maintes foys avoit iceulx destroussez et a eulx empesché la passée de Naples, et que, par ses embusches et effors, et ausi pour icelle reduyre, estoyent mors plusieurs François, et que tant qu'elle seroit en estre et en puissance, que jamais en seureté par la ne passeroyent, dont, pour obvier a ce, failloit qu'elle fust arse et destruyte. Les autres furent d'avys differens, disant que du tout ne devoit estre devastée, et que, si elle l'estoit, que pour le Roy dommage s'en ensuyvroit, car elle pouvoit de la en avant donner seureté aux François, qui maistres en estoient, et service au soustien de bonnes et grosses garnisons pour le Roy, qui, sans bonnes places et bien fortiffyées, ne pouvoit seurement posseder ne garder le Royaume de Naples, dont Cape estoit l'une des myeulx propices et secourables pour ce faire. Par quoy fut conclus que elle ne seroit arse ne destruicte, mais seroit mys

---

1. 26, 27 juillet.

dedans grosse garnison de Françoys pour la garder, et, pour ce faire, furent ordonnez soixante hommes d'armes de ceulx de Jacques de Silly et de messire Aymar de Prye, avecques quelque nombre de gens de pié, et, pour le gouvernement d'icelle, le seigneur d'Aulbigny y mist ung gentilhomme des siens, nommé Maulevrier, du pays d'Anjou, auquel la bailla en garde, sur sa vie[1].

La ville de Cape mise en seure main et les Françoys ung peu refreschiz, se mirent au champs et tirerent vers Naples, et tant marcherent ce jour[2], que a huyt mille de pays loing de leur logis s'aresterent, qui est a my voye de Cappe et de Naples, et la furent a sejour l'espace de huyt jours. Lequel temps durant, l'artillerye fut envoyée au chasteau de Verse, et, par ambaxades, parlement tenu entre le Roy domp Frederich et les lieutenans du Roy. Lequel Frederich transmist ses ambaxades vers iceulx lieutenans pour le Roy, pour les advertir de son vouloir et demander a eulx composicion telle que ledit Frederich, dedans huyt jours apres ce, promectoit vuyder la ville de Naples, et luy et sa femme et ses enfans, avecques toutes ses bagues, se retireroient dedans l'isle d'Iscle, qui est moult forte et garnye de bonnes places, et de mer de tous costez environnée, bien avant en mer, laquelle est du Royaume de Naples. Et oultre demandoit ledit Frederich avoir six moys de terme pour

---

1. Maulevrier avait été chargé, l'année précédente, d'occuper Bellinzona. Dans cette mission difficile, il avait fait apprécier son humanité, son tact et sa prudence. (V. notre mémoire sur *la Conquête du Tessin,* Torino, Bocca, 1890, p. 16 et suiv.)

2. 28 juillet.

envoyer ambaxades en France devers le Roy et demander apoinctement tel que par son conseil seroit sur ce advisé et couché par articles ; et les six moys passez, si l'offre que le Roy luy auroit faicte n'estoit a son plaisir ou que assez raisonnable ne luy semblast, vouloit apres ce qu'il peust soy mectre en effort de deffendre sa querelle comme il pourroit, et pour celuy appoinctement myeux asseurer, bons ostages et suffizans bailleroit. Les lieutenans du Roy, voyant le trecté du parlement et le propose de domp Frederich, qui Naples vouloit vuyder, et icelle mectre entre les mains des Françoys et en l'obeissance du Roy, et que, en ce faisant, se soubmectoit a deue raison, furent d'avys que la composicion estoit a l'avantaige du Roy et au proffict de son armée ; veu que, si Naples estoit rendue, que le surplus du Royaume ne feroit contre les Françoys resistance, et que, durant les six mois qu'il demandoit pour envoyer devers le Roy, les Françoys se fortiffyeroient et tiendroyent villes et chasteaux par si bonnes et grosses garnisons, que, s'il advenoit que apoinctement ne se fist et que de rechief guerre se meust, que ce seroit pour devoir soustenir le faix de la charge et rabatre les coups de tous les effors de la puissance du Roy domp Frederich ; et, tout ce consideré, le sire d'Aubigny, le duc de Vallentinoys et le conte de Gayace, lieutenans du Roy, signerent ledict appoinctement ; et heurent pour hostages le frere bastard du Roy Frederich et deux des seigneurs principaulx de la ville de Naples, lesquelz furent envoyez au chasteau de Verse et mys en garde entre les mains d'ung cappitaine françoys, nommé Lalande, et d'ung autre nommé Bernard de Mons, gouverneurs de ladite ville de Verse pour le Roy. Et, ce faict, le Roy Frederich plya ses bagues, et dedans l'isle d'Iscle se voulut retirer, comme aux lieutenans du Roy avoit promys, et a son depart prist congé de ses familliers et amys, et du peuple de Naples, les lermes aux yeulx, en leur disant telles parolles : « Ore ay je assez veu pour bien cognoistre que en ce monde muable y a peu de seurté, et moult de variacion, mes amys, et sachez que ce qui me le faict dire est l'essay de la proprieté du cas qui en tres amere perplexité et doulloureux exil me veult charyer et conduyre, si par le pouvoir de vertus je ne soubmetz les embusches de Fortune, qui de ruyneux appareil contre moy faict effort. Oh! que mal felicitent ceulx qui, apres la haulte montée de boneur, dedans la basse vallée de misere cheent! Helas, Fortune envyeuse de mon bien et ennemye de ma prosperité, me posse et esbranle et mé mect jucque sur le bort de ce chemin tres ennuyeux, sans me lesser autre conduyte que soubcieuse pencée, qui continuelle conpaignye me faict, tant que soubz le poix de ceste griefve charge mon pouvoir est arecreu et aresté, et ne say a quoy plus me tenir ou affermer, si n'est au fresle baston d'esperance incertaine, sur lequel, mal asseuré, je m'appuye et soustiens, comme sur la glace d'une nuyt, ainsi que me pourmeine ma dure destinée. De legier pourrez actaindre la fiction de ma piteuse elegie, si de mon maleureux affaire avez clere cognoissance, qui de tant me persecute que par les effors des Françoys, mes ennemys, ausquelz Fortune contre moy de tant lieve la main, que par eulx habbandonner me convient mes terres et seigneuryes, et perdre le tiltre et proffict du Royaume de Naples, dont je deusse estre, ce me semble, seigneur proprietaire; fault que par l'octorité de la force j'en soye deschacé! Toutesfoys, seul ne pastiray je a ceste perte, car la myenne femme desolée et mes petiz enfens desheritez en auront esgalle porcion. Quoy plus? Pour le long plaindre de ma perte, n'en abrege le terme de mon maleur. Par quoy, au surplus de mon affaire et au myeulx de celuy me fault donner œuvre. Ore ne puys je plus icy demeurer, car la composicion par moy faicte avecques les Françoys le me deffend. Dont vuyder me fault la terre tres doulce et fertille et l'excellente et gentille ville de Naples, pour monter sur mer amere et chercher isles odieuses. » A bout de ces plainctes, ses privez et amys se monstrerent de son ennuy compatiens, et au myeulx que faire peurent le repeurent de parolles consollables, tant que les espritz luy reveillerent; et ce faict, avecques tout son charroy, son train, ses bagues, se mist en voye vers l'isle d'Iscle, dedans laquelle s'en alla pour actendre la fin de sa fortune[1].

## XIII.

### Comment les lieutenans du Roi entrèrent a Naples, ou furent honnourablement receuz.

Tous les faictz susdits revolus, les lieutenans du Roy eurent obeissance de ceulx de Naples, et de toute la Terre de Labour, tant que les clefz des villes dudit pays leur furent apportées jucques a une ville nommée Marsignys[2], huyt mille pres de Naples, ou la le sire

1. 4 août 1501.
2. Marano, près de Naples.

d'Ubigny, lieutenant general du Roy, receut la foy, les fyefz et hommaiges des seigneurs dudit pays; et la firent composicion de rendre les chasteaux de Naples, Gayette, et les autres places fortes, lesquelles soubmirent au Roy. Dont iceulx lieutenans, bien acompaignez de gens d'armes et autres, s'en allerent dedans Naples, et la entrerent a grant honneur et triumphe magnificque, et leur furent les chasteaux baillez et mys entre les mains. Ce faict, les garnisons furent dispercées autour de Naples; et le seigneur de La Palixe envoyé viroy en la Brusse, avecques deux cens hommes d'armes et deux mille hommes de pié; lequel pays estoit bon Arragonnoys; et mesmement une ville, nommée L'Aigle[1], qui est communaulté sugette a la souveraineté de Naples, laquelle, et toutes les autres, furent par ledit sieur de La Palixe conquestées et soubmyses en l'obeissance du Roy, et luy bien obbey, et moult aymé du peuple de celuy pays.

Loys de Bourbon, conte de Montpencier, apres ce, s'en alla a une petite villette pres d'illecques, nommée Pichol[2], ou, apres la conqueste que le Roy Charles VIII$^{me}$ fist a Naples, avoit esté enterré le perre dudit conte de Montpencier; et la enciennement soloit avoir une belle cyté, nommée Baye, qui pour l'abominable peché sodomiticque autresfoys perist et abisma, reservé ledit lieu de Pichol, qui est a dire en vulgaire italicque *petit*, et est tout ung mesme terme *pichenyn* et *pichol*, fors que les Lombars disent *pichenyn* et les Italiens

---

1. Aquila, ville forte de l'Abruzze ultérieure, située sur une hauteur, célèbre par la possession des reliques de saint Bernardin de Sienne.

2. Pozzuoli (Pouzzoles), célèbre par le martyre de saint Janvier.

*pichol*[1]. Que quessoit, a la requeste d'une devote femme dudit lieu, ladite partie de Baye fut preservée de subversion ; et la ledit conte de Montpencier fist ouvrir le tumbeau ou estoit le corps de son pere en sepulture ; et sitost que ce tumbeau fut ouvert, et que le filz vifz vist le pere mort, il trancist tout de frayeur, tellement que la fieuvre le prist, dont peu de jours apres sans remede mourut.

Les choses exploictées par le sire d'Aubigny que oy avez, quelque peu de temps apres ce, le Roy envoya a Naples messire Estienne de Vesc, senechal de Beaucaire, et messire Raoul de Launay [2], baillif d'Amyens, pour donner et pourveoir des offices, et ordonner des finences ; et supposé ores que ledit sire d'Aubigny en eust faict la conqueste et suffire deust au surplus, toutesfoys, pour obbeyr au Roy, receut iceulx tres amyablement et, dedans le chasteau de Capouane de Naples, les trecta honnorablement et leur fist chere joyeuse ; et la estoyet le conte de Gayace malade, qui s'efforça de bien trecter les susdits. Ausi estoit la le duc de Vallentinoys, et grant noblesse dudit pays.

Bientost apres ce, une fievre print au sire d'Aubigny, lequel, pour changer d'air, avecques les gens de sa maison s'en alla a la Tour du Grec [3], sept mille pres de Naples, et, luy pris audit lieu VIII jours de sejour, s'en alla a Nochere [4], ville de Labour, sugecte au conte

1. *Piccolo, Piccino.*
2. Raoul de Lannoy, seigneur de Morvilliers. V. une notice de M. de Boislisle sur son compte, *Étienne de Vesc*, p. 209.
3. Torre del Greco, à sept milles de Naples.
4. Nocera de' Pagani, ancien domaine des Zurlo, ville du comte de Montuoro, fils ainé du prince della Riccia, de Capoue. Paul Jove en fut évêque.

de Montoire, ou demeura troys sepmaines a repos. Durant lequel temps il fut sain et bien guery, par quoy il s'en voulut retourner a Naples, pour subvenir aux affaires du Roy; le senechal de Beaucaire, qui la estoit envoyé de par le Roy, fut actainct de maladye : tellement que gueres n'exploicta son office, que la mort ne le saisist[1].

Le Roy Frederich transmist lors devers le Roy le double de la composicion et appoinctement qu'il avoit faict avecques le sire d'Aubigny et les autres ses lieutenans, avecques les articles faictz sur ce qu'il demandoit au Roy, premier que se vouloir desister du droict qu'il disoit avoir au Royaume de Naples : desquelles choses le Roy fut moult joyeulx; et pour sollempnizer les bonnes nouvelles, commanda icelles publyer par tout le Royaume de France[2], et, pour ce, faire en tous

1. Il mourut le 6 octobre.
2. Le roi en notifia la nouvelle au royaume par les lettres suivantes. On y verra, contrairement à ce qu'a dit Jean d'Auton, page 65, qu'on n'avait pas publié la nouvelle du sac de Capoue.

« *La prise du Royaume de Naples.*

« A noz tres chiers feaulx et bien amez messeigneurs de nostre parlement a Paris, des comptes et hostel de la ville. Tres chiers et bien amez, vous avez pieça bien peu scavoir et entendre l'entreprise que nous avons faicte pour le recouvrement de nostre royaume de Naples, comme, au moys d'avril dernier passé, nous fismes mettre sus nostre armée tant gens de pié que de cheval, pour avec ses cappitaines, ses chiefz que y deputasmes et ordonnasmes, lors executer nostredite emprise. Et combien que puis nagueres nosditz lieuxtenans et cappitaines nous eussent escript et fait scavoir la forme et maniere de la ville et cité de Cappone qui fut prise par force et d'assault et tous ceulx qui estoient dedans pour sa deffence d'icelle pris et tuez, ce neantmoins, attendans ses nouvelles qui ce jourd'uy nous sont venues, nous ne vous en avons aucune chose fait scavoir. Et pour ce que presentement sommes acertenez tant par lettres de nosditz lieuxtenans que d'ailleurs que,

ses pays les feuz de joye. Ce qui fut faict. Les articles de la demande de domp Frederich furent mys en

par traicté, accord et appoinctement fait avec domp Federic d'Arragon, les villes et citez de Naples et de Gayete, et les chasteaulx neuf de l'Œuf et dudit Gayete sont de ceste heure presente entre noz mains et vraye obeyssance, et ledit Federic avec ses biens retiré en l'ysle d'Iscle, nous avons bien voulu vous en rescripre et faire participans des bonnes nouvelles que nous en avons eues, qui sont telles que aujourd'huy tout ce qui nous peult et doit appartenir en cestuy nostre royaume est entre noz mains, et seve ladicte ysle d'Iscle, laquelle dedans six moys prochains ledit domp Federic est tenu et obligé nous rendre et bailler a nosdictz lieuxtenans, qui est la totale fin et perfection de la comqueste. En laquelle Dieu nostre createur nous a fait une tres grant grace et a luy seul atribuons la louenge et victoire. Vous priant et neantmoins mandons des nouvelles des places dessusdictes, comme noz bons, vrays et loyaulx subjectz, que scavons amer et desirer de tous voz povoirs le bien, honneur et prosperité de nous et de noz affaires, et faire telle demonstrance de joye que le cas le requiert, et par processions, prieres et oraisons rendre graces de voz pars a nostredit Createur de la victoire qu'il luy a pleu nous donner contre ledit domp Federic au recouvrement d'iceluy nostre royaume. Et oultre ce vous ferez voz devoirs et la raisons et ce nous sera plaisir tres agreable. Donné a Lyon le VIII jour d'aoust mil cinq cens et ung.     Loys.   Robertet. »

Ces lettres sont imprimées en plaquette de deux fol. petit in-16. A la suite, on a imprimé l'avis que le jeudi 19 août 1501, à quatre heures du soir, le Parlement, la Chambre des comptes et Messieurs de l'hôtel de ville de Paris se sont, en conformité des lettres qui précèdent, solennellement rendus à Notre-Dame, où les chanoines ont chanté « plusieurs beaulx virelaiz et louenges » en l'honneur de la Vierge, ainsi qu'un *Te Deum*. Le soir, dans les rues et carrefours, on fit des feux « et tables rondes », au milieu d'une joie universelle. Grands et petits criaient : *Noël!* et *Vive le tres crestien roy Loys!*

Suit une *Louenge en maniere de chançon* et la *Complainte de Constantinoble a Rome*. Cette dernière pièce se compose de deux couplets, dont le second est ainsi conçu :

  « Resveille toy, noble sang royal,
  Haultain chef des autres plus noble,

conseil, pour y adviser jouxte la raison, et en ordonner scelon equité [1].

> De Jherusalem imperial,
> De Naples et Constantinoble,
> De Grece et Cecile la noble
> Et de France la souveraine
> Vient prendre la couronne double,
> Comme fist le roy Charlemaigne,
> Pour nous mettre tous hors de peine. »

1. V. *Histoire de la maison de Nicolay*, par M. de Boislisle, t. I, p. 49, la lettre des capitaines envoyant au roi les *articles*, et la lettre de Louis XII au duc de Lorraine (Lyon, 10 août) concernant la prise de Naples. Pour faciliter l'occupation de Naples, Louis XII avait rendu l'ordonnance suivante :

« *Abolicion generalle pour ceulx de Napples pour leur rebellion et desobeissance.*

« Loys, etc. Duc de Millan. Savoir faisons a tous presens et advenir que, comme nous, considerans que, en intencion et esperance de, a l'ayde de Dieu, recouvrer et redduyre de brief en noz mains et obeissance nostre royaulme de Napples, lequel feu nostre tres cher seigneur et cousin le Roy Charles, que Dieu absoille, en son vivant, et certain temps devant son trespas, conquesta et redduist en son obeissance, comme a luy appartenant, et en chasser et debouter Frederic d'Arragon et ceulx qui vouldroient estre ses adherans et alliez ; nous en ayons presentement mis et mectons sus une grosse et puissante armée, garnie de toutes choses ; mais, pour ce que, après ladicte conqueste dudict royaulme faicte par nostre dict feu seigneur et cousin le Roy Charles, plusieurs dudict royaulme, mesmement le peuple de nostre dicte ville de Naples, apres ladicte conqueste et serment de fidelité qu'ilz avoient faictz de bien et loyaulment servir, a la poursuicte et instigacion de ceulx dudict Arragon et d'aucuns princes et seigneurs dudict pays et aultres particulliers dudict pays, se rebellerent a l'encontre d'icelle feu nostre dict seigneur et cousin le Roy Charles et feu nostre cousin le conte de Montpenssier, son lieutenant et visroy audict royaulme, et autres ses gens et officiers, et tindrent le party et obeissance de ceulx dudict Arragon en armes et aultrement, en venant directement contre ledict serment de fidelité par eulx faict, commectant crime de lezemagesté, et par ce confiscans corps et biens, dont

## XIV.

Commant messire Phelippes de Ravestain, gouverneur de Gennes et lieutenant du Roy sur l'armée de mer, fut a Naples, et ne voulut tenir l'appoinctement faict par messire Beraud Stuard, le duc de Vallentinoys, le conte de Gayace, lieutenans du Roy, et le Roy domp Frederich ; et commant fut transmys ledit Frederich en France, a lasseurté du Roy.

**Messire Phelippes de Ravestain, lieutenant du Roy**

infiniz maulx et dommaiges sont depuis ensuyz; a l'occasion desquelz nostre dict peuple et subgectz de nostre dicte ville pourroient craindre de tomber en noz mains et obeissance, doubtans que cy apres nous les en voulsissions apprehender, pugnir ou molester : par quoy ayons esté conseillez, pour leur oster tout scrupulle et doubte qu'ilz pourroient avoir en ceste matiere, et affin qu'ilz ne facent difficulté de liberallement eulx remectre en noz mains et obeissance, leur octroyer abolition generalle de ladicte rebellion et revolte. Savoir faisons que nous, les choses dessusdites considerans, ayant pitié et compassion dudict povre peuple de nostre dicte ville, qui en ce pourroient avoir failly, consenty et adheré, a l'instigacion et poursuicte desditz injustes occupateurs d'icelle nostre royaulme et leurs dictz adherans et alliez, aucteurs d'icelle rebellion, ou pour la crainte qu'ilz avoient d'eulz, ou autrement; voulans en cest endroict misericorde preferer a rigueur de justice; et aussi affin que cy apres, s'il plaist a nostre dict Createur nous donner la dominacion et force d'icelle nostre royaulme, ilz nous soient plus loyaulx et feables, et sans jamais varier : pour ces causes et autres bonnes et raisonnables consideracions qui a ce nous ont meu et meuvent, au peuple et habitans de nostre dicte ville et cité de Napples, excepté seulement les princes, chefs et principaulx aucteurs et conducteurs de la rebellion et revolte, que en avons reservez et exceptez, avons remis, quicté et pardonné et abolly, remectons, quictons, pardonnons et abolissons de nostre certaine

en l'armée de mer, estoit lors party de Gennes, avecques vingt voisles tant seullement, et tant avoit singlé par mer, que sans destour avoit approché le port de Naples de deux mille pres. A sa venue, les autres lieutenans du Roy, qui lors estoyent a Naples, transmirent au devant de luy messagiers, pour luy dire et signifier l'appoinctement qu'ilz avoyent fait avecques le Roy domp Frederich, qui estoit tel que, apres que la ville de Naples auroit vuydée, et icelle lessée entre les mains des Françoys, que il se retireroit en l'isle d'Iscle, ce qu'il avoit ja faict; et que en oultre avoit six moys de terme pour envoyer devers le Roy, et trecter de son affaire; et les six moys passez, si l'appoinctement que le Roy luy vouldroit faire ne luy sembloit bon, pourroit ledit Frederich deffendre sa querelle comme il sauroit. Ainsi fut adverty ledit sei-

science, grace espicial, plaine puissance et auctorité royal, par cesdictes presentes, ladicte rebellion et desobeissance ainsi par eulx faicte et commise a l'encontre d'icelluy feu nostre cousin le Roy Charles, ledict conte de Montpensier son lieutenant et visroy oudict royaulme, et autres ses cappitaines, gens et officiers, apres le serment de fidelité, pour avoir tenu le party de ceulz d'Arragon, le portant et favorisant et aydant en armes et autrement a l'encontre de luy, ensemble tous autres cas crimes et delictz que l'on pourroit ou vouldroict dire qu'ils auroient faictz et commis par ladicte revolte, soit de crime de lezemagesté, port d'armes, assemblées et voyes de faict, conspiracions, machinacions et choses qui en deppendent, en quelque maniere qu'ilz puissent par eulx avoir esté faictz et commis, sans ce que aucune chose leur en soit ou puisse estre imputée ou demandée en leurs personnes et biens, ores et pour l'avenir, et comme chose quant a eulx non faicte et advenue. Et sur ce avons imposé et imposons scilence perpetuel a noz advocat et procureurs fiscaulx et autres noz officiers oudict royaulme. Si donnons..... »

(Copie, sans signature ni date, dans le *Formulaire*, ms. fr. 5501, fol. 102 r° à 104 r°, Bibl. nat. de Paris.)

gneur de Ravestain du trecté et conclusion de l'appoinctement susdit, et requis par les autres lieutenans du Roy de donner a ce consentement, et icelluy avoir agreable. Ce que ne voulut[1], disant que celuy appoinctement luy sembloit du tout au desavantage du Roy, et au proffit de domp Frederich ; et ausi que sans luy l'avoyent faict, ce que ne pouvoyent ne ne devoyent, veu que lieutenant du Roy comme eulx estoit, et en oultre admiral[2] : parquoy ne consentiroit audit trecté,

1. Ravenstein se faisait décerner à Gênes des honneurs royaux. Au mois de mai 1500, lorsque sa femme vint le retrouver, deux galères génoises furent spécialement armées pour aller à Marseille chercher Madame la « gouverneresse » (gubernatricem) (*Memorie Genovesi*, aux Arch. du ministère des affaires étrangères de France, *Gênes*, 2, fol. 233). Il comptait aussi probablement se faire sa part des dépouilles de Naples. Il avait obtenu, en Milanais, 600 ducats de rente annuelle sur biens confisqués, avec dispense des conditions habituelles (résidence de deux ou trois ans dans le pays, retour, en cas de vente, de la moitié à la chambre ducale. — Ms. fr. 5501, fol. civ v°, cvi). — Sa fille fut fiancée, en 1504, à Lucien Grimaldi, seigneur de Monaco (Saige, *Documents historiques relatifs à la principauté de Monaco*, t. II, p. 34).

2. Voici le texte même des pouvoirs dont arguait Ravenstein, dans ce regrettable conflit :

« *Pouvoir a Monseigneur de Ravastin, pour aller contre les Turcs.*

« Loys, etc., Roy de France, de Napples et Jherusalem, Duc de Millan, Seigneur de Gennes, a tous ceulx qui ces presentes lectres verront, salut. Comme, en ensuivant les vertueulx exemples et haultz faictz dignes de memoire de noz predecesseurs Roys de France, loyaulx catholicques, aucteurs et deffenseurs de nostre foy chrestienne, portans le nom et tiltre de Roys tres chrestiens, ayons tousjours eu ferme propos et deliberacion d'employer non seullement nostre personne, mais aussi les biens et facultez de nostre dict royaulme pour l'honneur et reverence de nostre Sauveur et Redempteur Jesucrist, a la deffence de son sainct nom et de nostredicte foy et religion chrestienne ; et soit ainsi que, par nostre tres sainct Pere et autrement, ayons esté informez et adver-

mais sur ce feroit ce qu'il devroit; ausi que de ce devoit avoir la cognoissance, veu que domp Frederich estoit lors en l'isle d'Iscle sur mer, et en ses dangers.

tiz des entreprinses et cruelles invasions que les infidelles Turcs, ennemys mortelz et adversaires dudict nom chrestien, lesquelz puis certain temps en ça, comme il est notoire, ont prins par hostillité de guerre plusieurs belles villes et places comme Lespecte (*Lépante*), Modon et autres terres chrestiennes, et faict inhumainement mourir ou mis en captivité miserable le peuple d'icelles villes, et, qui pis est, s'esforcent de perseverer et tirer plus avant en ça, tendans de tout leur povoir a destruire et effacer ledict nom chrestien; auquel et a tous ceulx de nostredicte foy et religion chrestienne ilz ont desja infferé plusieurs grans et enormes maulx, lesions et dommaiges, ou grant opprobre d'icelle nostre foy, et pourroient encores plus faire, si moyennant la grace de Dieu et par la vertu des princes et seigneurie chrestienne n'y est mise resistance et provision. Pour laquelle chose mectre a execution, après comme nostre Sainct Pere le Pape a incité et admonnesté tous les autres Roys et princes chrestiens, noz freres, a la repulsion desdictz Turcqs et recouvrement desdictes terres par eulx invadées et occupées, avons conclud et deliberé de nostre part y entendre et subvenir. Et a ceste cause Nostre Sainct Pere, a nostre requeste, vouloir et consentement, ait maindé mectre sus et lever en et par tout nostre dict royaulme, pays, terres et seigneuries la decime sur tous et chascuns les gens d'eglise et clergié d'eglise et clergié d'iceulx, ensemble le jubilé et croysade, pour les deniers et esmolumans venans desdictes choses convertir et employer pour le service de Dieu et bien de la chrestienneté a ladicte repulsion desdicts Turcqs et recouvrement desdictes terres chrestiennes, comme de deniers dediés a telles œuvres. Et pour ce faire ayons mis sus et faict dresser, armer, advitailler et equipper une bonne, grosse et puissante armée par mer, ou il a grans nombres de naufz, carraques, barques, barchotz, galleres, gallions, brigantins que autres vaisseaulx, tant de noz pays de Normandie et Bretaigne, mer de ponant, que de noz pays de Prouvence et Gennes, et sur iceulx ung bon gros nombre de gens de guerre avec une bonne bande de nostre artillerie et autres municions et provisions requises au faict de ladicte armée. Pour la conduicte et gouvernement de laquelle, pour ce que pour les grans charges et occupacions que avons a la conduicte des affaires de nostredict

Et ce dit, ma[r]cha oultre jucques a Naples ; et la
de ceste matiere entre eulx fut grande question, et le

royaulme n'y pourrions vacquer en personne, comme singullierement le desirons, soit besoing commectre et depputer aucun personnaige notable d'auctorité, dignité et prudence congnue, a la haulteur et gouvernement de tel affaire, ainsi que est nostre tres chier et tres aimé cousin Phelipes de Cleves, seigneur de Ravastin, nostre lieutenant general et gouverneur a Gennes, et admiral dudict royaulme de Naples et Jherusalem. Auquel par ce ayons deliberé en bailler la charge principalle, esperant, ainsi qu'il nous est enjoinct par proximité de lignaige de singulliere dillection, il s'emploira d'autant plus vertueusement en ceste salutaire entreprinse. Scavoir faisons que nous, les choses dessusdictes considerées, mesmement la proximité de lignaige dont nous actient nostredict cousin le seigneur de Ravastin, confians fermement de sa prudence, loyaulté, vaillance et grande dilligence, icelluy, pour ces causes et autres bonnes consideracions a ce nous mouvans, avons faict, constitué, ordonné et establiy, faisons, constituons, ordonnons et establissons nostre lieutenant general, chef et gouverneur de nostredicte armée de mer, que ainsi faisons dresser et envoyer, pour resister a l'encontre des invasions et entreprinses que s'esforce faire ledict Turcq sur et contre ladicte chrestienneté, et pour le recouvrement desdictes terres chrestiennes, ainsi par luy prinses et usurpées comme dict est. Et luy avons donné et donnons plain pouvoir et auctorité special de conduire, regir et gouverner nostredicte armée, et a la force et vertu d'icelle, par tous bons moyens qu'il advisera et tant par conseil que a puissance d'armes, procedder a la resistance dudict Turcq et tous aultres qui se declaireront ses particippans, adherans et alliez ; et au recouvrement d'icelles terres et seigneuries. Et, en ce faisant, mener, guider et conduire nostredicte armée es lieux ou besoing sera, ainsi qu'il verra et cognoistra bon estre ; de requerir et demander a tous princes et seigneurs la permission et congé neccessaire pour leur passaige, en faisant faire icellui passaige dilligemment. Avec ce, de payer et faire payer et continuer ceulx qui bailleront et administreront vivres et aultres choses necessaires a nosdictes gens et armée. Et s'aucuns d'eulx, demonstrans noz ennemys et adversaires, voulloient empescher et contredire ledict passaige, par quelque lieu que ce soit, y pourveoir en maniere que cestedicte entreprinse ne soit pourtant retardée ou empeschée. Qu'y

propos scelon l'oppinion de chascun debatu : et, pour conclusion faire, messire Phelippes de Ravestain dist

proceddant a main forte et armée, si mestier est, les sommacions et droiz militaires et autres sollempnitez en tel cas prealablement gardées et observées, de aller, asseoir, applicquer, sejourner et repouser nostredicte armée en telz lieux, ports et havres qu'il verra estre a faire, et icelle employer et exploicter a l'encontre de l'armée dudict Turcq ou de sesdictz adherans et alliez, si aucuns en avoit, mesmement au recouvrement desdictes places, terres et seigneuries chrestiennes ainsi prinses et occupées, et y proceder par oppositions, sieges, livraisons de batailles et assaulx, ainsi qu'il verra estre affaire pour le mieulx ; de prandre et mectre sus renffort de gens a nostre soulde si besoing est et l'affaire le requiert, de faire faire les monstres et reveues de tous les mariniers et gens de guerre de ladicte armée de mer, leur faire bailler leurs payemens aux feurs et pris qu'ilz leur ont esté ordonnez. Et pareillement ordonner et faire distribuer les fraiz et despences necessaires d'icelle armée par celluy ou ceulx qui a ce seront par nous commis et ordonnez : de faire vivre en bon ordre et police tous ceulx de ladicte armée, faire faire justice, pugnicion et correction de tous cas commis et perpetrez en icelle armée par quelques personnes que ce soient, ou les remectre, quicter et pardonner, s'il voit que bon soit, demander et faire venir devers luy tous les cappitaines, patrons et autres chefz et conducteurs particulliers desdictz navires, barques, barches, galleres, brigantins et autres naufz, toutes et quantes foys que bon luy semblera, pour tenir conseil et avoir leurs advis et oppinions du faict, conduycte et exploict de ladicte armée, et des moyens par lesquelz l'on pourra mieulx grever lesdictz infidelles. Ou pour a iceulx patrons, cappitaines, gens de guerre ou aultres, et chacun d'eulx, commander et enjoindre et donner loy et statut des choses qu'ilz auront a faire, et comment ilz auront a eulx conduyre et gouverner audict voyage, au bien de ladicte entreprinse, ainsi qu'il trouvera par conseil et qu'il congnoistra estre neccessaire soit de combatre, investir et aborder l'armée dudict Turcq, s'ilz la peuvent trouver ou rencontrer en mer en lieu opportun, ou deffendre, ne le faire s'il voit et trouve que faire ne se doye pour importunité du temps, lieu et heure, de faire descente en terre devant lesdictes villes et places ainsi prinses et invadées par ledict Turcq, et icelles assieger et recouvrer, si faire se peult, pour les rendre a ceulx a qui

que la composition estoit a la foulle du Roy, et scelon
l'intencion de Frederich et la raison, car, durant le

ilz appartiennent, ou les garder comme il verra mieulx estre.
Pareillement, de faire autres descentes es isles et terres dudict
Turcq et infidelles, et en icelles faire courses et autres exploictz
de guerre et y commectre gens et officiers a la garde, si besoing
est, d'envoyer sur lesdictz Turcqs, infidelles et leurs alliez et particippans declarés noz adversaires, deuement congneuz et non, sur
aultres telles desdictz naufz, carracques, barques et autres vaisseaulx de ladicte armée qu'il advisera et verra bon estre, pour les
grever et endommaigier par tous les moyens que possible sera, de
garder et deffendre que aucuns de ladicte armée ne courent sus
a aucuns qui soient noz amys, confederez et allyez ou soubz nostre
seureté, protection et sauvegarde. Et au surplus faire pugnicion
des delinquans et malfaicteurs, telle que ce soit exemple a tous
autres, de casser, oster et mectre hors de nostre service tous ceulx
desdictz cappitaines, patrons et conducteurs particulliers desdictz
navires qu'il trouvera, et seront cognuz n'estre souffisans, experimentez et entenduz pour servir, ou qui se trouveront desobeissans
ou reffusans de faire et acomplir ce qui leur sera ordonné au bien
de ladicte entreprinse, et en leurs lieux et places y en mectre
d'autres plus souffisans, ainsi qu'il verra estre a faire; de prendre
et recepvoir [le serment] de tous les cappitaines, patrons et maistre
de navires, de bien et loyaulment nous servir durant qu'ilz seront
en nostre service durant ce present voyaige, affaire et armée, et
de luy estre, comme a nostre lieutenant general, bons et obeis-
sans, comme il appartient et faire se doibt; de demander en cedict
affaire l'ayde, secours, renffort et assistance de tous princes et noz
amys, alliez et bien vueillans. Et en telle maniere que besoing
sera envoyer et delaiguer ambassades et autres messaigiers pour
lesdictz affaires, recepvoir a composition toutes les villes, forte-
resses et lieux qui y vouldront venir, et oyr toutes manieres
d'ambassades; de bailler et octroyer seuretez, saufconduictz,
treves et abstinence de guerre, de recepvoir toutes manieres de
gens estranges; de prandre et recepvoir a nostre bonne grace et
mercy, party et obeissance, tous ceulx qui liberallement s'en
vouldront rendre capables d'en estre; de commectre et depputer
gens a tous les actes necessaires pour la provision des vivres de
ladicte armée. Et sur toutes et chacunes les choses dessusdictes
et leurs deppendances bailler et delivrer ses lectres patentes,

terme de six moys que pour penser a ses besoignes il avoit, l'armée de France ce pendant pourroit despendre

mandemens, commissions et autres choses necessaires et telles que besoing sera; lesquelles nous voulons et auctorisons valloir par ces presentes, signées de nostre main, et estre d'un tel effect, vertu et valleur, comme s'ilz estoient faictes par noz lectres. Et generallement de faire exploicter et besongner et poursuir touchant le faict et conduicte de nostredicte armée et recouvrement desdictes terres usurpées et autres que besoing sera circonstance et deppendence, tout autant que nous mesmes ferions si nous y estions en personne, et comme a lieutenant et chef d'armée appartient, jaçoit ce que par advanture la chose requis mandement plus especial; promectant, en bonne foy et parolle de Roy, avoir agreable et tenir ferme et estable tout ce que par nostredict cousin lieutenant general aura esté faict et besongnié es choses dessusdictes, sans y contrevenir en aucune maniere. Si donnons......»

(Copie ancienne, dans un *Formulaire*, à la Bibliothèque nationale de Paris, ms. fr. 5501, fol. 91 r· à 97 r°.)

Cette commission, si large et si précise, a mérité de servir de type pour les commissions analogues. Elle ne confère de droits à Ravenstein que pour la conduite de l'expédition et seulement contre les Turcs et leurs adhérents. Sans doute, on savait bien Frédéric de Naples l'ami du Grand-Turc, mais cependant on ne pouvait le qualifier d'*adhérent,* au sens légal du mot. — D'autre part, il faut dire, à la décharge de Ravenstein, qu'il était bien amiral de Naples et commandant en chef de toutes les forces navales. Il allait rallier dans les eaux de Sïcile les vingt et un gros vaisseaux, armés en France par les soins du cardinal d'Amboise, et qui avaient coûté d'armement 360,000 liv. (Dépêche de G. Cornelio, Milan, 17 juillet 1500. Arch. de Venise, *Dispacci,* ... filza 19.) Aucun gouvernement ne prenait bien au sérieux le projet de croisade; les *clichés* de la chancellerie pontificale sur les armements menaçants du Turc ne se trouvaient confirmés par aucune indication. Les Vénitiens seuls désiraient voir faire la police des mers d'Orient aux dépens de la France, et laissaient entendre qu'à ce prix ils concourraient à l'expédition contre Naples. Le cardinal d'Amboise déclarait très franchement son projet de faire une simple démonstration dans les mers d'Orient, pour tenir le Turc en respect, de se contenter d'une *petite* victoire et de remettre la suite à une autre année, pour ramener contre Naples les forces franco-véni-

grant argent, et perdre prou gens, et le Roy Frederich se pourveoir d'avoir, aquerir amys, et faire

tiennes. L'expédition avait donc surtout pour but de justifier la perception d'une dime ecclésiastique en France, de satisfaire les Vénitiens et le pape. Or, on verra plus loin la conduite des Vénitiens; quant au pape, qui avait recueilli en France 60,000 livres pour armer vingt galères à Venise, il n'en faisait armer aucune (dépêches de Fr. Foscari, Loches, 12 février 1501; de Ben. Trevisano, Lyon, 19 juin 1500; dépêche citée de Cornelio. Archives de Venise, *Dispacci,* fil. 1ª). Ravenstein, certainement au courant de cette politique, devait donc, malgré les termes précis de sa commission, se croire, en réalité, commandant en chef des forces navales contre Naples. En réalité, ni d'Aubigny ni Ravenstein n'avaient qualité pour traiter. Comme on le verra plus loin (p. 89, n. 1), les pouvoirs à ce sujet étaient délégués au duc de Nemours, mais ce jeune homme n'avait pas encore rejoint son poste.

Le 7 juin, le pape annonça en consistoire son alliance avec la France et l'Espagne contre les Turcs et contre Naples; et cependant l'ambassadeur florentin à Rome écrivait encore, le 25 mai 1501, à son gouvernement :

« ..... Domandato dal Papa che nuove io havessi, lo ringratiai in nome vostro dello officio del suo Breve, per essere di già mosse le genti donde erano, pregandolo che replicassi, ad ciò se ne facessi il resto; rispesemi haverlo facto vivamente per altre lettere, oltra ad quelle sapevo; subiungendosi *cosi soprammano* che le Sig$^{ie}$ V$^e$ guardino pur loro di non mancare del debito suo et di non fare quello che non convengha, perché il Duca farà suo debito, repetendomelo due volte : et rispondendoli come convenia, ne discesi al communicare le lettere, quale non li piacque, *anzi, tutto se ne turbò,* et mi dixe : Io vò dirvi in tre parole il parer mio : E' vostri Sig$^i$ hanno gittato veleno de ogni banda contro al Duca : et dolendomi io del parlare suo, si dichiarò che V$^e$ Sig$^{ie}$ haveano scripto al Christianissimo et significatoli ogni cosa, et etiam la prima chiesta di cinque cose quale fecie il Duca : et che essendo lui giovane, quelle non doveano voler notarlo di ogni cosa apresso quella maestà : *et tutto diceva con alteratione et passione non poca.* Io advertivo S. Sanc$^{tà}$ che se quella si doleva delle parole o lettere vostre al Re, doveva etiam iudicare che le Sig$^{ie}$ V$^e$ si doveano dolere molto più *de' facti del Duca et delle sue genti,* et che quella non havea ad sapere hora, che la Città vostra havea il Christianissimo per protectore et benefactore suo : et come

alyences ; et ausi que, ce durant, le roy d'Espaigne,
duquel il se disoit parent, et autres, luy pourroyent

è consueta in ogni accidente conferirsene con quella maestà : et che
di questo del Duca era molto più conveniente vedendosi assalire
con le armi, et richiedere, anzi forzare di cose tanto inhonorevoli
ad le Città : et che S. Beat<sup>ne</sup> fussi contenta fare con celerità partire
tutto quello exercito del vostro Dominio, et fare demonstrationi
verso le Sig<sup>ie</sup> V<sup>e</sup>, et lui et il Duca di amicitia, et di coniunctissimi,
come ne hanno voluto quelle ; et che se bene il damno dato dal
Campo era grandissimo, nondimeno S. Sanctità havea le braccie
lunghe, et potea, volendo, compensare, anzi avanzare con il bene
il male ricevuto costì : et che io adcertavo quelle che se facessi
levare le genti, et disponessesi et lei et il Duca di volere essere
amici vostri, non era ancora facta alcuna roptura della coniunctione creata, ma conservatosi dal canto vostro, et saria, volendo
lei, per augmentarsi : ma che e' modi sinistri del Campo et di quelli
capi erano col Duca, doverrieno fare impatientire uno sancto : et
che io ero advisato che Vitellozzo in Pisa havea sparto che il Duca
volea con il Campo andare a Livorno, che non è per nuocere troppo
il dare tale openione, et non sono convenienti volendo se ne creda
amicitia et coniunctione. S. Beatit<sup>e</sup> replicò che era mal principio
ad voler fare venire le genti d'arme francesi contro al Duca et
haverlo voluto mectere in disgratia di quella maestà, *alterandosi
et lignendosi tucto.* Et monstrava che le parole di Vitellozzo doves-
sino essere adposteli et non vere. Né bastava il dirli io quello ne
conveniva, et per posarlo et per defendere la causa vostra. Et in
tale agitatione si voltò ad mess<sup>r</sup> Troccio, quale solo era con noi,
et dixe : Io non volevo già *che il Duca venissi a Firenze, per chè io
pensavo che coloro li farieno fare cosa de quale e' si rovinerebbe ;
et masticando da se subiunse :* Hora verranno queste genti franzesi,
et parte ne verrà per la Romagnia, perché Costrocaro è presso ad
Furly ; *et parea si dolessi assai in se stesso :* et diedemi licentia. Et
credinmi le Sig<sup>ie</sup> V<sup>e</sup> *che ha auto la mala nocte ; et io non per altro
non volli differire ad stamani ad communicarli il tucto : et stamac-
tina ho di certo che il Papa è suto tucta nocte in agitatione, et di
dolersi et di scrivere, et spetialiter che, dolendosi del venire delle genti
franzesi, dicea : O Papa Alexandro, dove andrai tu? che farai tu?*
Et chi lo sa lo ha decto *all' oratore di Francia come ad me.*

 « Sono poy suto questa mattina con l'Oratore franzese, et hammi
lecto una lettera dal Re ad lui de' xv venuta hieri, quale non potria

donner tel secours, que a fin de cause les Françoys n'auroient pas du meilleur : dont l'entreprise du Roy a ce moyen se pourroit de moult retarder, et par adventure du tout empescher ; veu que ayde d'argent et secours de souldartz ne pouvoir soumairement a

dare maggiore riscontro di sua voluntà, secondo che ne contengono le vostre, et commecteli che sia con il Papa et dichali in effecto il medesimo scrive ad voy, et con più efficacia et dimonstratione di amore verso la Città. Et perché, come io per altre ho advisato, *decto Oratore non è molto amico del Papa,* et viene poco ad Palazzo, et hieri vi mandò San Severino et quello Vescovo Trachorense, et non di meno mi ha decto volervi andare hoggi *et squoterlo bene,* maxime che da me ha intexo come il Duca è ancora nel vostro et che minaccie non partire, etc., dove il Papa hieri haveva affermato, ad li nominati di sopra, il contrario, et che fussi uscito del vostro.

« Qui infino ad hieri non si è atteso ad altro che ordinare e legni per ad Piombino, di quali advisai per altra. Et eravisi cresciuti 2 ghaleoni grandi bene armati, che erano qui ad Ripa, *et di continovo si è atteso qui ad piglare huomini per la Terra, d'ogni sorte, per armare per forza decti Legni : et il Papa se ne fa raghuoglare et ridesene.*

« ..... *Il Duca ha mandato in Francia di campo uno Vescovo di Enna che havea con se, per iustificare la causa sua con il Re.* Et se queste lettere et mosse delle gente di Francia *sono al Duca come al Padre, doverrieno essere di uno grande effecto.....* Qui è venuto in diligentia, secondo intendo, uno nuovo oratore di Hispagna, et le Sig$^{ie}$ V$^e$ haranno dipoi hauto altre mie..... Et perché qui non si fa alcuno spaccio intra tre di, potria essere che io ne mandassi stasera queste in poste ad le Sig$^{ie}$ V$^e$.....

« Rome, die xxv maii 1501.

« Servitor... FRANCISCUS DE PEPIS, doctor, orator. »
(Archives de Florence, class. X, dist. 4, filza 65, p. 237.)

Dans sa dépêche du 9 juin, le même ambassadeur commente ainsi l'alliance, proclamée le 7 : « La comune opinione delli huomini quà è anche in questa sententia, et che la coniunctione di questi due Re sia ad distructione o ad reformatione sua (du pape); et lui actende ad fare 1,000 fanti più per la ghuardia sua. » (*Ibid.,* p. 273.)

besoing subvenir a cest affaire pour la loingtaineté du lieu, comme autresfoys et de fresche memoire, en cas semblable, aux Françoys du temps du Roy Charles VIIIe, apres la conqueste qu'il fist dudit Royaume de Naples, en estoit advenu. Plusieurs autres remonstrances fist messire Phelippes de Ravestain sur le deffault de ce, tant que le duc de Vallentinoys dist que les autres ses compaignons avoient faict la chose oultre son vouloir, et que, s'il l'avoit signée, ce avoit faict a leur apetit seullement[1]. Mais que que soit, en ce faisant et en ce cas, mal auctorizé et bien inconstant se monstra il. Toutesfoyz je mectz ce conte a part, pour dire que messire Phelippes de Ravestain, mal content de ce que sans luy sur l'affaire de Frederich avoit esté composicion faicte, dist a messire Berault Stuard, et ses autres compaignons, que plus ne demeureroit avecques eulx a Naples; mais s'en vouloit aller sur mer, pour faire ce qu'il devroit, et acomplir son voyage de Turquye, comme de par le Roy luy estoit commandé. Toutesfoys fut par prieres arresté pour huyt jours seullement; et en ce terme les navires et galleres du Roy,

---

[1]. Jean d'Auton ne manque aucune occasion de dire son mot sur César Borgia. Depuis la campagne de Romagne, il s'était produit un grand refroidissement avec César Borgia, ainsi qu'avec Alexandre VI. Louis XII se refusait absolument à laisser César étendre ses conquêtes et à les prendre sous la protection de la France, pour les lui assurer en cas de mort du pape. Le cardinal d'Amboise disait qu'on ne pouvait pas assurer des États à un homme qui n'y avait aucun droit; que, du reste, il y avait en Italie trois hommes néfastes : Ludovic Sforza, Maximilien et le pape (dépêche de G. Cornelio, du 17 juillet 1501; Archives de Venise, *Dispacci degli ambasciatori in Francia*, fil. 1[a]. Cf. la dépêche florentine, du 25 mai 1501, dans la note précédente).

qui estoient partyes du port de Thoulon, en Provence[1], avecques les carracques de Gennes, arriverent a Naples armées et equippées deuement.

Le Roy Frederich, qui lors estoit en l'isle d'Iscle, sceut la venue de messire Phelippes de Ravestain, lieutenant du Roy en son armée de mer, et que grant navigage avoit avecques luy; et ausi fut adverty de ce que l'apoinctement faict par luy avecques les autres lieutenans du Roy ne vouloit tenir; mais luy vouloit courir sus, et faire guerre par mer. Par quoy luy envoya ung chevalier, nommé messire Anthoine Grison, pour luy dire et prier par luy que de sa part vousist avoir agreable et signer ledit appoinctement, comme avoyent faict les autres lieutenans du Roy : ce que ne voulut faire ledit seigneur de Ravestain, mais luy manda par sondit messaiger, que s'il ne vuydoit le lieu ou il estoit, ou que ne se rendist, que il le iroyt assieger et prendre quelque part qu'il le trouveroit. Donc de rechief revint celuy messire Anthoine Grison

---

1. Le port de Toulon ne comptait guère à cette époque. La Ciotat était le port militaire de la Provence, Marseille le port de commerce. Il y avait à Beaucaire un chantier de constructions. C'est pourquoi Charles VIII n'avait pas cru pouvoir organiser ailleurs qu'à Gênes son expédition contre Naples. Plus tard, Gênes lui manquant, il pensa à Toulon et donna ordre d'y faire de grandes dépenses pour élever des fortifications. C'est en rade de Toulon que la flotte italienne vint bloquer la flotte française, et l'affaire n'eut pas de suites. Nous avons donné des détails à ce sujet dans le tome III de notre *Histoire de Louis XII*. Instruit par l'expérience de Charles VIII, le cardinal n'avait point voulu de demi-mesures; il avait tenu à mettre en mer une flotte formidable, largement pourvue de tout, dont le point d'attache principal se trouvait en France; il n'avait pas manqué, comme on l'a vu, de faire venir dans la Méditerranée l'escadre de Normandie et Bretagne, que Charles VIII n'avait pas réussi à y amener.

devers messire Phelippes de Ravestain, pour le pryer amyablement de par le Roy domp Frederich, que, le plus loyallement que faire le pourroit, luy vousist sur son maleureux affaire donner provision de conseil, et que a celuy du tout se tiendroit. Oyant la prierre du Roy Frederich messire Phelippes de Ravestain, et voyant que par icelle faisoit offre de raison et presentoit humain party, luy presta l'oreille, et, pour plus en savoir, luy transmist ung sien maistre d'ostel, nommé Anthoine de Crequy[1], pour luy dire et respondre sur ce qu'il demandoit, que si en vye prospere le savoit, que de luy n'auroit aucun conseil; mais pour ce que en miserable adversité le veoyoit, et que en ce destroict les ennemys advantaigeux se doivent aux afflictz monstrer humains, sur son affaire voulentiers le conseilleroit; et pour le myeulx, scelon son advys, luy manda que, sans autre question, le plus proffitable de son cas estoit de soy mectre et rendre entre les bras du Roy, et a son vouloir soy soubmectre; et en ce faisant, tant humain, sage et debonnaire le trouveroit, et tel appoinctement auroit de luy, que se seroit jucques a devoir estre contant; et que meilleur ne plus seur conseil pour luy ne savoit; veu ausi que Naples et la plus grant partye du Royaume estoit entre les mains des Françoys, et que contre eulx ne pourroit avoir durée, ne a leur pouvoir resister.

Le Roy domp Frederich, oyant ladicte remonstrance

---

1. Antoine de Créquy, dit le Hardi, seigneur de Pont-de-Remy ou Pontdormi, plus tard bailli d'Amiens, capitaine de 80 lances, fils de Jean VI de Créqui, seigneur de Canaples, et de Françoise de Rubempré : tué en 1521 au siège d'Hesdin. Il épousa, en 1511, Jeanne de Saveuses.

de messire Phelippes de Ravestain, pença sur ce au plus proffitable de son myeulx; et la chose en conseil et a soy mesme debatist en disant : « Ores est il heure que de deux mauvais partys je choisisse l'ung. Toutesfoys le pire me conv[i]ent delaisser, et jucques a temps a l'autre me tenir; mais la descognoissance de la nature du cas en mon jugement me rend scrupulleux. Je voy la seurté myenne tant mal appuyée par la controversité des lieutenans du Roy de France, sur la composicion, par aucuns de eulx et moy faicte, ne m'est que trop peu secourable, et en riens comptée. Donc fault icy que, pour honte eschever, me deffende, ce que longuement ne puys, ou que au Roy de France me rende, ce que pour honneur suyvre promptement ne doibz. Que feray je doncques? Ou si j'efforceray mon pouvoir a ce resister, pour me mectre en hasart de perpetuel exil, ou si, en la fience de la promesse de mes ennemys au vouloir du Roy de France je soubmectray mon affaire pour ne perdre tout? Que diray je sur ce? si n'est que encores entre doubteuse esperance de peu de bien avoir, et seure deffyence de grand doumaige encourir, a moult differant propos ; par quoy n'ahurteray mon vouloir au danger d'une isle esbranlée, mais sur l'appuy de la ferme bonté du Roy tres cristien funderay le sort de mon adventure : veu ausi que a prince tres humain, piteux, sage et debonnaire, ay a besoigner. Doncques faiz je ce que je doy, or en aveigne que pourra. » Ainsi se consentit le Roy domp Frederich de s'en aller rendre au Roy, et pour ce faire print sauf conduyt de messire Phelippes de Ravestain et de messire Berault Stuard, lieutenans du Roy, pour s'en aller en France. Toutesfoys, dedans ladite isle d'Iscle laissa le marquis de Pescare, serviteur sien, auquel bailla seures enseignes pour rendre ladite isle a qui bon luy sembleroit, en luy envoyant sur ce les contresignes ; ausi laissa audit lieu dame Sabelle sa femme, laquelle estoit fille du prince de Haulte More, et avecques elle demeurerent deux petiz enfens et deux filles, et ausi laissa dedans Tarente ung sien fils aisné, nommé domp Ferrande, avecques deux cens hommes d'armes, pour garder ladite ville. Ores se deust bien plaindre le pauvre prince des dons labiles de variable Fortune ; mais tant fut enrichi des biens de nature que la perte de ses pays luy fut reconpancée en recreuve de lignée ; car luy seul avoit lors troys enfens masles, ou nul des Roys crestiens et princes infidelles n'en avoit nulz[1]. Or disons avant que le pauvre prince, apres lesdits saufs conduytz priz, demanda audit sieur de Ravestain ung jeune gentilhomme françoys, nommé Anthoyne de Castelferrus, des pencionnaires du Roy, pour le conduyre et mener jucques en France : lequel luy bailla ; et tout ce faict, fist equipper huyt galleres, une fuste et ung brigandin, et ce mist en mer avecques cinc cens gentishommes des siens, pour tirer vers Marceille, en Provence.

---

1. Exagération un peu forte. L'empereur, le roi d'Angleterre (pour ne pas citer d'autres exemples) avaient des fils. Jean d'Auton fait allusion ici au défaut d'héritier mâle direct, seul regret, vœu incessant, *delenda Carthago* de la France et du roi pendant le règne de Louis XII. La France ne cessa de réclamer au roi un fils, et, malgré les efforts de Louis XII qui se remaria dans ce but en 1514, elle n'en obtint pas.

## XV.

Commant Loys d'Armaignac, duc de Nemours, fut, par le vouloir du Roy, envoyé a Naples, pour estre chief et viroy audit Royaume de Naples.

Le Roy, qui lors estoit a Lyon sur le Rosne[1], fut par ses postes[2] asseuré de tout ce qui dela les mons avoit par ses gens esté faict, tant de la conqueste de Naples que de la venue de Frederich. Donc, comme celuy qui tousjours avoit l'ueil, l'advys et la main en besoigne pour secourir a ses choses, voyant ausi que audit royaume failloit chief sur tous auctorisé[3], la transmist

1. Sauf quelques déplacements de chasse en Dauphiné, il resta à Lyon jusqu'en novembre.
2. Les nouvelles d'Italie étaient centralisées à Milan, d'où le cardinal d'Amboise adressait chaque jour un rapport au roi. Les postes royales étaient si bien organisées qu'on leur confiait même les correspondances des ambassades étrangères. (Dépêche du 17 juillet 1501, de G. Cornelio; Archives de Venise.)
3. Dès le 8 août, le roi envoya Édouart Buillon, son valet de chambre, prier le duc de Valentinois de se retirer, avec des instructions qui portaient en substance : « Remercier le duc de son concours pour la conquête de Naples : le roi lui en sait le plus grand gré et le lui montrera toujours. Naples est foulée par les gens d'armes : il faut en laisser, à cause du sauf-conduit donné à don Frédéric pour rester six mois à *Iscle* : prier Valentinois de retirer son armée et la laisser à portée des événements. Sa compagnie seule restera au royaume de Naples, qui sera ainsi soulagé. Tout le monde pourra mieux vivre, au grand profit et utilité de notre saint-père et de lui... » (Fr. 2961, fol. 41; fr. 2931, fol. 11; publiée par M. de Boislisle dans l'*Hist. de la maison de Nicolay*.) La compagnie du duc de Valentinois, composée de 99 hommes d'armes et 198 archers, fut passée en revue à « Oignon, » dans le royaume de Naples, le 29 janvier 1501-1502, par Hector de Maubranchés (fr. 25783, 39).

Loys d'Armaignac, duc de Nemours, jeune prince de qualité petite, bien grant en savoir, tres mananime en vouloir, et plus excessif en vertus [1]; lequel ordonna estre seul viroy, et general gouverneur en toutes ses choses audit Royaume de Naples [2].

1. Jean d'Auton parle ici en historiographe officiel : Aless. Sauvage (*Chronique de Gênes,* publiée par M. C. Desimoni) appelle aussi le duc de Nemours « seigneur de toute bonté et vertuz, » mais cette appréciation n'était pas partagée par tous les contemporains. Louis était le dernier rejeton mâle légitime de la grande lignée d'Armagnac : on sait que Jacques d'Armagnac, duc de Nemours, décapité à Paris par ordre de Louis XI, le 4 août 1477, avait épousé, le 12 juin 1462, Louise d'Anjou, cousine germaine du roi, dont il eut trois fils, Jacques et Jean, morts jeunes, Louis, et trois filles (voir *Procédures politiques du règne de Louis XII,* p. LXXVI et suiv.). Le duc de Nemours était un jeune homme peu robuste et de peu de tête ; il possédait une fortune énorme.

2. Voici le texte de sa commission pour Naples, analogue à la commission de Ravenstein pour les Turcs : d'après le récit de Jean d'Auton, il semblerait que cette commission n'intervint qu'après le conflit de Ravenstein et de Stuart d'Aubigny ; il résulte de ses termes mêmes que la décision de nommer vice-roi le duc de Nemours était prise auparavant.

« *Povoir a Monsr de Nemours pour la conqueste de Naples.*

« Loys, etc., Roy de Napples et Jherusalem, Duc de Millan, etc. A tous, etc., salut. Comme pour, moyennant l'ayde de Dieu nostre Createur, recouvrer et mectre en noz mains et obeissance nostre dict royaulme de Naples, lequel feu nostre tres cher seigneur et cousin le Roy Charles, que Dieu absoille, en son vivant, apres qu'il fut deuement informé qu'il luy appartenoit comme son propre heritaige a cause de ses predecesseurs, le conquesta et mist en son obeissance, et lequel depuis, par le revolte et rebellion d'aucuns personnaiges tant nobles que subgectz d'icelluy royaulme, luy fut levé et remis es mains de ceulx d'Arragon, injustes et tiranniques detenteurs et occupateurs d'icelluy royaulme, ou il est encores de present ; nous avons faict dresser et mectre sus une grosse et puissante armée fournye d'un bon nombre de gens d'armes de noz ordonnances, gens de pied, Suysses, artillerie et autres municions et provisions requises ou faict de ladicte armée et conduite d'icelle

Ainsi print congé du Roy, de la Royne et de ses seigneurs de France, et se mist en bateaulx sur le envoyé, depputé et delegué noz amez et feaulx cousins conseilliers et chambellans, les seigneurs d'Aubigny et conte de Cayace, noz lieuxtenans; lesquelz font desja tirer et marcher en avant nostre dicte armée; actendant pour soy rendre et joindre a icelle nostre tres cher et tres amé cousin, le duc de Nemours; auquel ayons pieca deliberé et conclud en bailler la charge principalle et superintendence de ladicte conduicte, exploict et gouvernement; esperans, scelon le vrai droict et tiltre que avons audit royaulme, et joinct le bon vouloir et affection que savons certainement que nostre dict cousin a au faict de ladicte conqueste, qui est pour se y employer a nous y faire ung bon service, a l'honneur et utilité de nous et nostre dicte entreprinse. Scavoir faisons que nous, les choses dessusdictes considerées, mesmement la proximité de lignaige dont nous actient nostredict cousin le duc de Nemours, confians fermement de sa prudence, loyaulté, vaillance, conduicte et dilligence, icelluy, pour ces causes et autres bonnes consideracions a ce nous mouvans, avons prefaict, constitué, ordonné et establi, prefaisons, constituons, ordonnons et establissons par ces presentes nostre lieutenant, chef et gouverneur d'icelle nostre armée, ainsi par nous mise sus, et comme dict est, envoyons pour ladicte conqueste et recouvrement dudict royaulme de Naples. Et luy avons donné et donnons povoir et auctorité de regir, conduire et gouverner nostre dicte armée, et a la force et vertu d'icelle, par tous bons moyens qu'il advisera, proceder a ladicte conqueste. Et, en ce faisant, mener et faire marcher nostre dicte armée es lieuz ou besoing sera, ainsi qu'il congnoistra et verra bon estre; de requerir et demander a tous princes, seigneurs, communaultez et aultres la permission necessaire pour le passaige de nostre dicte armée, en faisant faire icelluy passaige dilligement. Et s'aucuns d'eulx, eulx demonstrans noz ennemys ou adversaires voulloient empescher ou contredire ledict passaige, par quelque lieuz et endroictz que ce soient, y pourveoir en maniere que nostredicte entreprinse ne soit pourtant retardée ou empeschée; de faire aller, asseoir, applicquer, sejourner ou repouser nostre dicte armée en tel lieu ou lieuz qu'il verra estre a faire, et icelle employer et exploicter au faict de ladicte conqueste et recouvrement de nostredict royaulme, a l'encontre de Domp Frederic, nostre adversaire et occupateur d'icelle royaume, sesdicts adherans et alliez, soit par oppositions

Rosne, accompaigné de grant nombre de seigneurs et gentishommes de la maison du Roy, qui par eaue

de sieges, livraisons [d']assaulx, courses, rencontres, entreprinses, que autres actes de guerre qu'il verra estre a faire pour grever et endommaigier ledict Domp Frederic, sesdicts adherans et alliez; de faire sommer les villes et places dudict royaulme, de nous faire ouverture et rendre obeissance d'icelle, comme ilz doibvent, ou les recepvoir a composicion; et, en reffuz de ce, mectre et faire poser sieges devant lesdictes villes et places rebelles dudict royaulme, ou aultres donnans secours et ayde a icelle nostre adversaire, ou sesdictz alliez; leur livrer et faire bailler assaulx, ou contraindre par force et puissance d'armes a les rendre et mectre en nosdictes mains et obeissance, ou aultrement, par composicion et voye amiable, comme il verra estre a faire, les redduyre; de faire raser, abatre et desmollir telles desdictes villes et places qu'il verra n'estre louables, et qui nous seroient prejudiciables, et les aultres faire emparer, fortiffier et y mectre et asservir garnison et recepvoir en nostre bonne grace et mercy tous ceulx qui liberallement se y vouldroient mectre et reduyre; de remectre, quicter, et abollir, pour nous et en nostre nom, tous cas, crimes, delictz et malefices par eulx commis et perpetrez, soit de laizemagesté ou aultres, tant envers nous que feu nostre dict cousin le Roy Charles, ses parens et officiers; et, si mestier est, de faire des dessusdicts desobeissans et criminelz telle pugnicion et correction qu'il verra, selon l'exigence des cas; de prandre le serment de fidelité de tous les gens nobles d'esglise, nobles, bourgeoys, marchans et aultres habitans d'icelle nostre royaulme de nous obeir, servir et tenir nostre party envers et contre tous qui pevent vivre et mourir; et aussi recepvoir les foy et hommaige qu'ilz nous doibvent et sont tenuz faire a cause de leurs terres et seigneuries; donner securetez, passaiges et saufconduit a ceulx qui s'en vouldront venir et tenir nostre party et obeissance ou aultrement, pour le temps et ainsi qu'il advisera; de faire faire les monstres et reveues de tous les gens de guerre de ladicte armée; et pareillement ordonner et faire distribuer les fraiz et despences neccessaires d'icelle armée par celluy ou ceulx qui seront par nous commis et ordonnez; de faire vivre en bon ordre et police tous ceulx de ladicte armée; faire faire justice, pugnicion de tous cas commis et perpetrez en icelle armée, par quelques personnes que ce soient, ou les quicter, remectre et pardonner, s'il voit que faire se doye; mander et faire venir devers

le conduisirent jucques a Vienne ou Daulphyné, cinc lieues dela Lyon : et de la se mist en voye par eaue et tira jucques a Marceille, en Provence, ou monta sur mer, et fist singler vers Gennes, et de la a Naples[1].

Le sire d'Aulbigny, qui lors estoit a Naples, sceut la venue du duc de Nemours, et commant le Roy l'envoyoit visroy de par dela : dont envoya au devant de luy grant nombre de gens jucques a Pichol, a sept mille de Naples ; et luy, fut, pour le recueillir, jucques a Nostre Dame de Pyé de Crote, a deux mille pres de

luy tous les lieuxtenans, cappitaines, chefz et conducteurs de ladicte armée, particulliers de nosdicts gens de guerre et armée, cappitaines d'artillerie et autres, toutes et quantes fois que bon luy semblera, pour tenir conseil et avoir leurs advis et opinions du faict, conduicte et exploict de ladicte armée; envoyer et deleguer ambassades et autres messaigiers pour lesdictes affaires, de recepvoir et oyr toutes manieres d'ambassades et recepvoir toutes manieres d'estranguers; de commectre et depputer gens a tous les actes necessaires, a la provision des vivres de ladicte armée. Et sur toutes et chacunes les choses dessusdictes et leurs deppendences bailler et decerner ses lectres patentes, mandemens, commissions et autres provisions necessaires et telles que besoing sera : lesquelles nous voullons et auctorisons valloir par ces presentes signées de nostre main et estre d'un tel effect, vertu et valleur, comme s'ilz estoient faiz par noz lectres, et generallement de faire exploicter, poursuyr et besongner, touchant le faict et conduicte de nostredicte armée et recouvrement de nostredict royaulme, circonstance et deppendence, tout autant que nous mesmes ferions, si nous y estions en personne, et comme a lieutenant general et chef d'armée appartient, jaçoit ce que par advanture il y eust chose qui requis mandement plus especial; promectant en bonne foy et parolle de Roy avoir agreable et tenir ferme et stable tout ce que par nostredict cousin, lieutenant general aura esté faict et besoigné es choses dessusdictes et leurs deppendences, sans y contrevenir en aucune maniere. Si donnons en mandement..... »

(Copie, sans signature ni date, dans le *Formulaire*, ms. fr. 5501, fol. 97 v° à 102 r°, Bibl. nat. de Paris.)

1. Il n'arriva à Naples que le 12 octobre.

la ville. Et la est la montaigne percée que Virgille, par art dyabolicque ou autrement, persa tout au travers, laquelle dure ung mille de pays, ou environ[1]; et est le trou si grant, que ung homme a cheval y peut aysement passer. Par la passa le viroy avecques toute sa route; et ainsi le conduisit le seigneur d'Aulbigny, avecques les seigneurs de la ville, jucques dedans, ou furent tendues les rues, et partout garnyes de tables rondes couvertes de vins et viandes, a qui en vouloit. Dedans le chasteau de Cappouane s'en alla loger le visroy avecques le seigneur d'Aulbigny. Obeissance fut faicte totallement audit visroy, sans ce que autre se entremist des affaires de Naples; dont le sire d'Aulbigny, voyant la peine qu'il avoit eue et la dilligence qu'il avoit mise a conquester ledit pays, ne ce peust

1. Jean d'Auton a recueilli là une légende un peu discréditée. M. Comparetti, dans son important ouvrage : *Virgilio nel medio evo* (t. II, p. 126-128), invoque ce témoignage comme preuve de la persistance à Naples de l'idée de *Virgile magicien*. La grotte du Pausilippe, ce tunnel attribué aux Romains, fut, selon lui, le centre des légendes virgiliennes, quoique Boccace n'en parle pas dans son commentaire de Dante. C'est elle qu'on appelait, — à Naples (car la tradition resta toute locale), — *grotta di Virgilio*; d'où la réponse de Pétrarque : « Nusquam memini me legisse marmorarium fuisse Virgilium. » M. Comparetti cite aussi la grotte de Pouzzoles comme une œuvre de Virgile; il rappelle la mention de Thersander (*Schauplatz viel. ungereimt. Meyn.*, II, 308, 554), les vers de Marlowe (*Doctor Faustus*, acte I, scène 26) :
   There saw we learned Maro's golden tombe,
   The way he cut an english mile in length
   Thoroug a rock of stone, in one night's space.
Ajoutons que, dans *The Academy,* du 6 juillet 1889, M. W. Vietor a combattu la thèse de M. Comparetti, par le motif qu'aucun texte « digne de foi » n'établit que la tradition virgilienne soit restée populaire à Naples au moyen âge. Le renseignement de Jean d'Auton semble pourtant bien provenir de Naples.

de ce bonnement contanter : qui fut ja ung commancement de division entre les chefz de l'armée ; ce qui est une chose si dangereuse a soustenir, que, a ce moyen, toutes entreprises de guerre viennent a maleureux effect. Or s'en alla ledit sire d'Aulbigny en la conté de Benaffre [1], pres de Cappe, laquelle conté luy avoit donnée le Roy, et la fut par l'espace de six sepmaines ; et ce pendant transmist devers le Roy, pour avoir congé de s'en retourner en France, ce que le Roy ne permist ; ains luy manda le visroy retourner a Naples pour consulter sur leurs affaires, ou fut advisé que ledit visroy s'en yroit en Poulle, ou lors estoit Gonssales Ferrande, pour departir le Capitainat et le Principat, terres de Naples indivisées entre le Roy de France et le Roy d'Espaigne, et que la deviseroyent lesdits pays *cytrà* et *ultrà*, et que le seigneur d'Aulbigny demeureroit a Naples, pour ce que bien voulu estoit des seigneurs et du peuple, ce qui fut faict.

## XVI.

Commant les ambaxades de l'archiduc vindrent devers le Roy a Lyon, pour trecter du mariage de madame Glaude de France et du filz dudit archiduc.

En celuy temps le Roy estoit a Lyon sur le Rosne,

---

1. Venafro, belle ville, dans un pays très fertile de la Terre de Labour, célèbre par son huile d'olive dont parle Martial ; possédée, comme comté, par les Pandoni de Naples, puis par les princes de Sulmona. Sixte V l'érigea en principauté pour la famille Perettainalzata, d'après Summonte.

et la Royne quant et luy, et plusieurs grans seigneurs de France; et la arriverent les ambaxadeurs de Phelippes d'Autriche, archiduc et comte de Flandres[1], lesquelz ambaxadeurs vindrent pour trecter du mariage de Madame Glaude de France, fille du Roy, laquelle estoit lors en l'age de troys ans ou environ, et du filz de l'archiduc, petit enfant ausi : lequel mariage fut trecté par le digne de Bezançon et autres ambaxadeurs dudit archiduc; et tellement que, le $x^e$ jour du moys d'aoust, en l'an mil cinc cens et ung, fut celuy mariage accordé par le vouloir du Roy, luy present et la Royne et tout le conseil[2]. Le Roy et la Royne furent moult esjoys de celuy mariage, pencent a ce moyen avoir paix durable avecques le Roy des Romains, pere de l'archiduc, et au Roy d'Espaigne, pere de l'archiduchesse : parquoy la feste fut grande du Roy et de la Royne; et tant, que chascun d'eulx fist conviz et bancquetz aux ambaxades, moult sollempnels, ausquelz furent faictes maintes nouvelletez et estranges mommeries; et, entre autres, la Royne fist ung ban-

---

1. François de Busleiden, archevêque de Besançon (celui que Jean d'Auton appelle le *Digne de Besançon*), ancien précepteur de l'archiduc; Guillaume de Croy, seigneur de Chièvre et d'Arschot, grand bailli de Hainaut; Philibert, dit La Mouche, seigneur de Veyre et Couroy, chambellan; Nicolas de Ruter, prévôt de Saint-Pierre de Louvain; Jean de Courteville, bailli de Lille, conseiller et maître d'hôtel de l'archiduchesse; Pierre Anchemant, secrétaire de l'archiduc; « tous ambassadeurs, procureurs et messagiers especiaulx » de l'archiduc et l'archiduchesse. L'original du contrat, avec quatre sceaux rouges pendants sur queues de parchemin, existe aux Archives nationales de France, J 951, n° 2. Les pouvoirs y sont annexés.

2. Voy. Le Glay, *Négociations...*; Godefroy, *Cérémonial...*; La Saussaye, *Hist. du château de Blois*.

quet ausdits ambaxadeurs, ou fut faicte une dance en barboire[1], en laquelle fut dancé a la mode de France, d'Allemaigne, d'Espaigne et Lombardye, et a la fin en la maniere de Poictou.

Le conte de Nevers et madamoiselle de Chasteaubryant dancerent a la mode d'Allemaigne; le seigneur d'Avanes[2] et une damoiselle, nommée Anne de Foix, autrement Candalle, firent a l'espaignolle; le prince de Talemont[3] et une autre des damoiselle[s] de la Royne, nommée La Grange, dancerent a la françoise; le bastard de Vandosme et une damoiselle, nommée Belle Joye, dancerent la lombarde; Artus Gouffyer, seigneur de Boisy, et une autre damoiselle, nommée La Tour, dancerent la poictevine; lesquelz estoyent tous habillez a la sorte du pays dont ilz dancerent a la mode. Grant foison de drap d'or et de soye fut la dechiqueté, dont la Royne fist l'avance; et fut une chose bien nouvelle et plus estrange : car chascun des danceurs en droict soy le fist si a point, qu'on eust dit, a les veoir branller, que c'estoyent gens nés au pays dont ilz contrefaisoyent la maniere. Apres que chascun eut faict son tour, ung nommé Françoys de Nery fut en la salle en estant, lequel estoit habbillé a la turque, et avoit regardé chascun des autres par ordre faire leurs dances, lequel voulut pareillement soy mectre en dance, et avecques toutes lesdites dames, l'une apres

---

1. Barboires, sorte de masque à barbe, d'après le dictionnaire de Godefroy : « Jeux, comedies, morisques, mommeries, *barboires* et autres diverses manieres d'esbatemens..., » dit Le Maire, *Illustrations des Gaules*, I, 144.

2. Gabriel d'Albret, sire d'Avesnes, mort en 1503.

3. Fils de Louis de la Trémoïlle.

l'autre, et par ordre, se voulut joindre pour dancer; lesquelles le reffuserent toutes, et ne tindrent compte de luy, ne semblant n'en firent, mais le respousserent le plus rudement qu'elles peurent; et ce faict, comme triste et despiteux, ung arc turquoys qu'il tenoit au poing gecta contre la terre, et vuyda la salle, tout esbay et mal content desdites alyences[1] que contre luy veoyoit toutes bandées.

## XVII.

### D'AUCUNES MERVEILLES QUI ADVINDRENT EN CE TEMPS AU ROYAUME DE FRANCE ET EN PLUSIEURS LIEUX DE LA CRISTIENTÉ[2].

Pour faire incident en la narracion de mon historial conte, me fault icy dire que, au temps que le Roy estoit lors a Lyon, du pays de Liege luy fut transmise la semblance d'une croix tumbée des cieulx, de sang toute taincte et emrougye, et environnée d'ung cercle semblant a l'arc sedereal; d'ung lez au bas semé de petites croys rouges, et de l'autre avoit une espée flamboyant, et au dessus estoit la forme de la couronne des espines, et des cloux de Nostre Seigneur Jesu Crist, avecques ung escript de lectres entremeslées et incognues. Et tumboyent icelles croys sur les cœuvrechiefz des femmes et vestures des hommes, et tant

---

1. Jean d'Auton voit dans cette plaisanterie contre une tête de Turc une allusion à l'alliance toujours supposée de l'Europe contre les Turcs.
2. Nous avons signalé précédemment les prodiges étranges rapportés à l'année 1500 par tous les auteurs contemporains.

plus on lavoit le linge ou draps ou icelles estoyent tumbées, plus y apparoissoyent[1].

En ce mesme temps fut dit et acertainé au Roy, par gens dignes de foy et creables, que en la cyté de Ferrare, au pays d'Itallye, au monastere des Augustins, avoit une dame recluse; laquelle avoit aux piedz, aux mains et au costé, les cincq stimates de Nostre Seigneur, et que de sa chemise issoit vray sang, et en grant habbondance.

Ung nommé Jehan de Paris, painctre du Roy, dist ausi avoir veu a Millan[2], peu de jours devant, la sem-

---

1. Jean d'Auton exagère un peu la description de ces croix. En voici la description précise, d'après les deux rapports de l'évêque de Liège à l'empereur, du 18 août 1501, recueillis dans le Journal de Sanuto. Ces croix, dit l'évêque, d'une exécution parfaite, apparaissent partout, sur les places, dans les églises, dans les maisons : « Est id communiter sub nigrum aut rubicundum, ita ut etiam in aliquibus putetur esse verus sanguis cum medula aut sanie quadam effusus : et sunt plerumque cruces simplices, nonnunquam etiam duplices in forma insignum ordinis Sepulcri Domini. Apparent etiam, ut plurimum, in capitibus mulierum et maxime puellarum, in earum peplis super vertice, ac raro in viris, et quidam una, quandoque sola, quandoque plures simul visæ sunt... » Il régnait, du reste, une grande exaltation dans les esprits. La situation de l'Église entretenait un malaise profond. L'annonce de la croisade ajouta encore au courant d'illuminisme. Après le pardon et le jubilé de 1500, on prêcha, en 1501, un jubilé pour la croisade, depuis le vendredi saint jusqu'à la Saint-Jean-Baptiste. On voyait passer des troupes de prêtres et de laïques se rendant, disaient-ils, à la croisade. De grandes épreuves matérielles concouraient aussi à la surexcitation. Il y eut, en 1501, une disette terrible de blé en France; l'argent était rare, et le blé valait 18 *gros*, le seigle 16 *gros* (*Chronique de Benoist Mailliard*, publiée par G. Guigues).

2. Nous avons indiqué, dans notre *Histoire de Louis XII*, t. III, que Jean de Paris avait déjà été emmené en Italie par Charles VIII, avec lequel il avait été à Florence, Rome, Naples, Sienne, Pise.

blance d'ung enfent monstrueulx, mort n'avoit gueres, lequel estoit né de la femme d'ung mareschal de ladite ville de Millan; et avoit celuy enfent tout le corps assez bien organisé, avecques deux visages, l'ung devant, l'autre derriere; a celuy de devant n'avoit yeulx, nez, ne bouche, mais avoit sur le fronc ung vit et deux coillons; au visage de derriere avoit ausi au menton ung vit et deux coillons, et au lieu de la bouche, ung petit trou tout rond; au mylieu de ce visage, avoit ung nez applaty contre la chair, et deux semblances d'yeulx sans veue, et a chascun œil deux poppieres, l'une dessus, l'autre dessoubz; lequel enfent, ainsi monstrueux, sitost qu'il fu né et baptizé, en poisle, par l'advys des parens, tous espaventez de ceste orreur, fut estainct, et enterré en terre saincte. Mais la chose par les matrones, qui parlent voluntiers, fut descouverte et semée partout; tellement que plusieurs voulurent voir celuy monstre. Et de faict, fut desterré et veu de chascun, dont pour ce fut a Millan tenu conseil, ou plusieurs grans clercz et autres se trouverent, lesquelz dirent, par conclusion, que ceste estrange merveille demonstroit au pays de Lombardye que les hommes de celle terre estoyent tant tachez du tres horrible peché sodomiticque, que

Malgré les recherches faites sur ce peintre, sa biographie reste obscure. On ne connaît pas de lui d'œuvre bien authentique. Son nom même, assez répandu à l'époque, a égaré plus d'un historien. Originaire de Lyon, nous croyons, comme nous l'avons dit (*Hist. de Louis XII*, t. II, p. 173, n° 5), qu'il commença par être fourrier de M. de Beaujeu. Il devint valet de chambre de Charles VIII, puis valet de chambre de Louis XII et d'Anne de Bretagne. Il garde, en 1505, la vaisselle d'or de la reine (fr. 22335, fol. 213 et suiv.).

myeulx devoyent porter en la face les segretz virilles, pour l'improprete de leurs vices, que les tenir en lieu couvert pour en abuser contre nature, et preposterer son droict. Ore, avoit celuy Jehan de Paris portraicté la figure dudit monstre, apres le vif; laquelle monstra au Roy et a plusieurs autres, du nombre desquelz je fuz, comme celuy qui lors suyvoye la cour pour savoir des nouvelles et icelles par escript rediger.

Ung autre jeune gentilhomme, nommé Ysant Guyaut, de la nacion de Haynault, et homme d'armes, en la compaignye du conte de Nevers, estoit lors a Lyon sur le Rosne, logé a l'ostellerye de l'Aigle d'Or, pres de l'enseigne Saincte Barbe, lequel avoit avecques luy ung esperit phitonicque, que les aucuns apellent gobellin[1], maytin ou follet. Que quessoit, celuy esperit privé suivoit ledit gentilhomme toutes pars, sans jamais le lesser qu'il ne fust avecques luy ou dedans son logis; mais je croy que plus asseur eust esté seul, que en telle compaignye. Toutesfoys, de tel passetemps le servoit, que la nuyt luy peignoit les cheveulx, les piedz lui gratoit, descœuvroit et batoit ceulx qui couchoyent avecques luy, au matin esveilloit ses varletz, et a la foys les batoit bien lourdement, souvantes foys, au soir, souffloit la chandelle entre les mains de ceulx qui la tenoyent. Et advint que lors, icelluy Ysant Guyaut, avecques sept ou huyt gentishommes

---

1. Gobelin, nom des esprits follets. Lacurne de Sainte-Palaye cite un passage d'Orderic Vital signalant un *gobelinus* aux environs d'Évreux. Pythonique, adjectif grec emprunté par Jean d'Auton à la littérature sacrée. Dans la Bible, Python signifie magicien, devin, nécromancien. La Bible de Sacy cite (*Rois,* I, xxviii, 7) une femme d'Endor qui a un esprit pythonique.

de ceulx du conte de Nevers, s'en allerent de Lyon, a pié; en voyage a Sainct Glaude; lesquelz passerent par une petite ville nommée Arban[1], a six lieues pres de Lyon, et la soupperent, et burent bien, apres soupper jouerent et dancerent, et firent la galle aux jeunes gens. Ce faict, chascun s'en va reposer, fors le joueur de tabourin, qui fut des derreniers en place; lequel, apres qu'il eut soufflé en la fluste, se mist a corner au gobellet et nettyer la vesselle, si adroict qu'il ne luy souvint de soy desabiller; mais, tout vestu, s'estendit le long du banc, son tabourin sur le buffet aupres de luy. Si advint que, sur la mynuyt, maistre gobellin fut en la chambre des compaignons qui jouoyent a la ronfle, ausquelz donna tantost le reveil : car il prist le tabourin en mains, commança a batre la suyce si tres fort que les plus endormys s'esveillerent; et eulx penssant que ce fust leur tabourin mesmes, luy dirent qu'i se teust, de par le dyable : aussi faisoit il, car il s'estoyt ja caché soubz le banc, ou ne disoit ung seul mot; et voyans iceulx gentishommes que leur tabourin ne parloit, se doubterent du gobellin, car il estoyent acoustumez de ses jeux; toutesfoys, les ungs se cacherent soubz leurs draps, les autres escouterent le rabastz, et les autres furent estonnez, reservé l'ung d'eulx, qui tout en chemise se lieva, et print une des flustes du tabourin, et se mist a sonner la suyce avecques celuy gobellin, tant que eulx deux ensemble jouherent pres d'une heure. A la parfin, celuy gentilhomme pença en ceste dyablerye, et eut frayeur telle, que soubdainement la fluste lui cheut de la main, et

---

1. Saint-Alban (?).

luy, tout morfondu de peur, se retira a son giste, et tout en l'eure celuy gobellin lessa le tabourin et s'en alla autre part. De plusieurs autres passe temps servoit ce dyable privé Isant Guyant, son maistre, tellement que, apres que de son voyage fut retourné a Lyon, souvantes foys, sur l'eure tarde, alors que a la fois il estoit cheux le Roy ou au logys du conte de Nevers son maistre, a la fenestre de la chambre ou estoit logé celuy gentilhomme, se monstroit ledit esperit en semblance d'une blanche lùeur ou clarté grande, scelon la stature et forme d'ung homme; et la apparut par plusieurs soirs ensuyvant, et tant que chascun de celle rue y accouroit pour veoir la merveille.

De ce suys je seur, car j'estoys lors logé viz a viz de l'ostellerie de l'Aigle, ou cela estoit, que je veiz par maintes foys avecques plusieurs autres; et ce durant, a mon logis vint ung frere des Minimes, docteur en theologye, lequel trouva la chose moult estrange, et de ce ne sceut que dire[1], si n'est que c'estoit ung esperit

1. L'étonnement du minime, visiblement partagé par Jean d'Auton, n'est pas fait pour surprendre. Il se produisait une certaine réaction contre les évocations habituelles d'esprits familiers. Une copie du traité sur les démons d'Agrippa, exécutée en 1514 (copie moderne, fr. 12302, fol. 104 v°), résume l'origine des démons familiers : « Autre opération pour avoir un esprit familier : Pour faire cette opération, il te faut aller dans un lieu haut et découvert, dans un temps beau et serain, la nuit faisant un beau clair de lune croissante, et là faire un cercle, disant : Je fais ce cercle pour borner l'approche des Esprits auprès de moy, et pour les tenir en bridde, affin qu'ils n'ayent la puissance d'approcher plus prêt de moy pour me mal faire, au nom du père † du fils † et du saint-esprit †, etc. » On admettait que les démons peuvent apparaître et se manifester la nuit, parfois le jour; mais on estimait qu'il faut se défier des imaginations. En tout cas, c'est une mauvaise chose, et il convient de se montrer réservé avec le diable,

maligne, lequel ausi, pour decepvoir les hommes, ce peult transferer en ange de lumiere.

En ses mesmes jours couroit par tout le monde une maladye, nommée la grosse verolle, autrement appellée la maladye de Naples ; et ce, pour ce que durant le voyage du Roy Charles huytiesme, qu'il fist audit lieu de Naples, celle maladye eut premierement le cours, et estoit telle que a gros boutons et larges roignes sortoit au fronc, entour la bouche, aux jambes et aux piedz, et en tous les endroictz du corps a ceulx qui l'avoyent, aux ungs plus, et aux autres moings, et survenoit le plus souvant de cohabiter aux femmes dissolues ; toutesfoys, j'en ay veu entachez petites filles et jeunes enfens, qui la prenoyent de boire et menger ou dormir avecques ceulx qui l'avoyent. Et a ce ne pouvoyent nulz medecins donner remede si bon, que plusieurs grans personnages et autres n'en mourussent. Toutesfoys, a force de suer et prendre estuves chauldes, plusieurs guerissoyent ; et les autres, qui, pour cuyder plus tost guerir, ou de honte qu'ilz avoyent de leur mal, la faisoyent par medicine retourner au corps, en mouroyent presque tous de languyson ou eticques [1].

même quand il dit la vérité (traité manuscrit, latin 1523, fol. 136 v°). En 1535, le commissaire du gouvernement se prononce contre les religieux de Saint-François d'Orléans, qui se plaignaient d'être tourmentés par l'esprit d'une certaine Louise de Mareau, femme, en son vivant, du prévôt d'Orléans (lat. 7170 a, n° 6).

1. Jean d'Auton se conforme à l'opinion courante qui attribuait l'origine de ce mal à l'expédition de Charles VIII. Il est acquis maintenant que, si, vers cette époque, le mal fit brusquement explosion, sous l'influence de causes diverses (affaiblissement des bonnes mœurs, accroissement extrême des communications), il avait toujours existé. On le crut nouveau, parce que l'on n'en trouva point la description dans Hippocrate. C'est par des motifs ana-

Le xvi° jour du moys d'aoust, messire Phelippes de Ravestain partit de Naples avecques tout son navigage, et se mist en mer pour aller a son voyage de Turquye, lequel je laisseray pour ceste heure, pour a temps y revenir, et diray d'une course que firent lors les Suyces en Lombardye.

## XVIII.

### D'UNE DESCENTE QUE FIRENT LORS LES SUYCES EN LOMBARDYE SUR LES PAYS DU ROY.

En icelle année mil cincq cens et ung, le Roy eut moult d'affaires a mener et plusieurs griefz faits a supporter, et tant que, au Royaume de Naples, en la duché de Millan, et en la mer de Grece, luy convint avoir grosses armées et en son Royaume de France et plusieurs lieux bonnes garnisons et grant nombre de gens d'armes : ce qui, sans ordonnée pollice et fraiz

logues qu'on attribua à la même époque l'origine du scorbut, de la suette miliaire, du typhus et aussi de la morve animale. La maladie de Naples fut rapidement étudiée et décrite, spécialement par les deux grands médecins de l'époque, Leocineno et Gaspard Torella, dont les traités parurent presque simultanément en 1497. Quant à la médication, dans le détail de laquelle nous n'avons pas à entrer ici, elle était presque entièrement d'origine arabe. Les étuves, froides ou chaudes, proprement dites, ou les étuves sèches y jouaient sans doute un grand rôle, mais pas un rôle si exclusif que l'indique Jean d'Auton. Le témoignage de Jean d'Auton n'a donc pas sur ce point toute l'autorité que certains historiens se sont plu à lui attribuer. Molinet a consacré aussi une ballade à la même maladie, qu'il confond avec le rhumatisme, « faulse goutte, appellée reumatique » (fr. 1717, fol. 9 v°). La question a été remarquablement élucidée par M. le Dr Ch. Renault, dans sa monographie : *La Syphilis au XVe siècle.*

excessiz, ne se pouvoit entretenir ni deduyre. Toutesfoys, sur ce, mist telle provision de conseil, et pourvoyance de finences, que toutes ses entreprises furent par voye de seurté conduytes, et son argent exploicté a prouffict, si a point, que la pluspart de son intencion fut executée au plus pres de son vouloir, a l'onneur des acteurs, et au proffict de la chose publicque. Quoy plus? Pour ensuyvre le propos de ma matiere, j'ay icy a dire que, environ la my a[o]ust, du pays des Ligues descendirent en armes dedans la duché de Millan sept mille Suyces, lesquelz, scelon le rapport de plusieurs, vindrent illecques a l'appetit et suasion de sept ou huyt cens Lombars, lesquelz avoyent esté banys de la duché de Millan, pour ce qu'ilz s'estoyent rebellez contre le Roy, apres la conqueste de Lombardye, et avoyent tenu le party du seigneur Ludovic. Et ainsi, eulx voyans exillez et chacez de leur pays, et voulant jouer a quicte ou a double, et faire du pys ce qu'ilz pourroyent, furent querir iceulx Suyces jucques en leur pays, en leur promectant de les mectre dedans plusieurs villes et places de la duché, et de les guyder jucques a leur donner moyen de seurement parachever leur emprise, et, sur ce, de leur pouvoir les ayder. Par quoy se misdrent lesdits Suyces tout secretement en voye, comme ceulx qui, d'emblée, leur vouloir vouloit executer; et s'assemblerent dedans une ville de la duché de Millan, nommée Bellinsonne, sur l'entrée du lac Majour, laquelle avoyent iceulx Suyces surprise sur ladite duché de Millan, apres la prise dudit Ludovic[1]. Que quessoit, la tindrent leur conseil sur leur

1. Sur ce récit de Jean d'Auton, voir notre mémoire : *La Conquête du Tessin par les Suisses.*

affaire, et conclurent de marcher oultre : ce qu'ils firent, et tant cheminerent que, d'une trecte, de Bellinsonne furent jucques au bourg de Lugant, distant de l'ung a l'autre de xvi a xviii mille de pays. Et s'estoyent iceulx Suyces ainsi advencez, pour au desproveu prendre le chasteau de Lugan, dedans lequel estoit messire Anthoyne de Bessé, baillif de Disjon, avecques quelque nombre de gens d'armes françoys ; et ja avoit ouy quelque rapport de ceste venue ; dont avoit mys sur les champs, droict a leur chemin, doze hommes coureurs a cheval, pour savoir nouvelles et descœuvrir le pays : lesquelz coureurs françoys chevaucherent tant que entre deux bourgs, nommez les Chappelles et Sonvic[1], rencontrerent icelz Suyces cheminans a la fille le long d'ung creux chemin et bien fort estroict ; et au rancontrer, commencerent les Françoys a charger sur les premiers de ceulx, lesquelz repousserent les Françoys et se meslerent avecques eulx ; tellement que sept desdits Françoys furent encloz entre eulx, et la assommez et occys. Les autres gaignerent a fuyr, et a bride abatue retournerent jucques au bourg de Lugant, ou estoyent lors plusieurs de Françoys de la garnison, qui de nul danger se doubtoyent. Toutesfoys, par ceulx qui d'effroy se retiroyent, sceurent la venue desdits Suyces, qui ja estoyent si pres que, ains que les Françoys fussent hors du bourg pour eulx vouloir retirer au chasteau qui a ung gect d'arc de la estoit, iceulx Suyces, a coups de hacquebutes, leur donnerent la chace jucques a l'entrée du chasteau, et la se tindrent longuement en bataille. Les Françoys

---

1. A Sonvico, dans le val de Colla, au nord de Lugano.

retirez la dedans, voyans iceulx Suyces en arrest devant la place, leur voulurent dresser une escarmouche; et, pour ce, misdrent la main aux armes, et monterent a cheval jucques au nombre de quarante hommes de guerre, la pluspart desquelz prindrent grosses arbalestes bendées et le trect dessus. Et ce faict, firent ouvrir portes pour sortir; et eulx hors, furent veoir lesdits Suyces de si pres que de la longueur des picques les aprocherent, le trect en visée. Lesdits Suyces deschargerent plusieurs hacquebutes sur les Françoys, qui de riens ne les endommagerent : car leurs coups passerent par dessus; mais eux, a coups de trect, furent chargez de tant que six d'iceulx furent mortellement empennez et arrestez en la place; les autres n'actendirent plus, mais se retirerent au bourg de Lugant, sans plus retourner devant ledit chasteau. La venue desdits Suyces fut tant soubdaine que, par les garnisons des Françoys, n'estoit de eulx ailleurs aucunes nouvelles; car encores n'avoyent ceulx de Lugant faict rapport commun de ce, pencent que chascun en fust adverty, et que par toute Lombardye en fussent nouvelles, dont ne pencerent a autre chose qu'a seurement garder leur place. Toutesfoys, avoyent ja estez iceulx Suyces descouvers par ung appotiquaire de Varaiz[1], en Lombardye, lequel estoit a Bellinsonne pour ses affaires, alors que lesdits Suyces y arriverent; et la, veoyant leur assemblée, s'en revint a Varaiz a toute dilligence; et la, de ce arvetist (*sic*) ung archier de la compaignie de l'admiral de France, nommé ledit archier Jehan de Sainct Jehan, qui pareil-

---

1. Varese.

lement le dist a ung chief de bende de ladite compaignye, nommé Bauldichon du Cuvillier; quel envoya en poste ung autre archier, nommé Mathieu Meuze, devers Anthoyne de la Fayete, lieutenant de la compaignye de l'admiral de France, pour advertir de ce messire Charles d'Amboise, seigneur de Chaumont et lieutenant du Roy en Lombardye, qui lors estoit a Millan pour le gouvernement du pays, et le cardinal d'Amboise ausi, qui des affaires du Roy avoit tout le manyment. Tant furent les nouvelles aventées, que ledit cardinal d'Amboise et le seigneur de Chaumont en furent acertainez, dont par la poste en advertirent le Roy; et a toute dilligence firent retourner ledit Anthoine de la Fayete et le seigneur de Lanque, ausquelz baillerent dix hommes d'armes, pour aller audit lieu de Varaiz et, la, savoir le tout de ce cas et le nombre d'iceulx Suyces. Ainsi se mirent iceulx a chemin, pour faire ce que enchargé leur estoit.

Le Roy, qui lors estoit a Lyon, sitost que de ce fut adverty, nonobstant les grosses armées qu'il avoit sur mer et a Naples, de ce fist peu de menction; mais pour, au plus de ses affaires, de plus fort evertuer son pouvoir, transmist la grosse gendarmée, le conte de Dunois envoya la, pour estre conduyteur et chief de ses gentishommes, qui la estoyent; messire Jacques de Cresol, avecques deux cens archiers de la garde, fist le voyage; ausi fut la envoyé messire Louys de Hedouville, seigneur de Xandricourt : lesquelz arriverent a Millan a heure de servir le Roy en cest affaire. Le cardinal d'Amboise, qui, en la duché de Millan, avoit general auctorité pour le Roy, et qui ses choses avoit en recommandation affectueuse, voulut la employer ce qu'il pouvoit, et en ce servir de ce qu'il devoit, sans toutesfoys s'entremesler de l'executif effect de la guerre, si n'est par autant que mestier estoit pour paix aquerir; et pour ce, sachant l'intention hostille desdits Suyces et leurs conducteurs, lesquelz couroyent ja les pays du Roy, et faisoient du mal tout ce que pouvoyent, pour iceulx rebouter et obvier a leur entreprise, fist soubdaynement mectre sus quatre mille hommes de pié lombars et piemontoys, et assembler les gens d'armes des garnisons de la duché de Millan, pour servir le Roy en ceste besoigne : lesquelz furent a coup tous prestz et appareillez pour mectre la main a l'œuvre, et en ce, ne restoit que a l'avance d'argent pour la soulde des pietons, qui, pour ce, nouvellement avoyent estez mys sus.

Le Roy, qui bien se doubtoit de ce, et ja savoit la descente d'iceulx Suyces, avoit envoyez tresoriers et clercz de finences, celle part, pour subvenir a ce besoing; toutesfoys, pour l'empeschement de longue trecte et destour d'ennuyeulx chemin, et pour la survenue hastive des ennemys, l'argent ne fut prest a heure deue; par quoy le cardinal d'Amboise voulut mectre sur ce a l'essay aucuns riches Lombars de la ville de Millan; lesquelz avoyent faict plusieurs foys offres de bouche pour le Roy de faire avance de cincquante mille ducatz, ou de plus, si mestier estoit. Toutesfoys, au prefournissement de ce, haulcerent les espaules, baisserent le nez et dirent *myngue*[1]. Mais pour ce deffault ne retarda l'affaire; car ledit cardinal d'Amboise y mist du sien ce qu'il avoit, et ausi firent

---

1. Évidemment, c'est le mot italien *Niente*.

des autres Françoys, qui la estoyent : tant que ce fut jucques au suffyre du payement desdits souldartz[1]. Et ce fait, le cardinal, avecques deux cens archiers de la garde du Roy et cincquante hommes d'armes de ceulx d'ung nommé Hector de Montenart[2], gouverneur d'Ast, partit de Millan, et s'en alla a Comme, pour illecques estre plus pres des ennemys, et myeulx a main pour adviser les cappitaines de l'armée de France du vouloir du Roy, dont d'heure en autre estoit par postes assavanté; et la se tinst tout le temps que lesdits Suyces furent en Lombardye, ou la ordonna des affaires du Roy et mist moyen de conseil et ordonnée pollice en toutes choses de ce besoignéuses; et en ce, fut obbey de tous les cappitaines et autres Françoys qui la estoyent, comme la personne du Roy, laquelle il representoit. Tantost qu'il fut arivé a Comme, ceulx qui pour le Roy tenoyent Sonvic se tirerent par devers luy, pour avoir secours contre les effors desdits Suyces, qui estoyent envyeulx de leur dite place, et puissans pour la prendre, si de secours n'estoyent proveuz : dont ledit cardinal leur fist bailler ung nommé Marzolles, avecques dix hommes d'armes françoys, lesquelz s'en allerent rannforcer la garnison du chasteau de Sonvic, et la firent plusieurs saillyes et escarmouches sur lesdits Suyces.

Le seigneur Antoyne de la Fayete et le seigneur de Lanque, qui avoyent paravant estez envoyez a Varaiz,

1. Les impôts du Milanais avaient été réduits à un revenu net de 50,000 ducats.
2. Nous avons donné sur Hector de Monteynard de nombreux détails dans notre *Histoire de Louis XII* (t. I, II et III). Jean d'Auton ne parait pas l'aimer.

estoyent au prochas de savoir nouvelles des ennemys, et, pour myeulx au seur exploicter leur commission, prindrent six vingtz hommes d'armes et tirerent jucques a ung bourg nommé Marquirueil[1], a troys mille pres de Lugant, ou estoyent les Suyces fortiffyez. Alors que les Françoys approcherent de Marquirueil, transmirent a Lugant ung nommé Bernard de Scenon, Gascon, avecques doze archiers coureurs, pour aller savoir la maniere et fortiffication d'iceulx Suyces; et ainsi se misrent les coureurs françoys a marcher vers Lugant, et les autres se logerent audit lieu de Marquirueil. Tantost furent les coureurs françoys pres de Lugant de deux gectz d'arc, ou environ, et de plus eussent aproché, n'eust esté l'empeschement des chemins, de trenchées, larges fossez, de groz arbres entraversez, et de barrieres closes fortiffyez : dont leur convint la demeurer, sans pouvoir passer oultre ne faire autre chose, si n'est illecques longtemps arrester, pour veoir si aucuns des Suyces saillirent aux champs, et adviser leur maniere, et quel ordre ilz tiendroyent; affin que une autre foys, pour la connoissance de leur arroy, on peust trouver sur eulx moyen adventageulx. Toutesfoys pour l'eure pourveurent a ce tellement, que hors de leur place Françoys n'eust veue de leur effort; ce qui les fist retourner a Marquireuel, ou estoit la grand bende, et la rapporterent ce qu'ilz avoyent veu et trouvé. Ce faict, le seigneur de la Fayete, lieutenant de l'admiral de France, transmist messages vers le seigneur de Chaumont, lieutenant du Roy, pour luy signifier et dire au vray que lesdits Suyces estoient

---

[1]. Marchirolo.

a Lugant tres bien fortiffyez et a grant nombre; et que, pour leur tenir frontiere, estoit mestier que les Françoys qui estoyent a Marquireueil demeurassent la en actendant rainfort : ce qu'ilz firent, ou huyt jours durans tindrent pié ferme contre la puissance desdits Suyces, qui souvant furent courir devant leur place; et la furent faictes durant ce temps courses, saillyes, escarmouches et exploict de guerre, et, avecques ce, lesdits Suyces coururent les pays des environs; et pour ce que les Françoys n'estoyent ancores aux champs a nombre suffisant pour les combattre, alloyent tous ensemble : par quoy prindrent par les montaignes et ailleurs bestial et prisonniers, qu'ilz enmenerent a Lugant et a Bellinsonne, et furent courir jucques devant Sonvic, ou la autour prindrent, pillerent et brullerent bourgs, villages et maisons, en faisant des maulx autant que leur force pouvoit exploicter; et apres ce qu'ilz eurent faictes leurs courses et prises, dedans le bourg de Lugant qu'ilz avoient fortiffyé, se retirerent.

## XIX.

Commant messire Charles d'Amboise, seigneur de Chaumont et lieutenant du Roy dela les mons, fut de Millan a Marquireueil, avecques quatre cens hommes d'armes, les gentishommes de la maison du Roy, quatre mille hommes de pié, deux cens archiers de la garde et grant force artillerye, pour faire la guerre auxdits Suyces.

Pour abreger le conte, les gens d'armes françoys

des garnisons de Lombardye furent assembez, quatre mille Lombars et pietons, payez et prestz de cheminer, et messire Charles d'Amboise, lieutenant du Roy, deliberé d'aprocher les ennemys : dont ainsi acompaigné, avecques les deux cens gentishommes de la maison du Roy, soubz la charge du conte de Dunoys, et deux cens archiers de la garde, soubz la charge de messire Jacques de Cressol, se mist aux champs, et fist mectre au charroy quatre pieces d'artillerie, prises au chasteau de Millan.

Et en cest arroy, le vingt sixesme jour d'aoust, s'en alla droict a Marquireueil, ou trouva le seigneur de la Fayete et le seigneur de Lanque, a tout six vingtz hommes d'armes françoys; et tout autour dudit lieu de Marquireueil fist asseoir le camp des Françoys, ou se tint par aucuns jours, et de la envoya vivres et gens d'armes dedans les chasteaux plus prochains du fort des ennemys : c'est a savoir au chasteau de Lugant, Sonvic, a Mozcou[1], a Lucarne et au pont de la Tresse[2], ou fut envoyé le seigneur Jehan Jacques avecques cent hommes d'armes et quatre mille hommes de pié, lombars et piemontoys, soubz la conduyte d'ung Espaignol nommé Roque Martin[3], gouverneur de Plaisance pour le Roy; et avoit ausi ledit Jehan Jacques une partye de l'artillerye, laquelle fist asseoir sur le passage des ennemys, et tout autour de la faire bon guect

---

1. Dans le texte donné note 1, p. 262, ce lieu est appelé *Marcou*, et nous l'avons traduit par *Maccagno* : peut-être *Morcotte?* ou *Maroggia?*

2. Ponte Tresa, sur la Tresa, au bord du lac de Lugano.

3. Le sire de la Roche-Martin, plus tard envoyé en Suisse comme *orateur*.

et seure garde. De tous lez furent lesdits Suyces anvironnez et encloz des Françoys, et souvant buffectez et escarmouchez, et tenus si de court, que de long temps n'ozerent saillir de leur fort, que tost a leur domage ou desavantage ne fussent reboutez.

Entre le bourg de Lugant et le camp des Françoys, sur ung lac qui la estoit[1], avoit des moulins garnis de chaussées, pons et planches, par ou pouvoyent passer lesdits Suyces et donner quelques allarmes au Françoys et la prendre blez et farines, et eulx avitailler, dont fut advisé que iceulx moulins seroyent rompus; et pour ce faict executer, furent la envoyez ung nommé Jehan de Fontenay, lieutenant de la compaignie de messire Loys de Hedouville, seigneur de Xandricourt, et ung autre appellé Greffin, lieutenant du seigneur de Myollant, accompaignez de quarante archiers; lesquelz se misrent a chemin et tirerent tant qu'ilz furent au bord du lac de Lugant, et la passerent a ung passage nommé le Pas de la Treille; et de la transmirent leur guect vers Lugant, pour descouvrir et veoir si aucuns d'iceulx Suyces sortiroient; et, ce faict, laisserent au Pas de la Treille une partie de leurs gens, pour icelluy garder, et les recepvoir a la retrecte, si mestier en estoit; et ainsi s'en allerent droict aux moullins que rompre devoyent. Tantost que la furent arrivez, mirent pié a terre et main en besogne; et tant que iceulx moulins, pons, planches et chaussées furent en peu de heure demolliz et rompus.

Les Suyces qui estoyent a Lugant furent par aucuns passans advertiz de l'exploict, dont se misrent aux

---

1. Le lac de Lugano.

champs quatre cens en armes, et par ung chemin hors de la veue du guect des Françoys, tirerent vers le Pas de la Treille, entre lequel et les moulins couperent chemin au guect et a ceulx qui lesdits moulins estoyent allez rompre, et gaignerent le passage sur ceulx qui le gardoyent, lesquelz se retirerent a Marquireueil, ou estoit le camp des Françoys; et la rapporterent au seigneur de Chaumont, lieutenant du Roy, commant les pons estoyent rompus et commant les Suyces avoient gaigné sur eulx le Pas de la Treille, et la copé le chemin a ceulx qui estoyent allez rompre lesdits pons, et a leur guect, lesquelz, assavantez de leur empeschement, se retirerent, par une autre voye, au chasteau de Sonvic, et la demeurerent VIII jours.

. Messire Loys de Hedouville, seigneur de Xandricourt, sachant son lieutenant et celuy du seigneur de Myollant, avecques plusieurs de leurs gens dedans ledit chasteau de Sonvic par les ennemys arrestez, prist deux cens homes d'armes et s'en alla querir ses gens et les autres qui la estoyent en arrest; et sans trouver par les chemins ne aux passages rancontre ou embusches d'ennemys, au camp des Françoys avecques tous les siens s'en retourna.

## XX.

Du conte Françoys d'Orleans, conte de Dunoys, et de la maison ouverte qu'il tinst a tous venans au camp de Marquireueil en Lombardye, XV jours durans que les Françoys furent la.

Le conte Françoys d'Orleans, conte de Dunoys[1],

1. Le comte de Dunois et Longueville, petit-fils du célèbre

chef des deux cens gentishommes de la maison du Roy, estoit lors au camp ; lequel feist la actacher et tendre ses tentes, ou, xv jours durans que le camp fut assix audit lieu de Marquireueil, maison ouverte tint a tous venans, tant excessive que, dedans ses tentes, a toutes les heures du jour, a tables couvertes de viandes exquises estoyent allans et venans receuz et repeuz. Les gentishommes de cheux le Roy et la pluspart des capitaines de l'armée tenoyent la leur ordinaire despence ; et pour ce que la spaciosité et grandeur du logys ne pouvoit suffire a tous recepvoir, au dehors et pres de ses tentes avoit faict asseoir, sur pipes debout et autres appuys de boys, une table longue de plus de cent pas, sur laquelle jamais vivres ne failloyent, et la avoyent loy de repaistre tous ceulx qui la main jucques au plat pouvoyent estandre. Maistres d'ostelz, bouteillers, cuysiniers et serviteurs propices estoyent illecques ordonnez, pour convier, recepvoir, festyer et servir tous ceulx qui la se vouloyent trouver : et si la table estoit de gens trop empeschée, a plaine terre, et sur la culle des charrettes, estoyent estandues nappes et manteaulx, et la trectez et repeuz les survenans, et tous de vyandes chauldes : ce qui donna moult grant secours a plusieurs pauvres mordans, qui bon mestier en avoyent. Ce fut bien chose merveilleuse a ymaginer, mais plus estrange a regarder, veu la sterillité du lieu, qui estoit maigre et affamé, pour le fournissement des victuales, et la difficulté du prochas, qui au plus pres de l'impossible

Dunois, fils du comte de Dunois, le mentor et l'inspirateur de Louis d'Orléans jusqu'en 1491. Ce jeune homme avait dix-huit ans. C'était un ami du faste et de la bonne chère ; il avait noué avec Anne de Foix une intrigue amoureuse très tendrement partagée.

failloit executer. Toutesfoys, a tout ce, tel supplement fut donné que moyen d'habondance de vivres, maniere de les aprester, et temps de les user furent la trouvez. Quoy plus? si n'est que le tres noble et gentilz conte de Dunoys, entre ses autres bonnes graces, fut pour sa recommandée liberallité loué de chascun et aymé de tous. Pour rentrer en propos, je voys dire que dedans le bourg de Lugant estoyent lors les Suyces tous ensemble, et ne sortissoyent de leur fort, mais demeuroyent la tout coy, sans faire bruyt : lesquelz tindrent la conseil et parlerent de leur besoignes, tellement que, par conclusion, arresterent que ilz prendroyent les champs, et que dedans leur pays s'en yroyent avecques leur butin, si par les effors des Françoys le chemin ne leur estoit deffendu; veu ausi que de tous costez estoyent au danger desdits Françoys, et que sur eulx ne pouvoyent plus riens pour l'eure conquester, et ainsi proposerent de desloger ung sapmedy unziesme jour du moys de septembre; et, premier que vouloir desemparer, misrent leur guect sur le hault d'une montaigne qui pres de la estoit, de laquelle on pouvoit veoir tout a cler sortir les Françoys ung a ung de leur camp. Ainsi assirent leur guect; et, ce faict, pillerent le bourg de Lugant, et prindrent hommes et fames et enfens, et a tout leur butin se misrent a la fille hors le bourg, cuydant prendre le chemin de Bellinsonne.

Ce mesme jour, c'estoit mys au champs le seigneur de Chaumont, lieutenant du Roy, avecques six cens hommes d'armes; et estoit ja au chemin pour s'en aller vers ledit bourg de Lugant, pour aller icelluy visiter et assieger lesdits Suyces; et sitost que le guect d'iceulx Suyces fut sur la montaigne, advisa les Françoys, lesquelz marchoyent tous en armes vers Lugant : par quoy descendit de la montaigne, et iceulx advertist de ladite venue de l'armée des Françoys, qui ja estoyent aux champs, et que vers Lugant adressoyent en tres bon ordre, et moult grant nombre, et que tant tost marchoyent que sans nulle faulte une heure ne demoureroit qu'ilz ne les eussent en barbe : dont s'arresterent iceulx Suyces tout court; et sur ce firent a briefz motz conclusion de propos, disant que le myeulx de leur affaire estoit de retourner dedans Lugant; ce qu'ilz firent, cent d'iceulx exceptez, qui retourner ne voulurent, mais avecques leur part du butin, hors la veue et rencontre des Françoys qui alloyent a Lugant, prindrent ung chemin a cartier, et tant chercherent voye cellée que de l'armée de France ne furent apparceuz.

## XXI.

### Commant ung capitaine françoys, nommé Bernard de Ricault, avecques XXV hommes a cheval, rencontra lesdits cent Suyces, et les desfist tous.

Ce propre jour que les Suyces estoient sailliz aux champs, et, comme j'ay dit, exploicté avoyent, ung capitaine françoys, nommé Bernard de Ricault, estoit party de Souvic, et estoit allé courir sur le chemin de Bellinsonne, avecques XXV chevaulx seullement; et, en faisant chemin aupres d'ung village nommé les Tavernetes[1], rancontra les cent Suyces qui de ceulx

1. Taverne.

de Lugant s'estoyent departiz, comme j'ay dit, lesquelz marchoyent fierement, et bonne ordonnance tenoyent, comme ceulx qui n'estoient bien asseurez de leurs ennemys; et tant tost que ledit capitaine Ricault les advisa, mist ses gens en ordre, et leur dist : « Messeigneurs, a ceste rencontre nul de nous mecte en espairgne, par lascheté de cueur, ce que pour honneur aquerir se doibt exploicter; mais chascun de nous se montre tel par effaict comme louable renomée le recite. Sy noz ennemys sont quatre contre ung de nous, evertuons sur eulx noz couraiges, ranforssons noz vouloirs, et exploictons noz bras, et leur donnons a droict, et que chascun aye bon pié, bonne main et bon œil en ceste affaire; et sans faillir, en ce faisant, victoire nous est preparée. » A chief de cest exit, chascun des Françoys se mist a charger son ennemy, et si a point que au premier choc plus de vingt d'iceulx Suyces allerent par terre, mors ou affollez; les autres se desarroyerent, pour cuyder gaigner place avantageuse, lesquelz furent de rechief par les Françoys rechargez et rompus, et tant rudement pourmenez que par troys ou quatre telles recharges furent tous aterrez, doze reservez, lesquelz furent enmenez par ledit Ricault tous prisonniers au chasteau de Souvic.

Messire Charles d'Amboise, lieutenant du Roy, avecques six cens hommes d'armes, estoit lors devant le bourg de Lugant, ou s'estoyent retirez les Suyces, lesquelz ne firent semblant de saillir de leur fort, ne maniere de vouloir faire guerre : dont se mist ledit lieutenant du Roy a regarder le fort des ennemys, et par les cappitaines des gens d'armes et maistres de l'artillerye fist adviser et visiter les lieux plus propices pour assieger et assaillir iceulx Suyces, lesquelz ne sonnoyent mot, mais se tenoyent sur leurs gardes. Par quoy ledit seigneur de Chaumont, apres avoir avisez et visitez les passages pour entrer sur les ennemys avecques ses gens d'armes, arriere s'en retourna au camp, desliberé de desloger le lendemain avecques toute l'armée et l'artillerye, pour aller assieger lesdits Suyces.

## XXII.

**Commant les Suyces, qui estoyent a Lugant, deslogerent dudit lieu et se retirerent a Bellinsonne, et des escarmouches que leur donnerent les Françoys.**

Ung dimenche, doziesme jour du moys de septembre, une bonne heure devant le jour, les Suyces qui estoyent a Lugant, eulx doubtans d'estre par les Françoys assiegez, pour obvyer a ce, deslogerent et en enmenerent hommes et femmes et enfens, comme devant avoyent voulu faire, avecques tout leur pillage; et ainsi tous a la fille se misrent a chemin pour eulx voulloir retirer a Bellinsonne; et entour l'eure que iceulx estoyent issus de leur fort, le seigneur de Chaumont fist desloger son camp pour les aller assieger, et mist pietons et artillerye devant, et les gens d'armes apres; et ainsi, premier que desloger, avoit transmys coureurs sur les champs, que conduisoyt ung home d'armes gascon nommé Bernard de Scenon, lequel, avecques ses gens, marcha hastivement vers Lugant pour descouvrir et savoir des nouvelles. Lorsque les Françoys coureurs furent a demy mille pres de

Lugant, rencontrerent lesdits Suyces en armes et bien ordonnez, avecques leur butin, lesquelz ne s'avancerent pour courir sus ausdits Françoys, mais avecques eulx paisiblement parlerent, en disant qu'ilz estoient tous bons Françoys, et pour monstrer entrée de quoy, de grans croix blanches estoyent tous signez; et disoyent ausi qu'ilz n'estoyent illecques venus pour guerroyer le Roy, mais seulement pour demander le reste de leur payement, qui ancores leur estoit deu du temps que le feu Roy Charles huytiesme estoyent (*sic*) allé au voyage de Naples, avecques lequel avoyent estez sans avoir heu fin de payement; et ausi que de la prise du seigneur Ludovic, ou ilz estoyent, leur estoit ancores deu reste de gaiges. Plusieurs autres choses alleguerent et demanderent iceulx Suyces; mais, toutesfoys, de leur different le lieutenant du Roy et les autres capitaines de l'armée de France faisoyent juges et arbitres. Et ce dit, les coureurs françoys retournerent arriere, et trouverent au champs l'armée, pour aller assieger Lugant. Du dire et demander desdits Suyces emboucherent iceulx coureurs le seigneur de Chaumont, et de la saillye et retrecte d'iceulx, lesquelz, ce pendant, marcherent jucques entre le pont de la Treze et le bourg de Souvic, a deux mille loings de Lugant, sur le chemin de Bellinsonne; et la, dedans ung long pré, au pié des montaignes, se misrent tous ensemble et en bataille. Qui me demanderoit que faisoit lors le seigneur Jehan Jacques, lequel, comme dessus est dit, avoit esté envoyé avecques grant effort audit pont de la Treze, je diz que, deux jours devant, par le mandement du seigneur de Chaumont, qui de la retrecte des ennemys ne se doubtoit, s'estoit rendu au camp, pour a temps aller au siege et celuy rainforcer. Or, apres, le seigneur de Chaumont, sachant lesdits Suyces eulx en aller avecques prisonniers et pillages ravyz par les pays du Roy, et ausi estant adverty de la demande qu'ilz faisoyent, et de ce que, nonobstant leurs excez, se disoyent tous bons François, premier que de plus avancer l'affaire, le voulut mectre en conseil ; auquel furent appellez le conte de Dunoys, le seigneur Jehan Jacques, messire Loys de Hédouville, le seigneur de Sainct Vallier, messire Gabriel de Montfaulcon, le bastard de la Clayete, et plusieurs autres ; lesquelz, tout a cheval et a briefves parolles, la chose en plusieurs manieres et plusieurs propos debatirent. Et dirent les ungs que si quelque argent estoit deu ausdits Suyces, que demander le pouvoyent. Les autres proposerent contre ce, disant que la demande qu'ilz faisoyent n'estoit en raison fondée, ne faisoit a recevoir, et que au Roy n'estoit de payer les debtes incognues de ses predecesseurs, et mesmement celles dont lors question estoit, veu que, de ce, n'en apparoissoit que par la simple demande de ceulx qui a ce moyen avoyent, sans deffy et d'emblée, couru les pays du Roy et ouverte la guerre ; et ausi que, se ilz se disoyent Françoys, et que de leur demande se vouloyent, scelon leur dire, rapporter a l'ordonnance du lieutenant du Roy et autres cappitaines de l'armée de France, ce faisoyent ilz pour eschapper et emporter leur butin : ce qui eust esté au deshonneur et desavantage des Françoys ; et que, apres leur retrecte, ilz heussent peu dire que, malgré la puissance de France, ilz avoyent pillé et courue la Lombardye, et puys s'estoyent, sans estre conbatus, avecques le peu de nombre de gens qu'ilz estoyent, a la veue de l'armée de France, retirez; dont au pays des Ligues eussent peu estre et seroyent mal reputez les Françoys, si que, une autres foys, de legier et sans craincte se fussent iceulx ou autres Suyces mys en avant pour autant en faire, ou plus. Par quoy, ce propos ouy, le seigneur Jehan Jacques, messire Loys de Hedouville, le seigneur de Sainct Vallier et plusieurs autres, furent d'avys que ausdits Suyces se devoit donner le combat; veu ausi qu'ilz estoyent en pays assez raisonnable, et que la se presentoyent pour actendre le choc; et que, pour myeulx leur donner, on devoit faire marcher l'artillerye et les gens de pié d'ung costé, les hommes d'armes et les archiers d'autre, pour les charger a deux rangs et les rompre.

## XXIII.

Commant messire Gabriel de Monfaulcon fut d'oppinion que le combat ne se devoit donner ausdits Suyces, pour plusieurs raisons.

Les choses dessus alleguées, messire Gabriel de Monfaulcon, lieutenant de cent gentishommes de la maison du Roy, reprist le propos en disant : « Messeigneurs, chascun de vous tous ensemble avez plusieurs bonnes et justes raisons alleguées, si, scelon nostre intention, la chose pouvoit sortir son effect a nostre honneur et adventage, et au dommage et perte de noz ennemys; ce que, scelon mon advys, seurement ne se peult, pour l'eure presente, executer ne facillement faire, par plusieurs empesches. Vous voyez

noz ennemys, en place choisye et a leur requeste en
bataille, deliberez a tous effors de deffendre leur querelle, laquelle ilz disent estre bonne et juste, et de
laquelle ilz nous vueullent faire juges et arbitres; ce
qui est, quant a ce, a eulx ouvré au plus pres de la
raison. Ilz sont de six a sept mille bons conbatans,
avecques sept ou huy cens Lombars bannys de leur
pays, lesquelz, soubz le malheur de necessité urgente,
se couvriront des escus de vertueulx courage, comme
ceulx qui, par raison, doyvent myeulx chercher mort
hounourable que vye ennuyeuse. Nous n'avons gent
de pié en qui nous puissions avoir seure fyence. Si
nous combatons, et que ores ayons du myeulx, les
Ligues se pourront, pour leurs gens revenger, contre
le Roy declairer, et a plus grande puissance descendre
en Lonbardye, qui, pour ceste heure, est mal garnye
de souldartz françoys, pour garder le pays et soustenir grant faix de guerre. Si nous les assaillons, et que
Fortune, qui de gyrouetes ventueuses faict son appuy,
nous vueille contrarier, a ce moyen pourra naistre
rebellion en la duché de Millan, qui ne demande sur
nous que quelque point de malheureux hazart pour
nous donner eschec. Ceulx ausi qui pour le Roy sont,
au Royaume de Napples, en bonne et louable reputation, pourroient, pour nostre interit, estre desdaignez
et mys a despris. Sur noz ennemys a si peu d'aquest,
que, pour les vouloir deffaire, aventurer tant de gens
de bien, comme icy peuvent estre, seroit, se me
semble, commancer une chose sans adviser la fin; et
ainsi l'envye du peu de gaing nous pouroit venir a
effect de grande perte. Nous ne sommes certains a
quelle fin pourra tourner la chose. Au pouvoir des

hommes est d'entreprendre guerres, et batailles encommancer ; mais au vouloir de Dieu est d'ordonner des victoires et donner les triumphes. Ainsi pouvons nous assaillir noz ennemys et le combat leur donner ; mais a nostre cognoistre n'est de savoir l'effect de l'aventure future. Dont nous est requis sur ce tellement pourvoir que, par deffault de bon conseil et ordonnance de seure conduyte, notre entreprise ne soit empeschée, ne l'affaire du Roy retardé, ne l'onneur de nous amaindry; et toutesfoys, si quelqu'un pence que, pour me vouloir exempter du danger de la guerre, ou crainte de me trouver aux horions departir, par remonstrances de diverses allegacions je vueille la bataille differer, non faiz; mais ausi que de rechief chascun de nous veille pencer au myeulx de ceste besoigne ; et pour plus seurement y ouvrer, sur ce adviser que tout improveu comancement de combat est hors de remede de ressource, et en arrest final de confuse perdiction ; car a recommancer ne se faict. Quoy plus? si n'est que tout magnanime ne doibt les perilz appecter, comme fol avanturier, ne la rencontre d'iceulx fuyr, comme effeminé crainctif. Pour ce le dy je que, s'il est ordonné que doyve noz ennemys combatre, ce ne doit estre a leur entreprise, ne sur leur deliberé propos, mais a nostre heure deue, et en place pour nous plus adventageuse ; encores ne sont hors noz dangiers, ne ne seront que premier ne les puissions rancontrer en lieux convenables, pour aisement les submarcher et mectre a raison. Nous envoyerons noz pietons sur les montaignes pour leur copper chemin, et les arrester se ilz se mectent a la fille ou en desarroy; les gens de cheval leur marcheront en queuhe et sur les helles, et a temps leur donneront la charge; et suys d'avys qu'on envoye quelqu'un des capitaines de l'armée de rechief devers eulx, pour leur veoir maniere et savoir qu'ilz veullent dire; et quelques coureurs sur leur marche pour les amuser, jucques toute l'armée, a leur desloger, se puisse joindre a eulx; et ainsi, sans faillir et a notre seurté, les pourrons endommager et a nous soubmectre. »

A l'opposite de la conclusion de ce propos, aucuns des autres capitaines françoys repliquerent et dirent que les lesser ainsi aller sans leur donner le combat, seroit donné occasion a plusieurs de murmurer contre le loz de la valleur des Françoys, et aux ennemys efforcement de courage : par quoy on leur devoit, sans differer, courir sus et livrer la bataille. D'autres raisons assez furent illecques sur ce mises sus. Toutesfoys, tout ce nonobstant, la chose fut pour l'eure differée, et scelon l'oppinion de messire Gabriel de Monfaulcon en fut arresté, et transmys sur les montaignes les gens de pié, pour gaigner sur eulx le chemin, et leur deffendre le passage. Ausi leur fut envoyé le seigneur de Lauque, a tout six archiers, pour parler avecques eulx, et veoir leur contenance; lequel tout droict au lieu ou ilz estoyent s'en alla; lesquelz trouva tous en bataille, et bien arroyez avecques leur artillerye, dont ilz n'avoyent que six ou sept moyennes pieces, lesquelz estoyent dedans ung long pré et estroict au pié d'une montaigne, laquelle ilz avoyent au dos; et tantost que iceulx virent vers eulx marcher ledit seigneur de Lauque de peu de gens accompaigné, troys de leurs cappitaines, parlans françoys, sortirent de leur bataille, loing d'ung gect de pierre ou environ, et furent parler avecques luy; lequel leur demanda pourquoy ilz estoyent la venus courir la terre du Roy et luy faire la guerre; lesquelz respondirent que pour courir les pays du Roy ne le guerroyer n'estoyent illecques assemblez, mais pour demander de l'argent qui leur estoit deu pour avoir servy le Roy Charles a sa conqueste de Naples, et le Roy present a la prise du seigneur Ludovic et en ses guerres de Lombardye, sans en avoir eu fin de paye; et que de ce vouloyent faire deuement apparoir et monstrer au lieutenant du Roy et cappitaines de l'armée de France, lesquelz ilz vouloyent faire juges de leur differant; et en outre disoyent qu'ilz estoyent tous bons Françoys, et prestz de servir le Roy en toutes autres affaires, pourveu toutesfoys qu'ilz eussent ce qu'ilz demandoyent. Et sur ce, au retour se mist le seigneur de Lauque, et fist vray rapport au lieutenant du Roy de la demande et responce d'iceulx Suyces; lesquelz, apres avoir esté en bataille dedans le pré susdit par l'espace de six heures ou plus, et avoir faict parlement avecques le seigneur de Lauque, a la veue de toute l'armée de France, dedans ung village pres de la, contre la montaigne, se retirerent, et la coucherent celle nuyt.

Par le rapport du seigneur de Lauque, messire Charles d'Amboise, lieutenant du Roy, se pença que lesdicts Suyces ne demandoyent que moyen pour gaigner pays et eulx retirer, leurs bagues sauves. Donc, sitost qu'ilz furent deslogez du pré ou ilz avoient tenu bataille, leur mist en suyte le chevalier de Louvain, avecques soixante homes d'armes, pour les chevaulcher et ennuyer par les chemins, jucques toute l'armée les peust aprocher pour les pouvoir joindre. Ainsi furent poursuyvys jucques pres du village ou ilz s'estoyent retirez. Chascun exploicta celle nuyt au myeulx que faire le sceut. Bon guect et escoutes furent faict celle nuyt des deux partys. Le lendemain, qui fut le XIII<sup>e</sup> jour du moys de septembre, deux heures avant l'esclarcye du jour, icelz Suyces deslogerent; et, le plus tost qu'ilz peurent, pour gaigner avantage de chemin sur les Françoys, qui de pres les suyvoyent, se hasterent, et tant que jambes pouvoyent tirer, marcherent avant. Le chevalier de Louvain, avecques ses gens d'armes, les poursuyvyt pas a pas, a leur desloger, et tant de court que, de leur partement, qui fut deux heures avant le jour, jucques a l'esclarcye, leur fut tousjours sur marche, sans leur vouloir donner la charge jucques la clarté aparust. Iceulx Suyces marcherent a toute deligence; et supposé que bien fussent advertys que les Françoys les suivissent, et que apres eulx en ouyssent le bruyt, toutesfoys de ce ne s'effrayerent, mais avecques tout leur butin tousjours gaignerent pays; et tant que a l'aubbe du jour furent pres d'ung bourg nommé les Chappelles, sur le chemin de Bellinsonne, a troys mille loings de Lugant. Le chevalier de Louvain la les approcha et leur commança a donner escarmouches, ce qui les fist mectre en ordre et arester tout court. Les ung avecques les autres essayerent leurs glaives jucques au degouct du sang de plusieurs; et, comme j'ay sceu par aucuns de ceulx qui la furent presens, l'escarmouche fut moult sanglante et domageuse par les Suyces; car tous ceulx qui, au premier choc, furent rencontrez, et les tenans desordre, furent par les Françoys mys a sacq, sans que nuly des Françoys fust la occys, mais quatre ou cinc de leurs chevaulx blecyez a coups de picques.

Tres bien fist le chevalier de Louvain et ses gens leur devoir de les arrester et ennuyer; car depuys l'esclarcy du jour jucques au souleil levant, les tindrent en arrest et escarmoucherent; et lorsque le jour fut cler, les Suyces, veoyant qu'ilz n'avoyent prochaine poursuyte que de ceulx, doubtant ausi la venue de l'armée de France, que proche savoyent, au meilleur ordre que faire peurent se misrent a marcher le chemin de Bellinsonne. Les coureurs françoys les chasserent, en leur faisant le plus d'ennuy qu'ilz pouvoyent pour les amuser, et donner temps au demeurant de leur armée pour les actaindre et rencontrer, et souvent les faisoyent serrer et tenir en ordre; et tant les aprocherent que, a l'issue dudit village des Chappelles, dedans ung destroict, se meslerent avecques eulx; lesquelz bien a point se deffendirent, et occyrent deux des archiers du seigneur de Chaumont, lesquelz s'estoyent mys a pié pour entrer dedans une place emconbreuse ou estoyent lesdicts Suyces, et la furent assommez lesdits archiers sans recousse, pour trop follement hazarder le sort de la guerre, dont l'ung d'iceulx estoit nommé Bertrand, lequel, au partir du logis, avoit dit a ses compaignons que, la nuyt de devant, avoit songé que ce jour devoit estre tué; et affin que, si le cas mortel de son malheureux songe avenoit, il peust estre entre les mors cognu, il avoit par le dedans de sa chausse, sur la jambe nue, mise une jarretiere. Ainsi usoit le maleureux d'ymaginacion, qui souvant ayde au cas. Que fut ce? ainsi en advint que songé l'avoit. Ores ne say je que dire de ce, si n'est que tout songe n'est mensonge. Pour rentrer doncques, lors lesdits Suyces ainsi retiroyent, eux et leurs bagues, au ranfort du chevalier de Louvain vindrent quatre vingtz chevaulx legiers, que conduisoyent le seigneur de Lanque, Ferry de Mailly, baron de Compty, et ung nommé Adryen de Brymeu, seigneur de Humbercourt, lesquelz avoit la envoyez le seigneur de Chaumont, lieutenant du Roy, lequel marchoit apres avecques toute l'armée; et tant chevaucherent iceulx coureurs que, a l'issue du bourg des Chappelles, demye heure apres souleil levant, se joignirent avecques le chevallier de Louvain, et la de rechief recommancerent l'escarmouche sur lesdits Suyces; lesquelz, tousjours en eulx deffendant, marchoyent le plain pas et se retiroyent. Par maintes foys furent chargez, et plusieurs de elz bleciez et occis; mais tres bien se deffendirent, et tant que, apres coups rechargés et escarmouches, sans ce que le surplus de l'armée de France les approchast jucques a joindre, ne que les gens de pié qui estoyent sur les montaignes leur empeschassent le passage, avecques tout leur butin a Bellinsonne se retirerent; et ce faict, voyans les Françoys que autre chose ne leur pouvoyent faire, tous ensemble se retirerent vers Millan, et de la furent renvoyez a leurs garnisons. Le cardinal d'Amboise, qui ancores estoit a Comme, sachant que lesdits Suyces s'estoyent retirez, voulut desloger; et sitost que heure luy sembla bonne de ce faire, se mist au champs, et prist le chemin droict pour tirer a Lumel, une conté de la duché de Millan, que le Roy autresfoys luy avoit donnée, auquel lieu se reposa jucques a ce que, pour les affaires du Roy, luy convint desloger.

## XXIV.

DE LA MORT DU SEIGNEUR DE MONPENSIER ET DE PLUSIEURS AUTRES, LESQUELZ, CE TEMPS DURANT, MOURURENT DELA LES MONS.

Des faictz prosperes et cas inconveniens des choses, scelon la realité d'icelles, est a tout historiographe de faire clere ostencion et narration prouvée, sans que l'une donne lieu a l'autre, par avance de faveur ou craincte de desplaire, dont a ce propos me fault le compte eslargir. Ores est doncques par le pouvoir du Roy Naples conquestée, son armée de mer mise au danger du vent, et les Suyces chassez de Lombardye. Reste a dire que, apres toutes ses choses, la mort, qui a nully pardonne, a voulu ruer coups a toutes mains, sans espargner homme de quelque estat; et pour sur ce commancer nostre elegye, diray que le seigneur de Monpencier, estant lors a l'entrée de ses ans florissans, au prochas de l'accroissement de sa valeur, et en propos de prosperer en vertus [1], apres avoir, a la conqueste de Naples, au service du Roy tant a droict les armes exploictées que de tiltres d'honneur avoit sa renomée enrichye, aquis loz inmortel, et louable chevalerye maintenue, dedans la ville de Naples, comme dit est, mourut. Ne fut ce pas grant dommage? J'en lesseray le jugement a ceulx qui l'intention de son vouloir, l'effect de ses œuvres, et le

---

[1]. Oraison funèbre un peu exagérée. Le comte de Montpensier était un jeune homme assez peu sérieux; mais il se constitua, autour de sa mort prématurée, une sorte de légende.

pris de sa valleur ont cognu. Que quessoit, de sa mort fut le Roy grandement adoullé, et marry tres amerement, et tant que apres la perte du corps voulut avoir souvenance de l'ame : en commemoracion de laquelle, dedans la grant eglize de Sainct Jehan de Lyon fist faire obseque lamentable et funeralle feste. Le dedans de l'esglize, et tout autour, fist ceindre d'ung drap de vellour noir, semé des armes de Bourbon, dont il estoit issu et portoit le nom. Dedans la grande nef de l'esglise, estoyent tant d'hommes vestuz en dueil, tant de torches et sierges ardans, que a mon pouvoir ne fut de les savoir nombrer. Tous les prestres qui la se peurent trouver, et celebrer messe, et par toutes les eglises et chappelles de Lyon, furent payez et repeuz. La grand messe fut, au maistre autel de ladite esglise, par un evesque suffragant de Lyon, celebrée et, par les chantres de la chappelle du Roy, sollempnellement chantée, et tout le service tant piteusement faict que a tous les presens fut spectacle de mort lamentée et regrectée perte [1].

En ce mesme temps, dedans la ville de Millan, fut tuhé ung gentilhomme françoys, nommé Hector de Montenart, gouverneur d'Ast pour le Roy, et fut occys par ung nommé le marquis de Sueve [2], duquel icelluy Montenart par force occuppoit les terres, et ne les vou-

---

1. C'est à la cathédrale de Lyon qu'avait été célébré, avec plus d'apparat encore, le service funèbre de son père, sous Charles VIII. Les corps du père et du fils furent rapportés à Aigueperse, en Auvergne.

2. Hector de Monteynard possédait, par confiscation ancienne et par achat, quelques biens dans le marquisat de Ceva. Nous ne pouvons, pour cette question si compliquée, que renvoyer aux tomes I, II et III de notre *Histoire de Louis XII*.

loit rendre audit marquis, supposé que rendre les deust, et que par celuy marquys maintes foys en eust esté prié et requis; et entre autres, ung soir, sur l'eure de vespres, que ledit marquys rencontra dedans une des rues de Millan celuy Montenart, lequel alloit a son logys mal accompaigné, dont mal luy en advint, comme vous orrez. En allant de la rue au logis, le marquys susdit prya de rechief ledit Montenart qu'il luy pleust rendre le sien, et que le Roy ainsi l'entendoit, en luy disant qu'il luy tenoit grant tort; et que au moyen de ce qu'il detenoit ses terres, deux ou troys pauvres seurs qu'il avoit demeuroyent a marier, et en danger d'estre meschantes, et luy et ses freres desheritez, en pauvreté et desavancement. A ses paroles peu s'arresta ledit Montenart, en disant que une autres foys en parleroyent plus a plain. Dont se teust ledit marquys, tout espriz de courroux, et comme celuy qui pour l'eure fut maistre de son motif, cœuvrit l'intencion de son courage jucques a temps, et convoya paisiblement celuy Montenart jucques a son logys; et la, fut nouvelles de boire.

Avecques eulx n'avoit que ung varlet et ung page, serviteurs dudit Montenart; desquelz le varlet fut transmys au vin, et le page a la fruyte et laver les verres. Ainsi demeurerent tous deux ensemble : et, sitost que le marquys vit son homme au desproveu et sans autre compaignye, soubdainement mist la main a une courte dague qu'il avoit, et dedans l'estomac luy donna troys coups, tant mortelz qu'il l'actaingnit au cueur, dont tout mort cheut a terre, sans jamais parler ung tout seul mot. Et ce faict, celuy marquys, sans actendre le vin a venir, s'en alla par rues oblicques jucques a son logys, ou monta a cheval; et sans autre empeschement, hors la ville, se retira et gaigna les champs. Ainsi en meschut a celuy qui, sans tiltre juste, du bien d'autruy se voulut emparer et au danger de son ennemy sa vie hazarder. Dont je dy que celuy qui forfaicteur se sent, sans appuy de seure garde, hayneuse compaignye chercher, envyeuse hanter, ou doubteuse approcher ne doit.

En ce mesme temps, dela les mons moururent plusieurs bons cappitaines françoys, et autres amys et serviteurs du Roy : desquelz fut messire Jehan Francisque de Sainct Severin, conte de Gayace, lequel fut sumptueusement servy, et a triumphe funeral ensepulturé en la ville de Naples. Maintz bons services avoit faict au Roy, et de moult son armée secourue.

Aulbert du Rousset, lieutenant de la compaignye du duc de Vallentinoys, mourut pareillement à Naples; lequel fut par aucuns de ses hayneux empoisonné, a la table dudit duc de Vallentinoys.

Aussi mourut le seigneur de Sainct Prest, capitaine de cincquante homes d'armes.

En somme plusieurs autres Françoys, avecques ceulx, moururent audit lieu de Naples, dont la perte fut moult domageuse pour le Roy, et la mort plaincte de chacun[1].

1. Cet été fut mortel pour les Français à Naples. Il est surprenant que, dans un temps où l'on voyait partout des traces de poison, on n'ait parlé d'empoisonnement que pour Aubert du Rousset. En France aussi, on souffrit d'un été sec et excessivement chaud, de mai à octobre. (*Chronique de Benoist Mailliard.*)

## XXV.

Commant la Royne s'en retourna de Lyon a Bloys.

Le xviiie jour du moys de septembre, la Royne partit de Lyon pour s'en aller a Bloys sur Loyre, ou estoit lors Madame Glaude, sa fille.

Ce mesme jour, le Roy s'en alla au Daulphiné chacer et esbatre, en actendant nouvelles de ses pays de dela les mons. Et de la transmist la poste devers le cardinal d'Amboise, pour l'envoyer en ambaxade devers le Roy des Romains, ainsi que a son partement de Lyon luy avoit dit et baillé son vouloir, sur ce[1], pour entendre.

1. Voici le texte des instructions officielles données au cardinal, d'après une minute raturée, originale (Bibl. nat. de Paris, ms. fr. 2964, f° 89) ; les mots en italique ont été ajoutés après coup sur le texte que nous reproduisons :

« Instructions...

« Premierement, sera par mondict seigneur le legat prié et requis au Roy des Rommains que son plaisir soit de investir le Roy, en la personne de mondict seigneur le legat, comme procureur special quant a ce du Roy, de la duché de Mylan, *conté de Pavie* et autres terres et *seigneuries* que iceluy seigneur tient de l'empire dela les mons, et qu'il en vueille faire expedier ses lectres de investiture en très bonne et deue (*mot rayé, remplacé par* « ample ») forme pour le Roy et ses hoirs masles descendans de son corps; et, en deffault d'iceulx, pour Ma Dame Glaude et Monseigneur le duc de Luxembourg, leurs enfans, et autrement, selon et en ensuivant le contenu en l'article du traictié dereinnement fait entre le Roy et les ambassadeurs d'iceluy seigneur Roy des Rommains.

« Item, pour ce que iceluy seigneur Roy des Rommains a par cy devant baillé certaine investiture de ladicte duché de Mylan et autres seigneuries *dessusdictes* au seigneur Ludovic, non adverty ne certioré que iceluy duché de Mylan et autres seigneuries fussent

## XXVI.

### Commant le cardinal d'Amboise fut en ambaxade devers Maximilian, Roy des Romains.

Le cardinal d'Amboise, apres avoir eu nouvelles du Roy, et son vouloir entendu, le xxv⁰ jour du moys de septembre, partit de Lumel [1] en Lombardye, pour aller en ambaxade devers le Roy des Romains, qui lors estoit dedans une ville nommée Trante, entre les Allemaignes et Venize ; laquelle ville estoit de la seigneurye de Sainct Marc. Avecques ledit cardinal d'Am-

le vray heritaige du Roy, sera besoing que iceluy seigneur le Roy des Rommains, par une lectre a part, narration faicte que, au temps qu'il feist investiture audict seigneur Ludovic, ignorant les droiz appartenans au Roy audict duché et autres seigneuries dessusdictes, fist icelle investiture, laquelle il n'eust pour riens fait s'il eust esté pour lors au vray certioré du bon et vray droit que ledict seigneur avoit et a esdictz duché et seigneuries, *comme il a depuis aperçu et oyi deuement :* par quoy, de son auctorité et propre main et plaine puissance imperial, il casse, revocque et estainct, adnulle et mect du tout anneant ladicte investiture faicte audict seigneur Ludovic *et ses heritiers ;* et veult et declaire que ores, ne pour le temps a venir, elle ne puisse ou doye valloir audict seigneur Ludovic ne a ses hoirs, ne semblement (*ce dernier mot est rayé*) prejudicier au Roy, ses hoirs, ne a l'investiture qu'il en baille presentement ; laquelle il veult et entend, de l'auctorité que dessus, valoir et sortir son plain et entier effect a tousjours mais, nonobstant et sans avoir regard a ladicte investiture, ainsi que comme dit est, par luy baillée audict seigneur Ludovic : laquelle d'abondant il a cassé, casse et revocque, comme dessus est dit.

« Et de ce fauldra obtenir lectres dudict seigneur Roy des Rommains en la plus ample forme, seureté et efficace que faire se pourra. »

1. Lomello, chef-lieu de ses domaines personnels.

boise furent plusieurs grans seigneurs de France et de Lombardye, grant nombre d'evesques, d'abbez et de prothonotaires[1], cent des gentishomes de la maison du Roy, et deux cens archiers de la garde pareillement avecques luy, et tant d'autres, que de seze a XVIII cens chevaulx fut acompaigné : ce qui fut pour luy chose bien sollempnelle, et tres honnorable pour le Roy.

Tant chevaucha[2] que le III$^e$ jour du moys d'octobre fut avecques tout son train pres le Trante. Au devant de luy, et pour le recepvoir, fut le cardinal de Gurce, qui lors estoit avecques le Roy des Romains. Plusieurs autres princes et grans seigneurs d'Allemaigne luy furent envoyez pour le recueillir, lesquelz le convoyerent jucques dedans la ville, ou fut logé par fouriers, luy et tous ses gens, moult bien a point, et la festyés tous, et trectez a souhect par les seigneurs et peuple de la ville et les gens du Roy des Romains.

Lorsque ledit cardinal d'Amboise fut prest pour aller faire ce que de par le Roy enchargé lui estoit[3],

---

1. Sanuto en donne la liste.
2. Il semblerait, d'après cette enflure d'expression, que le cardinal et son train tout royal se soient livrés pendant huit jours à des chevauchées précipitées. On sait pourtant qu'il n'y a pas loin de Lomello à Trente.
3. On a vu plus haut les Instructions officielles du roi. Le cardinal poursuivait, sous couvert de cette négociation, une autre négociation beaucoup plus importante : il voulait faire prononcer par l'Espagne, l'Allemagne et la France la déchéance d'Alexandre VI pour indignité, et sa propre élévation à la tiare. Le projet n'était pas nouveau. Nous avons montré (*Histoire de Louis XII*, tome III) que, déjà, en 1494, la déchéance d'Alexandre semblait entrer dans les plans de Maximilien : inquiété par le pape, Charles VIII déclarait à Naples qu'il n'aurait qu'un mot à

prist avecques luy des evesques et autres gens d'eglize plus sollempnelz, ce qu'il luy pleut, avecques des

dire pour s'accorder avec Maximilien, et ce mot consistait à accepter un autre pape. Voici un *memorandum* un peu postérieur, d'écriture italienne, où se trouve consigné, de la manière la plus précise, le plan du cardinal d'Amboise :

« Videtur quod, postquam nunc summa intelligentia inter sacratissimam Cesaream Maiestatem et Christianissimum Regem Francie est, ut in limitibus illius non solum stetur, sed et magni aliquid per utrosque illos atque potentissimum Hispaniarum Regem, viribus omnium junctis, quod eis utile honorabileve futurum sit inchoetur.

« Videtur ergo in presentiarum ante omnia plus necessarium, ut Deo optimo maximoque, a quo facti sumus et cui super omnia tenemur, primordia persolvantur, et ecclesia katholica, cujus caput pontifex est, que jam per multa tempora ruinam minata est, in errorem christianorum et exterminium religionis nostre, reformetur.

« Accedit ad hoc ut etiam predictos Reges conscientie sue multum angere et incitare ad hoc tam sanctissimum propositum videantur, quandoquidem ad eos solos hoc certissime spectat, et, nisi provideant, nemini alteri malum id quod inde emergit est imputandum, ipsique de illo gravem in extremis suis coram Deo et mundo rationem sunt reddituri.

« Ad hanc itaque rem conficiendam tres hii Reges, affinitate et consanguinitate sibi invicem jam strictissime juncti, tantquam totius mundi priores monarche, confestim et e vestigio concilium generale convocent, medianteque illo, quod alias fieri nequit, modernum pontificem, tanquam male vite et hujus nominis indignum, deponant.

« Perque R[mos] dominos cardinales alium quempiam virtutibus et integritate preditum ad illud fastigium provehant.

« Necnon illi circa patrimonium ecclesie et guardiam suam atque alia prout honestas postulaverit et ab antiquo observari consuetum fuit provideant, ut ecclesia katholica labefacta restitui et restituta pro gloria Dei vivere possit.

« Circa R[mos] dominos cardinales, quod omnes hii ex antea de proventibus sexmilium ducatorum duntaxat, quemadmodum vetus observatio docet, vivant, atque episcopatus extra patrimonium eclesie et commendas ubique locorum deponant.

gentishommes du Roy, et des archiers de la garde des myeulx extimez; et s'en alla devers le logys du

« Et omnes annate veniant ad manus militarium contra Thurcos stantium.

« Eradicentur spurcissima scelera que plus Rome quam aliorsum usurpantur.

« Deponant concubinas, publice, atque nomina filiorum publica, secundum patres religiosos, et incipiant honeste vivere, ut perinde christiani hoc idem exemplo eorum addiscant.

« Sed, ne frustra hec consultatio sit, predicti tres Reges hec omnia celerrime effitiant, et, ut tanto comodius exequi valeant, omnes se ad kalendas junii proxime venturas in armis inveniant, ut puta divus Cesar sit ad litus maris Adriatici ubi contingit provintias suas, cum gentibus et armigeris atque artaleria sua preparatis, et inde per mare versus Romam, ibi Coronam etiam Imperialem consequuturus, proficiscatur.

« [Quo magis etiam hec omnia], sicuti necessarium est magnopere, tanto secretius contineri possint, non dicant hic reges se concilium vocaturos, sed consilium Thurcorum facturos; sed, adunatis omnibus oratoribus, mox concilium appellent.

« Circa novum papam creandum, quod R$^{mus}$ d$^{nus}$ cardinalis Rothomagensis, qui et omnibus bonis conditionibus pollet et integerrimus hominum est, ad illud fastigium provehatur.

« Et quoniam Cesar decrevit erigere et fundare ordinem militie, sancti Georgii appellatum, ubi favoribus et auctoritate apostolice Sedis mirum in modum indigebit, quod R$^{mus}$ dominus cardinalis Rothomagensis polliceatur, in meliori forma quantum possibile erit, quod, quum papatum consequutus fuerit, quod Cesari ad illum ordinem erigendum omnes favores prestare et exhibere velit, secundum desiderium Romanorum Regis.

« Preterea, idem R$^{mus}$ dominus cardinalis Rothomagensis in presentiarum polliceatur et per litteras sufficientes se inscribat quod, postquam papatum consequutus fuerit, quod omnia ea que Cesar ab eo et Sede apostolica petierit, pro sua Cesarea Maj$^{te}$ et servitoribus illius cum requisita fuerit facere velit et illam nationem germanicam et eos qui imperio Romano subsunt paterne commendatos habere velit.

« N. Ursa, not. apostol. »

(Orig. ms. fr. 2961, fol. 39, 40. Les mots entre crochets ont été exponctués.)

Roy des Romains, et dedans entra ; ou par ledit Roy des Romains et autres princes et seigneurs qui la estoient, dont il y avoit grant nombre, fut tres honnourablement receu. Et la fist son sallut comme il devoit, et sa harangue comme il sceut : dont s'en aquipta en maniere que ce fut au plaisir de tous et l'onneur de luy. Ce faict, le Roy des Romains eut avecques ledit cardinal d'Amboise plusieurs doulces parolles et amyables raisons ; et entre eulx deux eurent de divers propos sollacieulx passe temps ; et apres ce, parlerent de leur affaire, et d'ung et d'autre costez plusieurs choses misrent en termes, qui moult seroyent longues a racompter. Toutesfoys, le cardinal d'Amboise, qui la parloit pour le Roy et par son voulloir, dist que, pour l'acroissement du bien public et entretenement d'eureuse paix, le Roy, avecques le Roy des Romains, vouloit et desiroit avoir amytié, alyence et confederacion, et que, pour ceste cause, l'avoit illecques le Roy envoyé ; et ausi que a luy ne tiendroit que eulx, leurs gens et leurs pays ne fussent a tousjoursmais unys, paisibles et adjoinctz : dont eulx pourroyent l'ung l'autre amyablement veoir et visiter, leurs sugectz vivre en franchise et seureté, leurs amys monter en heur et prosperité, leurs ennemys tumber en exil et adversité, et leurs terres et seigneuryes accroistre et augmenter ; et avecques ce, si le Roy tenoit tort de aucune chose audit Roy des Rommains, que telle raison luy en feroyt, que pour content s'en devroit tenir.

Le Roy des Rommains fist a ce responce, disant que ausi de sa part vouloit sur toutes choses avoir amour, accoinctance et benivollance avecques le Roy ;

mais, en ce faisant, demandoit que le seigneur Ludovic et son frere, le cardinal Ascaigne, que le Roy tenoit en France prisonniers, fussent delivrez et mys en liberté, et que, sans la delivrance de ceulx, lesquelz estoyent ses alyez, ne feroit avecques le Roy accord paisible. Plusieurs autres demandes et raisons mist en avant le Roy des Rommains, lesquelles ne luy furent toutes accordées, mais mises sur le bureau en conseil, et, par le temps de quatre jours entiers [1], continuellement d'ung et d'autre coustez debatues. Ung nommé maistre Raymond Perauld, de la nacion de France, et cardinal de Gurce [2], estoit lors avecques le Roy des Romains, comme j'ay dit, et de luy bien voulu : lequel mist les effors de son pouvoir aux champs, pour moyenner entre la demande de l'ung et responce de l'autre. Tellement que, apres toutes allegacions proposées entre lesdits princes, fut faicte conclusion paisible, et dit que le cardinal Ascaigne seroit delivré et mys hors de prison, et la question de la delivrance du seigneur Ludovic mise en suspens jucques a une autres foys. Et ce faict, la paix fut accordée et partout publyée ; et le cardinal d'Amboise acheminé pour s'en retourner devers le Roy. Et, au depart, le Roy des Rommains luy fist honneur tel que luy mesme le conduist jusques hors la ville, a grant honneur. Et tantost qu'il fut arrivé en France, fist au Roy rapport de son exploict [3]; par quoy fut mys le cardinal Ascaigne hors

1. Ils furent signés le 13 octobre 1501 (orig., J 505, n° 10).
2. Raymond Pérault, évêque de Gürck, cardinal, natif de Saintes : personnage extrêmement actif et entreprenant, très mêlé aux événements de l'expédition de Charles VIII à Naples. On pouvait le soupçonner d'être le candidat de l'empereur à la tiare.
3. Les *articles* souscrits à Trente par le cardinal d'Amboise ne

de prison et delivré, comme au Roy des Rommains avoit esté promys.

Et, en ce temps, fut ledit cardinal d'Amboise faict legat en France, en Avignon, et en tout le Daulphiné, ou fut receu par les seigneurs de parlement desdits pays.

Nouvelles furent lors apportées au Roy que domp Frederich venoit en France, et qu'il approchoit le port de Marseille en Provence, pour s'en venir en court; dont furent au devant de luy envoyez l'arcevesque de Sens[1], le seigneur de Sainct Vallier[2], le seigneur du Bouchage[3],

---

parurent pas de nature à satisfaire pleinement le gouvernement français. Louis XII les approuva, par patentes données à Blois le 21 novembre suivant (fr. 2961, fol. 21), sans les reproduire : « ainsi qu'il peult aparoir par iceulx articles, lesquelz despuis nous ont estez monstrez et communiquez. » Ces patentes furent envoyées à Maximilien. Le texte lui-même des *articles* (K 1639, dossier 3) a été publié par Dumont, par Sanuto, etc. Il est à remarquer que la copie de Sanuto porte mention de la certification de Robertet, certification adressée à l'empereur; c'est-à-dire que le texte même de la ratification du traité fut communiqué par l'empereur aux Vénitiens. Le 23 novembre, Louis XII accrédita à nouveau près de Maximilien Louis de Hallwin, seigneur de Piennes, Geoffroy Carles, président au parlement de Dauphiné, Charles de Haultbois et Jean Guérin, maîtres des requêtes de l'hôtel, « pour renouveler les pactes d'amitié et de fraternité. » Louis XII remit en même temps à Piennes un pouvoir spécial, daté du 24 novembre, pour recevoir l'investiture de Milan (fr. 16074, n° 27), que Maximilien, d'ailleurs, ne se hâta point de donner (fr. 12802, fol. 49 et suiv.).

1. Tristan de Salazar, archevêque de Sens, ancien ambassadeur en Suisse et en Allemagne.

2. Aimar de Poitiers, seigneur de Saint-Vallier.

3. Ymbert de Batarnay, seigneur du Bouchage, auquel M. de Mandrot a consacré une biographie spéciale, sous le titre de *Ymbert de Batarnay*. — Remarquons à ce propos que Batarnay, devenu en 1463 seigneur du Bouchage par le bénéfice d'une confiscation sur Gabriel de Rossillon (De Marolles, *Les Histoires des*

le baillif de Gisors[1], et plusieurs autres grans parsonnages pour le recepvoir et conduyre devers le Roy[2].

Le xii⁰ jour d'octobre, deux beaulx peres du Plessis de Tours, de l'orde des Bons Hommes, vindrent a Lyon devers le Roy, et luy presenterent une haire tissue de poil de cheval, avecques doze cierges de cire vierge, que luy envoyoit ung beau pere dudit lieu du Plessis lez Tours, nommé Francisque de Paula, lequel estoit moult sainct homme, et estoit la du temps du Roy Loys XI$^{me}$, et vivoit d'une tres austere et penitenciale vie; par quoy le Roy receupt voluntiers ledit present, et fist bien trecter les messagiers : ladite haire bailla a messire Jehan de Poictiers, seigneur de Clairieux, et retint les cierges[3].

---

*anciens comtes d'Anjou*, ii⁰ partie, p. 41; *Généalogie de Bastarnay, depuis* 1240, p. 30), avait quelque rapport de nom avec Jean d'Auton, comme baron d'Anthon ou Anton, en Dauphiné. Batarnay avait acheté cette seigneurie au marquis de Saluces par acte du 19 septembre 1487 (orig., ms. lat. nouv. acq. 2124, n° 16); il prêta hommage au roi, de ce chef, en 1487 et 1498 (Marolles). Si, comme on l'a conjecturé, on devait appeler Jean d'Auton *d'Anton*, d'après le lieu d'Anton en Dauphiné, il est fort probable que notre auteur aurait mentionné Batarnay moins sommairement.

1. Jean de la Viefville ou de la Viéville, *alias* de la Vichville, seigneur de Wostrehaye, chambellan, pensionnaire du roi pour 200 livres (fr. 26107, n° 186 : fr. 26110, 754). Il avait épousé Marguerite de Verlemont, native du Hainaut, qui obtint sa naturalisation française en 1498 (JJ 231, fol. 188).

2. Cf. Seyssel, *Histoire de Louis XII*, p. 50 v°.

3. L'histoire de saint François de Paule, sa venue près de Louis XI, son établissement dans le parc du Plessis-lez-Tours, la haute influence dont il jouit sous le règne de Louis XI et de Charles VIII sont assez connus pour qu'il soit inutile de les rappeler. Sous Louis XII, il perdit toute influence politique. Louis XII était peu mystique; il avait l'esprit philosophique et chrétien. — L'envoi d'une haire n'était qu'une invitation à une pratique de piété; le roi donna cette haire à Clérieux, qui ne pas-

Sur la fin des jours du moys d'octobre, le Roy, apres avoir mys en ses affaires deue provision, partit de Lyon[1] et s'en alla a Bloys, ou lors estoit la Royne, et madame Glaude, sa fille. Et tantost que la fut arrivé, par devers luy vint le Roy Frederich, bien accompaigné, auquel fist gracieulx recueil et amyable reception. Et la ordonna de son estat, en luy baillant pour pencion annuelle cincquante mille frans, assignez une partye en domaine, et l'autre sur ses deniers, et payez par les tresoriers de ses finences[2].

sait pas pour le plus austère des courtisans. Quant aux cierges bénits de saint François de Paule, on leur attribuait universellement un caractère miraculeux, surtout pour aider au travail des femmes en couches. On voit, par les dépositions du procès de canonisation de saint François de Paule, que certaines sages-femmes en faisaient des provisions, afin de les allumer pendant les accouchements laborieux. Or la reine, toute dévouée à saint François de Paule, était grosse de nouveau.

1. Louis XII quitta Lyon, selon la *Chronique de Benoist Maillard,* le jour de Saint-Luc, 18 octobre, « rentrant en France. » Cependant, il signa encore le 18 octobre à Lyon une Ordonnance pour obliger les membres du parlement à la résidence (ms. fr. 4402, fol. 68).

2. Frédéric reçut des domaines pour un revenu de 20,000 liv., à titre d'apanage, comme un prince du sang, et une pension de 30,000 liv. Il renonça à la couronne (pat. de mai 1502, fr. 17695, p. 153-155, 17724, p. 31). Le roi lui attribua le comté du Maine, érigé en duché, les terres de Beaufort en Anjou et Saint-Sauveur-Lendelin en Normandie, érigées en comtés, et des terres en Normandie : les deux premières provenant de la succession du roi René, les autres du patrimoine personnel du roi. Néanmoins, le parlement fit des difficultés pour enregistrer les patentes (lettres du roi, Meillant, 3 juin 1502 : fr. 10237, 79. Cf. reg. de l'Échiquier de Rouen, Arch. du Palais de Justice, à Rouen). Le roi retira même au sire de Rohan la capitainerie de Saumur pour la donner à Frédéric (fr. 25718, 71) ; il accorda à Rohan 300 liv. d'indemnité, mais cet incident donna lieu à bien des difficultés (*Procéd. polit. du règne de Louis XII.* Cf. *Tiltres justificatifs du droit appartenant au*

## XXVII.

Comment une grosse armée de Françoys et d'autres chrestiens furent par mer contre les Turcz, en l'isle de Metellin, pres de Constantinoble.

Pour ce que plusieurs choses en ung mesme temps et en divers lieux furent celle année faictes par les Françoys[1], et mesmement que, au temps de la course et descente que les Suyces, dont j'ay cy dessus faicte mencion, firent en Lombardye, l'armée que le Roy avoit mise sur mer estoit au voyage de Grece et exploictoit comme pourrez ouyr, je n'ay voulu entremesler les choses ne revenir de faictz differens a jours alleguez, mais suyvre propos secutivement du commancement a fin, sans faire interrupcion de compte, et dire sur ce que, le XVIe jour du moys d'aoust, audit an mille cincq cens ung, apres que messire Phelippes de Ravestan, lieutenant du Roy en l'armée de

---

*duc de la Trémoïlle en la succession universelle de Frédéric d'Aragon...*, Paris, Pierre des Hayes, 1654, in-4°). Le roi Frédéric parut satisfait du règlement. Nous le voyons offrir à Louis XII des chevaux :

   « Le grant cheval venu du Roy Phederic...
   Le petit estradiot venu de domp Federich...
   Le grant cheval venu dudit Feuderich... »

(Compte de l'écurie, d'octobre 1502 ; fr. 2926, fol. 56.) Le même compte, d'octobre 1502, contient la mention d'une gratification à Jean Bourdon, palefrenier de Frédéric, pour un coursier noir et un estradiot bai, offerts par Frédéric dans le courant du mois.

1. L'auteur de l'*Ystore Anthonine* (fr. 1371) dit, à ce propos, avec quelque exagération (fol. 294) : « Pour les quelles quatre armées payer et entretenir l'en disoit que les coustaiges montoient chascun jour c. m. frans, ne on ne treuve point que jamais roy de France entretenist à ses gaiges et souldoyt tout ensemble si grans armées qui povoient monter c. m. combatans. »

mer, eust baillé sauconduyt au Roy domp Frederich pour s'en aller en France, comme j'ay dessus escript, et que son navigage fut prest, avoit donné vent aux voisles, et adressé en Cecille, pour passer le far de Messine, et abreger sa voye, et nagé deux jours en mer a vent contraire; toutesfoys au tiers jour eut temps doulx et carme. Luy et ses gens estoyent lors sur mer a l'endroict d'une montaigne nommée Strambouly, laquelle brusle nuyt et jour, et est moult espouventable a regarder [1]. Toutesfoys ledit messire Phelippes, conte de Ravestain, voulant plus au vray savoir de celles merveilles, fist arrester la gallere ou il estoit, et prist avecques luy le duc d'Albanye, ung sien confesseur cordelier, nommé frere Bernardin, ung nommé Pregent de Jagu, varlet de chambre du Roy, six autres gentishomes et quatre archiers; puys dessendit par une barque jucques au pié de la montaigne, et se mist avecques ses gens a monter au myeulx qu'il peut, et ainsi chemina par l'espace de quatre heures ou environ, et tant que ja avoit passé la moytié de ladite montaigne, en tel endroict que luy et les siens estoyent dedans la cendre jucques au genoilz, dont ne pouvoyent avancer leur train ne passer outre, pour l'empeschement des grans abres et grosses pierres dont ladite montaigne estoit toute semée : et ausi estoit ja la nuyt prochaine. Pour quoy, aviserent que le myeulx seroit de retourner et descendre, veu ausi que la voye ou ilz estoyent leur estoit incogneue et presque inasessible. Et ainsi s'en retournerent par ung autre costé, duquel avoit ung grant boys de haulte fustoye tout

---

[1]. Le Stromboli, le plus gai des volcans; une petite ville se trouve même resserrée entre le volcan et la mer.

brulé et ars : en sorte que tous ceulx qui par la passerent en emporterent l'enseigne du charbonnier, comme apres aux visages, mains, et habillemens d'iceulx Françoys apparut ; qui, a la descente de ladite montaigne, eurent sans cesser la pluye au dos. Et tantost qu'ilz furent descendus et embarchez, la se lieva une nuée tant obscure, ce nonobstant que ancores ne fust nuyt, que a peine pouvoyent celz qui aupres et touchant de ladite montaigne estoyent veoir icelle, et avecques la nuée survint une fortune tempestueuse sur la mer, telle que contraingtz furent de prendre port a Mellasse en Cecille, pres de ladite montaigne de Strambouly [1] de XL mille ou environ. Et la ancrerent, pour prendre sejour et actendre le bon vent, que au III$^e$ jour eurent : dont leverent voisles, et singlerent en mer, droict au far de Messine, lequel passerent aisement celuy jour, qui fut entour la feste Sainct Berthelemy, et aborderent a Rege en Callabre pour prendre la refreschissement. Et de la, messire Phelippes de Ravestain transmist ung gentilhomme des siens, nommé Jehan du Boys Ront, devers le cappitaine Gonssalles Ferrande, lieutenant general du Roy d'Espaigne en Poille et en Callabre, pour savoir a luy si l'armée que le Roy d'Espaigne avoit promise pour le secours de la cristienté contre les Turcz estoit preste, et que il estoit heure de sur ce exploicter, comme avoit esté promys entre les Roys crestiens, long temps devant [2]. Oyant, celuy Gonsalles Ferrant, ce que luy

1. Milazzo, sur le cap de ce nom, au N.-E. de la Sicile, près du Stromboli.
2. Le pape, aussi, avait promis un concours actif : le 11 janvier 1501, il avait même fait une démonstration en ouvrant un crédit de 1,000 ducats d'or pour la construction de galères (le

mandoit le seigneur de Ravestain, luy transmist ung messager pour faire responce et dire l'escuze du Roy d'Espaigne, telle que secours de gens ne pouvoit pour l'eure donner aux crestiens, ne mectre armée sur mer, pour l'empeschement de certaines guerres et conquestes qu'il avoit a faire pour lors, dont ne se failloit plus fort avancer pour la promesse de son secours.

Premier que dire plus, ung peu me fault esloigner le propos de ce compte pour y approcher le reste de ce qui en fault, et y mectre ce qui peut servir à l'excuse du desfaillant et a la preuve de verité. Et pour conjecturer le desfault du secours du Roy d'Espaigne contre les Turcz, et l'intencion de son vouloir, est vray que, pour faire la conqueste de Naples, estoit, entre le Roy et luy, dit et accordé, que chascun de eulx mectroit armée en avant, et que apres la conqueste faicte, que Naples et la Brusse[1], avecques le tiltre du royaume, demeureroit au Roy, et que la Callabre et la Poille seroyent au Roy d'Espaigne, dont le Roy en avoit faict tel aquipt que par ses effors, sans autre ayde, tout ledit royaume de Naples avoit conquesté et mys entre ses mains, sans ce que le Roy d'Espaigne y fist autre effort, si n'est que, apres ce, son armée mist en Callabre et en Cecille pour les garder et lever les prosfictz. Et avecques ce, apres ladite conqueste, pour paciffyer le tout, fut dit que au Roy Frederich seroit donné par chascun des deux princes cincquante

---

P. Guglielmotti, *La Guerra dei Pirati,* t. I, p. 10). En Allemagne, en Suisse, Raymond Péraud espérait un concours. Retenu par la goutte à Ulm, le 30 juillet 1501, il écrivait une lettre pressante à la diète de Nuremberg (Kaiserl. Königl. Bibliothek, zu Wien, ms. 7600, n° 3; ms. 7772), et aux Suisses (*ibid.*, n° 4), mais en vain.

1. Les Abruzzes.

mille frans par an, ce que fist le Roy, et continua tousjours. Mais le Roy d'Espaigne, en tout ce, ne fist loyal devoir ne deu aquipt. Par quoy, sur ce, dire se peut que le Roy d'Espaigne, doubtant que a ce moyen les Françoys luy voussissent courir sus et quereller les pays que en faulces enseignes tenoit du Royaume de Naples, ou bien pour au desproveu trouver lesdits Françoys qui s'affoiblissoyent de ce qu'ilz envoyent en Grece, et a son avantage leur donner quelque venue, et sur eulx faire surprise, ne voulut envoyer secours ne bailler rainfort contre les Infideles, ainsi qu'il avoit promys et juré, comme dit est, dont l'excuse est bien simple pour devoir par assez sur ce deffault couvrit son dire; de laquelle chose je cesse le recit pour passer oultre et suyvre le propos de mon voyage de Grece. Or estoyent doncques lors les crestyens au port de Rege en Callabre, attendans le secours d'Espaigne, qui leur vint plus a tard que apres la journée.

L'armée pareillement de Portugal, qui la se devoit rendre[1], ne se trouva pour l'eure preste pour faire

---

1. Le Portugal, très mêlé aux affaires d'Orient, et investi de territoires en Afrique par bulle du 1er juin 1497, avait plus que personne poussé à la croisade. L'éditeur du *Corpo diplomatico Portuguez*, M. Mendes Leal (t. I, p. 1-5), rapporte au début de l'année 1501 des *Instrucções a Francisco Lopes* extrêmement chaleureuses, pour inviter le pape à la croisade. Il est certain, quoique Burchard n'en parle pas, que Lopes était à Rome au mois d'août 1501 (*id.*, p. 7). La cour de Portugal se trouvait en termes très intimes avec la cour de Rome. Un bref du 13 octobre 1501 absolvait le roi don Emmanuel de censures encourues pour avoir interdit aux ecclésiastiques de « andar em mulas. » Par bulles du 23 octobre, Alexandre VI attribue des indulgences à quiconque participera, de sa personne ou de ses aumônes, à l'expédition en Afrique préparée depuis longtemps et pour laquelle le roi dit avoir réuni « une flotte nombreuse et forte. » La bulle *Etsi dispositione* concède pour trois ans à don Emmanuel une dîme de

ledit voyage. Toutesfoys, par le default de tout ce, ne fut l'entreprise arrestée; mais les Françoys et Gennevoys, qui en nombre estoyent soixante voisles, apres avoir sejourné huyt jours audit port de Rege, et faict comme j'ay dit, se misrent a voguer et tirerent jucques a la bouche du gouffre de Venize, cuydant par la passer. Mais une tempeste se leva, et tormente si grande, qu'ilz furent contraingtz de retourner moult loings en arriere dudit gouffre et en danger de perir tous; car, par l'impetueulx bouffement du vent qui lors en mer se faisoit, navires et galleres furent dispercées et esloignées plus de quatre mille loings l'une de l'autre, et une entre autres, nommée la Palvesine[1], gennevoise, laquelle donna contre terre tel choc que toute a sec demeura sur la grave, tellement que len la cuydoit qu'elle fust par pieces et esclatz. Toutesfoys elle eut si peu de domage que, le lendemain, a force de gens, elle fut saine et sauve mise en plaine mer, et toutes les autres rassemblées; et ce faict, le vent fut doulx et le temp acceptable, ce qui remist navigage en avant, droict audit gouffre de Venize, lequel passerent sans nul destour de fortune et prindrent port a la Jacinte, dont il y a de Rege six cens mille de mer ou plus. Le jour de la feste Sainct Michel furent audit port de la Jacinte les Fran[ç]oys et Genevoys, ou demeurerent a l'ancre par le temps de quatre jours,

---

tous les revenus ecclésiastiques, pour la guerre contre les Turcs : elle décrit avec alarmes la marche des Turcs vers le centre de l'Europe, la destruction des églises, des monastères; elle prêche une ligue générale de toute la nation portugaise (*id.*, p. 16-18, 18-24). Il semblait donc que la France eût le droit de compter sur une coopération du Portugal.

1. La nef Palvesine (*Pallavicini*), de Gênes, gros vaisseau que montait Louis XII à la bataille de Rapallo, en 1494.

et la cuydoyent trouver l'armée de Venize, ainsi que devant avoit par les Françoys et Venissiens esté dit, laquelle armée audit lieu ne se trouva, mais ancores estoit a Corso, a troys cens mille loings en arriere de la Jacinte, ou, par aucunes galleres de France, qui, costoyant ledit gouffre de Venize, s'estoyent rendues au port de Corso, furent les Venissians advertys que l'armée de France et de Gennes estoit ja devant audit port de la Jacinte, actandans nouvelles et secours de l'armée des Venissians, lesquelz, estans advertys de ce, transmirent vers messire Phelippes de Ravestain luy dire et prier que vers Corso fist retourner son navigage pour aller prendre et piller une grosse bourgade, nommée Lavellonne[1], estant pres de la en terre ferme d'Albanye et sugecte aux Turcz, laquelle bourgade estoit moult riche, plaine de vivres et tres propice et a main pour les crestiens.

Sur laquelle chose voulut messire Phelippes de Ravestain, premier que avancer de plus, tenir conseil, auquel furent appellez James, l'infent de Navarre, Jehan Stuart, duc d'Albanye, Jacques de Bourbon, conte de Roussillon[2], messire Jehan de Porcon, messire Jacques Guibé, Jacques de Colligny, Jacques Gallyot, Ervé Garland, vis admiral de Bretaigne, Eurad (sic) de Vescq, David Destagyen, ung nommé Pregent le Bidoux, capitaine de quatre galleres, et plusieurs autres capitaines, lesquelz misrent en advys ledit affaire, et par diverses allegacions le debatirent, et mesmement fut le faict playdyé longuement par le

---

1. Avlone ou Valone, chef-lieu du sandjak de ce nom, en Roumélie, à 32 lieues O.-N.-O. de Ianina.
2. Charles de Bourbon, comte de Roussillon.

capitaine Pregent, gascon, et David Destagien, gennevoys, lesquelz avoyent sur la mer veues maintes aventures, et dirent iceulx en l'audience de tout le conseil, que de retourner arriere troys cens mille loings ce seroit grant retardement de leur voyage, et que, premier que l'armée fust allé à Corso et revenue la ou elle estoit, les Françoys et autres, qui n'avoyent acoustumé longue trecte par mer, s'affoibliroyent et prendroyent ennuyeulx sejour; les vivres, qui ja appetissoyent de tant, se pourroyent amaindrir; que se seroit jucques a trop grant deffault en povoir avoir, et ausi que ce pendant les Turcz pourroyent eulx rainforcer par mer et avitailler leurs places, et, en oultre, que l'yver estoit ja prochain, qui de trop pourroit ennuyer l'armée, et ausi qu'il estoit nouvelles que le navigage de Rodes estoit ja sur mer, ainsi que avoit rapporté a messire Phelippes de Ravestain ung des chevalliers de Rodes des marches d'Auvergne, qui venoit dudit lieu de Rodes et, comme il disoit, avoit veu aprester ledit navigage, lequel, au moyen dudit retardement, se pourroit eloigner sur mer par fortune de vent ou par les escumeurs de Turquye avoir quelque dommageux affaire : dont furent iceulx d'avys de ne retourner, mais tirer en avant. Et en outre dist ledit David Destagyen que l'isle de Metellin, laquelle n'estoit trop loings d'illecques et sugecte au Turc, estoit moult riche, fertille et prenable, et en place propice pour y mectre le siege et donner assaulx, et ce savoit pour ce que autresfoys avoit eté souldart du Turc, et cognoissoit la terre de Turquye et les pays confins, et que la avoit plusieurs foys esté. Plusieurs autres choses, touchant ceste matiere, d'ungs et d'autres furent dictes et notées; toutesvoys, le retourner arriere fut a la conclusion interdit, et appoincté que on yroit en avant; et sur ce fut faict responce a l'ambaxade des Venissiens que ladite armée ne retourneroit audit Corso, mais s'en alloit en l'isle de Matellin, et que la les actendroict. Sur ce s'en retourna ladite ambaxade devers Corso, ou estoyent les Venissiens, et la iceulx advertit que l'armée de France tiroit vers Methelin[1], dont partirent dudit port de Corso, et singlerent apres. Pendant le temps que les Françoys furent au port de la Jacinte, dict Zempt en langue grecque, le seigneur de Ravestain, l'infent de Foix, le duc d'Albanye, avecques plusieurs, furent dedans ladite ville pour eulx resfreschir et reposer, et la trouverent de tres bons vins et viandes delicieuses, grant nombre de belles filles grecques, ou lesdits Françoys passerent temps, et aucunes en emmenerent avecques eulx. Si furent dedans l'isle a la chasse des lievres dont ilz en prindrent a force plusieurs. Ung sodomite fut la bruslé, lequel estoit Lombart, et des mathelotz des Gennevoys, et fut bruslé par ung Turc qui estoit prisonnier lors ou chasteau de la Jacinte[2], par deffault d'autre bourreau.

Ausi advint la unes merveilles telle que ung souldart gennevoys, nommé l'Espece, estant dedans le brigandin de Françoys de Gramond, audit port de la Jacinte, avecques les autres, apres bien boire se mist

1. Métélin, l'antique Lesbos, située par 39° 10′ de lat. N. et 24° de long. E., près la côte d'Anatolie : capitale, Mitylène.
2. Zante (*Zacynthe*), une des iles Ioniennes, à 5 l. O. de la Morée. Sa population, de race grecque, passait pour efféminée, peu laborieuse, énervée par un climat délicieux. L'île est montagneuse et peut être giboyeuse.

a jouer aux dez avecques quelqu'un, et finablement perdit tout son argent, dont plusieurs foys maugrea Dieu et les sainctz, et despita souvant la Vierge Marie, mere de Dieu, en disant : *En despecte de Dieu et de la pute Marye!* et invoca souvant les dyables a son ayde. Que quessoit, apres ce, la nuyt venue, s'endormit dedans ledit brigantin, et ainsi qu'il comança a ronfler, sur les ondes de la mer se monstra ung orrible monstre, grant a merveille, les yeulx groz et flamboyans comme torches ardantes, lequel aprocha le brigandin ou dormoit celuy Espece. La furent aucuns des mathelotz ou autres, lesquelz, voyant aprocher celle bellue, cuydant que ce fust quelque gros poisson, prindrent lances et fers et voulurent frapper dessus; mais malgré eulx aborda le vaisseau et se mist dessoubz, et tant fort le fist croller, que tout cuyda aller a fons, et tant que celuy Espece se resveilla, et, tout estonné et comme hors du sens, commança a cryer et fuyr par le navire, tressuant d'angoisse et tramblant de peur, et finablement, devant tous ceulx qui au navire estoyent, en la gueulle de celuy orrible dragon[1] tresbucha en la mer, ne oncques puys autres nouvelles n'en fut. C'est ung bel exemple et cler miroir pour ceulx qui de blaphemer Dieu et despiter sa benoiste mere sont coustumiers. Et qui de ce ne me vouldra croire, le demande a messire Anthoine de Conflans[2], patron de navires, lequel estoit lors audit port de la Jacinte, comme il m'a, avecques ce, compté et recité.

Le III<sup>e</sup> jour d'octobre, a une heure de nuyt, le vent fut doulx et la mer transquille, tant que l'armée des

---

1. C'est le classique *Serpent de mer*.
2. Que nous avons cité plus haut.

Françoys et de Gennes, qui estoyent lors au port de la Jacinte, firent ancres sarper et tendre voisles, lesquelles, par le pouvoir du vent, firent navires et galleres courir par le canal de la mer et fendre les ondes pour approcher les mectes de Turquie; et tant naviguerent celle nuyt que au souleil levant furent devant Modon, qui est une ville en la Morée[1], et en terre ferme, laquelle, deux ans devant ce, avoit esté assiegée et prise de Turcz sur les Venissians, lesquelz la deffendirent avecques l'ayde d'aucuns Françoys et aultres souldartz qui dedans estoyent tant vertueusement que, a la deffence d'icelle, moururent tous le glaive au poing. Helas! avecques ce, les desollées femmes et petiz enfens furent par les maulditz Infideles tous detranchez et mys a sang, ce qui doit estre spectacle de pitié a tous catholicques et exit de protestacion d'injure a toute crestienté. De ce ne diray plus, doubtant de trop m'escarter de mon compte, et ausi pour ce que ce propos ne doit icy tenir lieu. Mais, que quessoit, ladite ville fut prise, destruyte et mise a sac, devant laquelle estoit au jour susdit l'armée des Françoys et ceulx de Gennes, et la ancrerent et sejournerent troys jours. En celuy temps, huyt barches de Portugal, armées et equipées, suyvirent ledit navigage jucques a une isle nommée la Chaffellonnye[2], dix mille pres de la Jacinte; et voyans, icelz Portugalloys l'armée crestienne esloigner, s'aresterent devant ladite isle, laquelle assaillirent et prindrent sur les Turcz et icelle submirent en l'obeissance des Venissians, et ce

---

1. Modon, près de Navarin, au sud de la Morée, comptoir des Vénitiens jusqu'à 1500.
2. Céphalonie.

faict retournerent en leurs pays. Le seigneur de Ravestain, du port de Modon, transmist ung brigandin avecques messagiers devers frere Pierre d'Aubusson, grant maistre de Rodes[1], qui lors estoit audit lieu de Rodes, loings de cinc a VI cens mille de mer du port de Modon pour icelluy grand maistre advertir de la venue de l'armée des Crestiens, laquelle tendoict vers Metellin, et luy dire que temps estoit de ce mectre en mer avecques sa puissance, et tirer celle part au plus tost que possible seroit, et que luy, qui de par le pape estoit esleu chief et gonfannonnyer de l'armée crestienne contre les Turcz, devoit a toute dilligence a tel affaire s'evertuer et employer son pouvoir.

Le grant maistre de Rodes, oyant ses nouvelles, manda a messire Phelippes de Ravestain qu'il se mist en avant, et que, de sa part, il estoit si prest que ausi tost seroit a Metellin que luy. Dont le seigneur de Ravestain, sachant celle responce, fist mectre ses gens et son navigage en avant par la mer de Grece vers le cap Sainct Ange[2], lequel passerent sans arester; et eulx, estans a cincquante mille outre, heurent la tempeste grande, et entour troys heures de nuyt arriverent la troys galleres venissiaines chassées des Turcz, lesquelles demanderent secours contre lesdits Turcz, qui pres de la estoyent. Le seigneur de Ravestain leur bailla les quatre galleres d'ung nommé Pre-

---

1. Pierre d'Aubusson, l'un des nombreux fils de Renaud d'Aubusson et de Marguerite de Comborn; grand prieur d'Auvergne, élu grand maître de Rhodes en 1476, il fit lever le siège de Rhodes par Mahomet II en 1480. Créé cardinal par Innocent VIII et légat en Orient en 1489, il mourut à quatre-vingts ans, le 30 juillet 1503.

2. Cap Saint-Ange ou cap Malia, l'ancien promontoire Malea : haut rocher, jadis dangereux, en face de l'île de Cythérée.

gent le Bidoulx, dedans lesquelles se misrent Jacques de Colligny, seigneur de Chastillon, et Jacques Gallyot, senechal d'Armaignac, avecques grosse bende de leurs gens, et a voisle tendue suyvirent les Turcz, lesquelz n'actandirent jucques a les pouvoir joindre, mais iceulx rechasserent moult tost et loings; toutesfoys ilz gaignerent a fuyr, et tant s'esloignerent iceulx coureurs de leur armée que long temps furent en mer sans en pouvoir savoir nouvelles; mais a temps se trouverent ensemble, comme je diray cy apres. Et pour entrer en propos, a l'armée de France me fault revenir, que par cy devant j'ay laissée sur mer au danger de la tourmente, qui fut si grande que, toute la nuyt que les coureurs donnerent la chace aux Turcz, ladite armée des crestiens fut par tempeste et orage menée le long de la couste de Candye[1], et tellement que, a l'eure du souleil levant, se trouva sur le port de la Sude[2], a quatre mille pres de la cyté de Canée[3] en Candie, et la se resfreschirent et avitaillerent leur navires. Quatre jours entiers actendyrent le vent audit port de la Sude, et au V$^e$ firent voisle et aplicquerent vers Millo[4], en l'Archipellegue, terre de Saint Marc, et la furent a flot ung jour et une nuyt premier que entrer dedans le port de Millo; et le lendemain, qui fut ung dimenche, XIII$^e$ jour du mois d'octobre, sur

---

1. Candie (île de Crète), à 23 lieues de la Morée, à 37 de l'Anatolie, entre lesquelles elle sert de lien.
2. Suda (Amphimalia), golfe entre le cap Suda et le cap Drapano, sur la côte N. de Candie. On peut y relâcher en cas de gros temps.
3. Canée, ville sur la côte septentrionale de Candie.
4. Milo, à l'entrée des Cyclades, ancienne *Mélos*; île volcanique et sauvage, ancienne dépendance du duché de Naxos.

l'eure de tierce, entrerent dedans celuy port. La descendit le seigneur de Ravestain, et plusieurs seigneurs et capitaines et autres avecques luy pour ouyr messe, qui fut chantée dedans une petite chappelle de Nostre Dame, estant sur le bort de la mer. Tout ce jour illecques reposerent, et le lendemain apres disner, qu'ilz voulurent partir pour aller outre audit port de Millo, ou ilz estoyent, arriverent trente galleres de Venissyains, bien armées et equippées a proffict; lesquelles a leur arrivée firent la reverence au lieutenant du Roy et a son armée, et puis entrerent dedans ledit port, ouquel se reposerent tous ensemble quatre jours entiers; et ce pendant se refreschirent et firent bonne chere les ungs avecques les autres et parlerent de leur affaire, et rabouberent leurs navires et galleres. Apres toutes ses choses, le jeudy, XVII$^e$ d'octobre, adresserent leur navigage vers l'isle de Metellin, et tant voyagerent, que sur l'eure de vespres heurent faict soixante mille ou environ; et a chief de ce survint ung turbillon ventueulx qui leva telle tempeste que ledit navigage retourna arriere jucques en l'isle, et au port de la Sude, dont j'ay dict cy dessus. Ce qui plus de troys cens mille de mer esloigna ladite armée des crestiens, lesquelz a celuy port floterent toute la nuyt en grandz tormentes, tonnerres, tempestes et esclairs.

## XXVIII.

Commant les Françoys, Gennevoys et Venissians aprocherent l'isle de Metellin, et de la descente qu'ilz y firent, avecques les escarmouches, sieges et assaulx qui la furent faictz.

Du port de la Sude partirent les crestiens sitost

qu'ilz heurent vent a gré et singlerent vers l'isle de Syo, terre des Gennevoys, et prochaine de Metellin de quarente mille ou entour, devant laquelle passerent sans arester; et tant voagerent que ung mercredy, XXIII⁰ jour du moys d'octobre, aprocherent ladite isle de Metellin de tant que les tours et le chasteau de la ville peurent veoir clercment, dont les patrons des galleres et autres maronnyers, qui les isles et pays de Grece cognoissoyent, advertirent le seigneur de Ravestain que Metellin leur estoit en veue, et que temps estoit de mectre peine de l'approcher et faire descente, et dirent que tout droictement conduyroyent le navigage au bort de la mer, ou failloit prendre terre. Dont ledit seigneur de Ravestain fist adresser voisles celle part et nager le plus tost que au possible du vent fut, et tant que sur les dix heures du matin arriverent a ung mille de Metellin, prestz de mectre pié a terre. La furent les crestiens en veue de leurs ennemys, desireux de les trouver et envieulx de les combatre; lesquelz pareillement, tantost qu'il sceurent ceste venue, au droict de la descente de la mer atiltrerent leur artillerye sur les murailles et dedans les tours de ladite ville, dont povoyent tirer aisement jucques dedans la mer et batre les navires qui la vouldroyent aborder; car de l'ung a l'autre n'avoit gueres plus d'ung bon gect d'arc. Pareillement ordonnerent gens a la garde de ladite ville, misrent sus grosse puissance de coureurs pour saillir et escarmoucher avecques les crestiens et leur deffendre l'entrée de l'isle quant temps viendroit; et, en somme, si a point dresserent leur affaire que bien monstrerent estre curieux de la garde de leurdite ville. Et sitost que crestiens virent aprocher sonnerent cors et bucynes et coururent aux armes : lors les ungs se misrent a la garde de la ville et les autres sortirent aux baricres pour icelles deffendre. L'armée des crestiens estoit lors a ung mille pres de l'entrée de l'isle de Metellin, preste a descendre; toutesfoys, pour adviser au mieulx de l'affaire et sur ce tenir conseil, la arresterent galleres et navires ou demeurerent deux jours; pendent lequel temps les galleres, qui entre le cap Sainct Ange et la Sude suyvirent les Turcz, comme j'ay dit, se rendirent la. Et ausi fut donné ordre a la garde desdits navires et descente du port, et envoyez coureurs vers Constantinoble. Tantost que ancres furent a fons, quarente ou cincquante Venissians dedans ung brigandin se misrent et tirerent vers l'isle de Metellin, a quartier de ladicte ville, et firent descente pour chercher de l'eau doulce. Lesquelz trouverent ung village de Grecz a l'escart, et la, ainsi que les ungs tiroyent de l'eau, les autres se misrent a piller ledit village, et, apres qu'ilz eurent priz ce qu'ilz peurent, trouverent la femme d'ung prestre grec, lesquelz sont tous mariez en Grece, et avoit ladite femme deux groz boutons d'argent pendus aux orreilles. Iceulx Venissiains misrent la les mains et tirerent lesdis boutons a toute force, et tant que icelle femme se print a crier a l'ayde : toutesfoys pour ce ne lascherent leur prise; mais voyans que a secousse ne les pouvoyent avoir, tirerent a ung cousteau, et, pour avoir plus tost faict, luy copperent les oreilles avecques lesdis boutons; dont ledit prestre grec s'en alla plaindre a messire Phelippes de Ravastain, lieutenant du Roy, lequel en fist faire enquestes, et, ce faict, en advertist le general capitaine des Venissiains, qui fist iceulx malfaicteurs pugnir, dont iceulx qui avoyent pillé ledit village eurent des astrappes[1] de cordes, et celuy qui les oreilles a ladite grecque avoyent coppées, fut pendu a l'entenne d'une gallere. Apres ce, ung capitaine françoys, nommé Pregent le Bidoulx, fut par le seigneur de Ravistain envoyé visiter la ville, et icelle adviser pour savoir la descente de l'isle et les lieux plus a main pour mectre le siege devant ladite ville; lequel Pregent, avecques quatre galleres bien armées, fut environner et adviser ladite place; et, en ce faisant, les Turcz luy tirerent plusieurs coups d'artillerye, et luy a eulx; lesquelz furent jucques au bord de la mer, et, a grans coups de pierres, de fleches et d'autres trec, donnerent contre les galleres dudit Pregent, et dedans, sans ce que de sa part les lessast impugnys, mais leur tiroit trect et artillerye a toutes mains, tant que plusieurs de eulx n'eurent cause d'une autreffoys y devoir revenir. Si visita ledit Pregent la ville de Metellin de tous costez, et ce faict, se mist a retour deveres l'armée des chrestiens, et fist son rapport de ce qu'il avoit veu et cognu; le xxvi° jour d'octobre, sur le point de dix heures du matin, messire Phélippes de Ravestain, voyant qu'il failloit mectre pié a terre et assaillir les Turcz, ordonna gens a la garde des navires de chascune compaignie suffisant nombre. Pour ce faire, mist galleres et brigandins en avant pour courir et guecter la mer, et voulut que a la descente fussent deux mille Françoys et mille Venissiains et Gennevoys avecques dix huyt pieces d'artil-

---

[1]. L'estrapade, supplice qui consistait à attacher par les mains et par les pieds à une potence ou à la grande vergue d'un vaisseau.

lerye grosses et six moyennes. Avecques ce commanda a chascun de soy confesser et mectre en bon estat; ce que plusieurs firent, lesquelz eurent remission plainiere de tous pechez par la puissance de nostre sainct pere le pape, baillée a ung cordelier nommé frere Bernardin et confesseur dudit de Ravestain, qui la estoit. Et ce faict, messire Phelippes de Ravestain, lieutenant du Roy, considerant que a tel affaire exhortacion de proffict salutaire et parolles de vertueuse remonstrance rainforce de moult le vouloir de ceulx qui par armes veullent honneur aprocher, en la presence de tous les chrestiens qui la estoyent, dist ceste oraison, ou semblable :

« Or est le temps que pour multiplier le fruyt de noz labeurs, le loz de nostre valleur accroistre et la gloire de nostre renomée avancer, nous tous ensemble, comme champions de Jhesu Crist, deffenseurs de la foy cathollique et garde de la terre chrestienne, a ceste affaire devons le comble de nostre savoir apliquer, la somme de nostre avoir eslargir et la vertus de nostre pouvoir employer, mes seigneurs, freres et amys.

« A tant sommes ores venus, que en veue d'œil nous est present ce que longuement par le vouloir de noz cueurs avons desiré, au travail de noz corps cherché et par dilligence de poursuyte rancontré. Ce sont les payens, maulditz ennemys de nostre saincte foy et destructeurs de noz terres et pays, sur lesquelz par soing laborieulx et vertueulx effort courir nous convient. A nulz tant piteulx usaiges et œuvres si dignes de merite que a la deffence de noz freres et soustien de nostre foy, a l'augmentacion de chrestienté et au service de nostre Seigneur Dieu pouvons exploicter les armes; dont la raison nous mande, pour ceste œuvre parfaire, desplyer noz bras, efforcer noz corps et hazarder noz vyes pour justement les payens dessaisir de ce que faulcement sur chrestienté ont usurppé et ravy. Nous les voyons sur ceste isle fertile et place forte de Metellin par le pouvoir de force seigneurir, et plusieurs autres occupper, lesquelles jadis puis nagueres ont esté entre les mains des chrestiens et a eulx sugectes. Faisons doncques que ce qui par droict a nous appartient, qui chrestiens summes, par la force de la payenne gent ne nous soit par nostre deffault, tollu ne osté, et que, pour ceste emprise mectre a chief, craincte de mort temporelle ne nous desvoye du droict sentier de vie eterne, et immortel honneur que nous aurons, si, par ceste querelle deffendre, vainqueurs demeurons, ou que mouvoir nous faille. Sur doncques, seigneurs, mectons la main aux armes, et tant a droict les exploictons a ceste premiere rencontre, que se soit jucques au dommage et esbahissement des Infidelles, au proffict et plaisir de chrestienté, et a l'onneur et avantage de nous. »

Ces parolles dictes, qui eust lors veu galleres, carraques et navires, toutes d'ung front, a voisles tendues, aprocher l'entrée de l'isle de Metellin, ouy sonner trompettes, clairons et gros tabours de Suyces, tonner et tempester l'artillerye des navires et de la ville, les chrestiens a baniere deplyée descendre des carraques et navires et gaigner terre, ouy bruyt de gens d'armes sur la rive de la mer, et veù les Turcz tirer trect et artillerye sur noz gens et sortir de la ville a grosses compaignyes a cheval et a pié, on heust bien peu pencer et dire que la auroit dure meslée. Ce qui fut; car a la descente des chrestiens, iceulx Turcz a grant nombre sortirent de la ville a pié et a cheval jucques hors le bourg d'icelle, et la pres, et au dedans des barrieres, se misrent en ordre pour actendre les chrestiens, lesquelz estoyent ja descendus avecques leur artillerye et tous en bataille. Et ainsi tous ensemble et bien ordonnez approcherent les barrieres ou estoyent les Turcz, et la commancerent l'escarmouche a tous effors, laquelle fut bien assaillye et bien deffendue; car les chrestiens y exploicterent leur force et les Turcz leur pouvoir, qui a coups de trect les ungs contre les autres long temps se combatirent. Lors se avancerent les gentishommes françoys et autres, de tant que, apres long vol de trect, durs coups de main, furent mys a l'essay jucques au desavantaige des Turcz, qui par les assaultz des chrestiens furent oultrez et perdirent place. La estoyent des premiers plusieurs gentishommes françoys, grant nombre de Bretons et grosse route d'autres, lesquelz chasserent les Turcz, batant et tuant jucques dedans les portes de leurdite ville, et chascun d'iceulx chrestiens fist merveilleux effors et louables armes. Ung jeune gentilhomme, nommé Gilbert des Serpens, seigneur de Cytain, de ceulx de la maison du duc Pierre de Bourbon, estoit a cette chace des Turcz, lesquelz a fuyr esloignoyent les chrestiens et approchoyent leur fort; dont celuy Cytain s'avança de tant que de plus de demy gect de pierre esloigna ses compaignons, et, sans regarder qui le suyvoit, aprocha les Turcz jucques à peu pres les pouvoir joindre, lesquelz, voyans celuy chrestien tout seul, hors la foulle de ses gens retournerent deux contre luy, la semyterre au poing, et tres rudement l'assaillirent, et luy a eulx, la demy picque en la main, dont si adroict les servit que leurs jacques embourrez perça en telz endroictz que a l'enseigne de leur sanc furent cognuz les exploitz de ses armes. Somme, la n'eust chrestien qui sur les Turcz ne mist le glaive en besoigne; de ce plus ne diray, si n'est que iceulx Turcz, les ungs blecez et les autres esbahys, a leur perte et desavantage se retirerent : les chrestiens donnerent a iceulx la chace comme j'ay dit, et sur eulx gaignerent les fausbourgs et le boulouart de la ville, sans faire perte que de troys hommes, desquelz les deux furent tuez de cops d'artillerye a la descente des navires, et l'autre, nommé l'Enfent de Paris, portant l'enseigne d'un cappitaine de pietons, dict le bastard de la Roche, lequel pieton fut, a ladite chace des Turcz, de eulx environné, et tellement persecuté que nonobstant le tranchant son espée, que a tours de bras pour la deffence de son corps mist sur lesdis Infidelles a l'espreuve; a la parfin fut son corps detranché et sanglant rué par terre, et son ame transmise au cyeulx. Pour venir au compte, tantost que les Turcz furent retirez dedans leur ville, et aux chrestiens veirent leurs boulouars posseder, eurent quelque peu de frayeur et doubte de leur affaire; toutesfoys, pour a ce pourveoir, aviserent soumairement de faire une issue par la mer hors la veue de noz gens et leur donner quelque nouvel empeschement. Ce que firent, car segretement et sans bruyt, sitost que leurs boulouars furent gaignez, sortirent par ung darriere grant nombre d'iceulx, estans dedans barches et brigandins, et au desceu des nostres approcherent ung grip viz a viz du boulouart ou noz gens estoyent, et la dedans entrerent et affusterent troys pieces d'artillerye, et contre les boulouartz et sur ceulx qui autour et dedans estoyent, ruerent coups telz que, pour l'ennuy et danger d'iceulx, furent lesdis boulouars des chrestiens desemparez, dont les Turcz de la ville, au nombre de quarante, firent une saillye sur noz gens, les ungs a cheval, tenant en l'une des mains la targuete longue, et en l'autre le semyterre trenchant, vestus de longues robes troussées a la mode des Albanoys, et la toque de linge blanc entortillée en la teste, sur moyens chevaulx vistes comme le vent, avantageusement montez, et les autres a pié, tenans au poing l'arc turquoys bendé et fleches courtes, gresles, bien aiguës, dont ilz faisoyent grant passée a merveilles. Ainsi sortirent sur noz gens et commancerent une legiere escarmouche, en laquelle furent tuez troys chrestiens tenant l'escart, a la veue de nostre armée qui pour ce de riens ne se meust, doubtant plus grant effort d'ennemys sortir au champs. Toutesfoys ce fut tout. La estoyent plusieurs gentishommes jeunes et adestres, a qui la veue de celle escarmouche de trop ennuyoit, pour ce que sans eulx elle se faisoit; dont entre autres le marquys de Baulde pria le s$^r$ de Ravestain, lieutenant du Roy, luy ou autres contre iceulx Turcz estre envoyez, disant que dommageuse honte et cas inconvenient estoit de les veoir si pres de l'armée chrestienne respendre le sang regeneré dont sans plus actendre a la poincte du glayve se devoyent recueillir. Messire Phelippes de Ravestain, pencent que assez d'heure se pourroyent chrestiens avecques les Turcz assembler, differa. Ledit marquys, pour ce, ne laissa que, a chemin droict au Turcz, ne se mist l'espée au poing; et le suyvirent par nombre huyt gentishommes et quelque pietons, desquelz furent Gilbert de Chasteauvert, Philippes Vyry, Savozien, Jehan de Boucan, de ceulx du s$^r$ de Ravestain, Pregent de Jagu, varlet de chambre du Roy, et d'autres jucques audit nombre, lesquelz furent escarmoucher avecques les Turcz tant hardyement et si a droict que les Infideles furent reboutez, batant jucques dedans les portes de la ville, et aucuns d'iceulx tuez et assommés encontre leursdites portes, et la ung nommé Pregent de Jagu, breton, avecques une demy picque, donna a ung Turc, qui a luy se combatoit, au travers du corps, tellement que iceluy Turc mourut contre la porte de la ville. Cette retrecte faicte, messire Phelippes de Ravestain fist approcher ses gens et l'artillerye jucques dedans les fossez, et la commencerent la baterye contre une tour estant au bort de la mer et moult forte. Ausi fist batre unes faulces brayes touchant a ladite tour, pource que de ce costé tiroyent les Turcz coups de trectz et artillerye sur noz gens, et tellement que nul osoit passer devant la place sans mortel hazart anchercher ; auquel se trouva ung cappitaine de navires nommé le Petit Porcon, estant avecques le s$^r$ de Ravestain, et en allant de la navire au logis dudit conte de Ravestain, et atouchant de luy, d'ung coup d'artillerye fut actaint au travers des rains, dont soubdaynement mourut en la place. La baterye fut continuée tant que aucuns cappitaines de nostre armée furent d'advys que c'estoit jucques a suffire pour y devoir donner ung assault. Et mesmement messire Jehan de Porcon, seigneur de Beaumont, cappitaine de la Charrante, lequel dist que le plus tost assaillir ses ennemys estoit retarder l'advys de leur deffence, et que qui plus actendroit la sans donner l'assault, se seroit bailler terme de pouvoir remparer et refortifier ce que estoit abbatu et mys par terre, dont seroyent chrestiens a recommaincer, et ausi que par ce premier assault on pourroit cognoistre le vouloir, et veoir la valleur des Venisiains et Gennevoys, et de tous ceulx qui la estoyent, et avecques ce, tout a cler entendre la maniere de la deffence des Turcz et savoir la fortiffication de leur ville.

Plusieurs autres propos sur ce tint ledit Porcon, et tant que beaucoup de jeunes gentishommes et autres crestiens recomanderent son dire : dont messire Phelippes de Ravestain, lieutenant du Roy, ayant le poix de la charge de ceste besoigne sur les bras, doubtant ausi que le trop haster ne fust retardement de plus, dist au seigneur de Beaumont : « Je say bien et cognois assez que de noble courage et vertueulx vouloir procede vostre propos, cappitaine, et que le long actendre d'envahir noz adverses ne nous peult que ennuyer, et abreger noz vivres, et donner temps a nos dits ennemys de eulx rainforcer de gens, et fortiffier leur place; par quoy le plus chaudement les assaillir nous est requis, mais que ce soit a nostre avantage. Dont, sur ce nous fault adviser, jucques au myeulx actaindre, et ne nous haster de tant, que par le maleur d'ung seul hazard nous perdons le jeu d'actente, qui tient du tout au droict donner de ce premier assault, qui ne se doit livrer sans savoir a qui myeulx avons affaire cognoistre les entrées et veoir la fortification de la ville. Autrement, pourrons faillir a nostre emprise et estre, a nostre deshonneur et domage, tant lourdement reboutez que pourrons faire telle perte que, avec l'impossible de la recreuve, de ce reproche vituperable a jamais ne nous fauldra; et si, par aventure, nostre hastiveté improveue ou effrené desordre ce maleur nous procure, que feront noz ennemys, si n'est prendre cueur et rejoyssement, et, au contraire, les nostres, peur et esbayssement? Dont nostre bonne reputacion pour ce diminuera, nostre honorable regnon decroistra, nostre pouvoir redoubté s'afoiblira, et finablement tout nostre affaire pourra tourner au contraire de nostre intencion et prendre fin au pys de nostre desavantage. Dont, mon advys est que, premier que plus en faire, devons savoir de la force et estat de la ville par espyes, transfugues ou explorateurs, et, pour ce, de ma part j'ay des eschelleurs que je mectray a l'aventure pour en adviser l'erreur et savoir la verité. »

Assez d'autres bons propos, saines oppinions et cleres remonstrances fist messire Phelippes de Ravestain pour devoir être creu, ce que ne fut, dont mal en advint. Que fut ce, si n'est que le cappitaine messire Jehan de Porcon ne voulut approuver le susdit propos, mais se tint a son oppinion, et tous ses motiz mist au champs, et arresta sa pencée a ung vouloir de donner l'assault au perilz et dangers de luy et de tous ceulx qui a l'affaire se trouveroyent. Le seigneur de Ravestain mist en avant ses eschelleurs, lesquelz approcherent la tour batue et la monterent le plus sutillement qu'ilz peurent, et en maniere que du dessus de ladite tour ilz aviserent la maniere de la garde des Turcz et la fortifficacion de leur ville. Coups de trect et d'artillerye les buffeterent souvant et menu par ceulx de dedans de la ville. Toutesfoys, se desfendirent sans autre domage en avoir, et leur rapport firent de la forteresse des Turcz telle que ilz dirent l'entrée tant difficile et malaisée que mortel danger chercheroyent ceulx qui, par ce costé, vouldroyent a force entrer dedans, pour ce que les fossez estoyent larges et perfondz, les faulces brayes droictes, espesses et mal batues, les murailles bien fortes et garnies de gens et d'artillerye, et les tours bien percées et deffensables; et, en somme, le tout adventaigeux pour les ennemys. Dont le rapport d'iceux ouy, le seigneur de Ravestain ne fut d'avys de la donner assault jucques d'ung autre lez fust batue la muraille et trouvée plus aisée breche et passée plus adventageuse. Toutesfoys, a ce ne se voulut consentir ledit cappitaine messire Jehan Porcon, mais ja avoit suadé et gaigné plusieurs jeunes gentishommes françoys et autres, qui ne demandoyent que excucion de guerre et mortelle picque contre les Infidelles. Desquelz estoyent Jacques de Bourbon, conte de Roussillon, René d'Anjou, seigneur de Mazieres, Gilbert de Chasteauvert, Phillibert de Damas, Aymon de Vyvonne, messire Tristan de Lavedan[1], messire Jehan de Tinteville, le jeune Barroys[2], Gilbert des Serpens, seigneur de Cytain, Agremolles Blancquefort[3], Jacques Carbonnel, seigneur de Cerance, et plusieurs, lesquelz, ung bien matin, et a l'entreprise dudit capi-

1. Tristan de Bourbon, seigneur de Lavedan.
2. Le jeune Barrois, gentilhomme lorrain(?). Un Barrois était maître d'hôtel du roi en 1526 (*Tit.*, Le Barrois, 6).
3. Il s'agit ici, sans doute, d'un Italien. En France, Jean de Blanchefort, mari d'Andrée de Noroy, mort en 1494, eut pour fils François, seigneur de Saint-Janvrin, qui épousa en 1509 Renée de Prie. Il y avait aussi un Guy ou Guynot de Blanchefort, fils d'Antoine de Blanchefort, seigneur de Beauregard en Rouergue.

taine Porcon, sur l'auble du jour aprocherent la muraille sans faire que bien peu de bruyt ; et a l'eure que l'assault commancerent faisoit brouée tant obscure que ceulx qui au bort des fossez estoyent ne pouvoyent clerement veoir sur les faulces brays ; lesquelles ilz eschelerent et monterent sus environ de xx a xxv gentishommes sans plus, tous de bon vouloir et bien deliberez. A quartier senestre estoit une grosse tour fort batue, estant a l'entrée de la mer, pour laquelle assaillir furent ordonnez messire Tristan de Lavedant, messire Jehan de Tinteville et ung autre, qui portoit leur enseigne, avecques six vingtz autres hommes françoys. Tout le premier monta celuy chevalier de Lavedant, et les autres apres, tous armez ; et est a savoir que tout ainsi que les autres chrestiens monterent la muraille des faulces brayes, en mesme heure fut la tour echellée. Les Turcz estoyent au dedans de ladite tour, les ungs en une voulte, les autres sur les murailles et les autres a la deffence des faulces brayes, lesquelz furent par les chrestiens rudement assailliz et combatus a l'ostrance ; mais ilz se deffendirent comme gens de cueur et hommes belliqueulx, car ceulx qui estoyent dedans la tour dessoubz noz gens, a force de grans feuz et de fumée, coups de trect et poux de lances, ennuyerent moult les nostres ; et si malleur advint que noz canonnyers mesmes, qui pour l'obscureté de la brouée ne les cognoissoyent, pencerent que ce fussent Turcz, tirerent contre eulx, et plusieurs en affolerent. Ainsi avoyent de leurs ennemys dure deffence et de leurs amys dangereulx assaulx ; par quoy furent contrainctz de perdre place et eulx retirer de celle tour. Mais ce ne fut pas sans long combat tenir aux Turcz et que plusieurs d'iceulx ne fussent mors et affolez, car chascun des chrestiens, tout au plus droict que possible estoit, leur donnoyent coups, et entre autres (ainsi que j'ay sceu par ceulx qui, pour l'avoir veu, m'en ont adverty) le chevalier de Lavedant fist la tel exploict d'armes que ce fut jucques a l'espouventement et dommage des Turcz; et tant que au tranchant de son espée en estoit telle enseigne actachée que la veue sanglante le cas mortel en descreuvroit. Que diray je plus, si n'est que celuy chevalier premier monta la tour, continuellement l'assaillit et derrenier la desempara, et a la retrecte sostint le faix des ennemys jucques tous ses compaignons fussent a bas, et malgré ses adverses se retira. Dont, apres le vray dire de ceulx qui de ce bienfaict l'accusent, j'ay voulu, par le myen escript de tiltres de louanges, sa memoire enrichir; et ce, pour a luy proffiter et exempliffier aux autres. A la fin de ce conte m'est a dire de ceulx qui sur les faulces brayes estoyent, lesquelz a toutes mains combatoyent les Turcz, et la moult hardyment les assaillit le capitaine messire Jehan de Porcon, comme celuy qui myeulx amoit mourir en ceste besoigne que avoir deshonneur en son emprise. Chascun chrestien y mectoit son pouvoir a l'exploict, tellement que pour ung temps furent les Turcz mal menez; toutesfoys, tant de coups de trect, de pierre et d'artillerye gecterent sur noz gens que plusieurs furent blecyez; et avecques ce avoyent, lesdits Turcz, de grans cercles plains de soulfre et de poix tout autour, dedans lesquelz mectoyent le feu, puys les gectoyent d'amont les murailles de la tour jucques sur noz gens qui assailloyent les faulces brayes, et la ou cela tumboit, brulloit tout. Ancores avoyent ilz des sacz de toille et de cuyr bien liez, plains de soulpfre et de pouldre a canon, dedans lesquelz estoit ung pot estouppé et plain de charbon vif que pareillement gectoyent du haut des tours en bas, et, a la choite, le pot, qui dedans le sac estoit, se cassoit, dont le feu s'epandoit par ladite pouldre et brulloit ceulx qui la autour estoyent; et tel ennuy et domage firent aux chrestiens que besoing leur fut de eulx retirer. Plusieurs furent la blecyez, et mesmement le capitaine messire Jehan de Porcon, lequel estoit sur ung pan de mur rompu au bas d'une tour, dedans laquelle estoyent grant nombre de Turcz, lesquelz gectoyent pierres de faix et lances de feu sur ledit Porcon et sur ceulx qui, avecques luy, assailloyent la muraille, et d'une pierre assenerent ledit Porcon sur son armet, tellement que a la coulée les cloux qui tenoyent sa baviere[1] furent rompus, dont sadite baviere cheut au pié de la muraille par au dedans de la ville, ou avoit grant force de Turcz qui deffendoyent ladite muraille, laquelle n'estoit tant brechée que, du hault jucques au bas, du costé de la ville, n'eust la haulteur d'une picque; et, veoyant iceulx Turcz ledit Porcon desarmé le dessoubz du visage, l'un d'iceulx luy donna d'une picque soubz la gorge tel cop que le fer luy sortit au travers du visage, duquel coup il fut moult estonné, et dont il mourut puys apres; et, ce faict, apres long assault se retirerent les crestiens. Les Turcz, voyans ladicte rectrecte, aprocherent les faulces brayes, et la commancerent a charger noz gens, qui ja se retiroient; toutesfoys, dessus lesdites faulces brayes demeurerent

1. Pièce du cou et du menton.

des derreniers troys gentishommes ; c'est assavoir :
Louys de Bourbon, conte de Roussillon, Phillibert
de Damas et ung autre, nommé Gilbert de Chasteauvert ;
lesquelz, comme jeunes, hardys et chevalleureux qu'ilz
estoyent, soustindrent le combat contre les Turcz moult
longuement[1]. Le conte de Roussillon, a cest affaire, fist
aux crestiens cognoistre la valleur de sa personne et
aux Turcz sentir le pouvoir de sa force, car, a tour
de bras, la hache au poing, se tint ferme contre eulx
en les repossant et chargeant a toutes heurtes. Pour
accoursir, tant fist que, de tous les chrestiens qui au
siege estoyent, fut loué haultement et tenu en bone
extime ; et, oultre le vouloir et malgré le pouvoir des
Turcz, qui moult l'ennuyerent, se retira et gaigna
seurté. Plusieurs crestiens furent la blecyez et occys ;
et tant que ledit assault fut cessé au desavantaige de
tous ceulx qui a celle folle emprise se trouverent, et
pour n'avoir voulu croire le chief de l'armée et a luy
obbeyr ; ce qui est contre les cerymonyes de l'ordre
millitaire et repugnant au droictz de discipline de che-
vallerye. Or, revenons au parfaire de la fin de nostre
assault, qui fut tel que crestiens, comme j'ay dit,
firent retraicte, mais oultre leur vouloir, car la n'avoit
nul de eulx qui, pour mieulx en faire, n'eust voluntiers en plus grant hazart sa vye mise ; et bien le
monstrerent deux jeunes gentishommes dont j'ay parlé
par cy devant, lesquelz de rechief nommeray : Philli-

---

1. « Il n'y a point grant *graise* soubvent a long chemin, » dit à
ce sujet la *Chronique de Nicolas Ladam* :
   « La fin fut perilleuse, comme a plusieurs sambla
   « Car la mer merveilleuse des grans vens se troubla
   « Par ung hurt innutille se rompast naye et mas.
   « Là fina Tanteville et Pierre de Damas. »

bert de Damas, seigneur de Sainct Amour, en la duché de Bourgongne, et Gilbert de Chasteauvert ; les biens faitcz desquelz ne veulx mectre en sillence, mais de leur vertu meritoire faire digne commemoracion, disant que, si les autres crestiens a leur perte se retirerent pour leur vye sauver, ceulx cy honorablement demeurerent pour vertueusement mourir. Car, apres toute la retrecte de leurs compaignons, eulx tous deux ensemble, armez de toutes pieces, l'espée au poing, sur ung pan de mur des faulces brayes demeurerent, et la firent merveilles d'armes. Car Turc ne les approchoit de la longueur de l'espée que du tranchant ou de la poincte d'icelle ne se sentist jucques a l'efusion de son sang. Somme, tel chappliz de Turcz firent autour de eulx que la place estoit toute jonchée de mors ; tellement que de sang furent leurs espées toutes tainctes et emrougyes, et eulx tant foullés et batus de coups de pierre et de dartz qu'en tous endroictz estoyent leurs harnoys derompus et faulcez. Mais, pour ce, ne perdirent contre leurs ennemys pied de muraille jucques a ce que tant de sang eurent rendu, que tous leurs membres en fussent debillitez et que de toutes pars fussent des payens environnez et d'iceulx oultrement assailliz, ce qu'ilz furent a la parfin, et pressez de tant que, en eulx deffendant comme sangliers aux abboys, furent priz par les mains des payens, et en la veue des crestiens, qui secourir ne les pouvoyent, cruellement martirizez. Ainsi moururent glorieusement les fidelles champions du bon Jhesu Crist, qui, pour le guerdon meritoire de leur loyal service, fist leur corps, la bas tranciz, possesseurs de cinc piedz de terre et leurs ames, vivans a mont, heritieres de tout Paradys.

Les Turcz furent moult joyeulx d'avoir ainsi repoussez les crestiens, et, de ce, plus s'enhardyerent. Toutesfoys, tant ne furent asseurez que la nuyt ensuyvant ne meissent lé mains au rampar et l'advys a la garde de leur ville et que, aux places plus prochaines de eulx tenans leur party, n'envoyassent segretement demander secours. Car bien se doubterent que les crestiens ne les lesseroyent a tant; ce que ne firent, car le lendemain au matin recommancerent la baterye de plus belle et plus grande que devant, laquelle dura huyt jours entiers; et, pour haster l'œuvre, furent faictes mynes soubz ung pan de muraille par les pyonniers et tellement esbranslée que plus de XX pas en longueur fut icelle muraille aterrée. Durant celle baterye, les Turcz ne firent nulles sayllyes, mais contreminerent et ramparerent le dedans de leur fort comme ilz peurent. Les crestiens, qui lors estoient du guect, alloyent souvant la nuyt contre leurs murailles, et, la, aucuns d'iceulx, qui musicyens estoyent, disrent plusieurs bon motez et doulces chancons, ce que les Turcz escouterent voluntiers et laissoyent toute œuvre pour ouyr la doulceur de l'armonye, sans faire semblant de vouloir mal faire ausdits chantres par gectz de pierres ou coups de trectz ne leur chanterie empescher. La dedans fut ung Breton bretonnant[1] natif de Quimperlé, lequel demanda si avecques l'armée crestienne avoit point quelque autre Breton pour parler a luy; auquel fut dit que si avoit, et a luy presenté ung pour savoir qu'il vouloit dire; laquel dit en son langage que dedans la ville de Metellin n'avoit plus de vivres et que les Turcz ne pourroyent plus

---

1. Bretonnant, c'est-à-dire de Bretagne, par opposition à la Grande-Bretagne (d'après Godefroy, *Dictionnaire*).

gueres soustenir le siege ; et, avecques ce, luy firent demander les Turcz aux crestiens pourquoy ils estoyent la venus, et mesmement aux Françoys, ausquelz n'avoyent riens forfaict ne donné cause d'avoir a eulx querelle de guerre. Dont leur fut faict sur ce responce que, pour ce que la terre qui aux crestiens appartient detenoyent et avoyent usurpée, pour la recouvrer estoyent la venus et pour soustenir la foy de Dieu Jhesu Crist contre iceulx payens; lesquelz de rechief firent dire par ledit Breton que ce n'estoit pas eulx qui Jhesu Crist avoyent faict mourir, ains estoyent les Juyfz et que a eulx devoyent avoir la guerre. Plusieurs autres questions furent entre eulx, que je laisse, et reviens a la baterye de la ville : laquelle dura tant que les cappitaines et canonnyers de nostre armée disrent que c'estoit assez pour devoir donner entrée a tous ceulx qui vertueusement y vouldroyent leur pouvoir efforcer. Messire Phelippes de Ravestain, lieutenant du Roy, sur ce ordonna Jacques de Coligny, seigneur de Chastillon, avecques grant nombre de Françoys, a livrer d'ung costé celuy assault, et, de l'autre, lé Venissiains ; et, au premier commaincer, ledit messire Phelippes de Ravestain fist la plusieurs chevaliers et enhorta chascun de bien faire et que nulx en cest affaire mist, par deffault de cueur vertueulx, son honneur en arriere. Et, ce faict, chascun aprocha le bort des fossez qui proffondz et larges estoyent, entre lesquelz et les murailles de la ville avoyt unes faulces brayes de la haulteur du bort desdits fossez ou ung peu plus, qui ne se pouvoyent batre, car a fleur de terre estoyent. Dedans les murailles de la ville avoit breche en plusieurs lieux ; et mesmement toutes les deffences et creneaulx de ce costé estoyent par terre. Pour suyvre propos, l'assault fut sonné, et gens d'armes avecques leurs eschelles prestz de donner dedans. A l'entrée des fossez estoit lors ung cordellier nommé frere Bernardin, lequel estoit armé soubz son habit et tenoit au poing une demye picque et la raspiere a son costé, qui donna la benediction a tous les crestiens presens et leur dist que, pour l'exaltation de la foy de nostre seigneur Jesu Crist, chascun devoit mectre sa vye en avanture; et luy mesme avecques eulx se mist des premiers a descendre les fossez. Jacques de Colligny, seigneur de Chastillon, et ung breton nommé messire Guillaume Cadoré, ayant l'enseigne de messire Jacques Guybé, furent les premiers descendus; et, sitost qu'ilz heurent pied a terre, prindrent chascun son eschelle et icelles porterent au pied des faulces brayes et la les dresserent, et moult vigoureusement s'efforcerent de les monter. Le seigneur de Chastillon, sans actendre autre secours, mist les piedz dedans son eschelle, l'espée au poing, et commança a monter. Mais, au droict de luy et sur le mur estoit ung Turc, lequel luy lascha une grosse pierre de faix tant rudement que sur la teste lui froissa son armet, si que, pour la pesanteur d'icelle pierre, ledit seigneur de Chastillon alla par terre tout froissé et comme mort, et toutesfoys fut relevé et mys hors de la presse. Les Venissiains, a cest affaire, se monstrerent telz que chose ne firent a reprendre; car, de leur costé, assaillirent la muraille a grant effort, et entra une de leurs enseignes jucques dedans les murailles de ladite ville, qui fut a force de Turcz rechacé. A la descente des fossez avoit telle presse dedans les eschelles que, pour la foulle qui la estoit, ceulx qui estoyent a bas ne peurent avoir nulles d'icelles eschelles pour monter ou estoyent les Turcz ; ce qui fut trop mal advisé aux crestiens, car, premier que descendre, devoyent ordonner nombre d'eschelles pour devaller et autres pour monter, et tout a une foys, affin que les ennemys n'eussent long loisir d'empecher la descente et deffendre le monter des crestiens ; ce qu'ilz eurent. Par quoy nul crestien osoit approcher les deux eschelles droissées contre les faulces brayes, car, a toute heure, de dessus les murailles et d'une tour qui regardoit le long des fossez, coups de pierres, de trect et d'artillerye tiroyent celle part et au travers de la presse, tellement que plusieurs furent dedans lesdits fossez mors et affollez. La fut tué ung capitaine des pietons nommé Antoyne Guermont, de Provence, le lieutenant de Jacques Galliot, senechal d'Armaignac. Pareillement le lieutenant de Jacques de Colligny, seigneur de Chastillon, eut d'une grosse pierre sur la teste, dont puys apres mourut. Auxi Jehan Stuart, duc d'Albanye, eut la ung coup de trect d'ung arc turquoys, duquel fut sa baviere faulcée, avecques la gorgerette toute a travers, et luy actainct jucques au sang. Ausi fut la blecyé le marquys de Baulde, qui des premiers estoit entré. Messire Jehan Capperon, qui fut la chevallier, eut ung coup de trect au visage au travers du nes. Bertrand de Castelbayart fut la blyecyé en plusieurs lieux ; si fut Pregent de Jagu, lequel eut deux coups de trect. Messire Guillaume Cadoré, qui aux premieres eschelles estoit monté, son enseigne au poing, eut plusieurs coups de trect, de pierres, de lances et de picques, et tant vigoreusement se deffendit que, apres long combat de main, son enseigne toute froissée, tint tousjours pié ferme. La ausi estoit messire Jacques Guibbé, qui, pour le danger des coups des Turcz, ne reculloit ung seul pas. Grant nombre d'autres gens de bien estoyent la, lesquelz furent presque tous blecez de coups de trect, de pierre ou d'artillerye; car, comme j'ay sceu par ceulx qui le virent, le trect y alloit si menu que les roiz du soulleil en estoyent obscurciz. Pour venir a fin de propos, les crestiens furent si mal menez que question fut de retrecte, mais estrif entre eulx, a qui premier se mectroit au retour; car tant avoit chascun son honneur pour recommandé que myeulx vouloyent au danger des coups de leurs ennemys illecques demeurer que honteusement voye de seureté chercher. Toutesfoys, au long aller, se retirerent, a leur perte et desavantage; et ce, pour n'avoir, premier que commancer, leur affaire a la fin d'icelluy proveu; dont je dy que, en telles choses et toutes autres tendans a louable effect, est requis ordonner du present, pourvoir au futur, et le preterit recorder; car celuy qui du present n'ordonne, chemine les yeulx cloz; qui oblye le preterit, mect le temps au perdu, et qui ne pence du futur, en toutes choses au desproveu dechoit. Doncques, scelon l'opinion de Senecque, le chief prudent doit devant ses yeulx avoir et en son courage savoir les biens et maulx qui survenir peuvent, pour l'ung soustenir et l'autre moderer. Or, revenons au compte et disons que l'armée crestienne avoit ja demeuré dedans l'isle de Metellin plus de vingt jours sans pouvoir la faire chose plaisante ne proffitable a la crestienté, ce qui moult crestiens ennuyoit; et, avecques ce, ja tant avoyent soustenu d'ahan (tant pour la fache du temps d'iver, qui avoit ja le cours, que pour le domage que avoient la ancouruz, tel que, avecques ledit ennuy de l'iver, qui moult leur contraryoit, tant de gens de louable extime estoyent la mors), que trop grant suffrecté en avoit le surplus. La pluspart des souldartz estoyent blecyez ou malades, les vivres appetissez et amaindriz, les pouldres et pierres d'artillerie diminuées et gastées ; du secours de frere Pierre d'Aubusson, grant maistre de Rodes, qui la se devoit trouver, comme j'ay dit, n'estoit nouvelles ; dont je ne veulx pas dire que les bons chevailliers de l'ordre Sainct Jehan de Hierusalem aient fuy la lice, ne que l'isle de Metellin et plusieurs autres usurpées par les Turcz sur la crestienté ne soyent, par leur deffault, reduytes a la raison ; car, ainsi que despuys m'a esté dit par ung chevallier de l'ordre susdit, nommé frere Nycholles de Montmyrel, qui lors estoit en Rodes, ledit grant maistre avoit aprestées vingt quatre navires et galleres armées de quatre cens chevalliers et de quatre mille autres souldartz avecques artillerie et vivres pour long temps, a secourir ceste affaire. Mais leur secours vint trop tard ou trop tost deslogea l'armée. Toutesfoys, si audit siege de Metellin se fussent trouvez, comme promys avoyent, tres bien heussent leur promesse aquictée et moult ranforcez les crestiens, qui bon mestier en avoyent, et tel que messire Phellippes de Ravestain, chief de leur armée, considerant les choses susdites avecques les cappitaines crestiens qui la estoyent, voulut, sur ce, tenir conseil : lesquelz furent tous d'avys de devoir retourner ; et, sur celle conclusion, ledit seigneur de Ravestain fist, la nuyt ensuyvant, charger l'artillerye aux navires, et au plus matin, a la veue des Turcz, mist ses gens en ordre et a chemin pour retourner ausdits navires. Les Turcz firent lors une saillye legiere et suyvirent les crestiens, mais de la longueur d'ung gect de pierre ne les approcherent. Ainsi s'en allerent les crestiens tout le pas jucques au bort de la mer et monterent dedans leurs navires, ou demeurerent tout ce jour.

## XXIX.

#### Commant les crestiens firent de rechief une descente en l'isle de Metellin a la suasion des Venissiains.

Le lendemain au matin, qui fut le penultime jour d'octobre, le navigage des crestiens fut apresté et en bransle pour vouloir retourner en pays de seureté; et ainsi que parolles furent de mectre voisles au vent, huyt galleres de Venissiains, qui estoyent allées vers Constantinoble pour guecter les ennemys et descouvrir la mer, arriverent devant ladite isle de Metellin; lesquelz firent leur rapport audit seigneur de Ravestain devant les autres cappitaines, disant que plus de deux cens milles loings payens n'aprochoyent et que de ce ne failloit avoir doubte, ne des Turcz de Constantinoble, car aux environs n'estoit de leur effort nouvelles. Ausi avoyent iceulx Venissiains priz dix Turcz sur mer, par lesquelz avoyent sceu que dedans Constantinoble se faisoit bonne garde et grandes fortiffications, pour doubte de la venue des crestiens, que les Turcz, long temps devant ce, actendoyent; et, en outre, affermoyent lesdits Turcz prisonniers la ville de Metellin estre prenable et aisiée a affamer, car dedans n'avoit point d'eau et que moult grant disecte avoyent les Turcz, qui dedans estoyent, de tous autres vivres. Ausi disrent iceulx Venyssiains que en leurs galleres force equipage avoit et bonne provision de vivres, voire pour soutenir ancores le siege moult long temps; par quoy dirent que bon seroit de rechief assieger ladite place et que, sans faillir, elle seroit prise a celle foys par famine ou d'assault emportée, car les Turcz qui dedans estoyent n'en pouvoyent plus; et, sur ce, promectoyent lesdits Venissiains, de leur part, faire merveilles, a la remonstrance et enhortement desquelz l'armée des crestiens fist ancores une descente; et la fut ledit seigneur de Ravestain, contant que, pour faire chose serviable a la foy de Jhesu Crist et a l'onneur de ses champions, tout allast en avant, et ausi que, ce pendant, le secours de Rodes pourroit venir; et ainsi se misrent crestiens a terre, et plus allegrement allerent en besoigne qu'onques mais. Les Turcz, voyant celle descente, saillirent a l'escarmouche a nombre de deux cens hommes ou plus, et, comme devant, voulurent empescher le passage; mais plus rudement que aux autres foys furent reboutez et chacez batant jucques dedans leurs portes, et plusieurs blecyez et occys; et, ce faict, de rechief fut ladite ville assiegée comme devant et batue en plusieurs lieux.

Bien monstrerent les Françoys et autres crestiens, qui la estoyent, que bonne envye avoyent de conquester ladite isle de Metellin, et a bon droict. Car, scelon Strabo, en sa Geographye, l'isle de Lesbos, qui est Metellin, est, entre les autres isles de Grece, digne de memoire, et scelon Plinius, en l'Istoire naturelle, elle a de circuyt huyt vingtz sept millaires, qui se montent quatre vingtz lieues ou plus. Dedans solloit avoir deux portz de mer et neuf cytez, et n'y en a plus que ung et une cyté. Les bons vins en singularité croissent la; il y a plusieurs montaignes, et cincquante que rivieres que ruisseaulx. Sainct Pol, l'apostre, fist la devant ung de ses troys nauffrages, et dedans fut mors d'une vipere, dont il guerit miraculeusement. Castor et Polux, a la poursuyte d'Eleine, leur seur, perirent devant ladite isle. Plusieurs de regnon florissant y furent nés, comme Theophanes, grant hystorien, et familier de Pompée le grant, lequel escrivit les gestes dudit Pompée[1]; de la pareillement furent nés Terpender, inventeur de plusieurs accors de musique[2], Arion le bon harpeur[3], Pictacus, l'ung des sept sages de Grece[4], Sapho, la noble poetrisse, qui fut amoureuse de Phaon, scelon la derreniere espitre d'Ovide[5]. Ladite isle de Metellin est située en la mer de l'Archipellegue, dicte anciennement la mer Egée, distant de Constantinoble a CCC milliaires, de Thenedos a doze milliaires, du port de Siegée[6], qui est devant Troye, cincquante milliaires. Je lesse cest incident pour rentrer a mon propos, et diz que, durant le siege derrenier et seconde descente que firent lors crestiens en ladite isle de Metellin, ung rainfort de

1. Il ne reste que quelques fragments de son *Histoire des Romains*.
2. Il ajouta trois cordes à la lyre.
3. Arion de Méthymne, inventeur du dithyrambe.
4. Né à Mytilène, vers 650 avant J.-C.
5. Née à Mytilène.
6. Yeni-chehr (ancienne Sigée), près du tombeau de Patrocle, au-dessous de la pointe de Koumkaleh.

Turcz y survint de six a sept cens homes, toquez de blancz couvrechiefz, et iceulx nommés genisses, lequelz arriverent entour la mynuyt, et tant a segret que de leur venue ne fut nouvelles que premier ne fussent a terre dessendus et approchez le guet des Venissiains, de tant que, sur le costé que iceulx Venissiains gardoyent au desproveu, commancerent les Turcz l'alarme, et chargerent si a point que lesdits Venissiains leur donnerent passage, et vers le cartier des François se retirerent tous a la flote et comme esperdus. Ce qui moult espouventa toute l'armée, pencent que plus de dix mille Turcz fussent la venus au secours de la ville. Toutesfoys, sitost que de ce furent nouvelles entre les François, chascun de eulx s'esmeut et coururent aux armes. Messire Phelippes de Ravastain, chef des crestiens, voyant la maniere effrayée des Venissiains et leur deshordonnée rectrecte, eut soubdainement doubte des ennemys, comme non adverty de leur nombre, et, veu l'eure de leur venue, qui fut de nuyt, comme j'ay dit. Mais, tout ce mys a part, avecques ceulx qui le plus tost furent armez, s'en alla ou les Turcz passoyent. A ce bruyt se trouverent plusieurs, desquelz furent Jehan Stuart, duc d'Albanye, James, l'infent de Foix, Jacques de Bourbon, conte de Roussillon, René d'Anjou, seigneur de Maizieres, messire Jacques Guibbé, Jacques Galliot, Aymon de Vivonne, Françoys de la Largerye, messire Jehan Chapperon, Pregent de Jagu, ung nommé Barrault[1] et grant foulle d'autres, les-

---

1. Cette désignation est un peu vague. Il y avait alors un Jean Bernard Barrau, capitaine de Saint-Julien (*Tit.*, Barrau, 9), un Olivier Baraud, chargé en 1491 de tenir les comptes du siège de Nantes (pionniers, charpentiers, bateliers, terrassiers, etc.; *Tit.*, Barraud, 2), et probablement quelques autres.

quelz hastivement marcherent vers les Turcz qui passoyent a la fille et gaignoyent la ville. Toutesfoys, les Françoys coperent chemin a une partie d'iceulx entre le port et la ville, et la chargerent les ungs sur les autres bien a point. Les crestiens firent merveilles d'assaillir les Turcz et les chargerent tout a droict, dont aucuns d'iceulx Turcz, voyans le jeu mal party pour eulx, se cuyderent retirer en la mer pour eulx sauver; mais furent suyviz par messire Jacques Guibbé, lequel se mist apres iceulx jucques aux esselles dedans l'eau, et la, a grans coups de hallebarde, en fist plusieurs noyez. Et est a savoir que celuy bon chevalier avoit la veue courte; par quoy, ainsi qu'il m'a esté dit, rua maintz coups sur les ondes de la mer, pensant assener ses ennemys, dont plusieurs furent la ensepveliz. Les autres, qui des crestiens furent environnez, a vive force se deffendirent, et a tout leurs semiterres larges et tranchantes blecyerent et occirent prou de gens, et entre autres ung Norment, qui fut actaint sur l'espaule tel coup, que jucques au mylieu de l'eschine fut parfendu.

A celle charge fut des premiers Jacques Gallyot, senechal d'Armaignac, et tant avança que en barbe eut un grant Turc, tenant en main une semiterre tranchant; auquel s'adressa ledit Gallyot, un long estoc au poing, et la, au roiz de la lune, qui lors estoit clere, se choisirent l'ung l'autre, et, a l'aprocher, misrent leurs glayves en besoigne, tellement que, aux premiers coups donner, chascun cuydant assener son ennemy et donner a droict bon pié et bon œil, de ce danger les garantirent, car chascun de eulx obvierent a ce, mais, au faillir des coups, se joignirent si rudement que, au rancontrer, se hurterent de testes et de piez, en sorte que le Turc alla par terre, et le senechal d'Armaignac, qui estoit jeune et adroict, se trouva dessus ledit Turc, et, a la choite, luy donna de l'estoc tout au travers du corps, tellement qu'onque puys celuy Turc ne se relieva. Le duc d'Albanye pareillement se trouva main a main avecques ung autre Turc, lequel vigoureusement vainquit et occist. Somme, chascun crestien, qui la se trouva des premiers, transmist son Turc en enfer. Les autres Turcz se deffendirent tres bien et longuement; mais a la parfin furent si mal menez que sept vingtz d'iceulx demeurerent estanduz en la place; le surplus des autres gaignerent ladite ville, quinze exceptez, lesquelz furent priz et semons de prendre la foy crestienne; lesquelz ne voulurent, mais dirent qu'ilz amoyent myeulx mourir que de lesser leur loy payenne, par quoy furent tous tuez et leurs testes mises sur des lances en la veue de ceulx de la ville. Or avisez que crestiens deveroyent faire, pour la saincte et approuvé foy de Dieu Jhesu Crist soustenir, quant ses pauvres payens aveiglez, pour la loy dampnable tenir et les tradictions erronnées du faulx Mahommet advouher, au torment de cruelle mort se voulurent submectre... De ce me tays, pour parler du siege de la ville de Metellin, laquelle estoit sans cesser batue d'artillerye et moult enuyée des crestiens qui, pour ceste affaire affyner, employerent tous leurs effors, et la n'avoit nul, de quelque estat, qui ne mist les mains en besoigne. Ung cordellier estoit la, dont j'ay parlé par cy devant, lequel disoit tous les jours la messe devant les crestiens et les preschoit souvant la divine parolle, et, avecques ce, avoit tousjours le harnoys sur le dos, comme ung des autres souldartz, prest d'executer la guerre, et a tout besoing se trouver aux coups donner; et tellement le fist que ung jour, durant le siege, avecques ung peu de nombre de Françoys, se mist dedans une barche et s'en alla jucques contre les murailles de la ville ou estoit actaché ung grip des Turcz chargé de figues et de raisins, et malgré les Turcz, qui de la ville luy tirerent coups de trect et d'artillerye, a toutes mains par force entra dedans, et, avecques l'espée, trancha cheynes et cordes et en amena ledit vaisseau jucques aux autres navires des crestiens, duquel refuza des Gennevoys sept cens ducatz. Mais le seigneur de Ravestain ne voulut qu'il fust vendu; ainsi le mist a son usage. Pour venir a chief de compte, les murailles de la ville de Metellin furent tant rompues et brechées que oppinion commune fut entre les crestiens que l'assault se devoit donner, dont la baterye fut cessée, et l'assault commandé d'ung costé de la breche aux Françoys, et de l'autre aux Venissiains; a tous lesquelz dist le seigneur de Ravestain que a celle foys estoit heure et besoing de faire tel devoir d'armes que les payens cogneussent a leur perte la vertu des crestiens, ou, au deffault de ce, encourir ung desloz de perpetuel reproche; par quoy mieulx valloit illecques tous mourir a honneur, que au descry de toute crestienté, a la honte de eulx et des payens desextymez retourner. Ce dit, l'assault fut sonné et la muraille approchée; les Françoys, plains de vouloir deliberé, ne faillirent a soy trouver ou ordonné leur estoit, et a la foulle se misrent au breches et commancerent l'assault a rude pouvoir; et est a savoir que c'estoit mesmes au lieu ou aux autres foys avoit esté la muraille assaillie. Les Turcz se trouverent a la deffence du passage, a grans flambeaux et cercles ensulphurez, ardans et plains de feu, et avecques lances, dartz et trectz deffendirent si a point leurs murailles que lesdits Françoys, apres long combat, se retirerent blecyez et las. Les Venissiains, qui avoyent promys, sur leur honneur, au seigneur de Ravestain d'entrer des premiers et faire les grans coups, n'approcherent la muraille d'ung gect de pierre pres; par quoy l'assault fut cessé, et dit par les chiefz de l'armée, veu qu'autre chose ne se pouvoit faire[1], qu'on se mectroit au retour, ce qui fut faict. L'artyllerie fut mise dedans les navires, et, a la veue des Turcz, les crestiens, tout bellement, s'en allerent monter en mer pour retourner chascun en son pays.

## XXX.

### Du retour que firent les Françoys de l'isle de Metellin, et des tourmentes et nauffrages qu'ilz eurent sur mer.

Le navigage des crestiens fut prest pour prendre le retour, dont les aucuns furent joyeux de retourner en leur contrée, les autres marrys de n'avoir autrement besoigné au dommage des payens, et les autres adollez pour la mort et de la perte de leurs amys, qui la estoyent demourez. Tant de mallades et de blecyés estoyent la que grande plaincte y avoit; les

---

[1]. Les correspondances vénitiennes recueillies par Sanuto prétendent que la poudre manquait aux assiégeants.

ungs faisoyent promesses et veuz a Dieu et aux sainctz, si eschapper pouvoyent, de renoncer au monde; les autres, d'aller nudz pieds a Sainct Jacques, et les autres a Romme et en Jherusalem. Quoy plus, si n'est que, avecques les ennuytz susdits, l'yver estoit en vigueur, les vens en force et la tourmente en pouvoir. Ainsi s'en allerent crestiens au danger de tempestueuse fortune, et entre les mains des Turcz demeura l'isle de Metellin. Or ne say je a quoy tint que la chose n'alla en myeulx, ou si Dieu, qui de toutes choses deuement dispose par quelque juste cause ou jugement segret, ainsi le permist, ou si, par lasseureté de forte place, avecques pouvoir pour la garder et vouloir de la deffendre, les Turcz, qui de tout ce estoyent garnys, en demeurerent a tant, ou si, par le deffault du ranfort des crestiens, qui la se devoit espreuver, l'œuvre demeura imparfaict, au desavantage de toute crestienté. Sur ce ne scay que dire, si n'est que au premier doubte se peult donner solucion telle, que le bon seigneur Dieu, qui tous temps a heu l'œil a la deffence et a l'ayde des champions de sa saincte foy catholicque, et le fleau de son yre, sur la gent qui ne l'ont cognu ne son nom confessé, a la rigueur executé, eust a cest affaire les crestiens secourus comme il eust peu, si de eulx se fussent aydés comme ilz devoyent. Segondement, se peut prouver que la deffence des Turcz, ni la forteresse de la ville de Metellin n'estoient pour devoir resister contre nombre suffisant de crestiens, veu les fortes places, villes et chasteaux par cy devant, en Lombardye et par les Italles, par eulx prises d'assault et de vive force emportées, et mesmement par les Françoys.

Dont le deffault susdit se doit a ceulx atribuer, qui au besoing dudit affaire ont tourné le dos : doncques s'ilz n'ont party au dommage de la perte, pour le moings entiere porcion du tiltre de reproche doivent avoir; si auront ilz, si au costeau d'equité sont divisés les partages. Et a tant de ce propos me deporte, si n'est qu'a ceste conclusion veulx adjoxter que tout fidelle catholicque ne doit, pour son singulier proffict vouloir augmenter, la commune utillité de crestienté lesser.

Pour revenir a l'armée des crestiens, au vent avoit ja mises voisles pour vouloir terre approcher, dont les Venissiains, avecques le capitaine Pregent le Bidoulx, prindrent vent vers leurs isles et pays de Grece; les Gennevoys singlerent leur cartier a part vers Millo, et messire Phelippes de Ravestain, avecques le navigage de France, print le droict canal pour venir en Cecille. Et, apres avoir faict deux journées par mer, frere Pierre d'Aubusson, grant maistre de Rodes, transmist ung de ses chevailliers devers ledit messire Phelippes de Ravestain, pour luy dire que l'armée de Rodes estoit preste pour se mectre au voyage de Metellin et que se de rechief voulloit retourner en ladite isle de Metellin, que dedans huyt jours apres se trouveroit ladite armée de Rodes. Oyant le rapport de celuy chevallier, le seigneur de Ravestain avecques ses cappitaines consulta l'affaire, si que a la conclusion chascun fut d'advys de ne devoir retourner a Metellin, mais droict a terre seure naviguer; disant que ja estoit l'armée departie, les vivres diminuez, l'artillerye desgarnye de pouldres et de pierres, les navires mal equippées et moult empirées, les souldartz blecyez et malades, et grant nombre d'iceulx mors et ensepveliz, l'iver venu, vens et tormentes de saison, et plusieurs autres empeschemens et destours qui deffendoyent aux crestiens de non retourner, ne la guerre pour l'eure recommancer aux Infidelles; mais devoir prendre la voye de leur retour droict a leur pays.

Dont ainsi le firent et adresserent vers l'isle de Syo, laquelle abborderent par bon vent, et la surgirent. Dedans se mist le seigneur de Ravestain avecques plusieurs, et la fist descendre les malades pour prendre refreschissement. Six jours entiers y demeurerent, pendant lequel temps moururent la messire Jehan de Porcon, seigneur de Beaumont, lequel avoit esté blecyé au premier assault de Metellin, comme j'ay dit. La mourut pareillement Blanquefort, Arzelles et plusieurs autres, lesquelz furent enterrez dedans l'eglize des Cordelliers de Syo et sollempnellement servyz. Auquel lieu est pareillement ensepulturé feu Jacques Cueur dedanz le milieu du cueur de ladite eglize[1].

Toutes ses choses expirées, voisles furent levées et mises au vent et adressées vers le cap Sainct Ange, viz a viz de l'isle de Cytharée. Celuy cap Sainct Ange est ung hault rocher en la mer de l'Archipel, appellée encyennement Promontorium Mallée, tres dangereux a circuyr par ses destroictz. Et la pres est ladite isle de Cytharée, terre de Saint Marc, en laquelle fut Heleine ravye par Paris de Troye; et aussi viz a viz de la Morée, terre grecque : laquelle Morée se souloit appeller Achaye, et la estoit Lacedemone, le Royaume de Menelaus, a present occuppé des Turcz. Dedans

---

1. Jacques Cœur, banni et dépouillé en France, alla fonder une grosse maison de commerce dans l'île de Chio, où il mourut.

ladite isle de Cytarée solloit avoir plusieurs bons pors de mer[1]; mais ores n'en y a pas ung qui riens vaille. Deux meschantes villes y a, nommées l'une Cerigo et l'autre Saint Demytry, et les habitans sont tous pauvres gens, pasteurs, durs, rudes et agrestes et malsennes. Le navigage des crestiens fut, le jour de Saincte Catherine[2], entre le cap Sainct Ange et l'isle de Cytharée, et la survint une tormente tant impetueuse que toutes les navires et galleres cuyderent perir et profunder; car, par la force du bouffis ventueux et du flot des vagues enflées de la mer, tous les vaisseaux furent espartiz et dispers les ungs des autres, et si loings que oncques puys tous ensemble ne se trouverent, et la eurent moult a faire, car ladite tormente dura ledit jour des le mydy jucques le lendemain au matin, sans cesser[3], dont par le croliz des navires plusieurs malades et blecyez mourrurent la dedans et furent gectez en mer. Ce fut chose bien piteuse, car, avecques ce, deux navires allerent a fons, comme pourez ouyr.

Messire Phelippes de Ravestain, avecques les gentishommes françoys qui la estoyent, estoit dedans une navire, nommée *la Nommelline*, et bien six cens hommes, lesquelz, sitost que la tormente les prist, firent gecter toutes leurs ancres en mer pour cuyder arrester la navire; mais soubdainement cordes furent rompues et mastz brisez, et tous eulx tant lassez que plus n'en pouvoyent, dont aucuns de eulx, pour le

---

1. L'ancienne Cythéra, actuellement Cerigo; ses bords sont escarpés et arides. Kapsuli est la ville principale.
2. 25 novembre.
3. 26 novembre.

travail supporter, se coucherent sur les coytes et les couvertes de leurs lictz de camp, et lesserent leurs vyes bransler aux dangiers de fortune, qui conduisit leur navire par tormente jucques devant l'isle de Cytharée; et la, sur les deux heures de nuyt, contre ung rochier heurent le choc tel que le chasteau du devant de leurdite navire fut party et acravanté, et la carine froissée et rompue, dont tout a plain entra l'eau dedans, et la furent noyez plus de deux cens hommes. Le seigneur de Ravestain et les gentishommes francoys, qui sur le hault et au costez de la navire estoyent couchez, apres le hurt se leverent hastivement, l'ung en chemise, l'autre deschaux et l'autre nu, et ainsi au roiz de la lune, qui clere estoit, aprocherent le rochier, et la ainsi comme ilz peurent se gripperent contre celuy, et tant firent que leur vye sauverent, et elz garantirent et gaignerent terre. De six cens hommes qui la estoyent, deux cens ou environ eschapperent, les autres perirent. Tous ceulx qui sauver se peurent s'assemblerent, et, pour la nuyt passer, prindrent logys a pleine terre; desquelz estoyent le seigneur de Ravestain, James, l'infent de Foix, le duc d'Albanye, messire Jehan de Saintz, Jehan de Mouy, Aymon de Vyvonne et grant nombre d'autres, lesquelz estoyent la en terre estrangiere, sans amys, sans cognoissance, sans secours, sans argent, tout nudz ou en chemise, a la mercy de rude gent et peuple inhumain, et en somme habbandonnez a tous les hurtz de parverse fortune, et avecques l'ennuyeulx passe temps de l'impetueux yver. Ainsi passerent illecques toutes les heures de celle froide nuytée, sans avoir sur eulx autre couverture que le manteau des obscures nues. Et ainsi tous ensemble, comme pourceaulx amoncellez, dos contre dos, pour eulx l'ung l'autre eschauffer, furent la dedans une logette descouverte jucques au matin. Helas, ce fut chose bien desolable. Mais la fin de ce maleureux compte me mect au comancement d'ung autre cas, bien estrange et trop domageux, moult ennuyeux a raconter et tres piteux a ouyr; car ancores, avecques la desconvenue du nauffrage susdit, pour ce ne fut l'ire du dieu de la mer envers les crestiens rapaisiée; car en persistant a la persecucion d'iceulx, une autre navire, nommée *la Pencée*, a l'encontre d'ung rochier, pres d'ung gect de pierre du lieu ou l'autre estoit affondrée, fut, ce mesme jour, sur l'eure du souleil levant, par tempeste esclatée et mise a fons avecques sept cens hommes crestiens qui dedans estoyent, dont grant nombre de gentishommes flamans, qui audit voyage estoyent allez, furent la perdus et noyez avecques tous les autres; deux seullement exeptez, que les singlotz des emflées ondes de la mer, ne say commant, regorgerent et gecterent sur le gravier presque mors.

Le seigneur de Ravestain et ceulx qui avecques luy s'estoyent sauvez virent les susdits perir devant eulx, sans leur pouvoir donner autre secours que prier Dieu pour eulx et estre en leur perte compaciens.

Aprez tous ces maleurs commaincez, la fin en fut telle que, avecques le dommage inrecœuvrable des mors, ceulx qui vifz eschapperent en la maniere dicte se misrent parmy l'isle de Cytarée, l'ung ça, l'autre la, pour leur adventure chercher, qui fut telle que les habitans de ladite isle ne leur voulurent donner entrée dedans leurs villes, ne bailler habillemens ne vivres, sinon tant a tart, que de malle fain et froidure cuyderent la tous mourir; si que plusieurs en furent griefvement malades, et mesmement Aymon de Vivonne, seigneur de La Chastaigneroye en Poictou, lequel, par la durté du froict et disecte de vivres, prist le mal de la mort; si firent plusieurs autres. Ainsi furent trectez les Françoys dedans l'isle de Cytharée par l'espace de XXI jour entiers, en querant leur pain comme pauvres mendyans. Et, ce durant, ung patron de gallere de Venissiains, nommé messere Paule Calbo, lequel par tormente estoit illecques abbordé, leur survint a besoing, lequel leur donna secours de cent hommes armez, a l'ayde desquelz eurent provision de vivres et fourniture d'abillemens. Et, apres ce, ledit Calbo s'en alla a Millo ou estoyent les Gennevoys, et la iceulx advertist du meschief des Françoys; dont lesdits Gennevoys, compaciens du mal d'iceulx Françoys, leur transmirent en Cytharée troys galleres armées pour les recueillir. Dedans lesquelles se mist messire Phelippes de Ravestain avecques ses gens, et eulx ambarchez tirerent vers le port de Corpho, auquel lieu sejournerent VIII jours entiers[1].

Les Venissiains, sachant la deffortune de noz gens, furent bien joyeulx, mais tant courroucez contre ledit Calbo, qui secours leur avoit donné, que, pour les biensfaictz que a iceulx avoit faict, le voulurent faire pendre, en monstrant leur courage noircy de vouloir

---

[1]. Cela n'empêcha pas que le 12 décembre 1501 courut à Rome la nouvelle du massacre de 2,000 Turcs par Ravenstein. Burchard l'enregistre comme un fait certain. En France, le bruit courait que les Français « n'avaient pas rencontré le Turc » et se retiraient pour ce motif (*Chronique de Benoist Mailliard*).

ingrat ; veu que, pour deffendre leur querelle et acroistre leur bien, estoyent illecques allé les Françoys. Or, apres, chascun doncques se mist en voye dedans mer pour aller en son pays. Les Venissiains, a tout leur navigage et avecques le capitaine Pregent le Bidoux, ayant quatre galleres, par force passerent par la mer de Grece et descendirent dedans l'isle de Saincte More [1], que tenoyent les Turcz, laquelle isle est pres Modon de cent mille ou environ; et icelle coururent et pillerent, et assaillirent les places qui dedans estoyent, et tellement firent que, a l'ayde dudit Pregent, prindrent toute ladite isle et deffirent les Turcz qui tenoyent le pays. Dont iceulx Venissiains, apres ce, volurent donner audit Pregent xx galleres de Venise et grosse pencion : lequel dist qu'il estoit au Roy et que james, tant que son service luy seroit a gré, a autre maistre n'auroit la foy; ce qui ne pleut ausdits Venissiains ; et, voyant que par promesses ne le pouvoyent retirer, conceurent hayne mortelle contre luy, disant a eulx mesmes que quelque foys le trouveroyent au desprouveu; et, sur ce, se despartirent. Dont lesdits Venissiains singlerent vers Venise, et celuy Pregent adressa la coste de Cecille et de Callabre, et en Poille. Les Françoys tenoyent lors le Royaume de Naples, le pays de l'Abrusse et partie de la Poille, dont estoit question entre le Roy et le Roy d'Espaigne; et, a ce moyen, chascun des contendans se fortiffyoit de vivres et de souldartz, et mesmement les Espaignolz, qui par mer faisoyent tirer gens d'armes et vivres

---

1. Sainte-Maure (ancienne *Leucadia*), une des iles Ioniennes, séparée de la côte d'Ianina par un canal très étroit et peu profond, à deux lieues N. de Céphalonie, et traversée de hautes montagnes.

vers la Poille pour soustenir leur armée qui la estoit. Or, coustoyoit Pregent ladite Poille avecques ses quatre galleres, ou souvantes foys rencontra par mer le ransfort d'Espaigne et souvant les destroussa : et une foys, entre autres, que lesdits Espaignolz alloyent a tout grant navigage avitailler leur armée ; lesquelz se rancontrerent sur mer et aprocherent si pres les ungs des autres que a grans coups d'artillerye se commancerent a donner, et tellement que plusieurs d'ung et d'autre costez furent mors et blecyez et fut l'abre d'une des galleres du capitaine Pregent d'ung coup d'artillerye mys par terre; toutesfoys, soubdaynement fut rabillée ladite gallere et recommancé la charge sur Espaigne, tellement que une de leur naulx fut mise a fons et donnée la chace aux autres plus de dix mille en mer : a laquelle chace deux autres naulx plaines de victuailles et harnoys furent prises. Et en faisant celuy exploict, ainsi que ledit Pregent par sa gallere alloit et venoit pour mectre en ordre son cas, se mist au travers du pié ung gros clou, de quoy perdit moult de sang et de moult s'affoiblist ; mais, ce nonobstant, s'en alla avecques sa proye et fist ses galleres adresser vers Octrante, terre de Saint Marc. Et la, pour faire radouber sa gallere et se faire pencer de sa playe, se mist a bort et entra en ladite ville d'Octrente. Le capitaine Gonssalles Ferrande, qui en la Poille estoit, sachant que celuy Pregent tiroit vers Octrante, envoya par mer, apres luy, galleres, naulx et brigandins pour le cuyder la prendre. Mais ja avoit gaigné le port. Toutesfoys, le suyvirent de si pres et tant aprocherent le port que ce fut jucques a la veue de ceulx de la ville. Et voyant celuy Pregent tant aprocher les Espaignolz, demanda au gouverneur de la ville pourquoy on laissoit venir si pres les Espaignolz et si dedans le port et en la ville d'Octrente il et ses galleres estoyent en bonne seureté. Lequel gouverneur dist que en ausi bonne seureté estoit que dedans Marceille et que, si lesdits Espaignolz aprochoyent la bouche du port, qu'il les feroit mectre a fons. Et tout ce luy disoit celuy Venissiain pour l'amuser et faire prendre, car il avoit intelligence avecques lesdits Espaignolz. Et, ce disant, le navigage d'Espaigne aprocha de tant qu'i se mist dedans le port, cuydant illecques prendre lesdictes galleres et tuer le capitaine Pregent. Et ainsi le devoyent faire ; mesmement ung des patrons de ses galleres, lequel devoit avoir, pour ce faire, deux cens ducatz de Gonsalles Ferrande, ainsi que depuys fut descouvert, comme je diré. Or, estoyent les Espaignolz dedans ledit port pres a joindre. Et, voyant, le capitaine Pregent dist audit gouverneur : « Seigneur, je vous prye que, soubz vostre sauf conduyt, le Roy n'aye dommage, ne moy deshonneur ; je voy bien que ses Espaignolz a vostre fiance ont le port entré et que mes galleres veullent prendre ; pour ce, plaise vous les tenir a seureté ou me donner loy de les deffendre ; ou autrement, si mal en advient, le Roy, avecques lequel estes confederez, vous en poura de desloyaulté accuser et a tousjours reprocher. » A quoy ne fist ledit gouverneur autre responce, si n'est que audit Pregent deffendit, sur sa vye, de ne tirer contre lesdits Espaignolz. Et, sur ce, celuy Pregent voyant celle trayson, fist a coup mectre son artillerye a terre et luy mesmes affondra ses galleres, affin que lesdits

Espaignolz ne s'en peussent ayder; et, ce faict, se retira en la ville avecques ses gens. Mais ledit gouverneur Venissiain fist prendre et saisir toute ladite artillerye et toutes les bagues dudit Pregent, dont il y en avoit, scelon le dire des siens, pour plus de xx mille francz, et, entre autres, tant de vaisselle d'argent que dedans sa gallere de prore en poupe en estoyent tous servys. Et, apres que iceulx Venissiains eurent ainsi tout priz, voulurent tuer ledit Pregent; mais par doulces parolles, qui a tel affaire sont de saison, se garentit et saillit de la ville, et, avecques l'ayde d'ung capitaine françoys nommé Tacerant, capitaine de Leche, en Poille, qui luy envoya gens pour le recueillir, se sauva.

Apres ce, celuy Pregent sceut que l'ung des patrons de ses galleres le vouloit tuer, et que ainsi l'avoit juré et promys aux Espaignolz, desquelz devoit avoir deux cens ducatz; dont mist ledit patron en question et le fist geyner; lequel cognut et confessa la chose vraye; par quoy eut trenché la teste et fut escartellé. Le seigneur de Ravestain tira droict a Napples et de la a Gennes, dont il estoit gouverneur. Auquel lieu de Gennes, par luy mesmes, et au rapport de plusieurs gentishommes et autres dignes de foy, lesquelz avoyent faict ledit voyage, j'ay sceu depuys toutes les choses que par escript j'ay cy dessus redigées.

## XXXI.

Commant Phelippes, archiduc d'Autriche, et dame Jehanne de Castille, l'archiduchesse, sa femme, vindrent en France devers le Roy[1] et furent de la en Espaigne.

Le Roy, comme j'ay dit, estoit venu de Lyon a Blois des la fin du moys d'octobre, et la estoit avecques

1. Le passage de l'archiduc Philippe le Beau par la France, en 1501, est un des plus mémorables événements de l'histoire du droit des gens. Louis XII inaugura, à ce propos, toute une suite de principes nouveaux en matière de relations internationales que nous ne pouvons, ici, mettre en relief. Mais l'impression fut vive à l'époque. Les récits en sont nombreux. Parmi eux ressort, par son ridicule, le grand *factum* triomphal écrit par Érasme en l'honneur de cet événement, et qu'il dédia Ad Ill$^{mum}$ *Burgundionum principem Philippum* (col. 507 et suiv. du t. IV de la grande édition de 1703). Érasme, qui ne cesse de déclamer contre les flatteurs et adulateurs, qui a même écrit un chapitre *De adulatione vitanda principi* dans son *Institutio principis christiani*, s'oublie en colonnes sans fin, d'une adulation basse. Il s'étend sur les difficultés du voyage, sur les périls matériels et moraux (*Nusquam tuta fides,* dit-il), puis il décrit le voyage de l'archiduc, son retour. Il aurait été digne d'un esprit comme celui d'Érasme d'envisager les choses de plus haut, et de tirer de ce grand événement les déductions philosophiques et civilisatrices dont il était si largement susceptible. On peut, pour les détails de ce voyage, compléter le récit de Jean d'Auton par le récit, extrêmement soigneux et minutieux, laissé par Ant. de Lalaing, et publié par M. Gachard dans sa collection de *Voyages des Souverains...*, t. I. L'archiduc faisait écrire dans les Pays-Bas les moindres détails de son voyage, et s'en montrait chaque jour plus ravi. Parmi tant d'*allumeries de torches,* il lui semblait être reçu comme le seigneur du pays. L'accueil du roi et de la reine, leur amabilité l'enthousiasmèrent : « Moins ne l'eussions sceu croire, si ne l'eussions veu. » M$^{me}$ Claude même lui parut ravissante. Il donna ordre de faire « par les prescheurs publier et

la Royne et Madame Glaude de France, leur fille, ou exploictoyent leur saison en joyeulx passe temps et divers esbatz. Et la fut le Roy a sejour les moys de novembre, decembre et janvier, et fist tenir ses Estatz et ordonna de ses choses. Pendant lequel temps Phelippes, archiduc d'Autriche, partit de ses pays de Flandres avecques l'archiduchesse dame Jehanne de Castille, sa femme, et grant suyte de princes et seigneurs ses subgetz pour aller en Espaigne; lequel arriva a Paris le xxe jour de novembre l'an susdit, ou fut par les seigneurs de parlement et de toute la ville tres honnorablement receu et sumptueusement festyé[1], comme le Roy expressement leur avoit mandé[2]. Et,

advertir le peuple desdictes bonnes nouvelles, les exortant de rendre grâce et loenges a Dieu, nostre créateur, de la bonne fortune et prospérité qu'il envoie a mondict seigneur. » Le savant M. Gachard a également recueilli toutes ces pièces d'après le recueil de Haneton. Nous ne pouvons que renvoyer une fois pour toutes à ces importants documents (voyez notamment les lettres de l'archiduc, d'Orléans le 6 décembre, du 10, du 15 décembre; *Voyages des Souverains...*, t. I, p. 374, 376, 375). Cf. Pontus Heuterus, *Rerum Belg.*, lib. XV, 254.

1. V. le cérémonial pour la réception de l'archiduc, fr. 4318, fol. 21 : sa réception à l'Hôtel de Ville de Paris le 16 novembre 1501, fr. 18526. Cf. fr. 18728, fol. 112 v°-114 : Godefroy, *Cérémonial*, II, 713, 735.

2. Le récit des fêtes de Paris fut imprimé sous ce titre : « *Lëtrée faicte a Paris par tres puissant prince et seigneur | Larcheduc de Austriche | conte de Flandres. Et entre ses autres tiltres Prince de Castille et despaigne* » (plaquette gothique, in-4°, de 6 feuillets, sans date ni marque). En voici le résumé : Le jeudi 25 novembre (1501), jour de Sainte-Catherine, MM. de Ligny et de Nevers, avec le grand prieur de France et une nombreuse escorte, reçurent l'archiduc à La Chapelle, sur la route de Paris à Saint-Denis. Ils lui firent une harangue et se joignirent à lui. Les archers du comte de Nevers, tous équipés en hoquetons d'argent *au cygne,* disparurent après la réception. Au cortège se joignirent successivement le gouverneur de Paris, M. de Clérieux, avec

pour le trecter et accompaigner, avoit au devant de luy envoyé Louys, monseigneur de Lucenbourc, conte

les archers et arbalétriers de la ville, les sergents de ville en robe, le prévôt des marchands, les échevins, les officiers de la ville et une foule de citoyens, puis les gens du guet et les fonctionnaires du Châtelet et de la police. Tout ce personnel fit révérence à l'archiduc à La Chapelle. Le cortège entra en pompe, suivi des bagages de l'archiduc. L'archiduc voyageait avec des postes, des messagers et de nombreux officiers, en tout 100 chevaux, puis 40 archers en hoquetons argentés, à la *livrée* d'un fusil d'or, d'où sortait une croix de Saint-André d'or, en forme d'*estocs*. Puis venaient son grand écuyer, ses douze pages, ses trompettes et clairons; un grand nombre de gentilshommes, les hérauts de Louis XII, enfin l'archiduc avec le prévôt de Paris; MM. de Ligny, de Nevers, le grand prieur et tout un état-major. Puis l'archiduchesse, vêtue de drap d'or, sur une belle haquenée, avec cinq demoiselles splendidement vêtues, puis cinq chariots pleins de dames et de demoiselles non moins brillantes, attelés chacun d'une haquenée blanche que menait un page. A l'entrée de la ville, sur un échafaud aux armes du roi, l'archiduc vit la représentation du cheval Pégase qu'un acteur lui présenta avec un compliment. Plus loin, il trouva dans la rue un beau lys à cinq fleurons, d'où jaillissait une fontaine. Plus loin, devant la *fausse porte,* dite *porte aux Paintres,* des ménétriers, en blanc et rouge, représentaient David et sa cour; David descendit et adressa un compliment. L'archiduc pénétra dans Paris par la rue Saint-Denis, toute tendue de tapisseries et regorgeant de monde. Devant le Châtelet, nouvel échafaud, plus compliqué celui-là : la « fontaine de science » le surmontait, et une jolie femme, tenant un livre, représentait la science. Une autre dame représentait Paris; derrière elle un berger, la houlette à la main, gardait un clos, symbole de gouvernement paisible et paternel : une bergère, *la Paix,* et trois chantres habillés aussi en bergers, Droit-chemin, Bon-vouloir, Cœur-loyal, chantaient mélodieusement. Enfin, étagés par derrière, onze personnages représentaient diverses qualités et diverses sciences : la théologie les dominait tous, et une ballade en son honneur était inscrite sur l'échafaud. Après avoir admiré le décor, l'archiduc traversa le Pont au Change et se rendit à Notre-Dame, où l'attendait une réception solennelle, avec des discours et des mystères. Il entra dans l'église, où l'évêque,

de Ligny[1], et sollempnelle compaignye d'autres grans seigneurs de France et gentishommes de sa maison[2]. Et, avecques ce, pour luy donner divers passe temps, luy envoya de sa faulconnerye vol pour haulte vollerie, pour les champs et pour riviere, sacres, gerfaulx et faulcons, avecques chiens, leurres, gantz et sonnettes; lesquelles choses luy furent au veoir desireuses, au presenter acceptables, a l'essay plaisantes et a l'explecter propices.

Apres qu'il eut pris, de sejour a Paris, ce qu'il luy pleut, se mist a chemin pour tirer a Bloys, ou estoit le Roy; et la fut le vi[e] jour du moys de decembre[3].

---

le chapitre et le clergé lui dirent encore « plusieurs beaux mots. » Il fit ses dévotions. La nuit arrivait. On alluma une foule de torches et on conduisit l'archiduc à son logis, près des Mathurins, chez le gouverneur de Paris. La journée s'acheva par un somptueux banquet, et par des danses, momeries et divertissements de toute sorte. Le lendemain, après avoir entendu la messe, l'archiduc alla au palais, où le reçut le parlement; il assista à une audience, délivra plusieurs prisonniers. Le reste de la journée et celle du samedi se passèrent à visiter Paris. L'archiduc reprit son voyage le dimanche.

1. Ligny alla attendre l'archiduc à la frontière. Le roi avait envoyé aussi des otages. L'archiduc donna ordre de dépenser pour leur entretien à Valenciennes quarante gros par jour, de leur fournir bonne table, leur faire bon accueil, de les mener « voler et chasser » et les distraire, « sans garde aucune en maniere que ce soit, car nous avons et prendrons en monseigneur le roy tres chrestien et en eulx totale confidence. » Les otages donnèrent seulement leur parole de ne pas s'éloigner. L'archiduc leur fait envoyer des oiseaux et tient à ce qu'ils chassent beaucoup et qu'ils s'amusent fortement (lettre du 8 février 1502-1503, publiée par Gachard, *Voyages des Souverains*, I, 384). Cf. Le Glay, *Négociations*...

2. Parmi eux se trouvait Guy de Pons, sire de Montfort, Plassac, etc., frère cadet du sire de Mornac, qui avait tenu tant de place à la cour d'Orléans, dans l'enfance de Louis XII.

3. Le 7 décembre, d'après Antoine de Lalaing.

A sa venue, luy envoya le Roy au devant le legat cardinal d'Amboise, le cardinal Ascaigne, Angilbert monseigneur, conte de Nevers, Françoys d'Orleans, conte de Dunoys, Louys, sire de la Trimoille, messire Pierre de Rohan, mareschal de Gyé[1], et grant route de ses gentishommes et archiers de sa garde et autres, lesquelz le conduisirent jucques dedans le chasteau de Bloys. Ouquel, a l'entrée d'une salle basse, estoit le Roy, avecques luy la Royne, Françoys d'Angoullesme, le duc Pierre de Bourbon, Anne de France, duchesse de Bourbon, la princesse de Tharente[2], Anthoyne de Lorrenne, duc de Callabre, et plusieurs autres grans seigneurs, dames et damoiselles de France. Et estoyent autour du Roy ses gentishommes et pencionnaires a grant nombre, avecques les archiers et Allemans de sa garde, tous en bel ordre et bien acoustrés ; ce qui faisoit moult [plaisir] a regarder ; en cest estat estoit le Roy, actendant la venue de l'archiduc. Lequel entra dedans la place du chasteau, avecques haultz sons de trompetes, clairons, tabourins et huchetz, qui avecques le Roy estoyent. Avecques ledit archiduc estoyent, des siens, madame Jehanne de Castille[3], fille du Roy Ferrand, Roy d'Espaigne, archiducesse, sa femme ; le digne de Bezançon, Federich conte Pallatin[4], le

1. Ant. de Lalaing cite des personnages différents : l'archevêque de Sens, l'évêque de Castres, le sire de Rohan, le maréchal de Rieux, — le jeune prince de Talmont, le sire de Laval, — et, aux portes de la ville, les cardinaux de Luxembourg et de Saint-Georges, les ducs de Bourbon et d'Alençon. Ni Gié ni le légat n'y allèrent.
2. Charlotte d'Aragon, fille de l'ex-roi Frédéric de Naples, mariée par le roi et la reine au comte de Laval.
3. Jeanne la Folle, fille de Ferdinand le Catholique.
4. Frédéric II le Sage.

marquys de Baulde[1], le conte de Nansot[2], l'evesque de Cambray[3], le seigneur de Bergues[4], le seigneur de Veran, le seigneur d'Istain, Glaude de Pontarlieu, seigneur de Flagy, Glaude de Sanlis, ung nommé Rodigues et d'autres grans seigneurs et dames sans nombre. Cent gentishommes et cincquante archiers avoit de sa guarde moult richement habituez et vestus. Et ainsi entra dedans le chasteau de Bloys, ou mist pié a terre et, avecques l'archiduchesse sa femme, aprocha la salle ou le Roy et la Royne estoyent. Et a l'entrée d'icelle firent au Roy et a la Royne leur reverence, le genoil jucques en terre[5], et puys saluerent les autres princes et princesses, comme devoyent. Ce faict, entrerent en la salle, ou furent doulcement accueilliz, amyablement receuz et triumphallement trectez, et avecques tout leur estat dedans ledit chasteau logez.

Et la sejournerent l'espace de quinze jours[6], ou ce pendant furent faictz plusieurs combatz, jouxtes et tournoys. La estoit lors Anthoyne, marquis de Monferrat, jeune enfent[7], qui a toutes courses avoit la lance baissée, dont maintes en mist par esclatz; et tant fist que, par ses premiers faictz d'armes, monstra que a

1. Christophe, marquis de Bade.
2. Engilbert de Nassau.
3. Henri de Berghes.
4. Jean II de Berghes.
5. Selon le *Cérémonial françois*, l'archiduc fit ainsi deux *honneurs;* le roi ôta son bonnet au second.
6. Le séjour dura du 7 décembre au 15 (Ant. de Lalaing).
7. Le 12, le jeune Guillaume de Montferrat fut fiancé à M<sup>lle</sup> d'Alençon; il y eut un grand souper et un bal où dansèrent MM. de Foix, le maréchal de Gié, de la Trémoille, d'Avesnes, etc. (*Id.*).

louable fin tendoit. Plusieurs autres joyeulx passe-temps et plaisans deduytz furent la faictz. A la foys, le Roy menoit l'archiduc a la chasse des grosses bestes, a la vollerye et au jeu de la paume, ou souvantes foys jouerent tous deux ensemble. Et la luy fist tous festymens amyables et privez banquetz, telz que, eulx deulx, plusieurs foys l'ung devant l'autre, a la table beurent et mengerent ensemble, et sans essay. Tant luy fist le Roy familiere compaignye que a toute heure estoyent ensemble, et d'autre chose que de parolles joyeuses ne tenoyent propos. Et alors que ledit archiduc s'en voulut aller, le Roy le fist deffrayer, luy et tout son train, et le fist conduyre par tous les pays de son Royaume de France ou passer luy failloit; et luy donna puissance de donner graces, respitz, pardons et remissions, par toutes les villes et places de France ont (*sic*) vouldroit aller. Et ainsi s'en partit l'archiduc et tira droict en Espaigne, le long du Royaume de France, partout moult honnorablement receu et du Roy tres amplement content[1].

1. Ces événements, qui pourtant prêtaient à plus d'une critique, furent célébrés avec enthousiasme comme le commencement d'une ère nouvelle. Pendant qu'on vantait dans les Pays-Bas le courage de l'archiduc, Seyssel (*Histoire de Louis XII*, édit. 1587, p. 50) célèbre aussi la grandeur d'âme avec laquelle Louis XII reçut l'archiduc, ce descendant des ducs de Bourgogne, surtout (ajoute-t-il avec raison) à son retour d'Espagne. Fauste Andrelin consacra un chant de triomphe à l'expulsion de Frédéric, la victoire de Louis, l'alliance avec l'archiduc et Maximilien, si admirée de tous, et la paix assurée, dit-il : il ajoute, il est vrai : « Dii faxint haud vanus sim haruspex! » (Faustus, *De secunda victoria Neapolitana*, plaq. de 13 feuillets imprimée « per mag. Guidonem Mercatorem in Bellovisu, pro Johanne Petit, » le 6 août 1502, dédiée à Pierre Couthardy, premier président du parlement de Paris,

## XXXII.

### Du trecté et accomplissement du mariage de Ladislahus, Roy de Hongrye, et madamoiselle Anne de Foix, fille du seigneur de Candalle[1].

En ce temps fut le trecté du mariage du Roy Ladislahus[2], Roy de Hongrie, et de madamoiselle Anne de Foix, cousine germaine de la Royne, fille du seigneur de Candalle, mys en avant; et, pour toucher

« Mecænati suo, » avec quelques autres pièces.) Le poète rappelle qu'il a chanté l'expédition de 1495, la prise de Ludovic : « Ostendo deinde quantis tum muneribus, tum honoribus donatus insignitusque fuerim a gloriosissimo illo Carolo, Francorum rege octavo, et demum a Ludovico duodecimo, ejus successore non indigno, cum uterque oblata a me poematula comiter excepit. » Suit le chant, en hexamètres latins, long de six feuillets et demi. F. Andrelin sollicitait en même temps un bénéfice près du cardinal d'Amboise, et un secours près de Laurent Bureau, confesseur du roi. Il venait d'être naturalisé français (« Lettre de naturalité octroiée par ledit Roy Loys douziesme a maistre Fauste Adrelin, poete que le Roy Charles huictiesme avoit faict venir en France pour lire de la poesie, dattée du dix septiesme janvier mil cinq cens ung », *anc. style,* ment. ms. fr. 2917, fol. 15 v°). Le roi venait d'accorder le même privilège de naturalité à Girolamo Pallavicini, évêque de Novare, le délicat lettré, par patentes du 26 février 1501-1502 (*ibid.*), quoique, par suite de l'annexion du Milanais, l'évêque de Novare fût devenu Français comme son évêché. En avril 1501, nous voyons aussi Louis XII accorder des lettres de naturalité à Simon « de Martellis, maistre d'ars, natif de Puyheul en Piémont » (JJ 235, fol. 72).

1. V. à ce sujet Mgr Fraknöï, dans la *Revue d'histoire diplomatique,* 1889, p. 241 et suiv.

2. Vladislas Jagellon, fils de Casimir IV, roi de Pologne : élu roi de Hongrie. Son mariage avec Béatrix de Naples avait été annulé le 3 avril 1500.

du faict, pour ce que, par avanture, jucques a ores la chose n'est venue a mon cognoistre, icy me fault retourner a temps preterit pour ensuivre le propos du present et dire. Le Roy avoit envoyez messire Valleryain de Sainctz[1], son conseiller et chamberlant, et maistre Macé Toustain, procureur en son grant conseil[2], par devers le Roy Ladislahus, Roy de Hongrie, en ambaxade pour avoir rainforcement d'amytié et jurée confederation[3]. Lesquelz ambaxadeurs estoyent, devant ce, partys et eulx mys en avant pour accomplir leur voyage ; et tirerent droict a Lyon, par le travers du Daulphiné, et le long de Savoye, jucques en Ast, et de la a Gennes. Je ne feray long compte du trectement que les seigneurs du pays de dela les mons leur firent, mais diray seullement d'a[u]cunes villes, isles et contrées par ou passerent ; et, pour comancer, de Gennes tirerent par montaignes et lieux malaisiez jucques au port de l'Espece[4], au marquizat de Fossenoves[5], a

---

1. Bailli de Senlis, ancien ambassadeur en Angleterre. Waleran de Sains était habituellement commissionné par le maréchal de Gié pour passer des revues de troupes. Il reçut des commissions de cette nature le 24 février 1498-1499, et en 1501 (fr. 26106, 61, 26107, 268).

2. Légère inexactitude : Macé ou Mathieu Toustain était conseiller au grand Conseil.

3. Les pouvoirs de Sains et de Toustain (transcrits dans le texte du traité de Bude) furent donnés en forme solennelle à Loches, le 29 janvier 1499, *anc. st.* Ce sont des pouvoirs de plénipotentiaires, les plus larges. Au reste, une amitié naturelle et séculaire unissait la France et, en particulier, la maison d'Orléans, avec la Hongrie, l'amitié traditionnelle de la France avec l'Est de l'Europe.

4. La Spezzia.
5. Fosdinovo.

Fyezan[1], ville des Florentins, a Modanne[2] en la duché de Ferrare, a Ferrare, a Rovigue[3], terre de Sainct Mart, a Padoue, a Venize, ou monterent en mer et singlerent droict a ung port nommé Parance[4], a une isle nomée Sainct Andrieu de Rovigo[5], a Albe[6], au port de Seigne[7], du Roy de Hongrye, a Bergue[8], une ville qui est au conte Angele et subgecte audit Roy de Hongrye, et se nomme celuy pays Crouassye, a Madrosse[9], a Lyre en Esclavonie[10], a Zagabrya[11], premiere ville de Hongrye, du costé de deca, a Raconna[12], a Crissessan[13], a Camprouze[14], a Zacque[15], a Helys ou Helyas[16], a Sonmogge[17], a Quehys[18], a Patyen d'Albaregal[19], ou les Roys de Hongrye sont couronnez et enterrez; et la est une chappelle toute

1. Fivizzano.
2. Modène.
3. Rovigo.
4. Pirano, en Istrie? *Bretagne* parle de « Veglia. »
5. Saint-André de Rovigno.
6. L'île d'Arbe, dans l'Adriatique.
7. Zeng.
8. Probablement Ogulin.
9. Modrus, bourgade de la montagne : *Bretagne* dit « Modronce, » que L. de Lincy identifie à Modra ou Modern.
10. Livje, bourgade près de la Kulpa.
11. Zagreb (en allemand Agram).
12. Krapina.
13. Varazdin.
14. Kopreinic.
15. Kanizsa.
16. Kéthély.
17. Zz. György.
18. Kis.
19. Székes-Fejérvár, en allemand Stuhl-Weissembourg (où la princesse fut couronnée reine de Hongrie le 29 septembre). *Bretagne* l'appelle « Albregast. »

tapissée et tendue des armes de France, fondée par ung Roy de Hongrie nommé Loys, de la maison de France, ou tous les jours messe sollempnelle est dicte et a grant nombre de chantres magnificquement celebrée. D'Albaregal furent a Teton[1] et de la a Bude, ou estoit le Roy de Hongrie. Je lesse le triumphal recueil[2] et humain trectement faictz la ausdits ambaxadeurs et reviens au parfaict de leur affaire, tel que tres honnorablement furent receuz, tout a point firent leur message et joyeusement s'en retournerent avecques lectres auctorisées d'amyable union[3], charge de trecter le mariage dudit Roy de Hongrie et de madamoiselle Germaine de Foix, nyepce du Roy et fille du conte de Foix, ou de madamoiselle Anne de Foix, cousine germaine de la Royne et fille du seigneur de Candalle, et messager pour sur ce faire au Roy de Hongrye veritable rapport; et estoit celuy messager[4] nommé messire Georges Versepel, du Royaume de Boesme, lequel eut du Roy la seurté de confederé appoinctement, la veue desdites damoiselles, pourtraictures d'icelles prises

---

1. Ofen?
2. V. le récit de cette réception, par Mgr Fraknói, d'après les correspondances vénitiennes, *article cité* (15 mai 1500).
3. Un nouveau traité d'alliance formelle fut signé à Bude, le 14 août 1500 (orig., J 458, n° 11).
4. Jean d'Auton, qui appelle *ambaxadeurs* les envoyés français munis de pleins pouvoirs, appelle *messager* l'envoyé hongrois spécial. Tous les envoyés accrédités en mission régulière portaient, au commencement du XVI° siècle, le nom d'*ambaxadeurs*, ou *ambaxades*. Le terme de *message*, ou *messager*, par lequel on les désignait encore un siècle auparavant, était tombé en désuétude. On conservait aussi les titres classiques d'*orator* et *procurator* dans les textes officiels (tels que le texte du traité de Bude) et en cour de Rome.

sur le vif, et joyeuse despesche de tout son affaire. Ainsi s'en retourna ledit Versepel et rapporta au Roy de Hongrye ce qu'il avoit faict, dont fut moult joyeulx, tant pour l'amytié qu'il avoit avecques le Roy que pour la veue de la pourtraicture des susdites damoiselles, lesquelles estoyent de beauté tant singuliere aornées que la renommée d'icelles volloit par toulx les climatz du monde. Que fut ce? La veue de ses yeulx pour cest affaire fut souvantesfoys et longuement embesoignée; a la foiz l'une luy duisoit, et puys s'arrestoit a l'autre, et, comme celuy qui de la valleur des deux choses de tres excellant priz avoit le choix, en diverses pensées estoit, sans savoir a laquelle se devoit actacher. Toutesfoys, a la parfin, eslut Anne de Foix, fille de Candalle; et apres avoir, sur ce, le bon vouloir du Roy et le consentement de partye, transmist en France le conte Stephane, l'esvesque de Ceremye et messire Georges Vesepel[1], ses ambaxadeurs, lesquelz arriverent a Orleans le cinquiesme jour

---

[1]. Les pouvoirs spéciaux de ratification, signés par le roi de Hongrie, Bohême, Dalmatie et Croatie, marquis de Moravie, duc de Silésie, etc., le 16 septembre 1501, constituèrent deux plénipotentiaires, Nicolas de Bachka ou Bocskaï, évêque de Nyitria, et le conseiller Étienne de Thelegd ou Teledgi (J 432, n° 25). Les plénipotentiaires français ayant des pleins-pouvoirs généraux, sans spécification, avaient, selon l'usage courant en pareil cas, inséré au traité la clause qu'il ne serait valable et exécutoire qu'après approbation de leur souverain, dans les mains d'une ambassade hongroise. Les envoyés hongrois tardèrent à partir, parce qu'ils attendaient l'adjonction d'envoyés polonais. Le traité fut aussitôt ratifié par Louis XII et juré par les Hongrois (J 432, n° 26); c'est cette formalité que Jean d'Auton appelle, improprement, la *seurté* du traité. Cf. Dépêche de l'ambassadeur vénitien en Hongrie, citée par Mgr Fraknói, *Revue d'histoire diplomatique*, 1889, p. 242.

du moys de decembre, en l'an mille cincq cens et ung. Le Roy leur transmist au devant Angilbert monseigneur, conte de Nevers, messire Jehan d'Albret, seigneur d'Orval, et grande compaignye d'autres grans seigneurs, qui bien appoint les receurent et menerent jucques a Bloys, ou le Roy estoit lors. T[r]es bien furent venus devers le Roy et trectez a triumphe avecques le deffray de toutes leurs mises[1]. Pour trecter et conclure dudit mariage furent lesdits ambaxades, le legat cardinal d'Amboise, messire Guy de Rocheffort, chancellier de France, messire Pierre de Rohan, mareschal de France, et messire Vallerien de Sainctz ordonnez. Tant fut l'œuvre mise avant que lesdits ambaxades heurent ce que demanderent, et, conclusion faicte, le conte Stephane, procureur du Roy de Hongrye, espousa ladite Anne de Foix, comme procureur susdit. Et, ce fait, de la en avant [Anne] tinst estat royal, comme a Royne apartient de faire, et, apres ce, demeura la avecques la Royne jucques a la my may ensuyvant[2].

### XXXIII.

Commant le Roy fut a Paris pour ses affaires, et le legat, cardinal d'Amboise, fist la son entrée comme legat en France, et de la reformation des estatz.

Le Roy ayant despesché ce que j'ay dit et tenus

---

1. Les ambassadeurs hongrois furent exceptionnellement bien reçus : de France, ils se rendirent en Angleterre, et on les escorta solennellement aux frais de Louis XII (Mandat de paiement du 19 janvier 1502 *anc. st.*, fr. 25718, 70).
2. Anne répugnait excessivement à ce mariage, qui devait, en

ses estatz, pour faire plus, partit de Bloys le tiers jour de feuvrier et tira droict a Paris, ou fut si bien venu que les plus grans haultement le receurent, les moyens doulcement l'onnourerent, et les petiz humblement luy obeyrent.

Le cardinal d'Amboise, legat en France, fist lors son entrée a Paris comme legat, et la fut receu par la court de parlement et de tout le clergé, tant sumptueusement que ce fut chose moult sollempnelle[1].

Le Roy voulut la sejourner une partie du moys de feuvrier et tout le moys de mars[2] pour y trecter de ses affaires et icelles mectre en conseil; et ausi pour mectre ordonnée pollice au gouvernement politicque, provision d'equité en l'acte de justice et regle de droicture sur la refformacion de l'Eglize.

Et, pour commancer, a la court de parlement fut premierement ladite reformation adressée, pour ce

---

effet, lui être fatal. Louis XII lui fit cadeau, pour ses noces, de 20,000 liv., auxquelles il ajouta 12,000 liv. pour son voyage, au moment du départ (compte de 1503, fr. 2927; mandatement de partie des 20,000 liv., 12 mai 1502, fr. 25718, 63).

1. En effet, le *Recueil des Ordonnances* mentionne comme datée de Paris le 30 mars 1502 une Ordonnance sur la vente en gros du vin de Bourgogne (t. XXI, p. 298). Mais cette « ordonnance » n'est, en réalité, qu'un règlement de la Cour des Aides. En revanche, un certain nombre d'actes nous prouvent que Louis XII revint à Blois dès le commencement de mars. C'est de Blois qu'il écrit le 8 mars 1502 à la ville de Naples et à Jean Nicolay la lettre publiée dans l'*Histoire de la Maison de Nicolay*, p. 47. Nous donnons en pièce justificative une Ordonnance sur le service du guet, rendue à Blois le 25 mars 1502, avant-veille de Pâques : la collection des *Chartes royales* contient aussi des lettres de remise en faveur des héritiers Blondin, datées de Blois le 22 mars 1502... Ainsi l'affirmation de Jean d'Auton paraît trop absolue.

2. Il fut reçu avec des honneurs tout à fait royaux.

que, en icelle, a la commission et escriptz des enquestes, au portage d'icelles, a la recepcion et distribucion des sacz, au playdoyé des causes, a l'alongement des procès, au dire des raporteurs et a la sentence des juges, par dons, promesses, faveurs et amys, et autres moyens exquis, se pouvoyent faire grant abuz et tromperyes[1].

Ausi fut l'eschicquier de Roen interdit pour lé immortelles causes et procès infiniz qui la se tenoyent au croc attachez, et celuy transmué en une chambre de parlement tenue audit lieu de Rouen[2].

Et apres fut ladite refformacion mise sur l'ordre des mendyains et sur les religieux de Sainct Benoist, lesquelz, en leur vocation penitenciale et reguiaire profession, par l'octroy de licence de mal faire ou impugnité de vye deshordonnée, pouvoyent tumber en accostumée dissolucion et continuelle irregularité[3].

1. Jean d'Auton fait allusion à la grande ordonnance judiciaire de mars 1499 (et non de mars 1502).
2. Même inexactitude. L'ordonnance sur l'échiquier de Rouen est d'avril 1499. Il est inexact aussi de dire que cet échiquier fut *interdit*. Il fut tout simplement réformé et élevé au rang de parlement, ce qui mit fin à de vieux conflits avec le parlement de Paris. Le cardinal d'Amboise, lieutenant général du roi en Normandie et promoteur de l'ordonnance de 1499, se fit même instituer « conseiller-né » de l'Échiquier, « pour rehausser l'éclat du parlement » (*Reg. de l'Échiquier de Normandie*, archives du Palais de justice de Rouen, au 3 avril 1507). Une clause de l'ordonnance de 1499 créa pour lui, malgré la résistance des magistrats ordinaires, un tribunal spécial, qu'on appela les *Hauts jours* de l'archevêché, et qui disparut plus tard (mêmes registres, notamment au 2 juin 1503). Il est certain, toutefois, que ces innovations ne plurent pas en Normandie; on ne trouve pas mention de leur enregistrement dans les registres de l'Échiquier, comme l'a observé M. Pardessus.
3. Cf. les lettres patentes royales enjoignant aux Cordeliers de

Toutesfoys, au moyen du remede que sur ce mist le legat, cardinal d'Amboise, l'adjutoire de justice fut comun a tous, l'estat de religion remys en voye de saincteté, et le bien de la chose publicque entretenu en augmentacion de mieulx.

## XXXIV.

### Commant les Jacopins de Paris furent chacez de leur colliege, et les Cordelliers refformez.

Au colliege des Jacopins a Paris[1] estoyent lors troys ou quatre cens freres dudit ordre, les ungs estudians et les autres servans a l'esglise, lesquelz ne tenoyent toutes les cerimonyes de leur Religion, mais en habitz et conversation sembloyent estre dissolus. Par quoy le cardinal d'Amboise, legat en France et commis du Sainct Pere le pape sur ladite refformacion, pour iceulx Jacopins reduyre en deu estat, leur transmist les evesques d'Autun et de Castellamar, tres bien lectrez, et plusieurs autres gens d'Eglize et seigneurs seculiers, avecques les lectres refformatoires du pape et censures d'icelles, lesquelles leur furent par lesdits evesques presentées et leues, et a eulx declairez les statutz, veuz, sillences et cerimonyes de leur religion, et faict commandement expres, de par nostre sainct pere le pape, sur peine d'excommenye, de vivre de la en avant scelon la reigle et forme de leur ordre; et, avecques ce, de non plus sortir hors de leurdit col-

se soumettre à la réformation et portant exécution des bulles du pape, dans le *Recueil des Ordonnances des rois de France,* XXI, 300.

1. Rue Saint-Jacques.

liege, si n'est pour aller mendyer leur vye et vesture, ou pour servir aux affaires necessaires de eulx et de leur couvent, et, en somme, toutes les choses en quoy par la reigle de leur ordre estoyent tenus et obligez de tenir, iceulx Jacopins admonesterent. Lesquelz firent sur ce responce qu'ilz estoyent escolliers et de divers pays, et de plusieurs collieges la envoyez par leurs gardiens et maistres d'ordres, pour estudier et aprendre science, dont leur estoit requis, pour ce faire, sortir souvant de leurdit couvent et aller aux lectures des docteurs par divers collieges, et soy trouver aux disputacions de la Chairboincque[1], et quelquefoys sortir de la ville pour prendre vye recreative et esveiller les espriz; et ausi, que tenir vye austaire et continuellement estudier, estoyent ensemble choses incompatibles et contraires, voire impossibles a soustenir, et que autre refformacion ne leur failloit pour l'eure, ne n'estoyent deliberez d'en avoir, ne de vivre autrement qu'ilz avoyent apriz et acostumé. Plusieurs autres choses alleguerent, que je lesse; et, tout ce faict, lesdits refformateurs s'en tournerent devers le legat, et de tout ce l'advertirent. Dont oyant le rapport de la contradiction d'iceulx Jacopins, leur envoya le lendemain faire de rechief sommacion, comme devant, avecques la main armée seculiere, pour, en cas de refuz, les mectre hors dudit colliege et chacer de la ville comme rebelles au Roy et desobeissans a l'Eglise. Lesquelz Jacopins de nouveau refuzerent la refformacion, et contre les gens du Roy se voulurent dedans leurdit colliege fortiffier et mectre en deffence, avecques plusieurs

---

1. La Sorbonne.

escolliers de la ville qui la estoyent venus a grant effort, et armez soubz leurs robbes longues. Toutesfoys, par soubtiz moyens furent iceulx Jacopins tirez hors et chacez de la ville de Paris. Mais, tantost apres ce, rentrerent par ung autre costé, et, avecques plus de doze cens escolliers en armes, furent devant leur colliege, voulant icelluy rompre, et entrer dedans; et la firent de grans excez et batirent leur gardien qui la se trouva. Grant murmur et scandalle fut pour ceste affaire lors a Paris. Toutesfoys autre chose n'en fut, mais vuyderent la ville; et ainsi s'en allerent les pauvres Jacopins, vagabons et dispers.

Ung cordellier, nommé frere Ollivier Maillart [1], de l'observance, estoit lors a Paris dedans le colliege des cordelliers, pour iceulx refformer, lequel avoit avecques luy cincquante autres cordelliers de son ordre, voulant iceulx colloquer et mectre dedans, pour reduyre les autres a l'observance. Or, en advint ce qui s'ensuyt. Le cardinal d'Amboise, legat susdit, transmist audit colliege de Saint Françoys les susdits evecques d'Autun et de Castellamar [2], pour persister en l'execucion refformatoire et les cordelliers remectre en l'estat de leur perfection; lesquelz, sachans la venue desdits refformateurs, descendirent le corps de nostre Seigneur et le misrent sur le grant autel; et la,

1. Le célèbre Olivier Maillard, bien connu par son austérité et ses succès dans la chaire. Quelque temps auparavant, prêchant à Saint-Jean de Grave, il avait été injurié en pleine église (Arch. nat. de France, Z 10, 20, 8 novembre).

2. Antonio Flores, envoyé comme nonce en France par Innocent VIII, et, depuis lors, constamment mêlé aux affaires françaises. Il fut successivement auditeur de Rote, archidiacre de Mâcon, évêque de Castellamare, archevêque d'Avignon.

tous ensemble, dedans le cueur de leur esglize et autour dudit autel, commancerent a chanter : *Domine, non secundum peccata nostra facias nobis.* Et ainsi que lesdits evecques entrerent au cueur, lesdits cordelliers disoyent ung verset, tous a genoilz, ou il y a : *Adjuva nos, Deus, salutaris noster.* Et ainsi furent la long temps a chanter hympnes, laudes et canticques, et tant qu'il envoya[1] a ceulx a qui eulx vouloyent parler ; dont leur firent signe qu'ilz cessassent, ce que ne firent. Mais sitost qu'ilz avoyent achiefvé l'ung, il commainçoyent l'autre : dont leur fut faict commandement, de par le Roy, de cesser et faire sillence; lesquelz, pour ce, ne se teurent, ne finerent leur chant, qui dura plus de quatre heures, et tant que lesdits evecques s'en retournerent devers le legat, auquel racompterent les choses susdites. Par quoy, pour mectre fin a la chose, messire Jacques de Touteville, prevost de Paris, et messire Jehan de Poictiers, seigneur de Clairieux et gouverneur de Paris, avecques cent archiers de la garde du Roy et les sergens de la ville, furent transmys audit colliege, avecques ceulx qui la charge de ladite refformacion avoyent. Et fut dict que, si lesdits cordelliers ne vouloyent au mandement papal et commandement du Roy obeyr, que ilz seroyent chaccz comme avoyent estez les Jacopins.

Et ainsi doncques, le jour ensuyvant, qui fut le XXII<sup>me</sup> jour de mars, furent les susdits au colliege des cordelliers, et pour de plus sollempnizer la chose, l'evesque d'Atun mena avecques luy maistre Pierre Bonnin, procureur general du Roy au grant conseil[2],

1. Ennuya?
2. Pierre Bonnin est surtout connu par la part qu'il prit au

pour assister et demander raison. Et ainsi tous ensemble furent audit colliege, ou trouverent les cordelliers dedans l'eglize comme a l'autre foys, et la voulurent continuer leurs prechantz, comme avoient ja faict. Dont leur fut faict expres commandement, de par le Roy, de cesser et imposer sillence ; lesquelz donnerent audience aux gens du Roy, et s'acoiserent. Ce faict, l'evesque d'Autun leur fist ostencion et lecture des lectres et mandement du pape, et commandement de la puissance apostolique, et sur peine des fulminacions d'icelle encourir, d'obeyr a ladite reformacion a eulx transmise, et de la en avant ne manyer, par eulx ne par interposée personne, or ne argent, ne maison, ne lieu, ne chose a eulx commune ou particuliere aproprier, et de vivre scelon la maniere de la perfection de leur estat, qui est l'acte de pouvreté voluntaire et l'union d'ardante charité, et de tenir et observer totallement la reigle de leur ordre et profession, scelon les traditions de leur pere sainct Françoys, et ainsi que expressement par les chappitres du droict canon leur est enjoinct et commandé. Sur quoy firent iceulx cordelliers responce que sans manier argent ne pourroyent suyvre les estudes, ne proffiter en savoir ; et, sur ce, alleguerent aucunes dispenses et privilleges apostoliques. Toutesfoys, ce nonobstant, se voulurent submectre a la refformacion d'aucuns bons religyeulx de leur ordre, pourveu que de leur affaire ne se meslassent les cordelliers de l'observance, lesquelz, comme disoyent, estoyent en leur ordre posteres

---

procès du maréchal de Gié, dans lequel il fut chargé de soutenir les conclusions du roi et de la reine (*Procédures politiques du règne de Louis XII*, p. a à 1063).

et differens au veu de leur bulle : et ainsi deffendirent iceulx cordelliers leur querelle, en monstrant par escript tiltres, reigles, auctoritez, raisons et exemples ; et firent apporter dedans leur chappitre decretalles et clementines, dispences et privilleges, et tous les droictz dont ayder se peurent. Et fault dire que riens ne demeuroit en reste; car, en la congregacion d'iceulx cordelliers estoyent plusieurs grans docteurs et licencyez en tous droictz. Toutesfoys, en voyant l'evesque d'Autun, commissaire sur ladite reformation, le dire d'iceulx, et que sur ce debatoyent, appella maistre Pierre Bonnin, procureur du Roy, auquel dist que a la main seculiere requist que iceulx cordelliers fussent mys hors et chacez comme rebelles et desobeissans. Et veoyans sé pauvres freres le prochas de l'apprest de leur exterminacion, et que par force on leur vouloit faire vuyder leur maison, les aucuns de eulx se prinrent a plourer et doulloir, tant piteusement que la n'eust homme a qui le cueur n'amollist de compassion : les autres despoillerent leurs habitz, disant que plustost renonceroyent a leur ordre et vivroyent en appostatasye, que estre soubmys aux observantins; et les autres, comme matz et confuz, ne sceurent que dire, si n'est que, s'ilz eussent sceu que a tant estroicte reigle eussent estez obligez, ja de corde nouée n'eussent faict saincture.

En ce faisant, la survint ung cordellier nommé frere Mathieu Bellon, confesseur et aumosnier d'Angillebert monseigneur, conte de Nevers, lequel, en la presence de tout le consistoire, eut grosses et rudes parolles avecques frere Olivier Maillart, luy disant que la n'estoit son repaire, et que bien tost a son deshonneur en sortiroit. Or advint que, ce nonobstant, lesdits cordelliers se voulurent humillier de plus, et au chasty de la discipline de quelques autres de leur ordre que le legat leur vouldroit bailler eulx submectre. A quoy ne se voulurent arester les commissaires de la refformacion, mais voulurent suader et contraindre le procureur du Roy de requerir l'ayde seculiere pour chacer iceulx cordelliers. Dont pour ce ne se hasta le procureur du Roy, voyant l'offre de raison que iceusdits cordelliers faisoyent, et la maniere de la procedure et execucion refformatoire que contre iceulx veoyoit faire; telle qu'on leur vouloit user de discipline sans misericorde, ce qui est ung fleau de justice tant severe, que, si l'une sans l'autre est tenue, mainctes choses adnientist et destruyt. Pour suyvre propos, les refformateurs pressoyent ledit procureur du Roy de faire mectre la main en ses pauvres freres, lequel ne s'esmouvoit de riens, et voyant l'evesque d'Autun que autre chose ne vouloit dire, luy demanda tout hault qu'il estoit la venu faire et qu'il requeroit. Auquel fist responce, en soy riant, que sur ce autre chose ne sauroit que demander s'il ne requeroit batesme; et autre chose ne luy dist. Apres tout ce, fut advisé, veu que a la raison se rangeoyent lesdits cordelliers, que aucuns de eulx yroent parler au legat, et que de tout le different de ladite refformacion concluroit comme celuy qui de ce faire avoit pouvoir amplement octorizé. A chief de ce propos, chascun se mist a retour, et furent pour cest affaire quatre cordelliers docteurs parler au legat; lequel, ouy leur dire, ordonna six cordelliers du colliege d'Amboise, six de Bloys, six de Bourges et six d'Atun, pour iceulx reformer et gouverner, et ausi leur bailla frere Jacques Dautry, du colliege de Bloys, pour estre leur gardien[1]. En ceste maniere fut procedé en l'execution reformatoire; et, ce faict, frere Olivier Maillart, avecques ses cordelliers, fut honteusement mys hors dudit colliege et hué de chascun. Par toute la ville de Paris estoit bruyt de ceste chose, dont les ungs l'approuvoyent, les autres non; tant alla le cas en avant, que jucques devant le Roy en fut question, telle que entre le legat et le conte de Nevers parolles injurieuses se meurent, mais le Roy rappaisa tout.

En l'execucion de reformacion fut perseveré continuellement; si que, apres que lesdits mendyens furent reduytz en deu estat, la commission pour refformer les religieulx de l'ordre Sainct Benoist fut baillée a deux religieulx de l'ordre de Clugny, nommez frere Jehan Rolin[2] et Phillippes Bourgoing. Lesquelz adresserent premierement leur commission aux religieulx de l'abbaye de Sainct Germain des Prez, hors et pres des murs de la ville de Paris : et, eulx doubtant que les religieux de ladite abbaye de Sainct Germain ne se vosissent submectre a reformacion et que, par quelque effort ou deffence, se missent en devoir de contre leur pouvoir repugner, prindrent grant nombre de sergens et autres gens armez, et ainsi dedans ledit monastaire s'en allerent; et la, sans monicion ne cytacion faire ausdits religieux, misrent troys d'iceulx dehors le susdit monastere; et la firent plusieurs exces, ainsi que par la teneur d'une actes-

---

1. Jacques d'Autrui. Il mourut et fut enterré aux Cordeliers (Jacq. Du Breuil, *Le Théatre des antiquitez de Paris...*).
2. Le célèbre Jean Raulin, professeur sermonnaire et théologien.

tation sur ce baillée appert. Desquelles choses lesdits religieux appellerent en court de Romme, devant le Roy et en la court de parlement, et formerent leur seconde appellacion sur ce, en la maniere qui s'ensuyt : ce que de mot a mot j'ay de latin en françoys translaté.

## XXXV.

D'UNE SEGONDE APPELLACION FAICTE EN COURT DE ROMME PAR AUCUNS DES RELIGIEUX DE SAINCT GERMAIN DES PREZ, PRES PARIS, CONTRE FRERE JEHAN ROLIN ET PHELIPPES BOURGOING, COMMISSAIRES SUR LA REFORMACION DE L'ORDRE SAINCT BENOIST : CONTENANT LADICTE APPELLACION LES MOTZ QUI S'ENSUYENT.

« Ceulx qui machiner veullent quelque grand forfaict ont de costume, en tant qu'ilz peuvent, de couvrir la macule de leur vicieuse coulpe soubz le tappiz de saincte probité, a celle fin que, lorsque, soubz l'ombre de telle faulce fainctize, le tiltre de saincteté et la faveur du peuple auront aquys, puissent plustost a leur intencion parvenir, et, contre ceulx qui a eulx veullent resister, leur crudellité plus facillement excercer ; desquelles choses grandement peult estre la chose publicque interessée ; car, supposé que toute maniere d'injustice et d'oppression soit domageuse et mortiffere, toutesfoys celle qui, soubz forme de religion et de saincteté, est perpetrée, est tres que plus mortelle et plus dampnable, veu que l'actainte de sa playe a peine se peult evicter ; mais a la mode de mortel venin, premier occist que estre apparçeu. Sur ce dist Jhesu Crist, en

l'Evangille : « Gardez vous de ceulx qui viennent a vous
« en vestemens de doulces brebiz ; car au dedans sont
« loups ravissans. » Ceulx faingtz prophetes et faulx
reformateurs demonstrons, qui, soubz ombre de saincteté, scimullent donner conseil salutaire a ceulx que
par fallaces trectent, inhumainement oppriment, detranchent et derrumpent ; mais a certes, par cautelleuse astuce, font leur menée, affin que de plusieurs
soyent louez. Certes, comme dit Dyodorus, les fraudes
scimulatoires des ypocrites plusieurs deçoyvent et du
droict chemin de vraye justice les divertissent, contre
lesquelz a toute puissance est accourir, affin que si
grant meschief plus ne semment et que plus grief de
jour en autre ne se face. Mais toutesfoys, veu que, a
l'encontre de ceulx et de tous autres qui grief ou extorcion vouldroyent a aucun faire, mainctes aydes de
droict soyent ordonnées, clerement est cognu que le
singulier remede d'appellacion et provocion est juridicquement, sur ce, trouvé, par lequel les grefvez et
opprimez sont relevez et mys sus : affin doncques que
les choses que par les susdits, soubz la fainctize de
justice ou ombre de saincteté, induement se pourroyent
faire ou sont faictes, soyent amplement corrigées et
reffomées en myculx, il est ainsi, que nous, frere
Jehan Lomme, chantre, Guillaume Guerry, enfermier,
et Pierre Gringet, religieulx profex du monasterre de
Sainct Germain des Prés, de l'ordre de sainct Benoist,
pres les murs de Paris, soubz la scimullacion de quelque
nouvelle equité, laquelle se nomme refformacion, nous
susdits, grefvez et opprimez, voire jucques a l'extreme
misere remys, a l'ayde de triste appellacion venons a
reffuge ; par quoy, de courage et de pensée de provo-

quer et appeller de freres Phelippes Bourgoing et Jehan Rolin, certains religieux du monastere de Clugny, lesquelz, au moyen de ladite reformacion, de griefves extorcions, d'importables charges et d'excez non oys nous ont persecutez, et a toute heure se preforcent de ce faire, disons et proposons, et, si mestier est, incontinent nous nous offrons de prouver les choses qui s'ensuyvent; protestant que, si dollentement nous disons toutes noz choses, toutesfoys riens de vitupere, ne a cause d'injure proposons; mais pour, ceste foys seullement, vouloir nostre droict esclarcir. A ce moyen, baillons ce qui s'ensuyt : et premierement, que nostredit monastere de Sainct Germain, duquel nous sommes religieulx, fut jadys par les Roys de France sumptueusement construyt et amplement docté, et aussi par le Sainct Siege appostolicque de libertez, privileges et exemptions haultement decoré; et tellement, que nul inferieur ordinaire, de quelque grande auctorité qu'il soit, nostre abbé seullement exepté, puisse contre nous ou autres religieulx de nostredit monastere juridiction aucune excercer, et en tant que legat *de latere* dedans ledit monastere et sur les religieulx d'icelle ne peult de droict puissance aquerir ne user d'auctorité judicyaire, si n'est que par le Sainct Siege apostolicque la chose luy fust par expres commise ou speciallement commandée ; ainsi que de toutes ses choses, par tres anticques privilleges des evesques, souverrains baillez, plus cler que lumiere apparoist. De rechief, que ja long temps a et mainctes années sont que dedans ledit monastere l'abit de religion avons priz, et, apres avoir la charge de ladite religion supportée et prouvée entre les mains de nostre supperieur, scelon la reigle de Sainct Benoist, nostre profession avons observée et gardée, et, scelon le possible de nostre fragillité, louablement vescu ; et tellement, que les aucuns de nous aux offices cloistriers avons estez promeuz et proveuz d'iceulx, et d'autres benefices ecclesiasticques instituez ; esquelz avons tellement administré que de reprouche de deshonneur ou de negligence, en ce faisant, n'avons estez notez ou actainctz. Lesquelles choses actendues, nul consciencieulx nous pourroit juger devoir estre chacez de nostre monastere, ni de nostre couvent et compaignie de noz freres deboutez, ne de noz benefices et offices expoliez, ne iceulx a autres moynes de divers ordre devoir estre assignez.

« Neantmoings, depuis peu de jours en ça, ledict frere Jehan Rolin, homme de vye civile et estranger, totalement de l'observance regulaire inexpert, lequel, jaçoit ce que en discipline monachale ne peut estre excercité, pour ce que peu devant estoit seculier, toutesfoys se auze refformateur de la regulaire observance faire appeller : et ausi frere Phelippes Bourgoing, homme noté de vice, ambicieux et supperiorité appectant, lequel, par scimullacion d'equité, lorsqu'il vaque a la refformacion, au faict divin n'entend, mais pour la seulle sienne cause mect les mains a l'œuvre, car il prepare et garnist pour luy la voye pour entrer en la dignité abbaciale dudit monastere : iceulx doncques Rolin et Bourgoing, religieux du monastere de Cluny, au devant de la voye de nostre sallut roiz et ambusches voulant preparer, ung quelque jour, avecques grosse cohorte d'hommes armez, jaçoit ce que a eulx nuly se mist en effort de resister, ledit monastere de

Sainct Germain approcherent et en maniere hostile, avecques grant impetuosité et clameur tumultuaire, dedans entrerent, et lesdits seculiers et hommes armez ou cloistre et eglize et autres lieux dudit monastere font entrer, contre toute ordonnance de droict et honnesteté de la reigle benedictine. Et la, sans cytacion ne monicion quelquonques ou ordre de droict gardé, et obmise toute forme, laquelle les droictz commungs et les statutz de la reigle en la correction des religieulx commandent estre tenue, nous susdits, humbles, près, deliberez et offerans de tous pointz a leur comandement obbeyr, par force et miserablement de nostredit monastere soubdainement dechacent et mectent hors; et, en lieu de nous, autres moynes de l'ordre de Cluny mectent et introduysent; de nostre couvert et de la compaignye de noz freres nous separent, et, sans estre appellez ne ouys, de noz offices et benefices nous desspoillent, et iceulx aux religieux dudit ordre de Cluny indeuement et follement assignent; de toute ayde et secours nous destituent, le retour a nostredit monastere cruellement nous desnyent et deffendent, combien que tres humblement et avecques larmes ayent par nous estez priez de ce faire; et finablement, pauvres et nudz, sans cause legitime nous envoyent en exil et mectent en voye d'apostatasye, en actribuant a vice de crudelité tiltre de refformacion. Et, apres nous avoir ainsi degectez, despoillez et en extreme pauvreté reduys, lesdits Rolin et Bourgoing environnent et encherchent ledit monastere: dedans lequel, aux enfermeryes dudit lieu, trouverent ung pauvre religieulx, nommé Machi, griefvement mallade. Lequel, combien que plusieurs jours heust esté de mal actainct, toutesfoys esperence de santé estoit en luy; auquel, par l'ordonnance de son prélat et de l'enfermier, avoyent estez baillées gardes et ordonnez serviteurs pour luy administrer ce que, pour le salut de son ame et proffict de sa santé, luy estoit necessaire. Mais ledit Bourgoing, tout a coup et sans pitié, deffend ausdits ministres et varletz de plus non entrer en ladite enfermerye ne servir audit religieux malade; supposé que les medecins affermassent ledit religieux malade, sans l'ayde desdis serviteurs, estre en danger de mort; toutesfoys, ledit Bourgoing respond que de ce ne luy chault, en disant : « J'ame « mieulx que ce mauvais homme Machi, contraire a ma « reformacion, meure que plus vive! » Dont advint, au moyen de ce, et par le deffault des custodes et serviteurs et de l'amministracion des choses necessaires, que ce pauvre religieux piteusement mourut. O crudelité inhumaine en homme religieux! et vice trop repugnant au tiltre de perfection regulaire, qui, en lieu de charitable amour, use d'inimityé odieuse! Apres doncques sesdites choses, iceulx Bourgoing et Roli muent et alterent toutes les ancyennes costumes et cerymonyes dudit monastere; l'office ecclesiastique acostumé, et par les fundateurs dudit lieu ordonné, diminuent et amaindrissent de plus de moytié; et par frauduleuses suasions et doulces parolles actrayent a eulx aucuns jeunes religieux dudit monastere, affin qu'ilz leur consentent et obbeissent a leurs nouvelletez; ordonnent et appoinctent de ce jour que du tout soyons exclus et chacez et que en l'election de futur abbé n'ayons voix. Ambicion decret peut estre ce, car, a ce moyen et affin que, si a nostre prelat, de vieillesse ja debilité, advient a mourir, ilz puissent sans contradiction a eulx aquerir ledit monastere, ce qu'ilz esperent et actendent de tous poinctz. Plusieurs autres choses increables et non ouyes, follement, iniquement et cruellement contre nous et nostredit monastere presument et s'efforcent de faire; lesquelles choses reallement actendues ou grief et domage de nous et de tous noz freres et au prejudice de nostredit monastere (qui en ceste cyté de Paris est cler et notoyre), il n'est nul qui clerement ne voye et entende que, contre les droictz de justice, termes d'equité et forme de discipline regulaire, nous avons estez oultrement oprimez, endommagez a la rigueur et intollerablement grefvez. »

Plusieurs autres causes plainctives et droictz approuvez de leur reigle, contre les extorcions a eulx faictes, alleguerent iceulx religieux appellans, disans, entre autres choses, que tous les droictz proclament et disent que, a proceder contre aucun que premier appellé ne soit, et en cause non ouye, nully condempné devoir estre; et que la raison d'equité ne doibt suffrir, ne ausi par l'institucion de la reigle monachale n'est ordonné, que en l'estreme correpcion regulaire soit procedé que monicion ne soit precedente. En oultre, proposerent iceulx religieux que, scelon les vrays statutz de la reigle de sainct Benoist, en l'excercicion de discipline et observance de correpcion expulsive contre quelqun, a tenir et garder sont sept degrez : le premier est segrecte monicion; le segond, correpcion publicque; le tiers, simple ou moindre excommunicacion; le quarti, affliction de jusnes; le quint, flagellacion, s'il la merite, et si soustenir la peult; le vɪᵉ, oraison et priere a Dieu pour luy; le vɪɪᵉ, l'expulsion du monastere, pourveu que d'incorrigibillité soit actainct et en ce propos obstiné, et ausi que, sans grand scandalle, et en autre monastere recepvoir ne se puisse. Lesquelz degrez si par ordre en correpcion regulaire ne sont deuement gardez, mais en ce aucunement exedez, discipline regulaire ne se peult dire, mais mieulx appeller vengence et tyrannye. Notoire chose est que Bourgoing et Rolin n'ont aucunement gardé ledit ordre, veu que a l'expulsion ont commancé, ce qui est a eulx escorché l'anguille par la queuhe. Dont est plus cler que lumiere que ce qu'ilz ont faict ne merite nom de correpcion, mais de folye et crudelité. Mainctes autres raisons escriptes en droict declererent iceulx religieux; lesquelz desdits griefz, maulx et extorcions, pour eulx et tous leurs adherans, appellerent au Sainct Siege appostolicque devant le Sainct Pere, le pape Alexandre VIᵐᵉ, chief de toute l'Eglise millitante, et devant le tres cristien Roy Loys doziesme, fundateur dudit monastere et de la liberté ecclesiasticque protecteur, et en sa suppresme court de parlement a Paris, en laquelle les roiz de justice clerement reluysent.

De ce propos ne veulx plus ma cronicque eslargir, supposé que plusieurs autres bonnes choses soyent en la teneur dudit appel enarrées. Que quessoit, lesdits religieux firent leur dite appellacion et icelle releverent en forme de droict et playdoyerent leur cas, tellement que reintegrez furent en leurs offices et benefices et ledit monastere deuement reformé.

Durant le cours de ce temps, le doyen et chappitre de l'eglize de Nostre Dame de Paris firent une autre appellacion contre l'imposicion decimale, par laquelle clerement declairerent commant, par la determinacion et ordonnance de tout le general conseil de l'Eglize, ouquel toute la verité catholicque florist, la decime doit estre imposée. Et deffendirent iceulx chanoynes leur appel sans vouloir payer ladite décime, laquelle fut ailleurs par tout le Royaume de France levée et payée.

Le Roy estoit lors a Paris, qui de jour en jour sur les affaires de son Royaume et pour le bien de la chose publicque mectoit diverses oppinions en conseil[1], et luy mesmes tousjours present, pour conclure

---

1. Louis XII tenait à régler ses difficultés avec Maximilien. Nous trouvons dans le ms. fr. 3087, fol. 198, une note originale, sur papier, des négociations, ainsi conçue :

« Coppie du memoire des responses baillées par dom Jehan Vivannel aux ambassadeurs du Roy de France a Halles en Alemaigne, le xix[e] fevrier mil V[c] et ung, lesquelles sont responses du Roy des Romains.

« Super relatione prepositi Tractensis, D[norum] de Sicon et Johannis de Courteville, bailyvi de Lisle, facta sere[mo] domino Regi Romanorum, super hiis que illustrissimus dominus archidux, princeps Hyspaniarum, fecit, tractavit et conclusit cum christianissimo domino Francorum Rege, super elucidacioné differenciarum que erant aut esse poterant inter prefatos serenissimos dominos Reges Romanorum et Francorum.

« Serenissimus dominus Rex Romanorum proponit et respondet maxime super tribus articulis prefate relacionis in hunc modum qui sequitur.

« Et primo quo ad fugitivos seu exules ducatus Mediolanensis, quamvis prefati exules sacramentum fidelitatis ipsi christianissimo domino Regi Francorum fecerint, non poterant tamen ullum sacramentum, saltem validum, ipsi domino Regi prestare contra eorum supremum dominum nec contra naturalem dominum, videlicet ducem Ludovicum Mediolanensem; quod si fecerint, est sacramentum invalidum et nullius roboris. Ob quam causam prefatus dominus Rex nullomodo potest prefatos exules derelin-

sur tous differens scelon son vouloir et l'advys de ses conseillers; et, ainsi exploicté par long temps, eut deli-

quere, aliter, contra honorem Sue Maiestatis ageret : et fidem prestitere sacro Imperio et per consequens Mediolani qui membrum Imperii existunt.

« Quo vero ad plures tractatus pacis precedentes, quibus prefatus christianissimus dominus Rex respondet et intelligat per prefatum serenissimum dominum Regem Romanorum fuisse contraventum per postremas divisiones factas et interpositas inter ipsos reges, videtur prefato serenissimo Regi istud esse licitum christianissimo domino Regi ita intelligere, si deffectus aliquis fuerit aut venerit per serenissimum dominum Romanorum Regem; id quod nunquam reperietur; ymo, clarum est et notorium quod prefati tractatus pacis fracti et rupti fuerunt per predecessores Reges Sue christianissime Maiestatis, quibus ipse serenissimus dominus Rex malum caperet exemplum si Francorum Rex super istos vellet consiliari aut similiter facere pro manutencione huius moderne pacis.

« Hiis de causis, ipse serenissimus dominus Rex semper declarare fecit prefato christianissimo domino Regi nunquam velle intertenere aliquam pacem tractandam seu favendam inter ipsos Reges, nisi prius prefati precedentes seu preteriti tractatus pacis intertenerentur et firmarentur : videtur propterea ipso serenissimo domino Regi quod si christianissimus dominus Rex Francorum velit eum vi cogere ad consenciendum predecessoribus Regibus suis talibus exemplis frangendi et contraveniendi pro libito eorum prefatis tractatibus pacis, quod pessima consequencia sequeretur, et in hoc casu parum consuletur querere amicitiam seu confederacionem ipsius christianissimi Francorum Regis.

« Ad factum ducis Mediolani, verum est quod ipse christianissimus Francorum Rex alias dicere fecit ipsi serenissimo domino Regi quod, quotienscumque pax inter ipsos Reges facta et firmata esset et in totali securitate posita, sicuti est in presenti, quod, in peticionibus petitis per suam...[1] pro liberacione prefati ducis Mediolanensis, ipse christianissimus Rex [ei] complaceret, et etiam pro recompensa ipsius : de qua re ipse... serenissimus Rex prefatum christianissimum Regem Francorum requirere fecit : et si accideret quod voluntas seu placitum vel intencio prefati christia-

1. Fragment déchiré.

beré propos de s'en aller au moys de may ensuyvant de la les mons, pour certaines affaires et necessaires

nissimi Regis fuisset in hac parte dura, pro prefato duce, quod hec recompensa fieret ad dictamen seu arbitrium statuum sacri Imperii, sicuti Racio expostulat, actento maxime quod prefatus dominus Francorum Rex, tamquam dux Mediolani, est membrum sacri Romani Imperii et subditus, pro qua re tenetur respondere et tenere in tali casu id quod sacrum Romanum Imperium dictaverit, et prefatus serenissimus dominus Romanorum Rex, eorum supremus dominus.

« Videtur ulterius prefato serenissimo domino Regi quod christianissimus dominus Francorum Rex male sit consultus quod pro ducatu Mediolani habendo et per consequens maiorem partem Regni Neapolitani velle accipere seu tractare unam pacem duplicem seu simulatam maxime in dedecus et malam famam ipsius serenissimi domini Romanorum Regis : et casu presupposito quod serenissimus dominus Romanorum Rex christianissimum Francorum Regem de ducatu Mediolani investiret, propter hanc maxime investituram seu juramentum, quod in recipiendo illam prestabit, sacro Imperio tenetur ipse Francorum Rex custodire et servare honorem ipsius serenissimi regis et sacri Romani Imperii ; pro hac potissimum causa prefatus francorum Rex nullo pacto deberet nec debet rogare nec sollicitare prefatum serenissimum Regem de re que possit esse Sue Maiestati oneri aut dedecori.

« Serenissimus Dominus Romanorum Rex confidit totaliter omnes res supradictas per viam iusticie lucrari coram omnibus Regibus et principibus christianis, et maxime coram dominis statuum sacri Imperii, ad quam iusticiam ipse serenissimus dictus Rex se resolvit. Omnia ista petere ipsi christianissimo Francorum Regi et contra eum agere tamquam ducem Mediolani casu quo bono amore non velit consentire rebus suprascriptis.

« Item prefatus dominus Francorum Rex satis recordari potest quod sepius ipse serenissimo Regi declarare fecit per oratores suos quod, in omnibus rebus rationabilibus in et de quibus Sua Maiestas vellet requirere prefatum dominum Regem Gallorum, quod Sue Maiestati complaceret ; et maxime intelligebat intertenere antiquos tractatus pacis factos inantea inter Suam Maiestatem, tamquam Romanorum Regem et Archiducem Austrie et Ducem Burgondie, et predecessores suos Francorum Reges : actamen Sua cesarea Maiestas respondit magistro Ricardo le Moyne, prefati christia-

choses, pour le myeulx desquelles estoit sa presence requise. Ainsi sejourna le Roy dedans sa noble cyté de Paris jucques apres la feste de Pasques[1].

Et a tant, avecques la revollucion du cours de l'an mil cinc cens et ung, qui la finist, la descripcion des gestes de France je mectz a chief, et cloz l'issue de la cronicque de l'an susdit.

nissimi Regis secretario, super hiis aliquomodo breviter, sicuti oratores a Presidente Delphinatus intelligere potuerunt : unde sperat semper habere melius responsum. »

1. 27 mars 1502. Voir ci-dessus, p. 218, note 1.

# DE LA CRONICQUE DE FRANCE

## DE L'AN MILLE CINCQ CENS ET DEUX.

### I.

DISANT AU PREMIER COMMANT LE ROY S'EN ALLA DE PARIS A BLOYS ET DU PARTEMENT DE LA ROYNE DE HONGRYE.

Pour recommancer a dire des faictz louables de tres crestien Roy Loys doziesme, et les œuvres des Françoys de l'an mille cinc cens et deux publier, j'ay voulu, en continuant propos sur lesdites choses, mectre en œuvre historial ce que j'en ay peu veoir reallement, et au vray savoir, et dire que, en l'an susdit mille cinc cens et deux, le $VIII^{me}$ jour du moys d'apvril, le Roy partit de Paris pour aller a Orleans et a Bloys, auquel lieu de Bloys sejourna le surplus des jours dudit moys d'apvril et tout le moys de may. Et lors vint en court le Roy de Navarre[1], acompaigné de grans seigneurs et gentishommes de son pays, pour veoir le Roy, et luy offrir tout secours, plaisir et service, lequel fut du Roy et de la Royne joyeusement receu et trecté a souhect.

---

1. Jean d'Albret, fils aîné d'Alain, avait épousé la reine Catherine de Navarre en 1484; ancien adversaire du comte de Narbonne et de Louis d'Orléans, nous donnons en appendice le texte de l'engagement qu'il avait souscrit à l'Espagne.

Or, vint le temps que madame Anne de Foix, Royne de Hongrye, partit de Bloys pour s'en aller en son pays; laquelle, nonobstant les tiltres royaulx dont elle estoit douée, elle se voyant separer de ses parens, esloigner de ses amys et estranger de sa naissance, fist a son partement tant piteux lamant et dueil si excessif, que tous ceulx qui departir la veirent en eurent amere douleur et ennuyeuse peine, et tant que telz Françoys y eut qui, pour la riche valleur et louée bonté dont elle estoit comblé, la regrecterent jucques au degouct d'ung torrent de chauldes larmes.

Le Roy luy bailla un de ses maistres d'ostelz, nommé Loys Herpin, et plusieurs gentishommes des siens, pour la conduyre et deffrayer, elle et tout son train, qui estoit grant, jucques a Venize. La Royne pareillement luy bailla plusieurs de ses damoiselles, pour l'acompaigner jucques en Hongrie. Et ainsi prist pays la bonne dame, regrectée des Françoys et desirée des Hongres. Au partir de Bloys, eut telle suyte de prelatz, princes et gentishommes que a la veue des presens estoit object delectable. Entre autres y estoyent le legat, cardinal d'Amboise, Angilbert, conte de Nevers, Louys de Luxembourg, conte de Ligny, Françoys d'Orleans, conte de Dunoys, auquel n'estoit celuy depart agreable, mais tant ennuyeulx que a peu pres le cueur luy partoit de ducil et de regrect. Car, pour les tiltres de vertus et louables graces qui en icelle dame estoyent, ledit conte de Dunoys l'avoit tant a gré que, jaçoit ce que de moult grant avoir ne fust enrichie, toutesfoys toutes autres oublyées, elle seulle avoit pour recommandée, en tant que autre ne desiroit avoir en mariage, ne d'autre n'eust voulu, si le plaisir du Roy l'eust permys : ce que ne feist, mais l'envoya Royne de Hongrie, avecques compaignye sollempnelle.

## II.

**COMMANT LE ROY PARTIT DE BLOYS POUR ALLER DELA LES MONS.**

Eyant le Roy disposé de ses affaires, et en ses choses mise pollice ordonnée, sur la fin du moys de may, partit de Bloys pour aller en son voyage de dela les mons. La Royne l'acompaigna jucques a Lyon ; le Roy de Navarre le convoya troys journées, et puys s'en alla en son pays ; le Roy Frederich le suyvit tout le voyage ; le cardinal d'Amboise, legat, ne demeura, mais audit voyage le suyvit, sans desloigner de tant que a tout besoing n'eust loy et lesir de parler a luy, et ses affaires luy communicquer. Lequel legat, a toute heure, sur la despesche de toutes choses survenans, mectoit les mains a l'œuvre si a droiet, que au plaisir du Roy, a l'onneur de luy et au prolfict commung, mectoit fin a l'effaict de la besoigne. Le cardinal Ascaigne fut avecques le Roy jucques a Lyon. Louys de Luxembourc, conte de Ligny, Angilbert de Cleves, conte de Nevers, le conte Françoys de Dunoys, le sire de la Trimoille, messire Pierre de Rohan, mareschal de France, le prince de Talmont et plusieurs autres, d'arcevesques, evesques, abbez et prothonotaires avoit grant nombre. Les deux cens gentishommes de sa maison, ses pencionnaires, les quatre cens archiers et cent Suyces de sa garde, et en somme tous ceulx qui pencion ou gaiges avoyent de luy, sauf ceulx qui luy pleut, a la peine d'estre cassez, firent ledit voyage. Par quoy tellement et en si noble estat estoit accompaigné que oncques prince ne le fut mieulx. Que diray je? Tant chevaucha avecques ses gens, que le VIII<sup>e</sup> jour du moys de jung fut a Lyon. Et de la s'en alla a Grenoble, au Daulphiné, auquel lieu fut par l'espace de xv jours, ou environ, et cependant le duc Phillebert de Savoye s'en alla devers luy a Grenoble.

Le bastard René de Savoye[1], qui par la malveillance du duc, son maistre, et accusation d'aucuns ses hayneulx, avoit, peu de jours devant ce, du pays de Savoye esté chacé, estoit lors en court, et devers le Roy a reffuge s'estoit retiré; lequel le Roy avoit voluntiers receu et apoincté de sa maison, pour ce que regnon avoit d'estre bien sage et tres habille. Et alors celuy bastard se monstra audit duc de Savoye, dont, en la presence du Roy, heurent ensemble parolles hayneuses, et mesmement le duc de Savoye usa de menasses audit bastart, lequel se mist en la sauvegarde du Roy. Par quoy le Roy soustint celuy bastart; dont le duc de Savoye se mal contanta, et tost apres se retira a Chambery, ou estoit lors la duchesse Marguerite de Flandres, sa femme.

Peu de jours apres ce, le Roy prist pays par le Daulphiné, et tira droict en Lombardye, et tant marcha que le III<sup>e</sup> jour du moys de jullet fut dedans Salluces, et la tres honnorablement receu par le marquys Françoys de Salluces, lequel estoit tres bon Françoys, loyal serviteur et bon amy du Roy.

1. Fils de Philippe, duc de Savoie. Son histoire a été écrite par M. le comte de Panisse-Passis. Paris, Firmin-Didot, 1889, in-4°. *Les comtes de Tende de la maison de Savoie.*

La Royne de Hongrye, ung jour devant la venue du Roy, estoit partye de Salluces, et avecques tout son train estoit allée en Ast, et de la a une ville du marquisat de Monferrat, nommée Felissant, en laquelle arriva le VIIe jour du moys de jullet. Et la estoyent lors en garnison xxv hommes d'armes de ceulx de messire Louys de Hedoville, seigneur de Xandricourt, lesquelz pour sa venue furent deslogez et luy donnerent lieu[1]. Avecques elle estoyent lors le conte Stephane ; l'evesque de Ceremye, ongres[2] ; la marquize de Salluces, sa tante ; messire Charles d'Amboise, seigneur de Chaumont ; messire Guyon d'Amboise, seigneur de Ravel ; Pierre Dos[3], baillif de la Montaigne ; le seigneur

1. Cependant c'est à Asti que tenait garnison officiellement la compagnie Sandricourt, composée de 40 lances ; elle fut passée en revue à Asti par Trivulce le 27 février 1502 (fr. 25783, 40) ; la compagnie d'Albret (50 lances) fut passée en revue le lendemain 28, également à Asti (id., 41).

2. Voir ci-dessus. Le récit du héraut d'armes Bretagne, chargé par la reine d'escorter Germaine de Foix et de rendre compte du voyage, a été publié par L. de Lincy, *Bibliothèque de l'École des chartes*, 5e série, t. II, p. 166 et suiv. V. aussi *Toerténelmi Tàr* (Publications de la Société historique hongroise), XXIII, p. 97 et suiv. Les détails de la réception à Venise furent consignés dans une brochure contemporaine : *Liber hospitalis munificentiæ Venetorum in excipienda Anna, regina Hungariæ*, per Angelum Chabriden compositus, Ven., 1502 (cité par Mgr Fraknóï).

3. Pierre d'Aulx, nommé bailli de la Montaigne d'Auvergne en 1498. Simple écuyer et valet de chambre de Louis XI, il fut délégué à passer la montre de la compagnie de Guérin le Groing, par patentes de Maleshérbes, le 10 août 1474 (*Tit.* Aux, 2) ; comme échanson du roi, il reçoit 500 liv. pour ses frais, le 12 avril 1475 (*id.*, 3) ; il reçoit une gratification de la même somme, le 26 mai 1476 (*id.*, 4) ; le 16 décembre 1491, seigneur de Thieux, il reçoit de Charles VIII 300 liv. pour ses services à l'armée de Bretagne (*id.*, 5) ; il avait épousé Jaquette de Lezay et mourut en 1504, en Italie, laissant huit enfants, dont trois fils ; l'un de ses fils, Pierre, fut bailli de la Montagne ; un autre, Louis, premier valet tran-

de Duras, en Gascoigne[1], et d'autres gentishommes de la maison du Roy grant nombre, qui la l'avoyent accompaignée ; au lo[g]ys d'ung gentilhomme françoys, nommé Jehan de Fontenay, lieutenant du seigneur de Xandricourt, tint son estat pour ung jour seullement[2].

Moult estoit bien vollue de chascun, et tant que, pour l'extreme loz de sa valleur, a son depart de Lombardye regrectz en furent faictz, soupirs gectez et lermes espendues. Dont je, qui lors estoye audit lieu de Felissant, pour veoir et savoir ce qui de nouveau se feroit, et le tout par escript rediger, veoyant l'aprest de l'esloing et l'eure du depart de celle noble dame, aymée de chascun, et de tous regrectée, a l'issue de table de son disner, ce peu d'escrip qui s'ensuyt luy presentay :

> Elle s'en va, Françoys, a ceste foys,
> Celle royne de Hongrye, Anne de Foix,
> Qui, des le temps de sa premiere enfence,
> A faict honneur au royaulme de France,
> Comme avez peu cognoistre mainctes foys !

chant du roi, mourut en 1511. Ce Louis, comme premier valet tranchant de Charles VIII, portait le pennon du roi aux obsèques de 1498 (*Histoire de Charles VIII*, p. 755).

1. Jean de Durfort, seigneur de Duras en Gascogne, qui se distingua à Agnadel et à Ravenne.

2. Bretagne cite de tout autres personnes comme formant l'escorte française : Claude d'Este, évêque de Lodi ; le sire de la Guierche (Jean de la Guierche, écuyer de la reine, chargé par elle d'escorter la reine de Hongrie) ; Galeazzo Visconti ; le bâtard François de Foix ; le protonotaire de Saluces ; le sieur de « Meslac, » chevalier d'honneur ; Guillaume de Boissel (Boisboissel), grand maître d'hôtel. La reine de Hongrie arriva le 13 juillet à Crema, et le 1er août seulement à Venise. C'est à Padoue seulement, le 26 juillet, qu'elle trouva l'ambassade de Hongrie.

Petitz et grans, voire princes et Roys,
La regrectent et pleurent a desroys;
Mais il n'y fault plus avoir d'esperence!
　　Elle s'en va.

Elle vous dit : Mes amys, je m'en voys!
Helas doncques, dictes a haulte voix :
Adieu, la fleur du monde et l'excellence!
Sy noz corps sont loings de vostre presence,
Noz doullans cueurs vous suyvront toutesfoys...
　　Elle s'en va.

Apres avoir receu et veu l'escript susdit, et cognu le bon vouloir que envers elle avoyent les Françoys, du profond du cueur jucques au bort de ses yeulx luy monterent les lermes. Toutesfoys, soubz le tappiz de joyeuse simulacion, elle sceut bien celler la cause de son dueil, tellement que peu de gens s'en apparceurent. Ce faict, elle se retira dedans sa chambre avecques ses damoiselles, et la jucques a temps de soupper se tint, ou plusieurs gentishommes de l'ostel du Roy la furent veoir et avecques elle deviser. Et, ce faict, les aucuns prindrent congé d'elle, pour aller ou le Roy estoit, et les autres demeurerent la pour tout le jour. Que diray je? Elle sejourna illecques jucques au lendemain, qu'elle se mist en voye pour s'en aller droict a Venise[1].

1. Anne trouva sur tout son passage en Italie le plus somptueux accueil. Elle dut rester quelques jours à Brescia pour assister à des fêtes splendides racontées par l'historien Capriolo, qui s'en indigne (A. Cassa, *Funerali, pompe, conviti*. Brescia, 1887). La ville de Fermo s'imposa pour son passage de grandes dépenses (*Annali della città di Fermo*, par Giov. Paolo Montani)..... Mais tout fut dépassé par les somptuosités de Venise. Par contre, en Hongrie, elle rencontra une certaine opposition. Les magnats ne reconnaissaient point le divorce du roi et alléguaient le serment prêté à la reine Béatrix. Il fallut un diplôme de Vlencesclas du

Le VIII⁰ jour du moys de jullet, le Roy arriva a sa ville d'Ast, en laquelle fut la tant bien venu que grans et petilz de sa venue firent feste sollempnelle. Dedans l'ostel d'ung nommé messire Allixandre Malbelle[1] fut logé, et la demeura onze jours entiers, pour ordonner au surplus de ses affaires. Et la vinrent vers luy le marquys Francisque de Gonzago, marquys de Mantoue, le duc de Ferrare et plusieurs autres, comme je diray a temps. Et a celuy marquys de Mantoue donna cent hommes d'armes, et fist son lieutenant ung gentilhomme de sa maison, nommé Adryen de Brymeu, seigneur de Humbercourt en Picardye; lesquelz gens d'armes envoya a Napples, ou furent tantost apres.

Ces jours durans, furent les challeurs tant excessives que plusieurs de ce moururent. Et, avecques ce, la maladye des fieuvres eut la le cours tel que bien peu des Françoys qui la estoyent s'exempterent de leur axès.

Premier que de ce plus eslargir propos, diray d'aucunes choses, qui lors au royaume de Naples par les Françoys et Espaignolz furent faictes.

### III.

COMMANT, APRES LA CONQUESTE DE NAPLES, FAICTE PAR LE ROY, ENTRE LES FRANÇOYS ET ESPAIGNOLZ SE MEUT LA GUERRE.

Tantost apres que, par les effors de l'armée du Roy, le Royaume de Naples fut conquesté et terre de

---

3 mai 1505 pour abroger ce serment (*Magyar Történelmi emlékek, Elsä osztály : okmánytárak*; 1ʳᵉ série, diplômes : elsö kötet).

1. Alessandro Malabaila, sire de La Monta, son ancien maitre d'hôtel.

Labour et la Brusse entre les mains des Françoys[1], comme j'ay dit, et le Roy paisible desdits pays; le capitaine Gonsalles Ferrande[2], lieutenant du Roy d'Espaigne, estoit lors sur les marches de Callabre et de

1. Comme au temps de Charles VIII, Louis XII confirma les tenanciers des terres, ou distribua les domaines entre ses amis et serviteurs. Les gens avisés cherchèrent à réaliser de suite les dons du roi. Le maréchal de Gié, rentrant en possession des terres qu'il avait eues déjà en 1495 (le comté d'Ariano, les terres de Monteleone, Montecalvo, etc.), les revendit aussitôt à leur ancien propriétaire, Alberico Caraffa, comte de Marigliano, pour une somme de 12,000 liv., en monnaie française. Alberico Caraffa donna à son fils Girolamo procuration de passer cet acte, le 16 juin 1502 (fr. 16074, n° 10). L'acte fut passé à Lyon le 26 septembre (*Procédures politiques du règne de Louis XII*, p. 375 et suiv., p. 692). Le roi ne se réserva personnellement que quelques domaines. La reine s'en fit donner un plus grand nombre (car l'expédition ne semblait pas avoir d'autre but). Nous trouvons dans le ms. fr. 2926, fol. 33 à 43, une liste des « Terres, citez, chasteaux et lieux situez en la province de la Brousse *citra* et *ultra*, dont les ungs sont dignes de confirmacion, et les autres sont confisquez au Roy, ensemble les noms par escript de ceulx qui les tiennent et possedent. »

Dans « la province de la Brousse citre, » « Civita de Quiecte (Civita de Chieti), Ortonne (Ortona), Lenchane (Giuliano?), Francqueville (Francavilla), » villages de la côte, figurent seuls comme « du dommaine du Roy. » « Salmona (Sulmone), Caramonica (Caramanico, fief des Colonna, d'après Vallardi), La garde gresle (Guarda, actuellement Guardiagrele), Arce (Arce), Torneriche (Tornaticho), Attessa (Atissa), Torino (Turino, actuellement Torino del Sangro), ville de Saincte Marie (Villa Santa Maria), Civita burelle (Bucello), Rosello (Rosello, près Villa Santa Maria), Auginone (Agnone), Pesto (Pesto), Coustance (Constanzo), Lofallo (Fallo, fief de Fabricio Colonna, d'après Vallardi), Castello de lo Iudice (Castel Giudice), Bouchiamque (Burcianico), sont de la Royne » (fol. 33 v°). Tous les autres domaines sont à des particuliers, des villes ou des évêques.

2. Fernandes Gonsales de Cordova, duc de Terra Nova, duc de Vernosa, fils de Pierre Fernandez de Cordova, seigneur d'Aguilar, et d'Elvire de Herrera. Ce fameux capitaine mourut à soixante-quatorze ans, en 1515.

la Poille, lesquelz pays appartenoyent au Roy d'Espaigne, par l'appoinctement du Roy et de luy. Lequel Gonsalles, se voyant foible pour conquester iceulx pays, et saichant les Françoys avoir faict leur conqueste, et que de gens n'avoyent pour l'eure a besoigner, envoya prier les lieutenants du Roy que sur son affaire leur pleust donner quelque secours, veu ausi que pour lors n'en avoyent mestier, et que luy en avoit grant deffault, pour mectre son entreprise a fin. Sur ce adviserent les lieutenants du Roy, et conclurent d'en casser quelque nombre, pencent que de long temps n'en seroient besoigneulx, et, de faict, en casserent troys mille de pietons : lesquelz furent menez audit Gonsalles Ferrande par le capitaine Loys d'Ars, qui lors estoit a Venoze, lieutenant de Loys monseigneur de Luxembourg, conte de Ligny et prince de Haulte More[1], a cause de sa femme. Iceulx pietons receut ledit Gonsalles et les fist souldoyer et payer, lequel en fist depuys son proffict de tant que ce fut jucques a la perte domageuse des Françoys, comme je diray par apres.

Pour rentrer doncques, le Roy joyssoit lors de terre de Labour et de la Brusse tout a desir, ou sont mainctes bonnes villes, riches cités, pays fertilles et fortes places : comme Naples, Verse, Cappe, Gayete, Sainct Germain[2], Sexe[3], Nolle[4], Mathelon[5],

1. Alta-Mora.
2. Aversa, Capua, San Germano, Gaeta; ce dernier le grand port de la Terre de Labour (province de Caserta).
3. Sessa (*Suessa Aurunca*), dans un massif de montagnes volcaniques, entre le pont du Garigliano et Capua (province de Caserta).
4. Nola (*Nola*), à 34 kil. de Naples, patrie de saint Paulin et de Giordano Bruno. Auguste y mourut.
5. Maddaloni, dans la terre de Labour, près Caserte, où se

Benaffre[1], Puchol[2], Troye[3] et Tourtonne en Brusse[4], avecques plusieurs autres.

Toutesfoys estoit question, entre les Françoys et Espaignolz, de la divise des terres situées *cytra* le far de Messine, qui est ung bras de mer, dont le *ultra* est l'isle de Cecille, et le *cytra Faro* sont la Callabre et Basillicat, ou sont plusieurs autres bonnes villes : c'est assavoir, Rege, qui est ung bon port de mer[5], Terre-nove[6], Yrache Condyane[7], La Rochelle[8], la Mothe Bonnellyne[9], Sainct George[10], Semynerre[11], Sainct Martin[12], Roserne[13] et mainctes autres. Ausi sont du *cytra Faro* la terre du Cappitainat, Terre de Bar et Terre d'Octrante, et en ses troys provinces est contenue

trouve le célèbre aqueduc connu sous le nom de *Ponte di Maddaloni;* comté de Giov. Tommaso Caraffa, capitaine général de Ferdinand en 1495 (Amirato, II, 159); ce Caraffa avait épousé la sœur de Giov. Francisco de San Severino, le chef de l'armée française (Aless. Sauvage). Les Caraffa di Maddaloni ont donné une des branches les plus connues de la famille Caraffa.

1. Venafro (*Venafrum*), bourgade à la descente des Apennins, dans la direction du Garigliano et de Ponte-Corvo.
2. Pozzuoli.
3. Troja, village à l'entrée de l'Apennin, de Foggia, dans la direction de Benevento.
4. Ortona a mare, dans l'Abruzze citérieure, sur un promontoire élevé de l'Adriatique, près de Chieti.
5. Reggio-Calabre, bon port de mer, sur le détroit de Messine, dans une admirable situation.
6. Terranova Sappominulio, bourgade de la province de Reggio.
7. Gerace, dans la Calabre ultérieure.
8. Rochella Ionica, province de Reggio, jadis *la Roccella*.
9. Ou *Bouvelline*. Sanuto (t. IV, c. 823) l'appelle *Mota Bogolina*, sans doute Bovalino, au delà de Gerace.
10. Probablement San Giorgio a Cremano, près de Naples.
11. Seminara, près du golfe de Gioja, au-dessus de Palmi.
12. San Martino in Rio, province de Reggio.
13. Rosarno, au-dessus de Nicotera et du golfe de Gioja.

toute la Puille. Du *cytra* est ausi une autre province, nommée le Principat *cytra* et *ultra*, dont le dela sont haultes montaignes inhabitées, et le deça est plat pays bien fertille et plantureulx. Esquelz pays de Poille et du Principat, sont les villes qui s'ensuyvent : c'est assavoir, Tarente, Octrante, Bar, Trane[1], Venoze[2], Canoze[3], Andre[4], Barlete[5], Rouvre[6], Montfredout[7], Castallanet[8], Beseilles[9], Corastre[10], Mynervyne[11], La Tripaulde[12], la Cherignolle[13], Troye, La Velle[14], Sainct Barthelemy de Gors[15], Melfe[16], Montepellouze[17], Castel

1. Trani, ancienne *Trajanopolis*, port sur l'Adriatique, alors important.
2. Venosa, ancien *Venesium*, patrie d'Horace, sur la frontière de l'ancienne Apulie.
3. Canosa di Puglia (*Canusium*), petite ville, en pays volcanique, privée d'eau.
4. Andria, au-dessus de Trani, la ville préférée de Frédéric II.
5. Barletta, port important, sur l'Adriatique, à l'entrée du golfe de Manfredonia.
6. Que Jean d'Auton dira, plus loin, voisin de *Biseilles*, et à 4 milles de Barletta, est un fort simple village, Ruvo, près Corato.
7. Manfredonia.
8. Castellaneta, petite ville épiscopale, sur une colline, entourée d'une vallée profonde, sur la route de Bari à Tarento (province de Lecce).
9. Ou Biseilles, identifié par M. Roman avec Bizegna, dans l'Abruzze ultérieure; peut-être Bisceglie, port sur l'Adriatique (ancienne *Vigiliæ*), assez grosse ville, entre Trani et Molfetta.
10. Corato, village sur la route d'Andria à Bari.
11. Minervino, petite ville de la province de Bari, centre des montagnes appelées *Murgie di Minervino*.
12. Atripalda, près Avellino.
13. Cerignola, entre Foggia et Barletta, sur une hauteur qui domine la plaine de Pouille (*Tavogliere di Puglie*).
14. Probablement Lavello, province de Melfi.
15. San Bartolomeo in Galdo, province de Benevento.
16. Melfi, chef-lieu du duché de ce nom.
17. Montepeloso, province de Potenza.

del Mont[1], Mont Scaioux[2], Villemaigne[3] et grant nombre d'autres que je lesse, pour dire ainsi que Terre de Labour et de la Brusse sont de deça le Far de Messine, et en ses deux provinces est compris l'onneur Royal, la fleur des nobles, la force des places et la cremme des terres de tout le Royaume de Naples, ce que le Roy possidoit : et le Roi d'Espaigne challangeoit Callabre et la Puille. Mais, sur le Capitainat et Principat, qui confins estoyent de Terre de Labour et de la Poille, entre les Françoys et Espaignolz fut querelle, disans les Francoys que iceulx pays ou la pluspart estoyent du ressort de Naples, et pour ce apartenoyent au Roy. Les Espaignolz les disoyent ausi du ressort de la Poulle, et a eulx appartenir. Et ainsi, entre le tien et le myen, dont surviennent tous discors, ne peut par les contendans unyon paisible estre trouvée, ains entre eulx se meut hayneuse division. Et mesmement par la convoitize du proffict de la douane, qui est ung devoir priz sur le tribut de portz de mer, et de la pesson des herbes desdits pays, ou les brebiz et jumens et autre bestal, de plus de cent lieues loing, viennent la prendre l'yver leur pasture : car en ce temps les herbes y sont en verdure et puissance, et la saison en vigueur temperée, et au temps d'esté les terres seches et arides et sans fruict, a cause de la chaleur excessive qui alors tient la son cours. Que quessoit, de celle douanne se recueult par an plus de deux

---

1. Castel del Monte, province d'Aquila (?), ou plutôt Castello di Monte, l'ancien château de Frédéric II, dont on aperçoit, d'Andria à Canossa, les ruines magnifiques.
2. Montescaglioso, province de Matera.
3. Villemagna, province de Chieti.

cens mille ducatz, au profflct du Roy de Naples. Mais je mectz ce propos arriere, pour dire que Loys d'Armaignac, duc de Nemours et visroy au Royaume de Naples, estant lors a Naples, voyant que pour l'unyon des divisés estoit heure de besoigner, s'en alla en Poille, pour donner ordre a la division d'iceulx pays et les departir scelon le vouloir du Roy et l'advys de son conseil, desquelz estoyent messire Raoul de Launay, baillif d'Amyens, messire Michel Richz, le seigneur de Maubranche et plusieurs autres, tous gens expertz en savoir. Ainsi doncques estoit question de la divise d'iceulx pays, et, pour ce faire, se trouva le visroy a Melphe, en Poille, voulant vaquer a ce. Le capitaine Gonssalles estoit lors a la Telle[1], ville du prince de Melphe, lequel ausi avecques son conseil vouloit bien entendre a departir iceulx pays : dont plusieurs foys, a Melphe et a la Telle, le visroy et luy se trouverent ensemble. Et la souvantes foys parlerent de leur affaire amyablement par semblant, et leur different misrent en conseil, tellement que entre eulx fut appoincté que la douanne seroit partye a l'ung et partye a l'autre, et par moytié, et que les villes et places prises demeureroyent a qui les tenoit, jucques final appoinctement sur ce fust arresté : ainsi demeurerent par aucun temps, mais non en paix ; car les Espaignolz, qui tenoyent la Telle et Mont Fredont[2] et quelque autres places, se misrent a courir sur la douanne et prendre le bestail. Les Françoys ausi vou-

---

1. Atella, ville du prince de Melphe, en Basilicate (province de Potenza).
2. Manfredonia, en Capitanate, au-dessous du Monte Gargano, au fond de la baie de Manfredonia (province de Foggia).

lurent partir au butin, et misrent la main au pillage, tant que souvant destrousserent les Espaignolz, et souvant furent destroussez. Toutesfoys, pour ce, le deffy de la guerre n'estoit ancores publyé; mais ce faisoyent pour ce que le payement d'ung et d'autre partys estoit long au venir, et leur failloit en prendre ou il y en avoit; ce qui est une force de tel poison envenymée, que par son atoucher elle met le peuple en murmure et rebellion, et pays conquys faict revolter : de ce me tays, et dytz que, en ce temps, le capitaine Loys d'Ars estoit en Poille, comme j'ay dit, ou Loys monseigneur, conte de Ligny, l'avoit envoyé pour garder ses pays et tenir ses places qui luy appartenoyent, a cause de dame Alienor Delbaux[1], sa femme, princesse de la Haulte More, duchesse d'Andre, duchesse de Venoze, contesse de Montepelloze, dame de la Velle, de Mynervyne, de Montscayoux, de la Sidoigne, de Convertine[2], de Sainct Petre Gallatine[3], de Rouvre, de Beseilles, de Castel Delmont, moult forte place, de Montemellon[4], du pallais Sainct Gervays[5] et de Besasses[6], lesquelles places et pays estoient en la Poille, aux environs. Avecques le capitaine Loys d'Ars estoyent allez des gentishommes du comte de Ligny : Pierre de Bayart, seigneur dudit lieu[7]; Pierre de

1. Des Baux.
2. Copertino.
3. Galatina.
4. Monte Milone, près Melfi.
5. Palazzo San Gervasio, près Melfi.
6. Bisaccia, village dans la montagne, à une dizaine de milles de Melfi.
7. L'illustre Bayard, homme d'armes de la compagnie Ligny. Jean d'Auton le qualifie mal. On sait que Bayard s'appelait Pierre

Poquiers, seigneur de Bellabre[1]; Jean de Montieux, seigneur de Tary; Gilbert, seigneur de Chaux; Jehan de Tardiou[2]; Arnalde de Barbyane, nappollitain, et quelques autres : qui telle ayde luy firent, avecques le secours et faveur des gens desdits pays, que plusieurs bonnes villes et fortes places conquesta et soubmist, et mist seures garnisons dedans, et ce, malgré le voulloir du capitaine Gonsalles, qui de ce n'estoit contant; mais autre chose n'en pouvoit pour l'eure. Ainsi,

---

Terrail, seigneur de Bayard : il n'était qu'en partie seigneur de Bayard. Une lettre de rémission, donnée à Blois en décembre 1500 (JJ 234, fol. 69), ajoute de curieux détails à ceux que donne sur lui Symphorien Champier. Bayard était de bonne et petite noblesse : l'*ostel Bayart* n'était qu'un manoir, près du grand château d'Avalon, et de la riche famille des Monteynard, représentée alors par Hector de « Montenart, » dont nous avons eu occasion de parler. Bayard avait deux frères prêtres; la famille n'était pas riche. Un de ces prêtres, lequel même était le « seigneur de l'ostel Bayart, » remplissait, en 1500, les fonctions de curé de la Chapelle-Blanche; par suite, il comptait sur les dîmes de cette paroisse. Or, le prieur d'Avalon, qui prétendait aussi sur ces dîmes, voulut les enlever : de là une rixe qui fait l'objet de la lettre de rémission. On arrache les gerbes à un serviteur du prieur, mais deux autres serviteurs attendent dans un chemin et attaquent Georges Terrail, le frère du curé. Terrail fait bravement face. De grands coups sont portés de part et d'autre. Terrail est blessé à la main; il blesse fortement à l'épaule, à la poitrine, à la cuisse, un de ses agresseurs, et met l'autre en fuite. Poursuivi pour cet exploit devant le bailli de Graisivaudan, Georges Terrail dédaigne de se défendre et se laisse condamner par défaut. Le roi lui fait grâce en 1500, sans autre forme de procès... Cet incident ne nous montre-t-il pas sur le vif le milieu d'où sortit le glorieux Bayard? L'illustration de Bayard rejaillit sur sa famille et valut un évêché à ses frères.

1. Pierre de Pocquières, seigneur de Bellabre et de la Marche, l'ami et le compagnon de Bayard.
2. Probablement le gascon Jean de Tardes, baron des Byars.

peu a peu se reveilloit la guerre d'ung costé et d'autre, et tant que, apres que la douanne eust esté courue, comme j'ay dit, et que, sur le partage du Capitainat *cytra* et *ultra*, le visroy et Gonsalles ne se povoyent accorder, et mesmement que ledit Gonssalles ne vouloit venir a fin resolue, mais vouloit tousjours avoir droict scelon son vouloir, chaulde guerre entre eulx fut esveillée, et par les Espaignolz premierement deslyée ; lesquelz d'emblée et de nuyt se misrent sus et en armes, et tirerent droict a Troye, pencent prendre la ville soubdainement et d'emblée, en laquelle estoit messire Yves d'Allegre, avecques cincquante hommes d'armes.

## IV.

Commant les Espaignolz faillirent a prendre la ville de Troye, en Poille, sur les François qui dedans estoyent, et d'aucunes courses qu'ilz firent audit pays.

Sur l'eure de mynuyt, furent les Espaignolz devant Troye, en Poille, et la, devant l'une des portes de la ville, a grans effors, donnerent l'assault, et, avecques coignées et hallebardes et gros mailletz, commancerent a esclater la porte et faire roupture, dont le guect des Françoys, qui en piedz estoit sur les murailles et debout, ouyt le bruyt, et tout a coup se mist au cours vers le chasteau, ou estoit le seigneur d'Allegre, lequel de la venue d'iceulx Espaignolz advertit : dont en soubdain sursault se lieve tout en chemise, et tout a haste gecte son harnoys dessus, et prent la hallebarde au poing, et tres hardyment, avecques aucuns des siens qui la estoyent, courut. Et, a ce hutin, soubdaynement l'alarme sonna par la ville, dont tous les Françoys qui la estoyent misrent la main aux armes et coururent, a ce bruyt, ou la estoyt le seigneur d'Alleg[r]e, et avoit trouvé les Espaignolz en besoigne ; lesquelz avoyent ja la moytyé de la porte empiecée et faicte grande ouverture. Mais, a sa venue, coups de hallebarde, a tour de bras, mist a la defense du pas, de telle force que sur le cu furent iceulx Espaignolz arrestez. Durant ce combat, les autres Françoys de la garnison de la ville arriverent la au secours, et a cheval, la lance sur la cuisse, acompaignez de autres hommes et de femmes de la ville, qui portoyent torches, lanternes et fallotz, tant que par les rues faisoit cler comme si le souleil y eust gettez ses roiz. Que fut ce ? la porte fut par les Françoys ouverte, et la chace donnée aux Espaignolz, et eulx suyvys longuement, et plusieurs d'iceulx par les hayes et buyssons tuez et assommez. Et eussent estez tous amacez, n'eust esté l'obscurté de la nuyt, qui leur servit de couverture.

Ce mesme jour, les Espaignolz, qui estoyent a la Telle, sortirent aux camps en armes, et, a deux mille pres de leur garnison, trouverent ung itallyen, nommé Jehan Biblya, l'ung des segretaires du Roy ; lequel destrousserent de deux mille escus, et luy osterent bagues et chevaulx, et tout jucques a la chemise, puys l'atacherent a ung arbre, dont, apres leur depart, se deslya comme il peut et s'en alla en cest estat jucques a Melfe, ou estoit lors le duc de Nemours, visroy, auquel fist compte de son maleureux affaire.

Le lendemain, firent iceulx Espaignolz de rechief ung autre vacarme, a tout grant nombre de gens armez, et jucques devant la ville de Melphe furent prendre et destrousser les mulletiers du duc de Nemours, dont les aucuns d'iceulx tuerent et les autres blecerent ; et ainsi donnerent assez aux Françoys d'ennuyeulx reveil pour les devoir mectre aux champs.

Messire Berault Stuart, seigneur d'Aubigny, qui estoit lors a Naples pour les choses du Roy, avoit eu contresignes du Roy Frederich pour bailler au marquis de Pescare[1], capitaine de l'isle d'Iscle, pour icelle rendre et mectre entre les mains du Roy ; lesquelles contresignes avoit envoyées a iceluy marquis, et le sommer de vuyder. Mais de tout ce ne fist responce que de deslay, et ne voulut rendre la place. Ausi avoit il intelligence avec les Espaignolz, au moyen de jurée promesse de grosse somme d'argent faicte a luy par lesdits Espaignolz : ce qui est ung engin de guerre de telle force que souvant abbat les cueurs des hommes convoiteux, voire et effemyne maintz corps virilles. Quoy plus ? Voyant le sire d'Aubigny la responce d'iceluy marquis ne signyfyer que dillacion et esloing de temps, et se doubtant de la composicion faicte entre luy et les Espaignolz, transmist en poste ung sien segretaire, nommé Jheronyme Payonnet[2], devers le visroy, qui lors estoit a Melfe en Poille, pour l'advertir de l'affaire d'Iscle et du reffus que le marquis de Pescaire avoit faict de la rendre, et aussi pour consulter la chose en myeulx, et sur ce prendre advys de remede. Et, sachant ce, le visroy despescha la poste pour envoyer devers le Roy et l'advertir des courses

1. Le marquis de Pescaire.
2. Jean d'Auton le qualifie plus loin de *serviteur* du comte de Ligny.

et allarmes que avoyent faicts les Espaignolz en la Poille, et de l'intelligence que le capitaine d'Iscle avoit avecques eulx, et de ce que ladite isle ne vouloit rendre; et aussi de ses autres affaires du Royaume de Naples.

## V.

COMMANT GONSSALLES FERRANDE FIST PRENDRE ET DESTROUSSER UNG COUREUR DE POSTE, QUE LE VISROY ENVOYOIT DEVERS LE ROY; ET D'AUCUNES AUTRES COURSES QUE FIRENT LES ESPAIGNOLZ.

Lorsque le messager, qui devoit aller devers le Roy, par le visroy fut depesché, le capitaine Gonssalles, qui partout avoit espies, le sceut. Lequel fist celuy guetter par les lieux ou passer luy failloit, et prendre a la Garde lombarde[1], terre du Capitainat; et iceluy priz fist destrousser, retenir ses lectres, et luy seurement garder et estroictement detenir, sans ce que de sa prise fust nouvelles aux Françoys, jucques le messager du seigneur d'Aubigny fust par le visroy despesché et mys a retour pour aller a Naples, devers sondit maistre, comme il luy estoit commys. Par la terre du Capitainat chevaucha celuy messager, ou arriva devant une ville, nommée Villemaigne, terre indivise; et, a l'entrée d'une des portes, rancontra six Espaignolz pietons, qui estoyent la allez pour faire le logis, pour une bende des leurs qui ja estoyent sur les champs, voulant gaigner pays et approcher Naples. Les six Espaignolz que j'ay dit s'estoyent arrestez devant le

---

1. Guardia Lombardi (province d'Avellino).

portal de la ville, ouquel estoyent les armes du Roy actachées, que iceulx Espaignolz, avecques le fer de leurs picques, commancerent a esgratiner et effacer; dont ledit Iheronyme, messager françoys, eut question avecques eulx, disant que a eulx n'estoit de toucher ainsi aux fleurs de lys, ni de les oster de la ou elles estoyent. Iceulx Espaignolz pour ce ne cesserent; mais disrent que Villemaigne estoit terre indivise, et que les armes d'Espaigne y devoyent ausi bien avoir lieu que celles de France, et que a ce moyen les ostoyent; dont grosses parolles furent d'ung et d'autre lez mises au vent. Toutesfoys, le Françoys adoulcist, pour ce que mal apparenté se veoyoit, et se retira au logis, ou s'enquist si la poste qui couroit vers le Roy estoit par la passée, car c'estoit son droict chemin. Les gens de la ville luy disrent qu'elle n'estoit oultre, et que sans faillir les Espaignolz l'avoyent retenue et destroussée a la Garde lombarde : et que bien le savoyent a la verité, et pour le rapport d'aucuns, mesmes de ceulx qui l'avoyent veu. Dont celuy Iheronyme, françoys, le fist hastivement assavoir au visroy, pour y veoir. Ce qu'il fist; car, de rechief, mist ung autre coureur en voye, et icelluy fist guider seurement et mener a couvert hors les dangers des embuches des ennemys, et par luy savoir au Roy de toutes choses. Ainsi s'en va la poste devers le Roy en Lombardye, et le messager du seigneur d'Aubigny a Naples, ou l'ung d'eulx fist deuement son message, et l'autre rapport de verité.

Et, au surplus, savoir fault que la Poille estoit querellée par le Roy, au moyen des terres enclavées et ressortissans de Naples; et par le Roy d'Espaigne deffendue, disant le Capitainat et Principat, dont question estoit, estre de la Poille, qui luy apartenoit par appoinctement faict entre le Roy et luy, comme j'ay dit. Et, pour ce, en deffault du cordeau de loyal partage et de la ligne d'esgalle distribucion, le tranchant de l'espée fut pour ce faire auctorizé; auquel furent, sont et seront tous les mondains Royaumes divisez. Au revenir, les Françoys occupoyent partye du pays de la Poille, et les Espaignolz l'autre : et eulx, comme deux chiens a ung os paisibles, se mordoyent et esgratignoient, voyre se batoyent et tuoyent souvant a qui l'emporteroit. Et tant se pincerent que pour ce guerre mortelle s'en ensuyvit; qui tant fut enaigrye que, pour continuer le jeu emcommancé, ung capitaine espaignol nommé Ascallade prist les champs vers La Tripaude, que les Françoys tenoyent, a peu de force, toutesfoys celuy capitaine espaignol, avecques troys mille souldartz espaignolz, allemans, biscayns et gascons, dont l'une partye d'iceulx avoyent estez par cy devant pour le Roy, et cassez, comme j'ay dit dessus. Que quessoit, le capitaine Ascallade avoit intelligence avecques ceulx de La Tripaulde, telle que, sitost qu'ilz sceurent que luy et ses gens furent aux champs, ouvrirent les portes, malgré les Françoys du dedans, qui peu de gens estoyent, et quelque resistance qu'ilz fissent, comme assailliz de grant force d'Espaignolz, et habbandonnez de tous ceulx de la ville, furent chacez, et la ville prise.

Devant Avelline, terre du Roy, donnerent les Espaignolz ung autre allarme, et a grant pouvoir l'assaillirent, et de premiere advenue a la prendre efforcerent leur possible : tant que de vive force l'e[u]ssent emportée, n'eust esté ung Françoys, capitaine de gens de pié, nommé Le Familh[1], qui, avecques cincquante laquays seullement, soustint leur assault, et les recueillit si a point que, a la mortelle perte de plusieurs d'eulx, furent actendus, et, a la honte domageuse de tous, reboutez. Ce faict, le seigneur d'Aubigny tantost apres sceut cest effort. Sur quoy apella le conseil, ou maistre Jehan Nycholay, chancellier de Naples pour le Roy[2], les tresoriers des guerres et les autres sages en faictz de guerre qui la estoyent pour servir le Roy se trouverent, pour adviser sur ce. Et toutes opinions ouyes, fut dit que les cent hommes d'armes escossoys, qui lors estoyent a Verse a sejour, seroyent la transmys, et ausi que le sire d'Aubigny, avecques Françoys de Daillon[3], Yves de Malherbe, et ung autre, nommé Le Gorrier, capitaines de gens de pié, et autres souldartz faictz par ceulx de Naples, qui tous ensemble estoyent de doze a treze cens pietons, se mectroyent aux champs.

Ce temps durant, nouvelles furent a Naples que ceulx de Nolle avoyent quelque promesse celée et segrete alyence aux Espaignolz, si que besoing estoit d'y envoyer effort, pour rompre le coup et garder la ville, dont le seigneur d'Aubigny y transmist de Verse messire Robert Stuart, son lieutenant, a tout quarante

1. Geffroy Cuyrat, surnommé Le Familh.
2. Jean Nicolay, nommé conseiller au Grand Conseil par patentes du 3 août 1498, puis chancelier de Naples (Boislisle, *Histoire de la maison de Nicolay*). Le cardinal d'Amboise lui avait donné procuration pour ses affaires privées. (V. lat. 9255, fol. 32 et 33, ses procurations à Nicolaï pour prendre possession de ses biens à Naples et les gérer : 27 novembre, 3 décembre 1501.)
3. François de Daillon, fils cadet du célèbre Jean de Daillon, seigneur du Lude, le favori de Louis XI.

hommes d'armes, et le surplus de ses gens manda venir a Naples, par devers luy, pour le conduyre a Lavelline et a La Tripaulde, au rainffort des Françoys qui mestier en avoyent.

Le capitaine Robert Stuart, avecques ses quarante hommes d'armes, s'en alla a Nolle; laquelle trouva bien fermée, et gardée de tous costez de ceulx de la ville, lesquelz ne savoyent a qui devoir bailler la main. Toutesfoys, celuy capitaine pour ce ne s'aresta, mais cognut bien que, pour l'eure, la force n'estoit pour luy; dont luy fallut a autre moyen chercher remede, et, pour le meilleur, a ceulx de la ville monstrer courtoise maniere, visage riant et doulce parolle, en leur faisant promesse de bien les trecter, amyablement entretenir et vigoreusement deffendre. Et apres autres afferens propos et actirans parolles, ceulx de Nolle ouvrirent leurs portes, et misrent les Françoys dedans; lesquelz se logerent et firent bon guect.

Durant ces jours, ung Espaignol, nommé domp Allonce de Sotemaiour[1], se malcontanta du trectement du capitaine Gonssalles[2], disant que d'assez bon lieu estoit, bien expert a la guerre, et prou advisé en savoir, pour devoir avoir conduyte de gens d'armes; demandant sur se augmentacion d'estat et auctorité d'honneur. Sur quoy Gonssalles ne le voulut ouyr, ne

1. Alonzo de Soto-Mayor, sr de Soto-Mayor, fils de Pedro Alvarez de Soto-Mayor et de Térésa de Tabora. V. *Memorial genealogico y Servicios de los progenitores de don Filiberto de Sotomayor, Manuel, Benavides, y Guevara* (in-4°, 1653), p. 7.

2. La renommée de Bayard date, à proprement parler, du duel célèbre qu'on va raconter, et sur lequel la *Chronique du Loyal serviteur* donne d'abondants détails (p. 92 et suiv.). Cf. les *Gestes du chevalier Bayard*, de Symphorien Champier.

parfournir sa demande. Dont le mutin, plain de collere, se mist en fil de voler, et tout soubdain delibera s'en aller chercher autre party : ce qu'il fist, et prist ce qu'il avoit de gens, et, avecques le congé de son capitaine, se mist en voye pour aller a Romme, au service du duc de Vallentinoys, qui lors faisoit grosse armée. Et comme celuy Allonce passoit pays pres des garnisons des Françoys, ung capitaine d'avanturiers, nommé Gaspar, du pays Gascoigne, l'arresta et prist, disant qu'il estoit de guerre, et que les Espaignolz avoyent rompu la trieve : par quoy l'en enmena prisonnier a sa garnison, et luy fist tenir prison estroicte, et rudement le trecta. Ung gentilhomme françoys, nommé Pierre de Bayart, estant lors en garnison pres de la, sceut la rudesse faicte a l'Espaignol, et sachant qu'il estoit gentilhomme, voire et parent du Roy d'Espaigne, comme on disoit, le demanda au capitaine Gaspar, pour luy faire quelque courtoys passe temps. Lequel le luy bailla, en prenant la promesse de le ravoir a temps, ou la ransson deue. Ce faict, le prisonnier fut joyeusement mené a la garnison ou se tenoit celuy Pierre de Bayart, qui le trecta non pas comme prisonnier, mais comme frere et compaignon ; car avecques luy eut part en la chambre, portion au lict, place a la table, deduyt aux jeux, et plaisir des dames. En telle maniere fut celuy prisonnier longuement trecté. Et, pour saillir du propos, ledit Pierre de Bayart eut a besoigner auctre part, dont luy fallut rendre le prisonnier a son maistre ; lequel de rechief le tint a destroict, celuy malpiteulx gascon. Si jouha le prisonnier au mal contant, et dist que Pierre de Bayart estoit cause de la dure prison qu'il tenoit, et que si jamais il en estoit hors, que a celuy Bayart auroit querelle sur ce, qu'il eut, comme a temps sera dit.

## VI.

D'UNE COURCE QUE LE SEIGNEUR D'AUBIGNY FIST DEVANT LA TRIPAULDE EN PUILLE, OU GRANT NOMBRE D'ESPAIGNOLZ FURENT DEFFAICTZ.

Messire Berault Stuart, seigneur d'Aubigny, s'en partit de Naples pour marcher en pays, et avecques soixante hommes d'armes des siens et doze cens pietons prist le chemin de Nolle. Et la trouva messire Robert Stuart, son lieutenant, avecques ses gens, ou tous ensemble sejournerent quatre jours, et, ce pendant, parlerent de la guerre et manyerent les armes et regarderent aux chevaulx. Et tout ce mys a point, gens d'armes se misrent en route vers Avelline, ou ancores estoit le capitaine Familh, avecques peu de nombre de gens, et de toutes pars environné d'Espaignolz. Le sire d'Aubigny ne voulut entrer dedans Avelline que premier n'eust couru devant la Tripaulde, ou estoit le capitaine Ascallade, espaignol, groussement accompaigné et fortiffyé a l'avantage. Mais non pour tant la s'en va la troupe de Françoys bien serrée, ordonnée a droict et en vouloir de combatre; si furent pres des ennemys jucques en la veue de leur ville et en advys du besoigner. Le seigneur d'Aubigny, qui au mestier de la guerre estoit ung maistre sur les autres pour la descouvre du pays et rancontre des embusches, mist chevaulx ligiers a la voye; et, pour actraire les ennemys hors leur fort, leur transmist soixante laquoys gascons, soubz la conduyte d'ung nommé Bertrand de Bouchede, et ne leur voulut bailler nulle gent de cheval, pour ce que iceulx Espaignolz estoyent presque tous pietons, et que, pour doubte des chevaucheurs, ne saillisent aux champs. Que fut ce? Les soixante coureurs françoys allerent tant, que, dedans et autour de la maladrerye de la ville, trouverent cent ou six vingtz Espaignolz a pié en embusche; et, a l'approcher, les Espaignolz a tout grans criz sortirent et donnerent a tour de bras; les Françoys les recueillirent au myeulx qu'ilz peurent, et, a coups de trect et de picques, percerent leurs longues robbes, et, en somme, si bien les servirent que la retrecte leur fut de saison. Et, en eulx deffendant, recullerent et furent suyvis et chacez jucques a leurs barrieres, ou de rechief recommancerent lesdits Espaignolz a prendre cueur et deffendre leurs fort. Les Espaignolz, qui estoyent sur les murailles et aux portes de la ville, en armes, ne sortirent pour l'eure, doubtant que ce fust ung appast pour les actraire, dont lesserent durer le combat plus de une grosse heure, qui main a main se faisoit a la barriere. Et est vray que, tant pres estoit la ville de la ou les coups se donnoyent, que jucques a la se pouvoit de visée tirer ung traict. Et merveilles, car, durant ce bruyt, au lieu seullement ou le debat estoit, pleut a l'eure tant efforcéement, sans plouvoir ailleurs, que par la force du faix de l'eau, qui la tumboit, les coups d'artillerye et de trect ne pouvoyent nuyre ne mal faire aux Françoys qui la combatoyent. Et ce ay je sceu par le rapport d'aucuns de ceulx qui la avoyent esté.

Voyant les Espaignolz, qui dedans la ville estoyent, que autre nombre de Françoys n'apparoisoit, les voulurent surprendre et leur copper chemin ; et, pour ce, firent une segrecte saillye par ung derriere, ou passerent a gué une petite riviere qui saincturoit la ville, et estoyent en grand nombre, huyt cens hommes de pié ou environ. Si se misrent segrectement en avant par ung chemin bas et couvert, cuydant bien enclore leurs gens. Mais furent advisez par ung descouvreur françoys, qui, a bride abatue, courut vers le seigneur d'Aubigny de ce l'advertir, dont fist haster ses gens d'approcher la ville jucques a la maladrerye ; et la assist son ambusche et envoya tout le cours ung nommé Jannot de Sainct Martin[1] dire aux escarmoucheurs que tout bellement se retirassent. Si se hasta tellement celuy de Sainct Martin que son message eut faict premier que les Espaignolz, sortis de la ville, l'advisassent. Toutesfoys, incontinant furent pres a donner sur noz coureurs, lesquelz se misrent au recul, faisant fuyte de lou. Les Espaignolz, a coups de main, les chacerent jucques a la maladrerye, ou furent recueilliz par les embuches, qui commancerent a saillir de tous coustez et charger sur les pellerins. La eut grosse noise ; car bien fut assailly et bien deffendu, et longuement dura la meslée ; et tellement, que les Espaignolz gaignerent ung chemin assez estroit et la s'amoncellerent, les picques croisées, pour le choc des chevaulx, qui peu de mal leur pouvoyent faire. Les pietons françoys joignirent a eux et grant coupt de trect et de picques les desroquerent, mais non sans dommage mortel d'ung costé et d'autre, car plus de deux cens hommes des deux partys mou-

---

[1]. Jean ou Jeannot de Mont-Saint-Martin, enrôleur pour le duc de Valentinois (Sanuto, IV, c. 378 et autres).

rurent sur le champ. A chief de faict, les Espaignolz furent oultrèz et mys en fuyte, tuant et batant jucques a la ville de la Tripaulde et chacez jucques dedans les portes, a l'entrée desquelles, sur ung pont estroict qui la estoit, fut faicte piteuse tuerye d'Espaignolz. Car a l'entrée de celuy pont avoit si grande foule des sũyvans, que l'ung empeschoit le pas a l'autre, tant que les Françoys, qui les chassoyent a poux de picques et de lances, en occirent et plongèrent dedans une riviere, qui la passoit, plus de deux cens. Et, sitost qu'ilz estoyent renversez en l'eau, les pietons françoys, qui voluntiers executoyent telle œuvre, les faysoyent noyer et tuoyent a la veue de ceulx de la ville, qui secourir ne les pouvoyent. Ung laquays françoys, nommé Jehan Loignon, meurtrier et mauvais garson entre tous les autres, se trouva si appoint a ceste besoigne que, de sa main, plus de xx Espaignolz mist a sac; dont le sire d'Aubigny, qui, pour ses demerites, devant ce, le vouloit faire percher, voyant l'exploict de ses armes, pour ce luy pardonna son meffaict, et depuys l'eut en bonne extime. Ainsi furent les Espaignolz escarmouchez. Plusieurs des gens de pié françoys y furent blecez et tuhez, et, entre autres, y mourut ung de leurs capitaines, nommé Gorrier. Que quessoit, les Françoys eurent tout l'onneur et la pluspart du proffict de la besoigne. Et celle course faicte, le sire d'Aulbygny, avecques ses gens d'armes, s'en alla a Lavelline, et de la manda au duc de Nemours, visroy, qu'il luy envoyast des gens d'armes pour tenir les champs et courir sur les Espaignolz, qui avoyent rompue la tresve, ouverte la guerre et commaincé le hutin. Le capitaine Gonssalles Ferrandè, sachant la deffaicte des Espaignolz de la Tripaulde et ladite ville mal garnye de gens d'armes et d'artillerye, envoya la le duc de Terme, itallien, a tout cent hommes d'armes et grant force artillerye pour icelle garder.

En ce mesme temps, domp Ferrande, filz aisné du Roy Frederich, rendit Tarente aux Espaignolz, lequel l'avoit tenue plus d'ung an, et, n'eust esté deffaut de victuailles, moult longuement l'eust peu garder. Mais, avecques cest ennuy, le Roy d'Espaigne luy escripvit amyables lectres, disant que, si ladicte place vouloit rendre et mectre entre ses mains et s'en aller a luy, que tout a souhect le trecteroit. Par quoy celuy Ferrande vuyda la place et s'en alla en Espaigne.

Le duc de Nemours, visroy, par l'advertissement du seigneur d'Aubigny, transmist en la Brusse querir messire Jacques de Chabannes, seigneur de La Pallixe, qui la estoit visroy, auquel manda incontinant venir vers la Tripaulde avecques ce qu'il avoit de gens. Lequel, ces nouvelles sceues, se mist a chemin avecques six vingtz hommes d'armes, que conduisoyent soubz luy Aymer de Villars, le seigneur de Grigny et ung autre, nommé La Lande; et avecques luy furent quatre mille Brussiens, qui, pour l'amour qu'ilz avoyent a luy, le suyvirent; et tout ce voyage servirent le Roy a ses despans.

## VII.

Commant la Tripaulde fut vuydée des Espaignolz, et mise sus appoinctement, avecques la divise des terres dont question estoit.

Apres que messire Berault Stuart et messire Jacques

de Chabannes avecques quelques autres capitaines et grant nombre de Françoys furent assemblez, devant la Tripaulde s'en allerent, ou firent courses et allarmes bien souvant, et la ville environnerent pour cognoistre les lieux propices et mectre la le siege et y donner l'assault. Ceulx de la ville ne s'esmurent de tant que saillye, escarmouche ou meute de guerre fissent sur les Françoys, mais se tindrent la tout coy sans autre chose faire, et finablement furent tant pressez que paix fourrée cornerent, envoyerent ung herault par devers le duc de Nemours, visroy, qui lors estoit a Melfe, requerant iceulx avoir amytié paisible aux Françoys, promectant vuyder la Tripaulde et la rendre, pourveu toutesfoys que le nombre esgal des deux partiz demeureroyt dedans en triesve jucques le partage des terres, dont question estoit, fust faict ou failly. Ce qui fut promys, juré et accordé entre le duc de Nemours, visroy, et le capitaine Gonsalles, lieutenant du Roy d'Espaigne; et la Tripaulde vuydée et mise en main neutre jucques a temps. A cry public furent semées les nouvelles de l'appoinctement qui gueres ne dura et prisonniers delivrez sans ranson. Que quessoit, apres ce, se retirerent les Françoys a leurs garnison. Messire Berault Stuart, seigneur d'Aubigny, prist de sa suyte le seigneur de Grigny et La Lande, et, avecques tous leurs gens et les siens, qui pouvoyent estre VIII$^{xx}$ hommes d'armes nombrez, s'en alla a Dyaoulle[1], ville pres de Melfe de quatre mille ou entour, ou furent les logys departys et mys

---

1. Probablement Rapolla, petite ville, à trois milles, entourée alors d'une forte muraille.

gens d'armes par les villes et places des environs de Melfe, ou estoit le visroy, duc de Nemours.

En ce temps, Gonssalles Ferrande fist dire au capitaine Loys d'Ars qu'il cessast de guerroyer en Poille et sommer de rendre les villes qu'il tenoit oudit pays; ce qu'il ne voulut, disant que juste querelle avoit de prendre et garder ce qui a son maistre, le conte de Ligny, apartenoit, et que les terres qu'il querelloit estoyent tenues nuement de Naples, dont le Roy estoit seigneur proprietaire, et que autre que luy seul n'en auroit obbeissance, mais, soubz la souveraineté du Roy, les garderoit a qui elles estoyent, ce qu'il fit longuement comme orez cy apres.

Pour le propos deduyre, le temps du partage de la divise des terres contencieuses durant, Loys d'Armaignac, duc de Nemours, et Gonssalles Ferrande s'assemblerent souvant pour cest affaire avecques leur conseil et grant nombre de leurs capitaines et gens bien extimez. Et ung jour, entre autres, aux champs se trouva ledit duc de Nemours; avecques luy messire Jacques de Chabbanes, seigneur de la Pallixe, le capitaine Loys d'Ars, le seigneur de Chandée, Gaspar de Colligny, seigneur de Fremente, Pierre de Bayart, Pierre de Poqueres, et tout plain d'autres. Ausi fut a la campagne le capitaine Gonssalles, bien a point accompaigné, et la misrent leur differant en advys et parlerent de plusieurs choses.

Ung Espaignol, entre autres, fut la, et estoit celuy Allonce de Sotemaiour, dont j'ay dessus tenu propos, lequel s'estoit plainct souvant de Pierre de Bayart, disant que, autresfoys, luy estant prisonnier a ung capitaine de laquoys nommé Gaspar, luy avoit faict de mauvais tours et trecté autrement que a gentilhomme n'apartenoit, et que laschement et villainement envers luy s'estoit aquipté; par quoy le queroit rancontrer et avoir a luy querelle. De quoy celuy Pierre de Bayart fut par aucuns adverty, et, comme celuy qui le hurt actendoit, se tint saisi de ses armes et proveu d'ung cheval bien advantageux et tres a la main, sur lequel il estoit lors en propos d'exploicter l'espée et embesoigner le cheval, si mestier en estoit; ce, de quoy tant a point se savoyt ayder, que bruyt commun le disoit l'ung des meilleurs chevaucheurs et des plus adroictz homme d'armes de France, comme depuys le monstra par effect. Que quessoit, celuy domp Allonce de Sotemaiour, sitost qu'il le vist, a luy s'adressa, et, en l'aprochant, appella domp Diegue de Mandoxe[1], Petre de Pas[2] et quelques autres Espaignolz qui la estoyent, ausquelz dist qu'il vouloit, en leur presence, parler a celuy de Bayart, et iceulx pria de ouïr son dire. Et voyant le seigneur de Bayart que domp Allonce, espaignol, vouloit avecques sollempnité parler a luy, appella aussi de sa part Pierre de Poquieres, seigneur de Bellabre, et quelques autres françoys, qui pres de luy furent lors, pour ouyr ausi le propos de domp Allonce, lequel, en presence de tous ceulx qui la estoyent, dist : « Seignor Petre de Bayart, pour ce que, autresfoys, moy estant prisonnier aux Françoys, m'avez, de vostre part, si mal

---

1. Don Diego Hurtado de Mendoza, duc de l'Infantado, marquis de Santillana, *dispensador mayor*.

2. Pedro de Pas, capitaine espagnol, à peine haut de deux coudées et contrefait, mais extrêmement hardi (*Chronique du Loyal serviteur*, p. 119, 120, 316, 317).

trecté, que la cause de ce me meut plaindre de vous icy, en la veue de ceulx qui presens sont, pour le grief que faict m'avez, je vous accuse de vouloir meschant, de lascheté de courage et de vicieulx effect, et veulx dire et maintenir que tel envers moy vous estes monstré; et tout ce veulx je soubtenir et prouver a la force de mon corps contre le vostre, si le contraire dire voulez et accepter le combat. »

Oyant celuy Pierre de Bayart ainsi parler l'Espaignol et le charger des choses dictes, fist ceste responce ou telle, en disant : « J'ay bien assez ouy voz parolles, et tout ce que avez dit actendu, domp Allonce de Sotemaiour, et cognu, par vostre dire, que de choses touchant le rabbais de mon honneur me donnez charge, disant que envers vous me suys porté pour tel que devez avoir a moy querelle de guerre jucques a mortel combat, ou a ce m'avez appellé : a quoy je respons, puysque ainsi a moy en voulez, que de tout ce que ores dit avez, que faulcement et mauvaisement avez menty par la gorge, et le contraire veulx je tenir et deffendre contre vostre pouvoir a la force du glayve jucques a la mort; disant que oncques ne vous feiz chose dont me deussiez par estrif mortel appeller aux armes, comme bien le savez. Par quoy je accepte le combat que me presentez. » Ce dit, gaige de bataille fut sur ce gecté par l'Espaignol, levé par le Françoys, et priz jour pour ordonner du lieu du champ et de la maniere des armes des deux champions.°

## VIII.

Commant le Roy, estant au voyage de Lombardye, manda a ses capitaines, qui lors estoyent au Royaume de Naples, qu'il ne vouloit paix aux Espaignolz, veu que la guerre avoyent ouverte, couru ses pays et ses gens destroussez.

Par les postes du duc de Nemours, fut le Roy adverty des courses et surprises que les Espaignolz avoyent faict au Royaume de Naples, sur ses terres et ses gens, et du trecté de l'appoinctement faict sur la divise des terres contencieuses, et commant le duc de Nemours et Gonsalles Ferrande sur ce besoignoyent paisiblement jucques a temps; et mesmement, sachant le Roy que les Espaignolz ne tenoyent la paix, si n'est pour eulx cependant rainfforcer et actendre secours, pour myeulx a leur avantage g[u]erroyer les Françoys, dont, toutes ses choses considerées et la guerre par eulx ouverte, manda au duc de Nemours et ses autres capitaines que paix ne vouloit ausdits Espaignolz, veu la roupture de la triefve et e[n]fraincte de la paix par eulx faicte, et que incontinant ledit Gonssalles fust sommé de rendre ce qu'il tenoit du Capitainat et du Principat, ou se recueilloit la douanne, qui est le tribut des portz de mer, et le devoir de la pesson de la terre d'iceulx pays, et que sur ce ne luy fust donné temps, pour repondre, que XXIIII heures seullement.

Les lectres du Roy veues et son vouloir entendu par les capitaines françoys, l'affaire sommairement consulterent, ou fut arresté que le mandement du Roy seroit executé : dont manderent au capitaine Gonssalles que le Roy vouloit les Capitainat et Principat estre mys entre ses mains, et ce dedans xxiiii heures apres la semonce, ou, sinon, luy signifyer le deffy de la guerre; qui fut ung terme si brief que celuy Gonssalles n'eut loisir d'oppiner la chose a la raison, ne la difficulté deuement debattre; mais, pour tout arrest, fist responce que, au regard desdits pays, ilz appartenoyent au Roy d'Espaigne, son maistre, et que ja au Roy ne a autre les rendroit, mais de tout son effort les deffendroit, et mectroit telle dilligence de les garder que, par deffault de ce, n'auroit reproche. Celle responce faicte et sceue par les Françoys, chacun d'eulx se mist en armes et a la course sur les ennemys.

Messire Jacques de Chabbannes, seigneur de la Pallixe, qui lors estoit a Licite en Poille, ne voulut soy trouver des derreniers aux champs; mais, avecques cincquante hommes d'armes des siens, fut incontinant devant Faulges, que tenoyent les Espaignolz, et la, par plusieurs foys, leur donna la charge, et par tant de foys les rambarra que nul estoit si hardy de se trouver aux champs en son chemin.

## IX.

Commant Gaspar de Colligny, lieutenant du duc de Nemours, prist Nochere en Poille sur les Espaignolz.

Ung autre capitaine françoys, nommé Gaspar de Colligny, seigneur de Fremente, lieutenant du duc de Nemours, pareillement fist des premiers une saillye avecques soixante hommes d'armes et deux cens chevaulx legiers, et fut courre devant Nochere, ville dudit pays; et la, de premiere poincte, luy et ses gens approcherent la ville, de tant que jucques dedans les fossez d'icelle furent prendre le bestal, qui la estoit a grosse trouppe. Les Espaignolz du dedans ne firent nulle resistance, mais, comme pavoureux, s'enfuyrent par ung autre cartier et habbandonnerent la ville; et, ce faict, les portes furent ouvertes aux Françoys, lesquelz entrerent dedans doulcement, sans mal faire a nully. La mist le capitaine Gaspar bonne garnison et gardes seures; puys s'en retourna a Melphe, ou estoit le duc de Nemours, visroy. Plusieurs jours durans, escarmouches et courses furent faictes sur les Espaignolz, et tant que tous les capitaines françoys, l'ung d'ung lez, l'autre d'autre, marcherent le pays du Capitainat et le Principat, et la prindrent bonnes villes et fortes places, et souvant destrosserent leurs ennemys, qui, ce temps durant, n'avoyent tenue ne pouvoir devant les Françoys, lesquelz, pour lors, avoyent l'eur et la chance.

Toutes ses choses fynyes, fut question de faire plus.

## X.

Commant les Françoys, qui estoyent au royaume de Naples, s'assemblerent tous a Troye en Poille, pour faire camp et marcher en pays contre les Espaignolz qui la estoyent.

Aux premiers jours du moys de juillet, en l'an mil CCCCC et deux, Loys d'Armaignac, duc de Nemours et visroy a Naples pour le Roy, voulant, scelon le mandement royal, mectre les armes en besoigne, manda venir a Troye, en Poille, tous les capitaines et gens d'armes françoys qui estoyent en celuy pays, et que toute l'armée marchast vers luy, lequel estoit ja audit lieu de Troye, pour la voulloir comaincer a tenir camp et guerroyer les ennemys. Ce qui fut faict, et la se rendit en arroy moult sumptueulx l'armée de France. Le capitaine Gonssalles Ferrande, sachant les Françoys estre assemblez a Troye, pour tenir les champs, se retira avecques ses gens sur la marine, dedans une forte ville nommée Barlete, ou la dispersa autour de luy son armée, ou estoyent six cens hommes d'armes, troys mille Allemans, quatre mille autres pietons espaignolz et biscayns et sept cens genetaires, avecques force d'artillerye; l'une partie de ses gens retint avecques luy a Barlete, et l'autre transmist a la Cherignolle, a Andrya, a Canoze et a quelques autres villes champaistres qu'il tenoit. Et estoyent soubz luy les capitaines domp Diego de Mandoxe, le dispencer Majour, le prieur de Messine, le duc de Terme, itallien, Petre de Pas, petit et contreffaict, Alfonce de Sainct Severin, domp Diego d'Ariglane, domp Allonce de Sote maiour, Peralte, Petre de Navarro, et plusieurs autres bons chiefz de guerre. Toute l'armée de France estoit assemblée a Troye, en Poille, pour aller en avant et prendre pays. Conseil fut tenu entre les capitaines françoys sur l'affaire de leur emprise, et, apres diverses opinions, conclud de marcher contre les ennemys. Si furent mys espyes par chemin, coureurs a la campagne, charroys en voye, pietons en marche, hommes d'armes en la route et les vivres en erre. Les capitaines et ducteurs de l'armée estoyent : Loys d'Armaignac, duc de Nemours et lieutenant general pour le Roy; messire Berault Stuart, escossoys, seigneur d'Aubigny; messire Jacques de Chabbanes, seigneur de la Pallixe; messire Yves d'Allegre; le capitaine Loys d'Ars; Adrien de Brymeu; le seigneur de Chandée; Françoys d'Urfé[1]; Aymer de Coursinge, savoyzien; Aymer de Villars, daulphynoys; Jehan de la Lande et grant nombre d'autres capitaines itallyens et lombars, qui avoyent charge de gens d'armes pour le Roy; soubz lesquelz susdits estoyent en somme le nombre de mille hommes d'armes françoys et italliens; et ausi estoyent la troys mille cinc cens pietons, françoys, daulphynoys et lombars, soubz la conduyte des capitaines Françoys de Daillon, seigneur de la Crote, Yves de Mallerbe, Jannot de Montauban, Pierre Loys de Constance[2], le capitaine Esprit, et quelques autres dont je n'ay sceu les noms. Soubz la main ausi d'ung nommé Regnault de Samant[3], avoit d'artillerye quatre canons, deux grosses coullevrines, six moyennes, nommées les Sacres[4], et quatorze faulcons, avecques pouldres et pierres a canon a suffire. Et ainsi, le XII° jour de juillet, en l'an susdit, commainça l'armée françoyze a marcher en pays. Dont l'ordre fut

1. François d'Urfé, seigneur d'Orose.
2. Probablement Louis de Coutance, chevalier de Saint-Jean, fils de Jean de Coutance, seigneur de Baillon.
3. Jean d'Auton veut sans doute parler de Regnauld de Saint-Chamand, seigneur de Lissac, premier maître d'hôtel du Roi, quelquefois appelé « Saint-Amand » (v. *Procédures politiques du règne de Louis XII,* table onomastique, v° Saint-Chamand).
4. *Sacre* ou faucon; ce mot représente à la fois un oiseau de proie et des coulevrines lançant des projectiles de 5 livres.

tel que le duc de Nemours, general chief de l'ost, pour vouloir avoir premiere veue sur les affaires du Roy, prist la conduyte de l'avangarde, ou estoyent troys cens cincquante homes d'armes françoys, et deux cens chevaulx legiers, lesquelz deux cens menoyent le marquis de Lycite[1], ytallien, et ung françoys, nommé Thibauld de Mauleon, a chascun cent.

Messire Berault Stuart, seigneur d'Aubigny, gouvernoit la bataille, ou estoyent quatre cens hommes d'armes et toute la gent de pié, avecques l'artillerye; laquelle se charroyoit comme les pietons marchoyent. Messire Yves, seigneur d'Allegre, avoit en main l'arriere garde, qui estoit munye de deux cens cincquante hommes d'armes : le tout ordonné si a point que par compassée mesure alloit l'œuvre millitaire. En ce point branslerent les Françoys et prindrent les champs.

Avantcoureurs furent envoyez pour descouvrir et prendre logis a ung lieu nommé l'Ancouronnade, chambre de Roy de Naples, en la plaine de la Poille; ou, aupres d'illec, est ung buisson, peuplé de bestes rousses a grant nombre, et en toute ladite plaine de Poille n'y a buisson que celuy seul. Pour rentrer, l'armée de France fut a ce lieu, en sejour, troys jours entiers, ou, ce pandant, fut advisé quelles villes se devoyent, pour le plus aisié et prosfict de l'armée, assieger et assaillir. Et pour savoir de la maniere du resister des ennemys, par le lieutenant du Roy fut envoyé a la Cherignolle le capitaine Gaspar de Colligny, pour la faire une cource et veoir la contenance

---

1. Un des témoins du duel de Bayard avec Sotomayor, fait prisonnier à Ravenne (*Chronique du Loyal serviteur*, 106, 331).

des Espaignolz. Dont celuy Gaspar de Colligny, avecques soixante hommes d'armes, se mist en voye, droict a ladite Cherignolle, ou estoyent troys cens hommes de pié espaignolz et six$^{xx}$ genetaires, pour garder la place; et la devant envoya, pour descouvrir le pays, vingt et cinc archiers, que menoit ung gendarme, nommé Françoys de Roquebidault, et sur leurs tracz leur mist doze hommes d'armes, soubz l'adresse du guydon du duc de Nemours. J'en veulx nommer une partye de ceulx, pour ce que par vray rapport j'ay sceu que moult bons et gaillars gens d'armes estoyent, et dignes de recommandacion : desquelz estoyent Bernardon de Toyouse, le jeune baron de Beart, Bertrand de Bouchede, gascons, le seigneur d'Arques[1], Masqueron, le bastard des Hauches, et ausi des autres jucques audit nombre, dont les noms m'ont estez incognuz. Que quessoit, les archiers, qui devant estoyent allez pour descouvrir, furent mal guydez et escartez, tellement que les doze hommes d'armes furent les premiers devant la ville; et la, hors les barrieres, trouverent deux cens hommes de pié et soixante genetaires en bon ordre. Toutesfoys, pour ce, ni pour leur nombre avantaigeux, ne s'arresterent les doze hommes d'armes françoys, mais tout ensemble a la foulle, et d'ung vouloir deliberé, a bride abbatue, la lance bessée, donnerent sur les gens de pié, si rudement que par sur le ventre leur passerent. Les genetaires, voyant leurs pietons en roupture et desarroyez,

---

[1]. Sans doute un Normand. Nous ne trouvons mention dans les *Titres* d'Arques que d'un Georges Darques, lieutenant ès vicomtés de Falaise en 1452 (n° 4). Un Jacques Le Renvoisie, vicomte d'Arques, figure aussi en 1403 (*Tit.* Auxy, 4).

s'esbranslerent, et sans actendre le choc, pour doubte des horyons, tournerent le dos au lieu ou par honneur devoient avoir le visage, et se retirerent vers le fort, chacez par les Françoys jucques dedans leurs boulouars. Les gens de pié, tandys que la suyte de leurs genetaires se faisoit, se rallierent, et tous en plaine marche aprocherent la ville, de tant que les Françoys les virent venir, et a l'entrée des barrieres leur donnerent une charge, telle que a la premiere poincte s'espartirent et firent voye : mais plusieurs furent renversez et mys a terre, les autres fuyrent vers les fossez et sans ordre ne deffence : ce que tel dommage leur porta que, sur le bort desdits fossez, furent tuhez a grant tas, et tous eussent estez desfaictz, si ceulx de la ville, a coups d'artillerye et de trect et puissance de gens qui sortirent, n'eussent ennuyez les Françoys; mais tant firent que partye de leurs gens recoussirent, et se retirerent tous en la ville. Apres celle retraicte, les hommes d'armes françoys, voyant que des xxv archiers, qui devant eulx estoyent partiz du camp, n'estoit nouvelles, pencerent que par embusches d'ennemys estoyent encombrez, ou par maladvisez guydes escartez : toutesfoys autour de la ville firent ung cours, pour en cuyder savoir nouvelles, et tant allerent que devant une des portes les trouverent en besoigne et bien empeschez. Car plus de cent Espaignolz estoyent, a pié et a cheval, meslez avecques eulx, et s'entrebatoyent a tour de bras. A la venue de ce rainfort, furent les Espaignolz repossez, et les Françoys recoux[1], lesquelz se misrent tout bellement a la

---

1. Repoussés, expression restée dans le langage du xvi<sup>e</sup> siècle.

retraicte ; mais gueres n'eurent marche que de toutes pars genetaires et pietons espaignolz ne fussent a leur queuhe, dont se tindrent serrez, et, en eulx deffendant, faisoyent leur chemin. Ainsi comme ses escarmouches s'exploictoyent, le capitaine Gaspar de Coligny, avecques ses gens, estoyt aproché a ung mille pres de la ville, jucques a une vallée couverte, et la faict son embusche, dont il avoit averty ses coureurs, pour donner une amorse a ceulx qui les suyvroyent, ce qu'ilz firent ; car tant les atirerent que jucques au lieu ou estoyet leur embusche les conduyrent, et tout soubdain furent chargez de toutes pars ; la furent tuhez troys genetaires et ung priz, les autres gaignerent a fuyr. Les pauvres pietons payerent tout l'escot ; car la pluspart de eulx furent aterrez sur le champ, les autres gaignerent les hayes et buissons et se sauverent comme ilz peurent. Et ce faict, les Françoys s'en retournerent a l'Ancouronnade[1], ou estoit toute leur armée.

Les Espaignolz de la Cherignolle, cognoissant que trop mal aparantez estoyent pour actendre le siege des Françoys, et leur armée estre sur les champs, et pres de leurs dangiers, par une belle nuyt trosserent leur bagage, et pour le plus seur habbandonnerent la ville, puys s'en allerent a Canoze, sept mille pres dudit lieu.

Premier que l'armée de France voullust marcher outre, entre les capitaines fut dit que le siege seroit mys a Canoze, bien forte ville et garnye de gens d'armes ; et que, si elle estoit prise, se seroit pour

---

1. L'*Incoronata*, hameau de la commune de Macchiagodena (province de Campobasso) : il se trouve près des Abruzzes, et non près de Cérignoles.

donner craincte aux ennemys et les autres evertuer, et que, en ce faisant, on sauroit le vouloir de chascun. Ce propos arresté, l'armée prist les champs et fist ung logys a ung lieu nommé les Fontaines[1], en approchant de Canoze, et la n'arresta que une seulle nuyt. Au plus matin, gens d'armes françoys se misrent aux champs devers Canoze, en laquelle avoit doze cens hommes espaignolz, soubz deux capitaines, nommez l'un Peralte, homme bien expert au mestier de la guerre, et l'autre Petre de Navaro, habille a merveilles en faict de mynes[2]. Et estoit celle ville fortiffyée de gros boullouars bien percez et de fossez larges et parfondz, et d'espoisses murailles bien crenellées et percées, et de bonne artillerye, avecques gens de cueur et prou victuailles; somme, c'estoit une des villes de la Poille la myeulx deffensable, et est celle dont les histoires rommaines font mencion, estant au temps que le consul Marcus Varro, romain, perdit pres de la la grant bataille de Cannes[3] contre Hannibal, duc de Cartage.

## XI.

DU SIEGE DE CANOZE EN POILLE, ET COMMENT ELLE FUT PRISE PAR LES FRANÇOYS SUR LES ESPAIGNOLZ, QUI LA FIRENT DEFFENCE MERVEILLEUSE.

Le XVI<sup>e</sup> jour du moys de jullet, en l'an susdit mil

1. C'est-à-dire qu'au lieu de marcher directement, l'armée descendit d'abord jusqu'à l'Ofanto, au point où se trouvent les lieux dits Fontana dell' Ovo et Fontana Figura, d'où elle remonta vers Canosa.
2. Le fameux Pedro Navarro.
3. Le champ de bataille de Cannes se trouve au bord de l'Ofanto,

cincq cens et deux, l'armée de France fut devant la ville de Canoze, en Poille, pour y vouloir mectre le siege. La, a l'approcher, se trouva grosse escoadre de genetaires, pour escarmoucher avecques les Françoys, et commancerent chascun de sa part a mectre les armes a l'essay et donner coups. Les genetaires pour l'eure n'eurent du meilleur. Ausi estoyent y peu de gens pour y devoir profiter : si furent chacez et menez batant jucques dedans leur fort, et aucuns d'eulx tuhez sur le champ.

Tous les gens de cheval et pietons aprocherent, et se tindrent en bataille pres de la ville, en actandant que l'artillerye fust assize, laquelle, a beau plain mydy, a la veue de ceulx de la ville, fut approchée a ung gect d'arc pres des murailles, et en mesme heure le siege assix. Les homes d'armes se logerent dedans des maisons et eglizes rompues, que la trouverent, a ung trect d'arbaleste pres de la place. Les pietons prindrent cartier d'autre part, viz à viz de leurs gens. Et ainsi que logis se faisoit, sans sejour trect et artillerye venoit de la ville sur les Françoys, et tant que plusieurs y furent estandus et mors. Mais, pour ce, ne demeura que chascun n'eust logis arresté, et que, la nuyt ensuyvant, l'artillerye ne fust approchée jucques encontre les fossez de la ville, et la les tranchées faictes, et toute l'artillerye chargée et atiltrée. Des l'aubbe du jour, commança l'oraige bruyant de l'artillerye de France a peter comme fouldre, et donner contre les muralles de Canoze, sans cesser quatre jours durans, tant hor-

---

en bas des hauteurs de Canosa, près de la mer et de Barletta, à l'E.-N.-E. de Canosa.

riblement que creneaulx, repaires et deffences furent mys a terre et plusieurs des souldartz espaignolz crevez et meurdriz. Grant deffence faisoyent iceulx Espaignolz ; car, par crainte de coups mortelz, ne desemparoyent la muraille, ou nuyt et jour estoyent a faire rampars et repaires ; dont tiroyent a toutes hurtes sur noz gens, et grant abatiz en faisoyent. Mais, a chief de quatre jours, tant furent murailles rouptes et aterrées que, par les capitaines et maistres cannonniers françoys, fut dict que passée suffisante y avoit pour y donner ung assault. Ce qui fut faict, et pour ce ordonnez, de chascune compaignye de cent hommes d'armes, vingt, et de cinquante, dix, qui se trouverent par nombre cent cincquante ou environ, avecques leurs capitaines ou lieutenans, pres d'assaillir la breche ou escheller la muraille.

Aussi furent mys, pour l'exploict de cest affaire, douze cens hommes de pié, dont ung nommé Jannot de Montauban conduisoit troys cens Gascons, le capitaine Esprit cinq cens Daulphinoys, et Pierre Loys de Constance quatre cens Lombars ; lesquelz furent tous en armes, et deliberez de mectre la main en besoigne. Pipes et touneaulx plains de vin furent la mys sur le cu et deffoncez, pour actinter les testes de ceulx qui devoyent aller a l'assault. Si commancerent, a bel envy, a mectre nez aux bouteilles et a drinquer a qui myeulx myeulx, tant que en peu d'eure les fustz furent vuydes et les testes plaines, et gens d'armes eschauffez comme lyons querans leur proye, et pres de commancer la noise. Les Espaignolz, voyant l'eure que deffence leur estoit propice pour leur vye sauver et honneur acquerre, s'arrangerent en bel ordre autour de la breche, le glaive au poing ; et, sur le point de commancer, leurs capitaines les enhorterent de mectre corps et vyes a l'avanture pour leur querelle, disant que, si a celle foys pouvoyent honnorablement resister, ce seroit pour le haut vouloir des Françoys amollir et rabbesser leur cornes, et d'ores en avant gaigner sur eulx la chance eureuse, qui souvant, par ung seul hazart de malheur, en fortune contraire se tourne. A chief de ses parolles, Espaignolz se revigourerent, et prindrent audacieulx courage, qui est la plus forte muraille qui soit ; et ainsi, comme ceulx qui, entre autres, scavent places bien garder, environnerent la passée a grant foulle de gens bien en point pour icelle garder, et là eurent propos de tous mourir, premier que desemparer, et actendre le derrenier coup des assaulx des Françoys. Tant alla le cas en avant, que l'assault fut commandé et sonné ; dont les capitaines et plus extimez Françoys se misrent des premiers, et les pietons avecques, lesquelz coururent les ungs a la breche, et les autres eschellerent la muraille, et, de premiere advenue, donnerent tant rudement, que les Espaignolz du dedans furent si mal menez, nonobstant merveilleuse deffence qu'il faisoyent, que, apres long combat, perdirent place et recullerent ; et, de faict, eust esté la ville prinse a ce premier assault, n'eust esté ung de leurs capitaines, nommé Peralte[1], lequel, voyant ses gens habbandonner leurs gardes et les Françoys entrer sur eulx, leur vint au devant, l'espée au poing, en

---

[1]. Mosen Pierres de Peralta, connétable de Navarre, qui entra au service de la France : il fut tué en 1511 (*Chronique du Loyal serviteur*, p. 256. *Histoire généalogique de l'ancienne et illustre maison de Peralta*, par don Manuel M. de Peralta, p. 24, etc.).

frapant sur eulx a tour de bras, et leur disant : « Tournez, maranes[1] et infames arrecreuz ! que pezar de dioux ! tournez, et tenez pié ferme et vouloir vertueulx contre voz ennemys ! Si vous fuyez, sachez que les vyes seulement ne perdrez, mais l'onneur, qui de mille mors se doit rachapter, plustost que de le lesser perir. Avant, compaignons, avant ! ne faisons que, pour nostre lascheté, toutes les Espaignes, dont nous sommes, emcourent reproche ! » Par ceste remonstrance enhardya ses gens le vaillant capitaine, et les ramena batant jucques a la breche, que les Françoys avoyent ja gaignée et entroyent. Toutesfoys celuy capitaine Peralte mist ses gens en telle force, et de luy mesmes fist telle deffence, que les Françoys furent reboutez ; lesquelz raprocherent de plus belle, et de leur pouvoir assaillirent la ville ; mais les Espaignolz, a lances de feu, de soulphre et de chaux vive, avecques plains potz d'uisle boillant, affollerent ceulx qui estoyent des premiers, desquelz estoyent le capitaine Loys d'Ars, Aymer de Villars, Pierre de la Lande, le seigneur de Cornon, Chastellart, Pierre de Bayart, Pierre de Poquieres, Luc le Groing[2], Marc du Fresne[3], et plusieurs autres bons hommes d'armes, qui, sans cesser, ruoyent coups a toutes mains : dont les aucuns d'eux furent blecez, les autres bruslez et eschauldez les visages, et plusieurs laquays mors et affollés. Mais ne pourtant [reculèrent] ; car l'assault estoit tel, que, pour

1. *Maranno*, en espagnol porc, maudit, excommunié ; terme de profond mépris.
2. Un des cent gentilshommes du Roi, fils d'Élie ou Hélyon Le Groing : les Le Groing étaient du Nivernais.
3. Gentilhomme du Bourbonnais. V. ci-après.

mourir, les Françoys ne habbandonnoyent la passée ne les Espaignolz la deffence. Et dura celuy assault plus de troys heures, auquel furent mors et blecez grant nombre d'Espaignolz; mais, pour ce, ne furent les autres esbahys, ains tindrent tousjours pié ferme, eurent l'ueil au guect, la main a la deffence et le cueur vertueulx, qui de tant leur servit, que, a la parfin, la place leur demeura pour celle foys, et l'assault fut cessé au desavantage des Françoys, lesquelz se retirerent au logis. Ce faict, n'eurent pourtant le courage affoibly, ni vouloir de lever leur siége; mais de rechief, plus aigrement que devant, d'ung autre costé, devers le chasteau, batirent la ville ung jour et demy; et la, sans arrest, nuyt et jour furent tirez coups, et muralle effondrée et mise a bas, tant, que l'assault fut de rechief comandé, et plus de gens d'armes que au premier, et grant nombre d'Allemans ordonnez, lesquelz marcherent vers la muraille brechée, et tant efforcerent leur pouvoir, que, malgré leurs ennemys, contre l'abatys planterent l'estandart. La eut merveilleuse noise : car les Françoys, a grosse foulle et des myeulx armez, assaillirent le pas, et, comme envieulx de recouvrer la perte premiere, n'espargnerent leurs glayves, mais contre ceulx de la deffence les exploicterent jucques a la veue du sang d'Espaigne, qui fut la effus a grans russeaulx. Le bon capitaine Peralte, espaignol, a cest affaire ne s'oblya de reconforter ses gens, les mectre en bon ordre, et tenir en vouloir asseuré; et, pour leur monstrer le chemin de vertus, des premiers se trouva au besoing, et faisoit merveilles d'armes, et tousjours avoit l'advys et la deffence de ses gens et le glayve au devant des ennemys : et est a pencer que sans luy la place eust esté emportée d'assault, car chascun des Françoys y efforsoit le comble de sa puissance. Mais lesdits Espaignolz, au moyen de son advys, firent telle repulse, que tout honneur y aquirent; et, puysque verité en telz faictz ne se doit celler, je ditz que, sur ce, fyrent Espaignolz a recommander : car, sans faillir, nulz d'eulx de sa place desbransloit pour mort ancourir, dont estoyent asseurez, si priz eussent estez. Que diray je? l'assault fut tant mortel que, depuys onze heures de matin jucques au vespres, sans repos dura le combat main a main, sans ce que l'artillerye cessast de tirer et glayve de trancher et picquer a tous costez. Moult firent les Françoys vertueulx devoir d'assaillir, et les Espaignolz grans merveilles de deffendre; car ilz avoyent, a l'eure, a besoigner a l'une partye des plus hardys hommes de tout l'ost des Françoys. Messire Jacques de Chabbanes estoit la, a la breche, des premiers, qui, sans sejour, donnoit coups immoderez, comme celuy qui estoit loué d'excessives armes. Le capitaine Loys d'Ars, a tout une lance au poing, y assaillit ung pan de mur esbranslé, estant pres de la passée ou la foulle se faisoit, et la eut plusieurs coups de trect et de picque, tant que le sang luy degouctoit jucques a terre; mais ce ne l'arresta qu'il n'approchast jucques a combatre main a main dessoubz celuy mur, qui tumboit presque, ou, joignant, estoyent grant nombre d'Espaignolz, dont les ungs chergeoyent sur luy et les autres possoyent celuy mur pour le vouloir acravanter : ce qu'il eust esté, quant ung Françoys des siens, nommé Luc le Groing, qui estoit pres de luy, l'avisa de ce danger, dont s'approcha d'ung autre lieu pour combatre, et la fut jucques a fin d'assault, sans cesser de charger ses ennemys. Aussi estoyent la Aymer de Villars, le seigneur de Cornon, La Lande, Chastellart, Pierre de Bayart, lequel ne cessa, l'assault durant, de ruer patactz sur les Espaignolz, et tant s'approcha que en plusieurs lieux fut actainct et blecé a coups de picques. Pierre de Poquieres, seigneur de Bellabre, se mist la si avant que, apres maintz coups par luy donnez, fut, a lances de feu et de souffre, bruslé le visage et tout affollé. Aussi fut Luc le Groing blecé d'ung cop de picque, et actainct de telle sorte que de la montée de la breche fut renversé dedans les fossez et emporté comme mort. Marc du Chesne fut pareillement, a celuy assault, blecyé en plusieurs lieux; lequel, au raport de ceulx qui la estoyent, fist tant d'armes, que ses ennemys, a leur perte, sceurent bien a quoy s'en devoir tenir. Plusieurs autres bons gensdarmes, comme Gilbert de Chaulx, Jehan de Montieux, Loys de Brandon et assez d'autres, furent la des premiers a l'assault et des derreniers a la retraicte, lesquelz demeurerent au combat jucques ilz fussent presque tous blecez et tant lassez, que sang, poux et allaine leur faillissent. Et fault entendre que les Espaignolz de la deffence, qui n'estoyent que doze cens ou environ, n'estoyent repozez; car plus de cinc eures, comme j'ay dit, soustindrent les hurtz de plus de deux mille hommes françoys, fors et vigoureulx. Dont je ne veulx, par ma cronicque, mectre les biensfaictz des Espaignolz en oubly, mais dire que, par vertueuse deffence, louange honnorable doyvent avoir. Quoy plus? L'assault fut tel que les Françoys, celuy durant, a grans poux de lances chargoyent leurs ennemys jucques au vif, les-

quelz aussi, a tout longues picques avantageuses, se
garentissoyent et blessoyent noz gens, sans ce que
grant dommage on leur peust faire, ne toucher a plain
coup, pour l'avantage de la grandeur de leusdites
picques, qui de moult leur proffita; et, avecques ce,
les aucuns d'eulx avoyent en main grans potz plains
de gresse, de feu et de soulphre, qu'ilz gectoyent a la
vollée sur ceulx qui s'approchoyent pour gaigner la
breche; les autres, huisles boillans et lances a feu;
de quoy, si grant ennuy et empesche firent ausdits
Françoys que, apres avoir si longuement combatu,
comme j'ay dit, a leur perte et dommage, cesserent
l'assault, auquel furent bruslés et ensouffrez plus de
trente hommes, et d'autres plus de cincquante mors
et mutillez. De Espaignolz furent ausi mys a sac et
blecez plus de quarente; et ainsi fut par les Françoys
donné le segond assault a la ville de Canoze. Moult
furent despitz et malcontans les Françoys de ce que
si peu de gens, comme estoyent les Espaignolz qui la
dedans [estoyent], tenoyent ainsi devant leur puissance,
qui mainctes foys avoit soubmys moult fort pays et villes
imprenables conquestées. Que fut ce, si n'est que,
pour ce, n'amollirent leur voulloir, ne n'abaisserent
leur courage, mais proposerent de tous mourir la, ou
de vive force prendre ladite ville de Canoze; et voulurent le lendemain icelle de rechief assaillir et de tous
costez escheller, sans ce que nul fust aisant du labeur :
dont les souldartz du dedans, nonobstant la repulse
des deux assaulx par eulx vigoureusement faicte, ne
se voulurent tant tenir fors de leurs armes, ne eulx
fyer en fortune que, avecques messire Berault Stuart,
capitaine de la bataille de l'armée des Françoys, ne

parlamantassent et promyrent de rendre la place et icelle vuyder, si, par composicion seure, leurs bagues leurs demeuroyent sauves. Aucuns des capitaines françoys ne furent d'oppinion de les laisser ainsi aller, veu que plus n'en pouvoyent, et que tant de domage leur avoyent faict. Les gens de pié, desquelz plusieurs y estoyent demeurez, ne furent d'avys que ainsi deussent eschapper, mais disrent que, s'ilz s'en sortoyent, que tous les tuheroyent, a qui en deust desplaire. Que quessoit, la composicion fut par le visroy et le seigneur d'Aubigny arrestée et fyencée par ledit seigneur d'Aubigny; et, pour ce que iceulx Espaignolz se doubtoyent de la menace des pietons, demanderent hostages, ausquelz furent baillez Jannet d'Arbouville, seigneur de Binno[1], et François de Daillon, seigneur de la Crote, lesquelz furent menez a Andre, que tenoyent les Espaignolz. Et doubtant le seigneur d'Aubigny que les gens de pié voulussent faire quelque force, comme avoyent dit, voulant aquicter sa foy et resister aux motifz d'iceulx, luy en personne, avecques deux cens hommes d'armes, se mist devant les portes de la ville pour faire la passer lesdits Espaignolz, comme estoit promys, lesquelz, avecques toutes leurs bagues, sortirent : desquelz, de doze cens qu'ilz furent au dedans devant le siege, n'en sortit que neuf cens; car le surplus, a coups d'artillerye, durant la baterye et aux assaulx, a coups de main, fut tuhé. Sitost que tous furent hors de la ville, le seigneur d'Aubigny, avecques ses gens, les conduysit jucques en seurté;

---

1. Buneau en Beauce : actuellement Bunau-Bonneveaux, près Maisse (Seine-et-Oise).

lesquelz, apres ce, furent par le capitaine Gonssalles mys sur mer, et envoyez rainforcer la ville de Tarente, ou n'avoit lors que soixante Espaignolz. Ainsi fut reduyte la ville de Canoze, et mise entre les mains des gens du Roy, avecques le chasteau, qui estoit fort assez, ou fut mise bonne seurté et grosse garnison; et la dedans fut l'armée trois jours a repos.

## XII.

Commant Gonssalles Ferrande, apres la prise de Canoze, voulut detenir les hostages françoys, qui pour la seurté de ses souldartz avoyent estez baillez.

Le capitaine Gonssalles Ferrande, sachant la perte de Canoze, et ses gens en estre hors a seurté, et pour ce avoir ancores entre ses mains les hostages susdits françoys, comme taché de vicieulx vouloir, dist qu'il les vouloit detenir pour les mectre au service du Roy d'Espaigne, et, ou cas qu'ilz refuseroyent ce party, qu'il les feroit mectre en gallere, ou en basse fousse, comme prisonniers actaingtz de meffaict. Et, ce propos oyant, le capitaine Peralte, pour lasseurté duquel, et des Espaignolz qui avoyent tenu Canoze, estoyent lesdits ostages françoys detenus, et saichant le loyal tour de guerre que le seigneur d'Aubigny leur avoit faict, en reprenant la faulte de l'intencion du seigneur Gonssalles, present plusieurs, luy dist : « Seigneur capitaine, vous scavez que vous mesmes avez consenty et voulu la composicion par moy faicte avecques les Françoys, touchant la redicion de Canoze, et la bonne pollice et loyalle maniere de guerre dont ilz nous ont usé, et ausi comme, en composant eulx pour la seurté de voz gens, qui autrement eussent estez tous tuhez, ont baillez bons hostages, lesquelz j'ay promys, et vous, par autant que l'appoinctement avez consenty, faire mener a Andre, saufz les faire ramener, tout en seurté jucques ou seroit leur armée. A quoy, a la poine de ma foy submectre a villain reproche, je suys tenu de faire, et vous obligé de tenir. En oultre, ne savez vous commant le seigneur d'Aubigny, l'ung des lieutenants generaulx du Roy de France, malgré les pietons françoys, qui courir sus nous vouloyent, avecques grosse puissance de gens d'armes, nous mist hors de Canoze et du danger ou estyons? Par quoy me semble, si lesdits hostages retenez, que ne ferez loyal devoir et me garderez d'aquiter deue promesse, et donnerez loy aux ennemys d'enfraindre vostre sauf conduyt, et aux autres cause de n'ajoxter foy a vostre dire, et que de mesmes en pourront faire les Françoys a quelqu'un des vostres, dont en pourrez douleur et domage recepvoir. Advisez que, en faictz d'armes, hostages sont baillez pour moyenner entre paix et discorde et pour plus asseurer la chose promise; lesquelz se doyvent amyablement recepvoir, soigneusement garder, doulcement trecter et a heure deue rendre. Ce sont les cerymonyes de la guerre qui, scelon les statutz de l'art millitaire, se doyvent tant estroictement observer que qui presume faire le contraire est digne de pugnicion mortelle encourir. Par quoy, seigneur, a ce devez avoir l'ueil ouvert, et par advys consulté en ouvrer, ou au moings a l'onneur de vostre florissant renommée, que, sur toutes choses, pour recommandée devez avoir. » Ce dict, le capitaine Gonssalles, nonobstant la raisonnable remonstrance, ne mua son esgaré propos, mais mist gens en avant pour aller a Andre querir lesdits hostages françoys, qui la estoyent, et iceulx faire amener a Barlete pour les trecter scelon son advys. De celle entreprise fut adverty le capitaine Peralte, lequel dist a luy mesme que a son pouvoir y pourvoiroit, en sorte que son honneur y seroit gardé et le proffict des hostages maintenu. Et, comme celuy qui, par craincte de perdre vye ou estat, ne voulut son loz rabesser, prist ung geneton des siens, viste, adroict et legier, et par chemin couvert se mist en poste, et tira vers Andre, ou fut plus tost que ceulx qui alloyent pour querir les hostages, et, sans sejourner, fit iceulx monter a cheval et le plus tost qu'il peust les enmena a l'ost des Françoys, qui estoyent a Canoze; et, ce faict, s'en retourna a Barlete.

Le capitaine Gonssalles fut adverty commant les hostages françoys, par le moyen de Peralte, estoyent hors de ses mains; dont tant fut espriz de courroux que celuy Peralte voulut faire pendre, disant qu'il avoit intelligence avecques les Françoys, et tellement le guerdonna que, pour les bons services qu'il avoit faict au Roy d'Espaigne, le fist prendre et mectre en gallere, ou demeura long temps. Et puys, par le secours d'aucuns ses amys, fut mys en liberté et eschappa; dont s'en alla rendre Françoys, et fist depuys, comme j'ay sceu, bonne guerre aux Espaignolz : par quoy fut appoincté du Roy et en son service bien a point entretenu.

# PIÈCES ANNEXES

## I.

### Testament politique de Ludovic le More.

L'année 1497-1498 peut compter comme la période la plus dramatique de l'histoire de Milan. A l'apogée du luxe et de la gloire, Ludovic le More présidait à un splendide épanouissement de sa patrie. Léonard de Vinci, Giul. Sangallo, Bernardino Luini, Il Borgognone, Marco d'Oggione, Lomazzo, Gobbo Solari, Foppa et quantité d'autres illustres artistes, dans tous les genres, donnaient à sa cour un rayonnement indicible. La science, l'art, l'industrie prenaient un essor merveilleux. Les plus beaux monuments de Milan sortaient de terre comme par enchantement. Au milieu de cet enivrement sans pareil, le More était assiégé de terreurs folles, accablé de pressentiments sinistres. La mort presque subite de Béatrix d'Este, son bon génie, le plongea dans un tel désespoir, qu'il s'enfermait des journées entières loin des humains. C'est en cet état d'esprit que, dès 1498, il voulut écrire son testament. Dans cet acte conservé aux archives de Milan, et que M. Cesare Cantù a analysé (*Archivio storico lombardo*, 1879, p. 235-237), il prend ses dernières dispositions personnelles. Il recommande son âme à un grand nombre de saints; il exprime son désir d'être enseveli dans son église de prédilection, Notre-Dame *delle Grazie,* à droite de sa femme, dans la *cappella maggiore* construite par lui. Il fait d'abondantes aumônes : 1,500 ducats de rente au couvent des Grâces, une aumône annuelle de 4,000 ducats, un revenu viager de 3,000 ducats pour ses serviteurs pauvres; il confirme tous ses dons au Dôme, et ordonne de continuer pendant une année après sa mort ses largesses habituelles pour les âmes de Béatrix et de ses enfants Léon et Blanche. Il prescrit de payer ses dettes, celles de sa famille, de rendre les biens mal acquis, de convertir en bonnes œuvres une somme égale au montant de ce que lui, Galéas, et son père, ont tiré des Juifs. Il laisse une pension de 3 à 5,000 ducats et une maison à chacun de ses fils naturels, César et Paul.

C'est sûrement à la même époque que l'on doit rapporter la rédaction du testament politique, que nous publions ci-après ; du reste, le préambule l'indique. Ludovic le More, qui, moins de quatre ans auparavant, s'était fait proclamer duc au détriment de son neveu, sous prétexte que le gouvernement, à une époque aussi troublée, ne pouvait pas revenir à un jeune enfant, devait naturellement se préoccuper du sort de son fils, tout jeune encore, Béatrix d'Este n'étant plus là pour lui servir de tutrice ; il écrivit donc cette instruction détaillée, qu'il enferma, comme il le dit lui-même (§ 2), avec les noms du régent et des conseillers désignés, dans une cassette secrète et particulière du trésor, au château de Milan. Son premier chambellan avait ordre, en cas de décès, de se rendre au château et de se faire livrer la cassette dans des conditions déterminées.

Dans ce testament, Ludovic se montre rassuré quant à la possession du Milanais, sauf sur certains points de la frontière ; il ne redoute pour l'avenir de son pouvoir que la mort. Les minutieux détails où il entre, relativement à l'organisation de la régence, montrent son caractère, ses idées sur le gouvernement du Milanais et sur ce qu'on appelait alors l'*institution* d'un prince.

Le testament politique de Ludovic Sforza forme un petit cahier in-8º de 34 feuillets de parchemin, de 0m211 de hauteur sur environ 0m135, dans une reliure moderne, d'une bonne écriture italienne contemporaine, sans aucune marque particulière. La lettre initiale L est inscrite dans un petit parallélogramme bleu, orné de rinceaux délicats, avec le chiffre LB enlacé (Ludovic-Béatrix) ; autour, règne une bordure rouge. Le manuscrit n'a point de signature, mais les dernières lignes paraissent de la main de Ludovic. Il appartient à la Bibliothèque nationale de Paris, où il est catalogué sous la rubrique *Italien*, 821. La présence de ce manuscrit à la Bibliothèque nationale de Paris n'a rien que de naturel, puisqu'il avait été déposé au Trésor du château de Milan. Il n'a été publié qu'avec des inexactitudes à la fin du tome Ier du Recueil de documents diplomatiques sur François Ier donné par Gius. Molini à Florence, en 1836, sous le titre : *Documenti di storia italiana*.

Il n'est pas sans intérêt de comparer ce texte à un acte postérieur, qui peut, à un autre point de vue, passer aussi pour un testament politique de Ludovic. Après la première conquête de Milan, lorsque Ludovic, abandonné de ses peuples, s'enfuit en Allemagne, un célèbre prédicateur, le chanoine don Celso Maffei, de

Vérone, lui écrivit pour tirer la morale des événements et l'engager à observer désormais les règles de la justice privée et publique. Ludovic répondit par une longue lettre-manifeste, analysée dans l'*Archivio storico lombardo* de 1879 (p. 599-605). Il cherche à se justifier. « Sa conscience, dit-il, ne lui reproche rien. Il a vécu en chrétien, entendu des messes, fait des prières, surtout depuis la mort de sa chère femme Béatrix; il a toujours observé la justice; aucune plainte, même minime, n'est restée sans réponse. On s'en est aperçu depuis son départ. Seuls, les Borromée se sont plaints. » Il entre dans des détails sur cette grosse affaire des Borromée et soutient qu'il a tout fait pour la régler au mieux. « Il est, ajoute-t-il, prêt à rendre ce que son père a pris, suivant ses intentions, et même il l'a déjà fait. Il a versé d'abondantes aumônes : on ignore la quantité d'aumônes qu'il faisait tous les ans aux pauvres veuves, filles à marier, religieux et mendiants, les messes qu'il faisait dire. Aimer ses peuples comme ses enfants est tout son désir; il ne souhaite que leur paix, leur tranquillité, leur prospérité. S'il a levé sur eux des impôts, c'est qu'il n'a pu faire autrement, pour les défendre, non pour les piller. S'il y a eu quelque rudesse dans la perception, les Milanais n'ont jamais eu à se plaindre, car ils sont restés fidèles, sauf quelques capitaines qui ont vendu leurs places. Les peuples n'ont pu se plaindre, non plus, de la guerre, car il ne l'a jamais faite que pour se défendre. » Nous nous bornons à enregistrer ce plaidoyer, en laissant à l'histoire le soin de le discuter. Bornons-nous à constater, relativement à la dernière assertion, que Ludovic portera éternellement la responsabilité d'avoir attiré, en 1494, les Français en Italie et d'avoir ouvert pour sa patrie cette période d'occupation étrangère qui ne s'est terminée qu'en 1866 [1].

Ludovicus Maria Sfortia Anglus, dux Mediolani, etc., Papie : Anglerieque comes, ac Genue : et Cremone Dominus. Mancandoni (*sic*) quello fundamento quale havevamo facto ne la virtu : [2] et prudentia de la nostra Ill$^{ma}$ consorte de felice recordatione al bono governo, et redricio de nostri fioli, et de la successione nostra, quando secundo el corso de natura fosse piaciuto à Dio de conservarla poso noi, vole la rasone : et offitio de prudentia che non expectamo lultimo puncto del vivere nostro à pensare : et ordinare la forma, cum la quale el fiolo nostro, quale ne sara

---

1. V. notre *Histoire de Louis XII*, t. III.
2. Nous respectons la ponctuation du manuscrit.

successore habij el bono governo suo, se manchassimo inante che lui fosse pervenuto alli vinti anni de la eta sua, et se conservi la tranquillita de li subditi et populi nostri : alla quale Dio ne fa debitori de pensare per el Dominio, et principato : nel quale ce ha constituiti sopra loro : E pero, havendo tra noi stessi examinato assai questa materia : et havuto etiam el parere de li Consiglieri nostri : quali havevamo electo alla interventione de le cose del stato appresso noi, in li quali reponemo grande fede : et quali cognoscemo prudenti : et pieni de amore, et bonta verso noi. Discusso diligentemente quello che è caduto in consideratione de una cosa de tanto momento, per non mancare de la charita paterna verso nostri fioli : et del offitio de bono principe verso tutti quelli, el governo, et Dominio de li quali Dio ne ha dato : havendo dal canto nostro proveduto à tutto quello che per noi in vita nostra si è possuto : et devuto fare, per redriciare le cose à bono camino poso noi : Siamo venuti in la deliberatione de le cose subsequente : La quale lassamo che nostro fiolo, quale ce sara successore nel stato sij obligato servare fin chel sij alli vinti anni : et quelli quali deputamo alla administratione et consiglio del stato poso noi in el governo de epso nostro fiolo habijno iurare che observarano, et farano observare : et cossi fare che effectualmente segua fin al tempo predicto chel fiolo nostro habij vinti anni.

*La prima ordinatione.*

In prima adunche, perche omne possanza è principato è dato da Dio : ordinamo et volemo che quelli quali haverano el governo del stato poso noi, principalmente mettano studio, che quelli, quali haverano cura de la persona de epso nostro fiolo, lo instituissano à religione, et à ricognoscere el creatore suo, como datore del bene, ne la successione del quale sara pervenuto : et in terra poso la reverentia debita alla S$^{ta}$ pontificia, como à vicario de Dio, recognosca per superiore suo, cum omne segno de observantia et veneratione el sacro Imperio, et in specie la persona del ser$^{mo}$ Re et invictissimo s$^{re}$ Maximiano Re de Romani : et quando sua M$^{ta}$ non li fosse, quello che si trovera succeduto allo regno de Romani ó al imperio : et subito poso la morte nostra mandi à fare la recognitione, et tore la confirmatione del Ducato : perche cossi ricerca el debito verso la M$^{ta}$ sua è lo sacro imperio, essendo per benignita sua havute le rasone de questo nostro Ducato : et reponute in la persona nostra cum nostro singulare honore, havendole sempre negate el Ser$^{mo}$ s$^{re}$ suo patre alli s$^{ri}$ nostri patre : Fratello : et ultimamente al Duca Joanne Galeazo nostro nepote, al quale epso Ser$^{mo}$ Re de Romani expresse le ha etiam negate[1] : et poso epsa M$^{ta}$, per retenere el stato fermo etiam cum la coniunctione de amici facij fundamento speciale in lamicicia de li S$^{ri}$ amici e confederati, quali al passare nostro de la presente vita li lassaremo, cum li quali se havera governare cum sincerita, et amore : et fare che in epso si trovino segni, et effecti correspondenti ad una vera, constante et sincera benivolentia, et coniunctione.

*La secunda ordinatione de la electione del governo, et consilio, et como se ha intendere.*

Quello che appresso volemo è che mancando noi prima che nostro fiòlo, quale sara Duca poso noi, sij maiore de vinti anni : perche dovi non è la eta, non po anche essere la experientia, la quale è matre de la prudentia : li ordinamo per sui governatori col nome de tutori ò curatori, sive arrogatarij secundo che la lege per la eta li dara el nome : et per consiglieri, cum li quali se habij governare el stato, quelli, li quali lassamo notati de mano nostra propria nel Thesoro cum la presente ordinatione in la Cassetta coperta cum le piastre de ferro argentate alla damaschina, sopra el coperto de la quale è larma nostra Ducale, coniuncta cum quella de la Ill$^{ma}$ nostra consorte, come li nomi de tutti dui, et al lato dextro li è el leone, cum le sechie, et al sinistro el caduceo, et le lassamo cum ordine, che non si vedino, se non poso la morte nostra : al quale tempo volemo chel primo secretario, quale si ritrovera appresso noi, secundo che per una lettera fin adesso li ordinamo à lui ò à chi poso epso succedera, se lui mancasse prima che questo se exequisse, domandi el Camerlengo nostro, sive primo Camarero, et insieme vadi in la rocha nostra de porta zobia[2], et monstrata al Castellano la let-

1. Maximilien avait fini, au contraire, par le lui accorder.
2. Le château de Milan.

tera nostra, como è dicto continente questo ordine, vadino tutti tri nel Thesoro, et tolta la Cassetta sopradicta, ne la quale sarano questi ordini col nome del Governatore uno ò piu, et cossi li consiglieri, quali haverano intervenire al governo del stato : et presente uno notaro, et testimonij idonei aprino la Cassetta, et faciano fare uno instrumento auctentico de la apertura : et de quelli, quali sarano notatti de mano nostra alla electione del governo, et consiglio, como è predicto, et tutti tre se trovino subito alla presentia de nostro fiolo successore, et dagino el iuramento à chi sara deputato per governatore uno ò piu, volendo acceptare la impresa, è trovandosi absente el primo quale haveremo ordinato, li scriverano de la electione facta per noi, è domandarano, sel vole acceptare la impresa, et venire à fare residentia à Milano : et interim darano el sacramento à laltro, quale poso labsente per grado de la notatione nostra se trovera primo presente : è lo effecto del sacramento sara, chel governara secundo questi ordini fidelmente à beneffitio de nostro fiolo, postposito omne altro rispecto et consideratione, adiungendo questo à chi iurera in absentia del primo, che venuto quello ò quelli, quali noi haveremo deputati alli primi lochi, deponera el governo : et lo lassara à chi noi lhaveremo assignato : et lui stara contento al segno : al quale lhaveremo posto : et, venuto poi el primo uno ò piu, che fossero trovati absenti, quando acceptino de stare appresso nostro fiolo à fare quello, perche li havemo electi, se faciano iurare nel modo predicto in mane de nostro fiolo, quale sara successore, et lui, ò loro venendo, ò se non volessino venire, quelli de li presenti, quali sarano primi poso el iuramento suo, farano poi iurare li altri ordinati per noi de mano nostra alla interventione del governo, et consiglio del stato : et li tre predicti, cioe el Castellano de porta zobia, el primo secretario, et primo Camarero, Facto el iuramento de questo scriverano unitamente à tutti li Castellani de le forteze : et Capitanei de Cittadelle : et Comestabili de le porte, et cossi à tutte le Communitate el nome de quelli, che sarano lassati da noi al governo, et consiglio del stato, et gli ne farano fede cum uno exemplo auctentico del instrumento facto dal notaro, quale sara intervenuto alla apertura della Cassetta, perche epsi Castellani et Communitate hano el iuramento de obedire poso noi al governo, quale sarano certificati da loro tre, che noi haveremo lassato : et che sara trovato ne la forma descripta de sopra.

*Come hano stare le forteze.*

Al Governo : et consiglio, quale lassamo per aiuto et stabilimento de la successione de la posterita nostra coniungemo per la principale cosa el rispecto de le forteze, et gente darme : in le quale due cose consiste la fermeza, et conservatione de li stati : et per non mancare del canto nostro che de luna, et laltra cosa la successione de nostro fiolo sij bene munita, havemo posto le forteze in mane fidele, et renovato li contrasegni, et iuramento, secundo la forma subsequente.

*Forma del iuramento quale è dato alli Castellani del stato nostro, in la reformatione facta per noi poso la morte de la felice memoria de la Ill^ma consorte nostra.*

Tu iuri sopra li sancti evangelij de Dio in mano nostra che tu ne guardarai fidelmente, et cum omne cura, et studio, à tutta tua possanza, fin che in te sara spirito questa nostra forteza à nome nostro, et de lo Ill. Maximiano conte de Pavia nostro primogenito, è de lo Ill. Sforza secundo genito nostro, quando lui mancasse : sotto li ordini quali hai havuto in scripto, et sotto la pena contenuta in epsi, quando contrafacesti : ne la consignerai ad creatura alcuna vivente, se non te sara portato el contrasegno conforme al presente, quale te facemo dare, è le lettere sotto scripte de mano nostra, secundo li ordini : et poso noi cum la sottoscriptione in el contrasegno et lettere de mano de chi sara lassato governatore da noi.

Item quando venesse el caso che Dio disponesse altro de la vita nostra, chel prefato Illustre Maximiano Conte de Pavia, quale sara Duca poso noi non fosse anche pervenuto ad anni vinti de la eta sua. Tu iuri de guardare questa forteza à nome suo, cum li medesmi obligi, et contrasegni, et sotto la obedientia de li Governatori, Tutori, ò curatori, ò arrogatarii uno ò piu : et sotto li consiglieri deputati al governo del stato, quali sono ordinati da noi : Li quali per el Castellano nostro de porta zobia de Milano, per li primi secretario, et Camerlengo nostri, per documento auctentico de notaro te farano constare essere trovato nel Thesoro, scripto de nostra propria mano, in una Cassetta de ferro, argentata alla damaschina, cum le arme notate de sopra ne li ordini, serrata, et sigillata, cum la corniola de la effigie de la Ill$^{ma}$ nostra consorte al governo del stato, fin che nostro fiolo havera vinti anni : al quale governo volemo presti obedientia fin al tempo predicto, et pervenuto che sij alli vinti anni nostro fiolo, quale ne sara successore tu obedirai la persona sua, como tuo signore quale sara in pieno suo arbitrio, et potesta, et de la forteza disponerai, como da lui te sara ordinato.

Appresso questo ordine de le forteze havemo facto le conducte, quale lassamo nel modo, che alhora se vedera, cum condicione che le gente darme, Cavalli lezeri, et provisionati nostri de le guardie, cum li Capitanei, et Capi sui se intendano cossi obligate alla posterita nostra como à noi, per el tempo che durera la conducta loro : E pero volemo, et ordinamo che le forteze siano lassate ne le mane, dovi le havemo poste noi cum lordine predicto, fin che nostro fiolo sij pervenuto alla eta di vinti anni : ne possano essere remosti li Castellani, se non per delicto ò causa urgente, per la quale se vedesse chel stato ne havesse recevere detrimento, quando fossero lassati : et in tale caso volemo che la causa, quale se opponera sij cognosciuta in consiglio, è non vaglia à fare removere dal loco suo, quello à chi sara opposita, se la maiore parte de li voti del governo, et consiglio quale sara presente non sarano conformi : E in questo, quando se deliberara de removerlo, havendoseli à deputare successore, volemo chel si propona la cosa in el consilio del stato, per examinare la sufficientia de chi sara proponuto, et la propositione, et electione sij nulla, et vana se del consiglio, et governo non consentira la maiore parte : intendendo del numero, quale sara presente, che sopra lanima sua, quello, in chi li voti inclinarano, sij el meliore de fede et sufficientia alla impresa : et facta la electione, ad epso quale sara electo si dara el iuramento cum le condicione, quale haveva quello, quale sara remosto, ò morto, è uno contrasegno novo cum lordine notato in el libro nostro de li contrasegni.

*De le gentedarme, et forma quale se ha servare circa epse.*

Medesma forma volemo, et ordinamo sij servata circa le gentedarme, Cavalli lezeri, et provisionati, quali lassamo cum li loro Capitanei et Capi; cioe che in la famiglia, et lance spezate nisuno possa essere cassato, ne mutato, quando fosse opposto manchamento, senza el consenso de la maiore parte del governo, et Consiglio, quale se trovera presente; ne alcuno sij substituito, ó per remotione, ó per vacantia de loco, se non chi sara approbato, como è dicto : et cossi dicemo de li Capitanei, Conducteri : et altri Capi de gentedarme et de li Cavalli lezeri, et provisionati, cum loro Capitanei : et Capi; sive se havera tractare de remotione, sive de substituire altri, ó fare nove conducte, sel bisogno el ricercasse : E, stasendo le cose in pace, non se havera à crescere el numero, quale lassamo noi, che è de mille Ducento homini darme, videlicet Ducento de la famiglia : Trecento de lance spezate : et el resto de Camareri, et zentilhomini de casa nostra : et de Capitanei, Conducteri et altri Capi. Cinque cento Cavalli lezeri : et fin à sei cento provisionati : perche al bisogno de tenere le cose in reputatione à tempo de pace, questo bastara : supervenendo alteratione di guerra secundo le cose bisognera provedere, è questo si consultera, et volemo che circa le provisione se servi el medesmo che è dicto de sopra, cioe che se exequissa quello che da la maiore parte del Governo, et consilio ut supra sara comprobato. La famiglia darme, et lance spezate non volemo possano essere diminuite del numero, nel quale le lassamo, cioe Ducento de la famiglia, et trecento de lance spezate, ne datone parte alcuna ad conducteri : ma si servino ne la forma : quale noi li havemo dato : et pero se bene sarano sotto governo de qualche capo, volemo pero se servi lordine consueto, che siano pagate da li Deputati à questo, secundo li ordini antiqui del stato servati fin qui, et cossi li Cavalli lezeri, quali lassamo sotto el nome nostro : et li provisionati : et tutte le fantarie, quale se farano secundo li bisogni : li homini darme, et Cavalli lezeri de li Capitanei, et Conducteri lassamo in arbitrio de li patroni sui de pagarli, secundo lobligo specificato in le conducte sue, et cassarli, et remetterli, bastando solo de advertirli à tenere compagnie bone fidele, et bene ad ordine, como el debito vole che faciano.

*De li Commissarij generali de le gentedarme.*

Alle gentedarme tutte sono per noi deputati dui Commissarij generali, quali hano havere cura de epse, de li loro allozamenti, fare che le taxe se compartissano intra li subditi iustamente, et scodino, et dagino secundo li ordini : et che li Commissarij particulari de le Cita sijno diligenti alle exactione, et non excedino li ordini : et universalmente advertire, che ne li soldati patiscano manchamento de quello, che li è ordinato, ne faciano alli subditi quello che non deveno; havendo noi ordinato loffitio in dui, lassamo che ne lo avenire se conservi anche in dui per piu satisfactione de li soldati, et populi : et loffitio loro non li sij alterato : ma dovi bisognasse sijno admoniti dal Governo ad fare el debito, et servare li ordini, et tenere iusti li compartiti, in modo che nisuno resti aggravato piu del debito, ne fraudato de quello che li vene.

*Dovi la persona del fiolo successore habij stare, et del modo quale se ha tenere verso epsa.*

La persona del fiolo nostro, quale ne succedera ordinamo stagi in Milano in Castello dovi è la stantia Ducale, è volemo che la rocha se servi piu salvatica che si po, sola in potesta del Castellano, senza commixtione de altre gente cha de le sue : è chi sara capo de la porta de la secunda guardia, per la quale se intra alla habitatione Ducale cum li provisionati sui sij sotto el Castellano, como e adesso : è lo numero de li provisionati sij el consueto : excepto se per beneffitio de nostro fiolo successore paresse al Governo, et consiglio quale li lassamo, che si dovesse azonzere piu homini : in el quale caso volemo se togli quello numero che si azonzera, de li provisionati de la guardia : et che epsi iurino fidelita in mano del Castellano, et stiano ad obedientia sua, como li altri provisionati consueti ad epsa guardia.

*Cum quanti haverano intrare in la secunda guardia li governatori, et consilieri.*

El capo de epsa guardia, volemo chel Castellano del Castello de porta zobia limiti el numero, col quale li Governatori, et Consiglieri habijno intrare per andare alla persona del S^ro ò al loco del consiglio, et proveda che nisuno intri cum arme.

In questo loco volemo sij lhabitatione del fiolo successore nostro, et perseveri fin chel habij quatordeci anni, excepto se per gravi casi de peste ò altra urgente causa bisognasse chel si levasse : è in questo caso non volemo se levi, se la maiore parte del Governo, et consiglio, quale se trovera presente, non consente. Se per piacere, et recreatione desiderara andare fora fin al tempo predicto de quatordeci anni, non passara Cusago, Abiate, Monza, Dece ò Melegnano[1] per essere in le circonstantie de epsi lochi modo sufficiente per darli recreatione fin à quello tempo. Passati li xiiii anni piacendoli potera poi meglio extendersi qualche cosa piu lontano, et passare Ticino : ne alhora li volemo arctare larbitrio : ma lo confortamo ben, et consigliamo chel si elongi da Milano manco chel potera, et non faci longa dimora de fora, non possendo sequire cosa piu salutare, como lassarsi de continuo vedere da la principale Cita, ne la quale Dio ce lo fa successore : et pero absentandosi advertira de retornare presto.

*Dovi se ha fare el consiglio de le cose del stato.*

El consiglio volemo sij facto dovi sara la persona de nostro fiolo : et se usi omne studio per asuefarlo alle facende, ricogliere ambassatori, et praticare cum loro, et cum li altri grandi : et se per indispositione ò per la eta non potera sempre intervenire in consiglio, volemo se facij in le camere contigue alla sua, è la reputatione del governo et administratione del stato se tenga coniuncta cum la persona sua et in li loci dovi lui stara.

Quando accadera che la persona de nostro fiolo se absentera, ò per piacere, ò per bisogno, volemo chel Governo et Consiglio : quale li lassamo vadi cum lui, et similmente la guardia : quale li lassamo cum lo Capitaneo suo, et si servi la norma del Consiglio dovi sara la persona sua, como è predicto : et à Milano restino el primo secretario, et lo Camerlengo, quali omne di se habino congregare in rocha col Castellano per attendere alle occurrentie del stato : et circa epse haverano servare bona intel-

---

1. Cusago, Abbiategrasso, Monza, Desio, Melegnano.

ligentia cum li Governatori, et Consiglieri del stato, quali sarano appresso la persona de nostro fiolo, Avisandoli omne di de quello che sara occorso. Driciando pero le lettere al S^ro suo nostro fiolo : E ordinamo che andando epso nostro fiolo de fora, la guarda sua et Capitaneo alozando in forteza alcuna iurino fidelita in mano del Castellano : in modo che per ingresso de nova gente la forteza non habij manco restare in possanza del Castellano che la fosse in ante : et le chiave, quale e consuetudine se portino la nocte alla Camera del signore el Castellano le tenera appresso se, finche nostro fiolo havera vinti anni : al quale tempo li Castellani de le forteze dovi epso andara servarano li ordini de portare le chiave alla Camara sua la nocte : exceptuamo bene le forteze infrascripte : In le quale pare per bono rispecto, et cossi ordinamo, che nostro fiolo non possi andare finche non sij pervenuto alli vinti anni : Talmente chel sij in pieno suo arbitrio.

*Nomina de le forteze dovi nostro fiolo non andara finche non habij xx anni.*

Trezo[1], Cassano, Pizghitone, Cremona. Et se per caso di guerra ò per altro accadera che al Governo cum la maiore parte del Consiglio para che se habij mandare nove gente in alcuna forteza, volemo, et ordinamo che quelli, quali sarano mandati siano facti iurare in mane del Castellano de la forteza, dovi andarano, che starano à sua obedientia : et per far li ricevere li siano mandati li contrasegni secundo li ordini.

*Del modo del Consiglio.*

El modo et forma, quale se havera servare in consiglio, sara chel Governatore, o lassandone noi piu de uno, quello che sera el primo propona, et manchando lui, quello che succedera per ordine faci questo offitio de proponere : et domandi poi li voti : et quello in che concorrera la maiore parte del consiglio, et Governo conforme se habij per conclusione : et non altramente :

1. Trezzo, sur le haut Adda, Cassano sur la rive gauche de l'Adda, à sa sortie du lac de Côme, Pizzighettone, Cremona, sur la frontière vénitienne.

Intendendo che chi sarano Governatori habino una voce per uno, como li Consiglieri : et questo che per el consenso de la maiore parte se stabilira, volemo se faci mettere in scripto, et à libro, perche se possi sempre rendere bono concto de le actione tutte del Governo : exprimendo ben in la annotatione de le conclusione, etiam le rasone : per le quale sara inclinato in quello che sara concluso.

*Como se ha assuefare in consilio et instruere nostro fiolo.*

Accadendo che nostro fiolo intervenga nel consiglio, se la eta sua sara capace, loffitio del proponere sara el suo : et cossi de domandare li voti : et lo carico de assuefarlo sara de li Governatori, facendo el principio da cose lezere, insignandoli como le materie se hano narrare, et distinguere per parte : domandare li voti : et fare respondere alli articuli necessarij : in modo che cum la eta cresca etiam la institutione : et noticia de quello, che loffitio suo ricerca : et chel possa reuscire quello chel debito paterno ne stringe noi : et chi sara al governo in loco nostro à desiderarlo : et el consilio, cum li altri subditi deveno cercare chel sij per havere principe digno de tanto stato : et apto à saperli bene governare in pace, et deffendere in guerra.

*Como se hano fare le consulte sopra la materia de fara pace, ò guerra ò lege.*

E accadendo che poso noi nel tempo che correra prima che nostro fiolo successore habij li vinti anni vengi necessita : et consideratione de fare pace, ò guerra, ò lege : perche questa è materia importantissima : et quale tocca linteresse universale del stato, se ha etiam deliberare cum precedentia de piu circunspectione, et maturita ne le consulte : et pero volemo, et ordinamo chel Governo et consilio, quale lassamo à nostro fiolo, domandi de tutto el Dominio le persone, quale per la qualita de la grandeza, ò prudentia loro iudicara à proposito per consultare : et examinare cum loro quello, che sopra tale materia parera sij el meglio : et havuto el parere loro se restringa poi el Governo, et Consiglio lassato da noi per fare la deliberatione in quello che parera alla maiore parte di loro el meglio, et piu secundo el bisogno, et beneffitio del stato, et de nostro fiolo.

*De la deputatione de chi ha havere la cura de la persona de nostro fiolo.*

Al Governo de la persona de nostro Fiolo lassamo quelli quali quando mancharemo se trovarano al primo, et secundo loco appresso lui : et ne faciamo piu de uno, àcio che accadendo qualche sinistro ad alcuno de loro, la persona de nostro fiolo non sij destituita de monitore, et redriciatore nel vivere : et costumi soi : et questi volemo lo habino servire in questo offitio fin chel havera li vinti anni : et accadendo morte, o altro caso per el quale havesse manchare el servitio loro, volemo se facij electione de altri idonei alla impresa, quali siano de casa, costumi, eta, et experientia digni del loco : et che in la electione concorrano la maiore parte del Consiglio col Governo : Et perche questi haverano accompagnare la persona de nostro fiolo in omne loco : è la intentione nostra è che sijno contenti de questo grado, ne pensino piu ultra cha à questo effecto, alli quali li deputamo, che e de havere cura de la persona de nostro fiolo circa el vivere et costumi soi : ordinamo che non possino alcuni de loro andare in consiglio, etiam che havessero el nome de consiglieri, se non quando la persona de nostro fiolo li andara : et alhora non possano sedere ne dare voto, se ben intervenerano à quello che se agitara : et questo facemo per obviare à quello, à che lambitione humana qualche volta col pretexto de questo nome de Governatore de la persona del Signore ha transportato in li tempi passati, et alli di nostri qualchuno cum poco beneffitio de chi si è trovato signore.

Appresso la institutione de li costumi in la persona de uno signore essendo le lettere non solo ad ornamento : ma anche ad necessita per molte cose. Lassamo ad nostro fiolo per institutore suo, et maestro de lettere quello che si trovera per noi deputato, quando Dio ne domandara à se : è questo fin chel habij anni quindeci, ò decesetti : è quando accadesse che epso magistro manchasse prima che nostro fiolo sij instructo ad sufficientia, et habij passati li anni predicti. Volemo che per el Governo, et consiglio gli ne sij proveduto duno altro, in el quale se advertisca che non sijno manco boni costumi, cha bone lettere et chel non sij de grande condictione per el rispecto antedicto in li Governatori de la persona : e la electione de quello se habij per ferma : nel quale sara concorde la maiore parte di voti del consiglio col Governo.

### Del modo del donare.

Cognoscemo che la largita : e beneficentia ne li principi è una de quelle cose quale ornano grandamente la persona loro, et li acresce li servitori, et fama : ma dovi non è electione et iuditio circa el dare : quello che ha nome de virtu, essendo el dare governato cum rasone, si convertisse in vicio, et passa in nome de profusione : et questo facilmente accade ne li zoveni : et piu ne li puti : In li quali la benignita del sangue li fa largi nel dare : et manchando la experientia non possono havere iuditio dovi donare, et abstenerse da dare : Et pero ordinamo, et volemo che nostro fiolo fin alli quatordeci anni non possa donare cosa alcuna immobile de alcuna sorte, ne mobile, et dinari, se non in picola quantita, et rare volte : et simile donatione non possa fare senza el consenso de la maiore parte del Consiglio col Governo : Passati li quatordeci anni fin alli xx non volemo che ad alcuno del stato possa donare maiore summa de cinquecento Ducati per una volta sola à chi li parera de donare : et el dono sij de dinari, ò altra roba mobile : et non immobile : et se pur la importunita de qualchuno vincesse per vie indirrecte de indurlo ad donatione de cose immobile, et el governo, et consiglio havesse rispecto ad discompiacere nostro fiolo, ò cercasse col consenso de farse lo benivolo, Declaramo, statuimo, et ordinamo che talle donatione sij irrita, et nulla ne vagli in alcuno modo, se epso nostro fiolo passato chel avera li vinti anni non la confirmara : et se dentro de li vinti anni li parera de donare à foresteri dinari, ò altre cose mobile volemo se facij secundo el parere de la maiore parte del Consiglio col governo : et perche levandose la speranza de le profusione alcuno de quelli, quali sarano al servitio suo del stato, non habiano mancho voluntera servirli : constituemo alli Governatori le provisione, et soldi, quali al fine nostro se trovarano havere, è à li consiglieri deputati al stato Cinque cento Ducati per uno lanno : è li altri, quello che se trovarano havere alhora de le quale provisione se ne poterano accontentare, et reputare bene proveduto al grado loro : et pero volemo che ne loro, ne altri deputati al suo servitio, alli quali secundo li gradi loro sara ordinata la provisione sua, possino farsi dare altro, fin che nostro fiolo non sij alla eta predicta : per che li deve bastare che sijno tractati honorevelmente ne le provisione et soldi sui perre cognitione de le fatiche, quale durarano, et expectare poi che nostro fiolo sij in la eta confirmata, per havere poi piu copiosa remuneratione, secundo che sarano stati li deportamenti sui, ordinamo adunche se alcuno de loro presumera farsi donare ò acceptare contra questa nostra ordinatione, la donatione non habia effecto, è quello, ò quelli à chi sara donato, se acceptarano, statim sijno privati del honore : et offitio quale haverano : et cossi noi li privamo fin adesso.

Al loco de Governatori, et Consiglieri del stato lassamo scripto de mane nostra le persone, quale volemo sijno deputate appresso nostro fiolo, como è dicto in principio : et perche la fragilata (*sic*) humana non lassa promettere, che chi sara nominato possi vivere fin che nostro fiolo havera vinti anni per non mancare de circunspectione per quello che possemo à questa parte, havemo similmente de mano nostra scripto chi volemo sij posto al loco de chi mancasse nel governo, et consiglio, ordinando à ciaschuno lo substituto suo, et mancando chi sara substituito. Declaramo etiam chi volemo succeda al substituto ad homo per homo : alli quali quando accadera de essere tolti per substituiti se havera dare el iuramento, como sara dato alli altri, alli quali succederano : ce move etiam el medesmo rispecto dessignare li successori al Castellano de porta zobia, al Capitaneo de castello, al primo secretario, et al Camerlengo, per essere li offitii tali, che habiamo desiderare che le sijno persone da noi electe, fin che nostro fiolo sij in suo arbitrio : Et pero volemo che ne loro, ne li altri possano essere remosti, finche nostro fiolo non sij pervenuto alli vinti anni, et facendo manchamento se servi la forma dicta de sopra in li altri, de proponere, et iustificare la causa cum approbatione de la maiore parte del governo, et consiglio : et cossi dicemo de li Camareri de Camara, quali li lassamo cum Brunoro de preda : De li altri zentilhomini Camareri, et Regazi, et offitiali de casa lassamo alla circunspectione, et prudentia del Governo et consiglio, che li possano provedere, como cognoscerano ricercare el bisogno, per el servitio, et honore de nostro fiolo.

E perche circa li Governatori, et Consiglieri del stato porria accadere che quello che habiamo notato de mano nostra ad supplire cum nove persone a chi fosse manchato, non bastaria : in tale caso volemo per fare la electione de novo successore, si servi la norma data de sopra, quando se havesse proponere de fare guerra, ò pace, cioè che per essere de summo momento la consideratione de chi ha ascendere al loco de governare et consigliare al governo de li altri siano domandati da tutto el Dominio le persone, quale parerano essere à proposito alli Governatori essendoli loro, et al consiglio : et cum loro se ventilino le persone, quale se hano nominare alla successione del loco vacante. Et facta la nominatione el Governo, et consiglio del stato se restringera poi nel loco, et forma sua consueta, per fare electione de chi sara nominato, è quello se habij per electo nel quale se trovera concorsa la maiore parte de li voti : è in questo caricamo la conscientia de tutti ad adriciare l'animo, et el voto suo al piu sufficiente postposita omne passione : et quello quale sara electo se fara iurare nel modo che è ordinato alli altri per noi electi : et sel si trovasse havere altro offitio, volemo lo depona, et se li deputi altra persona perche non volemo che li consiglieri del stato habijno altro offitio, essendo pur assai se poterano attendere bene à questo del consiglio del stato.

Dali Governatori, et consiglieri del stato sara posto cura non solo alle cose, quale tractarano loro inconsiglio appresso la persona de nostro fiolo : ma anche ad chiarirse, che di fora li offitiali faciano el debito, è li populi è li subditi siano ben tractati : et pero omne anno uno de epsi Governatori, quando siano dui andara cum dui de li Conservatori de li ordini à fare la visitatione : et trovandose solo uno Governatore, li andarano dui de li Conservatori : et facto à questo modo una volta lanno la visitatione, se repetera poi unaltra ò due volte per uno ò dui de epsi Conservatori, à cio che la reiteratione del visitare facij che ogniuno stij cum piu rispecto ad fare el debito : et in la visitatione, quale se fara andando la persona de uno deli Governatori per leffecto predicto, havera etiam de vedere le forteze, maxime le piu importante : è lo Camerlengo del quale è la cura de le forteze andara insiemi : et non andando el Governatore, li andara pero el Camerlengo una volta lanno alle forteze importante : lassando poi che per lanno li Collateralli vadino per fare le monstre a chi deveno essere facte, secundo li ordini : è li Governatori et Consiglio advertirano sel sara facto el debito : et trovando che alcuno de li Castellani ò altri offitiali habino manchato non se li perdoni : ma se castigino secundo li ordini : perche nisuna cosa piu acresce consuetudine di errare cha la speranza de impunita.

*Chi deve essere admisso in Consilio del stato.*

In consilio ultra li Governatori, et Consiglieri del stato, Castellano de porta zobia : primo secretario, Magistro Generale de casa : Camarlengo, et Commissarij Generali de le gentedarme, li Governatori de la persona de nostro fiolo quando epso li intrara non volemo possi intervenire altra persona, se non li dui, o tre Cancelleri, quali haverano le imprese de le pratiche de le legatione : et chi altro dira lo primo secretario sij necessario admettere per bisogni supervenienti ultra le pratiche predicte : et ultra li Governatori et Consiglieri non volemo che alcuno altro possi sedere, et dare voce in consilio sel non havera lettere in le quale sij specificato expressamente chel possi dare voce.

*Del numero col quale se ha tenere el consilio secreto, et modo quale ha servare.*

Havendo portato la necessita di tempi, chel Consiglio secreto sij multiplicato nel modo chel è volemo sij lassato in questi termini, cioe che non se li possa azonzere piu numero : ma si expecti chel consiglio sij reducto al numero de vinti : non computando in epso numero quelli, quali lassamo deputati al Governo del stato : et quando del numero predicto ne manchara poi alcuno si havera supplire al loco vacante de altri, facendo la electione de persone generose, cum proponerne molte, cossi di fora, como del stato, de le quale se proveda al loco vacante : ne si risguardi tanto le case, quanto le virtu, et industria de la persona, acio che ne lordine quale è facto al governo de li altri non si metti persona, quale habia lei bisogno de essere governata : et el stato non se ne possi valere : et la electione se havera fare per el Consiglio col Governo : et che la maiore parte de li voti concorrano : caricando la conscientia de tutti à non prestare consenso ne voto, se non à chi sara havuto per piu sufficiente.

### Del Consiglio de Justicia.

Quello che havemo dicto del Consiglio secreto, el dicemo ancora de quello de Justitia fin chel sij riducto al numero de cinque, et alhora manchandone alcuno se supplisca al loco vacante, col medesmo modo de proponere quatro ò sei de li piu famosi de doctrina, bonta, et conscientia, et la electione se firmi in quello, nel quale la maiore parte de li voti concorrerano : Et circa quello che habiano fare piu ultra li consiglieri predicti de luno, et laltro ordine, se remettemo alli ordini facti in lassumptione nostra : et à quello che poi li è azonto, per reassetarli : et cossi à quello che piu ultra in questo accadera farsi per noi : Et perche è consuetudine in li stati dare el titulo, et honore de consigliero molte volte per honorare, ò per qualche altro rispecto fora del bisogno del consiglio : In questo caso lassamo larbitrio al Governo, et Consiglio, quale lassamo de possere dare questa dignita de consigliero achi li parera, che le condictione de le cose, et tempo ricerchi : ma advertiscano à simili de fare fare le lettere senza la parte quale li dagi arbitrio de intrare in consiglio, et dare voce, per non lassare che li residenti excedano el numero, quale limitamo, ne li lassarano anche in la lettera assignare sallario : et per redure che in consiglio, et li altri magistrati sij manco nessuno che si po in questa multitudine quale de presente si trova, per levare la confusione, et impedimento alle expeditione : lassamo che in le legatione, et altre imprese de fora, se usi piu numero chè si potera de Consiglieri : et altri magistrati numerosi sopra el bisogno, perche à questo modo se servira el stato piu honorevelmente, et li subditi restarano cum le expeditione sua piu facile, et prompte alli magistrati, restandoli manco numero.

### De le cose Civile.

Perche nisuna cosa genera maiore confusione ne li populi, como la avocatione de le cose Civile da li ordinarij sui : statuimo che se habij speciale cura de lassarle alli ordinarij sui, quando li sono : et se non li fossino li sijno adriciate, ne se li dagi orechie : se non in caso che de li ordinarij fosse facto lamenta : in el quale caso li Governatori col Consiglio del stato odano, per remediare sel si trovasse manchamento nel ordinario, et non per volere avocare à se la causa : et la provisione se habij fare, secundo la maiore parte de li voti del Consiglio col Governo : El medesmo dicemo de le supplicatione, quale sarano exporte, cioe chel primo secretario le habij driciare alli ordinarij, excepto se contenessero lamenta de li ordinarij, in el quale caso se servara quello che è dicto de sopra, ò gratie, et queste se examinarano in consiglio : et non se deliberara se non secundo el parere de la maiore parte del Governo, et Consiglio, servandosi li decreti nostri dovi bisognera.

*De le cose Criminale.*

Essendo anche le cose Criminale de grande momento ordinamo che dovi andara gratia, non se possi fare, se non col consenso de la maiore parte de li voti del Consilio col Governo, servando el decreto facto ne la assumptione nostra : et similmente dovi andara confiscatione, non si possa componere se non col consenso del maiore numero del Governo : et Consiglio, como è predicto. Dicemo etiam el medesmo sel fosse ricercata remissione, ò extinctione, perche se li advertisca et habij bona consideratione.

*De le cose benefitiale.*

Occorrendo vacantia alcuna de beneficij, perche da la S$^{ta}$ de nostro S$^{re}$ se ha el respecto che si fa de expectare la nominatione de quelli quali proponemo noi alli beneficij del Dominio nostro, ordinamo che si togli li nomi de li competitori, et si proponano in consiglio, per elezere quello quale se havera nominare alla S$^{ta}$ de N. S. ò al ordinario per promoverlo è la electione se havera fare de quello, quale per la maiore parte de li voti sara iudicato piu idoneo : E caricamo in questo la conscientia de tutti ad elezere chi sara piu sufficiente : risguardando chi havera altri beneficij, perche non se impijsca uno, et se lassino li altri ieiuni : et similiter che in questo non corra labe de simonia : et facta la propositione volemo se deliberi circa la electione, prima che se uscisca de consiglio. Altramente non volemo se no possi piu parlare, et se lassi che la S$^{ta}$ de N. S. proveda lei, como li parera, senza expectare altra nominatione. Remettiamo etiam al Governo, et Consiglio che circa le renuntie se deliberi quello in che la maiore parte concorrera per consentire che si possi domandare la ressignatione in favore de quello nel quale la maiore parte sara concorsa : Advertendo similmente che non si cometta simonia : et che non si consenta à renuntie de vescovati ò benefitij grossi, como abatie de dua milia ducati in suso.

### De li Maestri de le intrate ordinarie.

El Governo, et Consilio a ladministratione del stato giovaria poco, se le cose de le intrate non havessero ancora loro bono governo : et pero essendo le intrate el nervo : et fermeza de li stati, senza le quale quello che fosse bene veduto, et consigliato non haveria diuturnita : ma andaria in fumo : A questa parte bisogna se usi singulare circunspectione, perche la forma, et ordini del stato sijno servati, la quale impresa contenendosi ne li Magistrati ordinarij, extraordinarij et commissarij del sale, et taxe de Cavalli, et havendo tutti le imprese seperate, se ha etiam usare circumspectione particulare à tutti. El Magistrato ordinario ha la cura de le intrate ordinarie : et questo è al numero che se vede de presente maiore del bisogno, havendo cossi ricercato li tempi : ma per questo el numero presente non si ha alterare per non fare ignominioso alcuno, non apparendo demerito, al quale per el stato sij dato loco, et nome de honore. Volemo ben anche non li sij piu agionto alcuno : ma si expecti chel Magistrato se reduchi al numero de quatro : è alhora manchando alcuno de li quatro se supplisca al loco vacante cum lordine, et forma dicta de sopra, proponendo le persone de le qualita idonee à questo offitio, como de sotto si tractera : e loffitio loro sara alli tempi debiti de incantare li datii à Milano et farli incantare de fora per el Dominio da li Referendarij, et procurare che le intrate crescano quanto si po, fare deliberare li Datii alli tempi sui, et servare li ordini : et omne anno per tutto zenaro havere facto uno quaternetto de tutta la intrata, è sale, è mandarlo sottoscripto de mane sua : et per el rasonato generale à nostro fiolo : et alli Governatori del stato, hano poi usare principale studio à fare scodere le intrate è mandarle al Thesorero generale secundo li ordini, et farne fare le scripture opportune secundo el stillo de la Corte, ne li Governatori, et Consiglio del stato ne altro Magistrato se hano impazare de loffitio de epsi Magistri per metterli mano, excepto li Deputati del dinaro. De li quali qui abasso diremo : perche volemo che unitamente habijno essere cum loro per aiutare in le cose ardue dovi lopera loro sij necessaria : E quando accada chel sia facto querela che li Magistri non observino li ordini : et contra li ordini facessino cosa alchuna, in tale caso volemo che li Governatori et consilio del stato facino domandare epsi Magistri, et li Deputati del dinaro per odire la querela, et provedere che li ordini siano servati sel si trovasse chel si manchasse. In altro el Governo, et consiglio non se havera impazare del offitio de li Magistri per metterli bocha : ne in modo alchuno alterare li ordini del Magistrato : et el medesmo se havera fare cum lo Judice de li Datii, che è cosa conexa al Magistrato in caso che sij facto querela per excitarlo à servare li ordini sui : et non per metterli mano ne alterarli.

### De li Magistri extraordinarij.

Alle intrate extraordinarie è Deputato el Magistrato extraordinario, è la cura sua è de le cose quale fora del ordinario tochano a la Camara, como è per confiscatione, et altre cose contenute ne li ordini sui : Questo offitio è similmente cresciuto per li tempi sopra el bisogno, et per la causa antedicta, non volemo se li dagi alteratione : ma si expecti che la natura reduca loffitio à cinque, in li quali siano dui jurisconsulti, como la qualita del offitio ricerca per consultare le cose, quale toccano a loffitio suo, et à iudicare secundo li ordini sui, et instructione quale hano in scripto. Da li Governatori et Consiglieri del stato questi doverano essere solicitati che non manchino del debito attendendo alla exactione de le condemnatione, et liquidatione de le confiscatione : A le cose de li navilij de Abiate, Bereguardo Martesana, et alla Muza : lassando pero che le intrate de questi navilij, et aque siano curate per la Camara ordinaria : et cossi attendano alli arzeni de po, ne la cura loro per alcuno modo extenda la mane a cose de intrate ordinarie, etiam che de novo venesseno alla Camara per quale se voglia causa. Similmente li Governatori et Consiglio advertirano de fare che sempre in li incanti deli Datii in Milano uno de loro intervenga secundo lantiqua consuetudine : et li ordini vechij de la Camara insieme col Judice de li Datii, ne in altra manera per el Governo. Et Consilio se mettera mano al dicto Magistrato extraordinario : excepto sel fosse facto querela de le actione sue : in el quale caso se servara el termino, et forma dicta de sopra in li Magistri ordinarij per tenerli adriciati alla observantia de li ordini soi, se havessino deviato : havendo presenti li Magistri, et Deputati, et non per evocare cause da loro, ne fare revedere sententia data per el Magistrato, ne alcuna altra cosa, se non secundo li ordini : perche si como la observatione de epsi ordini retene ferme, et solide le cose de la Camara : et per consequente del stato, per contrario lalteratione de epsi tiraria la ruina de omne cosa cum se.

### De li Commissarij del sale.

Si como el sale è uno potissimo membro de le intrate cossi li Commissarij deputati sopra la exactione del sale, se hano havere in spetiale rispecto, el numero suo non se mutara piu como li altri dicti de sopra : ma reducendo lo la natura à tri non se acrescera : et li lochi vacanti poso la reductione à questo numero, se supplirano de homini experti, et allevati in Corte, quali ne possano havere noticia, et si servera la forma dicta ne li altri Magistrati : le sue factione al scodere, et solicitare hano essere divise, è la divisione se fara per li Magistri, et Deputati : et le mutarano omne anno : et farano che omne anno el sale del Ducato sij levato da luno aprile a laltro, et pagato alli termini : et omne anno mutati li libri alli Cancelleri soi, che solicitino lo administratore, che non lassi manchare bono sale : habijno cura de le saline de Bobio : et pozzi de salso che faciano quanto sale possono, et participano spesso alli Magistri, et Deputati le cose del offitio suo.

### De li Deputati del dinaro.

Li Deputati del dinaro sono uno Magistrato trovato da noi, in le difficulta, et pressure de guerra, per supplire al bisogno de trovare dinari : et spendere extraordinariamente, como ricerca la guerra, quando lordinario non attinge, et redriciare la intrata, et spesa perche lhabij lordine suo, li quali cessando la guerra, et reducte le intrate al netto, se hano unire col Magistrato ordinario, et venendo altro bisogno se renovano, tollendoli tutti, ò parte de li Magistri, quando sono idonei : et li altri de condictione, che siano richi habijno credito, et experientia : et sopra el tutto sijno fidati al stato : el numero non ha essere piu de tre, per che la potesta se li da ampla. Adunche loffitio loro sara de intendere lintrata de lanno et ordinare la spesa, cioe fare el Quaternetto de li salariati : la lista de le boche de la casa de nostro fiolo successore : et de le altre spese ordinarie : et cossi el quaterneto de li provisionati, balastreri à Cavallo, et Cavalli lezeri, quali sono ordinarij et stano sotto el nome del signore et non de conducteri. Cum questo ordine hano vedere la intrata, et spesa, et quello che avanza et fare le assignatione à tutta la spesa, como faria la persona del signore proprio, quando lui stesso volesse tale faticha : A questa impresa nisuno havera mettere mano se non loro : ma solum sara cura de li Governatori, et Consiglieri finche nostro fiolo sara alla eta per noi limitata, solicitarli che al principio de lanno faciano li quaterneti, et liste predicte, cum le assignatione sue, et non manchi che per tuto zenaro non siano facte, è loro haverano participare el tutto cum li Governatori : da li quali haverano essere admissi omne volta che ricercarano, et da epsi haverano fare sottoscrivere le liste, et quaterneti de le spese : è questa impresa de fare li quaterneti, et liste sopradicte, quando per pace li Deputati se uniscano al Magistrato, volemo sij solum de quelli quali sarano stati li Deputati al tempo di guerra, advertendo etiam che alla lista grande de la spesa, ultra la sottoscriptione de li Governatori sij posta la corniola per el Camarlengo : et loro Deputati per essere lo offitio suo fundato ne la impresa de li Magistri ordinarij, hano servare bona intelligentia cum loro, assignarli à ciaschuno de loro la parte sua de le intrate, quale habino curare seperatamente, et fare exigere : et mutarli omne anno le factione, et similmente fare alli Cancelleri del Magistrato : provedere che le scripture se acconcino cum diligentia, et loro servare le instructione sue facte nel 1493, et havere cura che li rasonati non manchino al offitio loro : et nisuno possa spendere dinari de nostro fiolo senza contrascriptore.

E circa li ordini de la casa, finche nostro fiolo sara alla eta de li vinti anni, ne pare basti chel habij al servitio suo ducento boche : lassando alli Governatori, et Consiglieri del stato la cura de fare quello che al maiore numero de loro parera, per redure le boche, quale lassaremo noi à questo numero de ducento, pur che non mettano mano alli Camareri de Camara, quali lassaremo, li quali volemo habijno cum nostro fiolo, el loco, et offitio quale se trovarano havere cum noi : et cossi Brunoro da preda, quale volemo sij cum lui tra li Camareri de Camara : è à questo numero de Camareri de Camara non volemo sij facta additione alcuna fin che per corso de natura se reduchi à dodeci, el quale numero volemo non si possa acrescere, è accadendo poi manchare alcuno de li dodeci li Governatori, et Consiglieri supradicti fin alli quindeci anni de la eta de nostro fiolo, farano la electione de quello che havera essere posto al loco vacante : havendo rispecto ad elezerlo de casa generosa de eta, et costumi convenienti al loco : poi fin alli vinti anni nostro fiolo nominara quello che li piacera, è li Governatori, et Consiglieri lo confortarano à volere fare electione de persona quale li sij honorevele.

### *De la Capella, et stalla.*

De la stalla, perche la sij honorevele, perche la Capella sij tenuta fornita de boni Cantori, et de le altre cose particulare, per bisogno ò piacere de nostro fiolo, non ne parlamo, lassando questo alla discretione de li Governatori, et Consiglieri del stato, perche li habijno la advertentia necessaria.

### *De la forma de le lettere di pagamenti fora de la spesa ordinaria et doni.*

Le lettere de li altri pagamenti, quali se farano ultra la spesa ordinaria de lanno, como è predicto, volemo non hàbijno effecto, se non sarano cum le corniole consuete. De le quale una habij el primo secretario, et laltra el Camerlengo.

Li buletini de le taxe, et allozamenti de soldati, de arme, lanze, barde : et penachij, et simile robe, quale se dano à sotto Camareri, Regaci : et soldati : et le lettere de compositione, remissione de cose confiscate : Item de doni de drapi, et pani non volemo passino : ne habijno effecto senza la corniola de la effigie de la Ill[ma] consorte nostra de felice memoria : è questa stij appresso el Guardaroba nostro, et custode del Thesoro.

### *Del Thesoro.*

El Thesoro lassamo che resti in Rocha, essendo la qualita sua chel se ha tenere in el loco piu munito, como lhavemo tenuto noi : et volemo sij sotto la custodia, et serraglio de tre chiave diverse. De le quale luna stij appresso el Castellano de portazobia : laltra del Camerlengo : et la terza del Guardaroba : è lui ne habij lo inventario, et descriptione : et sij in sua speciale cura, finche nostro fiolo sara alla eta limitata como de sopra.

Similmente volemo che la Guardaroba stagi in rocha : et ne habij cura fin alla eta predicta quello, quale se trovera essere lassato per noi.

### Del Thesorero Generale.

Seque la consideratione del Thesorero generale, che è offitio de grandissimo momento, ricercando persona fidele al stato, bono, rico, et pratico, et pero quando accadesse, se li havesse ad provedere, ultra el modo, quale noi lassamo, bisognera chel Governo col Consiglio, quale havera fare nova electione habia advertentia à queste parte, et proveda che tutte le intrate ordinarie et extraordinarie de omne qualita sieno portate in Thesoraria, et se tengino cum diligengia li concti de le intrate, et spese.

### De li Referendarij de le Cita.

Volemo che se advertisca alle qualita de li Referendarij de le Cita, che siano fideli, et pratici, per che in la diligentia, et fede loro, consiste el fundamento de la exactione de le intrate : ne si lassino stare piu de tre anni per loco : et deportandosi bene siano poi transmissi alle Cita piu honorevele, et de questi manchando alcuni de li Magistri se havera proponere le persone per provedere alli loci vacanti de li Magistri, perche de altra sorte homini non possono essere piu experti de la condictione, et natura de la Corte de le intrate : et del stato.

Alli altri offitii minori, como sono Cancelleri, rasonati, et simili, lassamo anche se habij grande cura per tenerli tutti adrizati al camino bono : et non lassarli, che el male tractamento ò el levarli la speranza de ascendere per virtu non li facesse cadere lanimo : E pero ne la consideratione de provedere alli offitii, quali vacarano, cosi ne la corte, como per el stato, el governo, et Consilio dal quale se havera fare la electione, havera bene advertire, che se elezino persone idonee, et sufficiente, et in specie che siano qualificate alla natura del offitio. Tolendo piu che se porra de le persone allevate in Corte in la qualita de epsi offitii :

per fare che provendose de grado in grado da luno offitio a laltro maiore : cresca lanimo de ben servire : cum la speranza de possere crescere etiàm in honore : è à questo modo el stato sara meglio servito, se recognoscera la industria de li ben meriti, et cum lo bono exemplo se excitarano li altri à virtu, et alla faticha per acquistare merito de potere ascendere : et quanto al tempo de dare epsi offitii; et alle altre cose pertinente à questo, se remettemo alli ordini facti in lassumptione nostra.

*Del Administratore del sale et Thesaurarie de le Cita.*

Ladministratore generale del sale, le Thesaurarie de le Cita : et Canepari del sale finiti li tempi loro se haverano dare cum questo modo che li Deputati, et Magistri proponano quatro, ò sei idonei sopra la conscientia sua, è se eleza quello che sara approbato da la maiore parte del Governo, et Consilio facta prima bona discussione.

*De li Vicarij Generali.*

Li vicarij generali per fare li sindicati sono necessarij ne hano essere piu de quatro : tra forasteri, acio possano senza passione fare li sindicati : et uno de Milano, per dare questo honore alla Cita primaria : et lassare questo adito alli doctori Milanesi de possere per virtu ascendere à dignita.

*Del Capitaneo de Justitia, Potesta et vicario de la provisione.*

Del Capitaneo de Justitia, Del Potesta de Milano, et del vicario de la provisione essendo offitii importanti : è dato la forma necessaria al Governo de le imprese loro, per el decreto facto in lassumptione nostra : et pero se remettemo ad quello. Ricordando solum chel potesta si eleza zentilhomo bono, et forastero, et de qualita chel possi stare cum la dignita conveniente al honore de la Cita secundo li riti antiqui.

*De la deputatione al Governo de le Cita.*

Similmente ordinamo che al Governo de le Cita siano mandati Consiglieri, ò Capitanei de gentedarme, ò Conducteri, in modo chel grado loro possi tenere el governo de epse Cita in piu reputatione, e volemo non se impazino[1] del civile, ne tengino alcuno

1. Impaccino (F. C.). Don Felice Calvi, l'éminent auteur du *Patriziato Milanese* et de tant d'autres savants ouvrages, a eu la

vicario : ma attendino alle cose del stato : et fare che li offitiali faciano el debito suo. Ad epsi volemo che per le Communitate sij proveduto de massaritie grosse et alozamento conveniente, secundo li ordini de le Cita ovi sarano, ne possino loro stare per loco piu de dui anni, ne havere altro offitio simile fin à dui altri anni, secundo el decreto e la electione loro non se facij se non de uno mese in ante al principio de loffitio, la quale electione se habij fare dal Governo, et Consiglio secundo lordine sopradicto che la maiore parte se accordi : ne volemo che alcuno in questi offitii ne in altri possi usare la interpositione de signori, ò ambassatori per domandarli sotto pena de essere privato de la dignita senatoria ò de altro publico honore quale havera, chi contrafara à questo ordine. Et se alcuno pur domandasse offitio per qualchuno, non volemo che quello, per el quale sara domandato possi andare à tale offitio, se pur accadesse che per qualche rispecto fosse assentito, et compiaciuto a chi havesse interceduto.

### Del officio de le biade.

Ordinamo ancora se tengi spetiale cura che loffitio de le biade sij administrato cum omne diligentia secundo che in li ordini se contene : perche in la vigilantia, et bono governo di epso consiste el modo de tenere el Dominio copioso de victualie, ne si po molto temere de cosa scandalosa quando è proveduto alla carestia.

### De loffitio de sanita.

Similmente si havera advertire cum omne diligentia al offitio de la sanita, senza la quale le cose del stato : et maxime le intrate andariano in confusione : è in questo se remettemo alli ordini facti.

### De le potestarie de le Cita et altri boni loci.

Lassamo ancora per ordine, quale non se immutti che alle potestarie de le Cita se elezano homini de honorevele grado, docti et boni, et se dagi[1] questo honore alla sufficientia, et virtu, et non per dinari, como la necessita di tempi qualche volta ha

---

bonté de revoir avec nous le texte et d'y joindre quelques notes. Nous indiquons ces notes par les initiales F. C.

1. Dia (F. C.).

strecto[1], perche non si po sperare sincero offitio, ne ladministratione de integra iustitia da quello che habij obtenuto el loco per pretio. Volemo etiam se advertischi che tengano li Iudici, et vicarii sufficienti, et iusti, et familie al numero, et qualita quale deveno havere. Alli altri lochi boni, quali non sono Cita se advertisca etiam de mandare persone idonee, elezendose la industria, et virtu, et che altro inferiore rispecto non habij valere : medesma diligentia se havera etiam usare per le qualita sue alli altri loci minori.

### De li Conservatori de li ordini.

Circa li cinque Conservatori de li ordini, che è quello offitio in la qualita del quale consiste la provisione che nel stato le cose vadino secundo li ordini sui, et nisuna uscisca[2] de la norma debita, per essere data la forma como se ha servare questo offitio, lassamo che si segua quello stillo. Et sijno spesso admoniti dal Governo, et Consiglio ad trovarsi insiemi, per examinare sel si havera per loro provedere ad cosa alcuna : et in la cura loro haverano spetiale risguardo circa lordine de le exactione cum li Iudici de le victualie, et strate, in le quale se sole manchare assai, et fare patire li subditi senza beneffitio : Imo cum detrimento del stato : et accadendo haversi ad supplire de altro alli loci loro quando vaccassero, volemo che si togliano dal numero del Consiglio le persone quale se hano proponere : et se facia electione de li piu sufficienti, sequendo la forma dicta de sopra, chel sij electo quello nel quale concorrera la maiore parte de li voti del Governo, et Consiglio : et sel accadesse che alcuno de quelli, quali lassaremo scripti de mane nostra per Consigliero del stato, se trovasse essere nel numero de li Conservatori, volemo deponi el nome, et offitio de Conservatore, et resti solo el titulo de Consigliero del stato : et al loco suo de Conservatore sij facta la electione de uno altro, secundo el modo dicto de sopra e lo numero loro non volemo possi essere piu de cinque, ne fora de le qualita contenute ne la instructione, et lettere del offitio loro.

Al Governo de la casa havemo facto lordine necessario cum la distinctione de li gradi, et loci, et persone : et pero lassamo

---

1. Costretto (F. C.).
2. Esca (F. C.).

che etiam in questo se observi la norma data : et se tengi el Magistro generale de la Corte, cum la forma quale li havemo dato : et epso observi la instructione sua, et li ordini de casa : et faci servare da li seschalchi, perche in questo consistendo la norma del ben vivere de casa, tira dreto quello de la Corte : et la dignita, et honore del principe cum reputatione del stato.

### De le cose de Genua.

El stato de Genua è cosa de grandissimo momento non solo alla reputatione : ma anche alla conservatione de questo nostro primario stato de qua da lalpe et alla salute de tutta Italia, como lexperimento ha demonstrato questi anni proximi, è nel presente : E pero cum quello studio che si è veduto ridussimo le cose de quella Cita, et stato alla obedientia consueta cum noi : et per conservarle non havemo pretermesso cosa alcuna possibile. Lassamo adunche à nostro fiolo, quale sara successore nostro, et achi per noi è deputato al Governo, et consiglio del stato appresso lui che usino singulare circunspectione ad queste cose : observino li Capituli sui alli Mag$^{ci}$ fratelli adorni, et à m. Joanne Alvisio dal fiesco : et li accarezino, et tengino gratificati loro, e la casa spinula, perche la experientia ne ha insignato, che cum nisuno freno se possino meglio governare quelle cose de Genua cha col dolce : et cum lamore : et pero non li hano manchare de questo instituto et provedere che le forteze sijno tenute bene fornite, et provedute, non solo in Genua : ma per tutta la rivera.

### De la ordinatione al Ill. Duca de Barri pertinente.

Volemo ancora che succedendone lo Ill. Maximiano Conte de Pavia nostro primogenito, quelli quali lassamo al Governo suo, habijno etiam cura de lo Ill. Sforza Duca de Barri nostro secundo genito, perche sij instituito cum religione, et moralmente, habij familia condecente al grado suo, havuto rispecto alla eta la quale in li primi anni non ricerca quello numero che li convenera passati li vinti anni : Et del stato, et intrate quale li lassamo non volemo che alcuno se ne impaci se non Burguntio botta de li Deputati nostri del dinaro, quale ne habij cura, et lui li faci lassignamenti de le spese sue sopra le intrate sue al principio de lanno : et ne faci tenere bon conto : et perche le intrate sue quale li havemo dato, sono piu cha per il bisogno de questa prima sua eta : advertira alli avanzi sui : et li fara omne anno impiegare in tanti loci in la Cita nostra de Genua, a cio che quello che ne la eta tenera sara stato sopra el bisogno in le intrate sue, se lo trovi avanzato, et cresciuto cum multiplicatione de intrata ne li anni adulti, et ne riceva adiumento[1] ad possere poi vivere piu splendidamente, secundo la dignita de la casa, et secundo la decentia sua, havendo nome de nostro fiolo.

### De li Iudei, et marrani.

Ne dovemo omettere che, havendo ne li ordini facto mentione de quello che specta al temporale, ordiniamo ancora, che essendo per noi ad honore del salvatore nostro Iesu Christo cazati li Iudei dal Dominio nostro, et prohibito che alcuno de loro non li possi dimorare, se non per el tempo limitato in el decreto nostro : ancora el governo, quale lassamo poso[2] noi, non patisca che li stagino, ne loro, ne marrani, quali fin al presente volemo sijno come li Iudei licentiati dal Dominio nostro, acio non li stagino piu mali christiani, como Iudei : et cossi lassamo che per honore de Dio facia ancora nostro fiolo, quando sara pervenuto alli vinti anni, et tutta la posterita nostra, acio che de questo honore Dio se habij movere ad esserli propitio et non levare la mano da la protectione sua.

### De la Cancellaria secreta.

Similmente ordinamo che alla Cancellaria nostra secreta se servino li ordini per noi facti circa la forma, quale se ha servare ne le expeditione de le lettere de le pratiche de fora, et dentro el stato : et circa la obligatione de la fidelita, et taciturnita : et accadendo manchare quelli li quali al tempo che noi mancharemo sarano alle imprese se li provedera de altri de la Cancellaria, elegendo li piu sufficienti, et idonei alle imprese, et per haverne sempre de sufficienti se observara lordine de mandare fora appresso li ambassatori de le pratiche principale Cancelleri de la Cancellaria secreta, perche se farano piu pratici, et le cose passarano per mano piu fidele. Si advertira etiam de fare che li

---

1. Ajuto (F. C.).
2. Dopo (F. C.).

oratori omne sei mesi al piu remandino tutte le lettere, quale haverano havuto ne le imprese sue : perche non resti appresso loro scriptura publica, se non quanto parera che li possa accadere à proposito per le occurrentie.

*De quello che se ha fare ne la morte nostra.*

Ne sara inconveniente che appresso le altre ordinatione subiungamo la forma, quale se ha servare, quando Dio evocara à se el spirito nostro : è questa è che volemo, et comandamo sotto pena de la maledictione nostra à nostro fiolo successore non cavalchi la terra per farsi invocare signore, ne facij altro acto per segno de tore el Dominio, prima che sarano facte le exequie nostre, è le corpo nostro sara reposto al loco suo, è ne le exequie fara observare che siamo vestiti de le veste et insigne Ducale, quale tolsimo ne la assumptione del Ducato, et cum quelle siamo sepulto.

*De le cose reposte nel Thesoro pertinente al stato, et cum quale modo se hano vedere.*

In el Tesoro lassamo li privilegij del Ducato nostro cum le altre scripture pertinente ad epso inclusi ne la cassetta qualificata como de sopra serrata et sigillata de la corniola, cum la effigie de la Ill$^{ma}$ nostra consorte, de la quale casseta el Castellano nostro de porta zobia ha la chiave.

Questa cassetta ordinamo, et volemo non si possa aprire, fin che nostro fiolo successore habij li vinti anni, excepto in caso de bisogno, è alhora non volemo anche se apri, se non sarano presenti quelli, quali lassamo al governo, et consiglio del stato, cum el Castellano, primo secretario, et Camerlengo : et in quello caso veduto che sara el bisogno, volemo che subito epse scripture sijno restituite nel loco suo cum la afrontatione del inventario, quale sara attaccato sotto el coperto de la Cassetta, et se serri, et sigilli dicta cassetta como era in ante : E questo faciamo perche li originali non si smarriscano, et perdino, che saria cosa de grande detrimento : et bisognando vedere leffecto de epse scripture, quanto per sapere el sentimento loro essendoli li registri, dovi extesamente sono notati, se potera satisfare à quello chel bisogno ricercara, senza usare li originali, ne tenirli de fora à periculo.

### La finale conclusione.

Questi sono li ordini, quali ce è parso lassare al governo de la posterita nostra, secundo li quali essendo adriciate le cose de nostro fiolo, se po expectare che de dentro el stato le cose haverano riposso, et tranquillita : et de fora honore, et reputatione : et pero volemo che chi è lassato da noi al governo, et consiglio de nostro fiolo iuri de observarli insieme cum la fidelita verso epsi nostri fioli, de li quali, como è predicto chiarimo che lo Ill. Maximiano nostro primogenito Conte de Pavia è lassato da noi successore nostro : et mancando lui senza fioli maschij, et legitimi lassamo successore, lo Ill. Sforza nostro secundo genito : et cum questo ordine havemo facto dare li iuramenti alli Castellani, et Communitate del Dominio, como in principio è dicto : et cossi ordinamo, et volemo se exequissa.

*Nui Ludovico M$^a$ D. de M$^{lo}$ afirmamo li hordini soprass. essere quelli con li quali volemo ch. poso*[1] *nui sij governato el stato sotto n$^{ro}$ fiolo quale ne sara susesore nel Ducato, et in fede de questo li havemo sottoss. de n$^{ra}$ propria mano et fato apendere el n$^{ro}$ Ducale sigillo.*

(Ms. contemporain, sans trace de sceau, ni signature : Bibliothèque nationale de Paris, fonds italien, n° 821 : cotes anciennes, 2295 et 10432.)

---

### II.

### ÉTAT DES REBELLES DU MILANAIS.

#### (1503.)

On a vu dans le tome I de Jean d'Auton (p. 89 et suiv.) quel triomphal accueil avait été fait au roi par la ville de Milan, en 1499. « N'y avoit ne Guelphe ne Vibelin qui, pour l'eure, ne fussent bons françoys. » Les documents d'origine milanaise confirment cette appréciation. Le 6 septembre 1499, les « gouver-

---

1. Dopo (F. C.).

neurs » de Milan adressent à Trivulce, avec une lettre de créance, des *orateurs* chargés de rendre la ville ; parmi ces orateurs, dont voici les noms, figurent des gibelins notoires : l'archevêque de Bari, les protonotaires de San-Celso et Crivelli, doms Jac. Bilia, Erasme Triulzio, Ambr. del Maino, Giov. Fr. Marliano, Gasp. Visconti, Lod. Gallarate, Nic. Arcimboldo, le protonotaire Birago, Girol. Carcano, Fil. « Comitis, » Giov. Marco della Croce. Cette députation, en bonne partie gibeline, avait pour instructions de rendre la ville « en se congratulant, » de dire la joie universelle, de célébrer la gloire de Trivulce, qui personnifiait le parti guelfe, et qu'on qualifiait de « parangon d'honneur ; » la ville de Milan se trouvait trop flattée d'obéir à Louis XII, son maître légitime, etc., etc. Le même jour, on nommait Gal. Fossato commissaire spécial pour assurer largement les subsistances de l'armée victorieuse. L'arrivée du roi fut préparée avec la même unanimité : le 23 septembre, invitation expresse fut adressée par le gouvernement provisoire à toutes les autorités civiles et religieuses du duché, de venir assister à sa réception ; tels et tels reçurent l'ordre de figurer à cheval dans le cortège. Le gouvernement choisit les cinquante *principaux* de la ville pour faire la révérence au roi ; on organisa avec soin les députations ; les collèges des jurisconsultes, des médecins, les corporations de marchands envoyèrent chacune quatre délégués, pour figurer avec le préteur, le capitaine de justice, le vicaire des provisions, le juge des routes. Les personnes « honorables et de bonne maison » reçurent rendez-vous à « San Eustorchio[1] » pour aller au-devant du roi, avec les Principaux. Tous devaient être uniformément vêtus à la française (Archives de Milan, *Pot. Sovrane, Lud. XII*). Bref, tous ces détails confirment l'impression de Jean d'Auton.

En 1507, une scène analogue d'enthousiasme devait se reproduire : on couvrit les rues d'étoffes, on les tendit de tapisseries, on les joncha de fleurs et de feuilles ; çà et là s'élevait un *reposoir* triomphal, couvert d'argenterie et de fleurs... (mêmes Archives).

Mais, entre temps, les événements de 1500 amenèrent une crise très profonde ; un moment, on put croire que la même unanimité allait se retrouver contre la France (Instructions du sire de Ravenstein à l'évêque de Fréjus, Nicolas de Fiesque : Archives de Gênes, *Istrusioni e relationi diplomatiche*, filza 3, 3 mars 1500). Bientôt la scission s'opéra : le parti gibelin se compromit pour Ludovic et fut battu. Il fut donc en butte à de cruelles représailles.

1. S. Eustorgio (F. C.).

Le document ci-après contient le tableau de ces représailles. On peut le dater de 1503, car il y est question des « hoirs de M. de Saint-Quintin. » Comme nous l'avons dit (t. I, p. 157, n. 1), Codeber Carre, seigneur de Saint-Quentin, mourut en 1502.

*S'ensuyvent les noms des condamnés pour Rebellion, qui avoient suyvi le s<sup>r</sup> Ludovic en Alemaigne.*

Messire Hermes Sforce, filz de feu s<sup>r</sup> Galeaz, est en Alemaigne[1]. Il n'a nulz biens[2].

Messire Galeaz Sforce, conte de Melce, bastard, est en Alemaigne. Il avoit la contée de Melce, qu'a esté transferée en messire Georges et les freres de Trivolce.

Messire Alexandre Sforce, filz bastard du s<sup>r</sup> feu Galeaz, est en Alemaigne. Et n'a nulz biens.

Le conte Francisque Sforce[3], filz bastard de feu Sforce le secund, est en Alemaigne. Il avoit plusieurs fiefz et biens en Parmesanne et Plasantine, qu'ont estez donnés a mons<sup>r</sup> le mareschal de Gyé.

Messire Galeaz de Saint Severin est en Alemaigne. Cestuy avoit plusieurs biens de ceulx de Vermes, tant par donation que soubz quelque charge, lesquelz a present tient mons<sup>r</sup> de Ligny. Il avoit aussi ung lieu nommé Silvan[4], en la jurisdicion de Pavye, qu'a esté donné a mons<sup>r</sup> de Sampré. Item, Chasteauneuf en Tortonois[5], qu'a esté donné au conte de Musoch. Et avoit aussi certains biens alodiaulx, qu'on a reservé pour les crediteurs.

Aloys Chioque, autrefoys chambrier du s<sup>r</sup> Ludovic, est *filius familias*, et est en Alemaigne. Et n'a nulz biens.

---

1. Une partie de ces émigrés, notés comme étant en Allemagne ou chez l'évêque de Coire, peuplaient en réalité Bellinzona, qu'ils arrachèrent au Milanais.

2. En marge : *Trepassé. Mortuus.*

3. Francesco Sforza, capitaine d'Alexandrie en 1495, et l'un des plus énergiques soutiens de la cause de Ludovic. Il avait été choisi comme otage pour la sûreté du traité de Verceil (1495) et remis ensuite, à ce titre, dans les mains du duc d'Orléans (Louis XII), qui le traita en prisonnier.

4. Silvano Pietra.

5. Castelnuovo Scrivia.

Albert Visconte, chambrier aussi autresfois dudit s<sup>r</sup> Ludovic, est *filius familias*, et est en Alemaigne. Cestuy pareillement n'a riens.

Dominique Torniel, de Novaire, a eu la remission[1], et habite a Novaire. Cestuy avoit le revenu de trois cens ducas tous les ans, et a eu la restitution du tout par vigueur de la grace a luy octroyée par le Roy ou par mons<sup>r</sup> le Legat.

Andrie de Burgo[2], autrefoys cancellier du s<sup>r</sup> Ludovic, est en Alemaigne. Il n'a riens en ce pays, pour ce qu'il est cremonoys[3].

Michiel Sclafeta, autrefoys chambrier dudit s<sup>r</sup> Ludovic, est a Cremonne. Et n'a riens en ce pays, pour ce qu'il est cremonoys.

Jehan Philippes Afflit, autrefoys maistre d'ostel dudit s<sup>r</sup> Ludovic; l'on ne scet ou il soit. Il n'a riens en ce pays, pour ce qu'il est napolitan[4].

Masin de Lode, autrefoys chambrier dudit s<sup>r</sup> Ludovic, est es terres de la seigneurie de Venise. Il n'a riens, pour ce qu'il a pere; lequel est de Lode, et pouvre.

*Ces sont les noms de ceulx qui ont estez Rebelles a Milan.*

Le conte Jehan Antoyne de la Somallie[5], qui fut des premiers aucteurs de la Rebellion, pour ce qu'il a eu la remission. Il demeure a Milan. Il avoit chascun an le revenu de ij<sup>m</sup> ducas, comptant les biens feudaulx.

Jehan Galeaz Visconte, des premiers aucteurs, est es terres des Venicians. Cestuy n'a quasi riens de propre, pour ce que, au temps de la condamnation, il y avoit son pere; et luy est incapable de l'eritaige, pour ce qu'il est bampny.

Maistre Aloys Marlian, autrefois medicin dudit s<sup>r</sup> Ludovic, fut desdits premiers aucteurs; est en Alemaigne. Il a le revenu de

---

1. Gracié à la demande de son frère, Manfredo Tornielli, le chef du parti français de Novare.
2. Andrea di Burgo, peu après ambassadeur impérial en cour de France.
3. En marge : « Serviteur du Roy des Romains, et est Prontoja. » (Ce dernier mot, écrit en abréviation, est très effacé. Faut-il lire : *Pistoja?*)
4. En marge : *Neapolitain.*
5. Cavazzo della Somaglia (F. C.).

cent soixante quinze ducas, tous les ans, assignés a Loys d'Ars[1].

Alexandre Marlian, dit Stradiot, suyvant le conte Jehan Antoyne de la Sommaille; pour ce qu'il a eu sa grace, il se tient a Milan. Deduyt ce qu'il doyt, il n'a riens, ou bien peu.

Jaques Crivel, autrefoys homme d'armes, vieil et presque hors de sens, est en Alemaigne. Et n'a riens.

Aloys de Landrian et son frere, freres du general des Humiliatz, ainsi malvaix que luy est, sont en Alemaigne. Ilz n'ont riens, et sont bastars, ainsi qu'est ledit general.

Badin de Pavye estoit capitayne dudit s$^r$ Ludovic, et bien vaillant, est a Mantue. Il a cent soixante sept ducas, tous les ans, assignés a Hovyn Bilia.

Antoyne Marie Crivel, pire que tous les autres; il se tient tant en Alemaigne que es terres des Venecians. Il n'a riens, pour ce qu'il a pere.

Porre des Porres estoit chambrier du s$^r$ Ludovic. L'on ne scet ou il soit. Il n'a riens en ce pays.

Blasin Crivel estoit des capitaynes du s$^r$ Ludovic, tres malvaix homme; se tient a Mantue et es terres de Venise. Il n'a riens ou pays.

Marc Antoyne de Cropel jeune est es terres de Venise. Il avoit le revenu de ij$^c$ ducas, chascun an, assigné a m$^e$ Michiel Rice, senateur.

Jehan Antoyne [2] Maraveille [3] est a Mantue et es terres de Venise. Il a plus charge qu'il n'a de biens.

Gaspar Visconte est a Mantue. Il a le revenu de viij$^c$ ducas, chascun an, assignés a mons$^r$ de Chandea et a son nepveu pour iiij$^c$ L ducas, et au capitayne Imbaud pour iij$^c$ ducas, et a messire Hercule Rusque[4] pour L ducas.

M$^e$ Hieronyme de Carcano, docteur, est es terres de Venise. Il avoit le revenu de vij$^c$ ducas, chascun an, assignés a mons$^r$ de Corsinges pour iij$^c$ ducas, a Humbert Rosset ou a son hoir pour

1. Luigi di Marliano devint médecin de l'archiduc Philippe, qui réclama à Louis XII la restitution de ses biens (Le Glay, *Négociations entre la France et l'Autriche*, I, 150).
2. Ce mot est exponctué.
3. Meraviglia (F. C.).
4. Bâtard de la maison Ruscha, entré en 1500 au service de la France, qu'il parut abandonner presque aussitôt.

iij$^c$ ducas et a Hans Pomer, capitayne des Suysses, pour c ducas.

M° Nicolas Arcimbold, docteur, a sa grace, et se tient a Milan. Il avoit, chascun an, le revenu de iij$^c$ ducas assignés a feu Humbert du Rosset, et despuis luy ont estez restituez.

Le conte Bartholomie Crivel, des premiers aucteurs, est en Alemaigne et es terres de Venise. Il avoit Lomel, qu'a esté donné a mons$^r$ le Legat, et, oultre ce, cent trente viij ducas, chascun an, de revenu, assignés a mons$^r$ de Chastellar pour cent viij ducas, et a Argriot Armendare ou a son frere pour xxx ducas.

Ambrois del Mayno, des premiers aucteurs de ladite Rebellion, est en Alemaigne et a Padue. Il avoit la ville de Bourg franc[1] et aucuns biens alodiaulx illeques, donnés a la femme de mons$^r$ le marescal de Trivolce, et, oultre ce, ducas iij$^c$ iiij$^{xx}$ de revenu, chascun ans, assignés a mons$^r$ de Montald pour cent ducas, et a mons$^r$ de Chastellar pour ducas cent quatre, a maistre Salamon[2], medicin du Roy, pour ducas cent xxv. Et demeurent a la chambre royale et ducale lj ducas.

Aloys de la Tuada a eu sa grace, et demeure a Milan. A cause qu'il a pere, il n'avoit riens en biens immeubles, mais il avoit beaucop d'argent.

Lodris Crivel est a Soncin[3], es terres de Venise. Il avoit trois cens ducas de revenu, chascun an, qu'ont estez donnés a mons$^r$ de Sepy, capitayne a la guarde du chasteau de Milan.

Le conte Antoyne Crivel se tient tant en Alemeigne qu'es terres de Venise. Il avoit Adorne[4], qu'a esté donné a mons$^r$ le President du Daulphiné[5], et, oultre ce, de revenu, chascun an, cent ducas, donnés a Martin, s$^r$ de la Mota.

Loys Visconte, dit Borronmé[6], qui fut desdits premiers aucteurs, est en Alemaigne. Il avoit l'heritaige de feu conte Vita-

1. Borgofranco, actuellement Suardi, près de Vigevano.
2. De Bombelles.
3. Soncino.
4. Adorno, province d'Alexandrie.
5. Geoffroy Carles.
6. Luigi Visconti, neveu de Vitaliano Borromeo, protégé de Ludovic, par l'intervention duquel on l'accusait d'avoir obtenu de son oncle cession de toute sa fortune. Par suite du testament, il portait, depuis 1487, le nom de Borromeo.

lian Borronmé, laquelle maintenant poursuyt le fisque contre les contes Borronmés, possesseurs d'icelle; et, d'aultre part, il n'a riens, pour ce qu'il a pere.

Pierre Martir Stampa se tient en Alemaigne et es terres de Venise. Il avoit de revenu, chascun an, cent cinquante ducas, assignés a Loys d'Ars.

Oldra[1] Lampugnan fut des premiers aucteurs a Lode ou il estoit gouverneur; est a Mantue. Il avoit v$^c$ iiij$^{xx}$ deux ducas, chascun an, assignés aux hoirs de mons$^r$ de Saint Quintin pour ij$^c$ iiij$^{xx}$ et ung ducas, a mons$^r$ de Sepy, pour ducas ij$^c$ iiij$^{xx}$ et ung, aux hoirs d'Umbert Rosset pour ducas xx.

Jehan de Landrian se tient es terres de Venise. Il avoit de revenu v$^c$ iiij$^{xx}$ xiij ducas, assignés a mess$^e$ Augustin Trivolce pour iij$^c$ ducas, a mess. Hercules Rusque pour ducas cent soixante huyt, a mons$^r$ de Gruyer pour cent ducas et a l'heritier de Pierre Damas, maistre d'ostel de mons$^r$ de Ravastain, pour ducas xxv.

Bon Galeaz de Castronovate se tient en Alemaigne. Il a le revenu de vij$^c$ ducas, chascun an, donné a mons$^r$ le mareschal de Gyé.

Jehan Ange, Federic, Loys, freres de Baldo et nepveux du general, sont en Alemaigne. Ilz n'ont aucuns biens en ce pays.

M$^e$ Michiel de Marlian, docteur, est en Alemaigne. Il avoit, chascun an, ij$^c$ quatre ducas, assignés a mons$^r$ de Gruyer.

Octavian Figin est avesques mons$^r$ le cardinal de Saint Severin, a Romme. Il n'a riens, ou bien peu, en biens immeubles.

Le conté Ludovic Bergamin[2] est a Mantue. Il avoit iij$^c$ ducas de revenu, chascun an, donnés a mess$^e$ Catellan Trivolce.

Sigé Galaran, des premiers aucteurs. Il a eu sa grace, et demeure a Milan. Il a, chascun an, ij$^c$ ducas, assignés a Bernard Dordos, capitayne de Lec.

Frederic Galaran, son frere; pour ce qu'il a aussi eu sa grace, il est a Milan. Il a cent soixante quinze ducas, assignés a m$^e$ Salamon, medicin du Roy.

---

1. Oldrad (F. C.).
2. Mari de Cecilia Gallerani, la célèbre maîtresse de Ludovic le More (F. C.).

Eneas Cribelle est en Alemaigne. Il a une maison, vaillant, chascun an, dix ducas, donnée a Hercules Rusca.

M° Luquin Crivelle, docteur, est en Alemaigne. Il n'a gueres biens, assignés a nulli.

Baldasar Magrolin. Il est mort en Alemaigne. Et n'a laissé nulz biens, ou bien peu.

Galeaz Ferrier a esté decapité a Milan [1]. Il avoit, chascun an, soixante ducas, assignés a quatre portiers du chasteau.

Aloys Por a esté decapité a Milan [2]. Et n'a laissé nulz biens.

Jaques Andrie de Ferraire a esté decapité a Milan [3]. Ses biens ont estez donnés a maistre Teodore Guayner [4], medicin du Roy.

Francisque du Conte se tient a Mantue. Il a, chascun an, iij$^c$ ducas, assignés au frere de mons$^r$ de Sepy, et a deux ses compaignons.

Baptista de Landrian se tient a Milan. Et a sa grace. Il avoit de revenu, chascun an, ciiij$^{xx}$ ducas.

Galeaz Stampa est aveques l'evesque de Coyre. Il sert l'evesque de Coyre. Il avoit cent cinquante ducas, chascun an, assignés a mess$^e$ Cesar Guasc et son frere.

Jehan Hieronyme Visconte est en Montferrat. Il n'a riens, pour ce qu'il a pere; et, estant detenu au chasteau de Milan, il s'en fuyt.

Sforcin Sforce se tient en Alemaigne. Il a en Parmesane le revenu de certain lieu, qui a esté donné a mess$^e$ Herasme Trivolce, senateur.

Mess$^e$ Hieronyme de Castillion. Il a sa grace, et se tient a Milan. Il a bien peu, ou presque riens.

Thomas Torniel. L'on ne scet ou il soit. L'on n'en a nouvelles. Il n'a riens.

Marc Antoyne Cagnole a sa grace, et se tient a Milan. Il a le revenu de iij$^c$ ducas.

Barthelemie de Vicomercato [5]. Il a sa grace, et demeure a Milan. Il n'a riens, pour ce qu'il a pere.

---

1. En marge : *Decapité.*
2. En marge : *Decapité.*
3. En marge : *Decapité.*
4. Teodoro Guarnerii (plus connu sous le nom de « maistre Theodore » ou « Theodore de Pavie »).
5. Vimercati (F. C.).

*S'ensuyvent les Rebelles qui n'ont encores estez condamnés pour ce qu'ilz sont ecclesiastiques*[1].

Le general des Humiliatz, le chef et le tout de la Rebelion, est en Alemaigne.

L'arcevesque de Bar[2], des premiers aucteurs de ladite Rebelion. Il a sa grace et demeure a Milan.

L'arcevesque de Genes[3]. Il a sa grace, et est a Romme.

L'evesque de Lodde[4] est a Mantue.

L'evesque de Tortonne[5], aucteur de la Rebellion dudit Tortonne. Il a maintenant composé.

Le prothonotaire de Saint Celse[6], des premiers aucteurs. Il a composé, et est a Carmagnole[7].

Le prothonotaire Crivelle, des principaulx aucteurs, a composé, et est a Carmagnole.

Le prothonotaire Alexandre Sforce est a Rome, ayant sa grace. Et a sa remission.

Le prothonotaire Alexandre Visconte est en Alemaigne.

Le prevost de Vicoboldon[8] est a Milan, ayant sa grace.

Le prevost de Saint Cal[i]mere est a sa maison, ayant sa grace.

Le prevost de Vico[9], qui fut le principal aucteur a Come; il se tient a Come, ayant sa grace.

Le prevost du Capuz se tient en Alexandrie, ayant sa grace.

Le prevost de Nornian demeuret a sa maison, et a sa grace.

Messe Charles de Baldo demeuret a sa maison, aveques sa grace.

---

1. Le cardinal d'Amboise avait obtenu des pouvoirs du pape pour sévir contre les rebelles de cette catégorie et les priver de leurs bénéfices. Tout le haut clergé avait pris parti pour Ludovic. (Cf. t. I, p. 154.)

2. Giov. Giac. Castelloni, archevêque de Bari.

3. Giov. Maria Sforza, successeur du cardinal Campofregoso depuis 1499.

4. Ott. Maria Sforza.

5. Giov. Dom. Zazi.

6. A Milan.

7. Carmagnola, en Piémont.

8. Vicoboldone.

9. Près de Come.

L'evesque de la Tuada¹ se tient a son evesché, en Provance. Et luy est defendu de venir en Italie.

### *Ces sont ceulx de Pavye.*

Augustin Maria de Becharia est a Mantue. Il a de revenu, chascun an, iij<sup>c</sup> ducas, assignés a mons<sup>r</sup> de Ravastain pour ij<sup>c</sup> ducas, et cent son a la chambre.

M<sup>e</sup> Bernardin Carnevar, docteur, est a Mantue.

Jaques Eustaque est a Mantue. Il a, chascun an, ducas iiij<sup>c</sup> L, assignés a mons<sup>r</sup> de Ravastein.

### *Ceulx de Lodde.*

Le conte Ugo de la Sommallia, des principaulx aucteurs de Lodde. Il demeuret a sa maison, a Lodde, ayant sa grace. Il a composé aveques mons<sup>r</sup> de Ravastain, a qui avoit esté donnée la moytié de ses biens, en laquelle il fut condamné.

Jehan de Calco demeure a sa maison, aveques sa grace. Il a composé, et est pouvre.

Vincent de Cassino demeure a sa maison, et a sa grace. Il avoit v<sup>c</sup> ducas, chascun an.

Martin Brandilia² demeure es terres de Venise. Il n'a riens, pour ce qu'il a pere, lequel est pouvre.

Benedit de Concorez; le mesme que dessus.

Antonel de Landrial³; ainsi que dessus.

### *Ceulx de Plaisance.*

Bernardin Tedald, docteur, fut des principaulx aucteurs de la Rebellion a Plaisance, se tient a Cremonne. Il avoit vj<sup>c</sup> ducas l'an, assignés a mons<sup>r</sup> de Montoison.

Jehan Francisque de Lando est es terres de Venise. Il n'a riens, pour ce qu'il est *filius familias*.

M<sup>e</sup> Jehan Dominique de Lando, docteur, es terres de Venise. Il a xxvj ducas l'an, que sont a la main de la chambre.

---

1. Antoine Lascaris de Tende, évêque de Riés, en Provence, depuis le 22 octobre 1495.
2. Brambilla (F. C.).
3. Landriano (F. C.).

Pedret Corsie, principal aucteur de la Rebellion a Plaisance. Il est vagabund, incongneu et meschant. Il n'a riens.

Pierre Dominique Anguissola, filz du conte Charles, est es terres de la seigneurie de Venise. Il n'a riens, pour ce qu'il a pere.

Lancelag Palavesin, homme d'arme, est a Mantue. Et n'a riens.

Pierre Antoyne Anguissola se tient es terres de Venise. Il avoit ducas cxxv, assignés a mess$^e$ Jehan Grand Malabayle pour c ducas, le remanant est a la chambre.

Francisque Brane, Pierre Bernardin Anguissola, Scorps, Gamba, Jehan Pierre Falcon, meschans personnaiges, vagans par les terres de Venise. Et n'ont riens.

Le comte Camile de Lando est a Plaisance, et a sa grace.

### Ceulx de Parme.

Le conte Guido Torelle est a Mantue. Il ne possedoit riens en la duché et pays de Milan ayant la Rebelion, combien que a luy apartint la portion des biens des Torelles, a cause de laquelle maintenant plaide le fisque.

Le conte Cristofle Torelle, principal aucteur a Parme. Il est a Mantue, ou a Rege. Il avoit la portion de Caselles, pour ij$^c$ L ducas, assignée a Loys d'Ars. Item, avoit Convenz, de revenu annuel de vij$^c$ ducas, possedé par mons$^r$ de Ligny; Guastalla, pour iiij$^c$ ducas, laquelle tient la chambre, pour le mariage de la mere et de la sa femme; et Montcleru assigné à mons$^r$ de Gimel pour vj$^c$ ducas, et a mess$^e$ Aymar de Prie pour ij$^c$ ducas.

### Ceulx de Come.

Le conte Anibal de Balbian, principal aucteur de la Rebellion a Clavene, est en Alemaigne. Il a, chascun an, cent xx ducas, assignés a Gabriel Scanagata.

Mess$^e$ Pierre Antoyne de Vicedonains, docteur, des principaulx aucteurs a Come, se tient en Alemaigne. Il a cent ducas l'an, assignés a mons$^r$ le capitayne de la Roche Baravelle, de Come.

M$^e$ Eleuctere Rusca, docteur, est a Mantue. Les crediteurs ont tout occupé.

Mº Gaspar de la Tor, docteur, est a Mantue. Les crediteurs ont tout occupé.

Jehan Pierre Rusca, filz de Bertolas, est en Alemaigne, homme d'arme du Roy. Il a de propre cent cinquante ducas, chascun an ; mais le pere en a la joyssance, et est riche.

Jehan de Zobiis, Francisque de Zobiis, freres, sont en Alemaigne. Ils ont ducas iiij$^{xx}$, chascun an, assignés a Gabriel Scanagate.

M$^{re}$ Octavian de Rippa, docteur, Jehan Pierre Malacrida, Antoyne, filz de Cataguin, Andrie dict Bagazia, sont en Alemaigne. Et n'ont riens.

### A Domdossole.

Baptista du Pont est en Alemaigne. Il a, chascun an, iij$^c$ ducas, assignés au conte Ludovic Borronmé.

### En Alexandrie.

Mess$^e$ Lazare Inviciat, docteur, fut des principaulx aucteurs d'Alixandrie. Il a cent cinquante ducas, chascun an, a la main de la chambre [1].

Francisque Lanzavegia. Il a cent ducas l'an, assignés a Guill$^e$ Stuard.

Vincent, George, Antoyne, freres de Carcaninge. Ilz ont L ducas l'an, assignés a mons$^r$ d'Alon.

Facin Inviciat. Il a cl ducas, assignés a Guillaume Stuard.

Gabriel Bos. Il a xxx ducas, assignés a Loys d'Ars.

Jehan Maria et Tebaldin, freres de Lennigiis. Ilz ont xxx ducas l'an, assignés a mons$^r$ d'Alon.

Ambrois Inviciat, de Lacorda. Il a xxv ducas l'an, assignés a Guillaume Stuard.

Pierre Lion. Il a xxv ducas, assignés a mess$^e$ Francisque Trot et ses freres.

Jehan Lanzavegia. Il a dix ducas l'an, assignés a mons$^r$ de Saraval.

---

1. *Note en marge* : De tous ces Alexandrins, dessubz només, l'on n'a point de notice ou ilz soient, mais l'on a raporté qu'ilz habitent entres les montaignes des Genevoys.

Blais Villanegia. Il a cinq ducas l'an, assignez a mess⁰ Francisque Trot.

Sebastian Castellain. Il a ij ͨ deux ducas, assignés a Guillaume Stuard.

Carlin et Jehandre Rebu. Ilz ont xxxv ducas, assignés audit Guill ͤ.

Jaquemin Millanegie. Il a xxxv ͬ ducas, assignés a mons ͬ de Saraval.

Jacquemin Inviciat du Revelin. Il a xv ducas, assignés a mess ͤ Francisque Trot.

Antoyne Gromel. Il a vij ducas, aussignés audit Trot.

Jehan Balgen. Il a deux ducas, assignés audit Trot.

Percival Prela. Il a trois ducas, assignés a nulli.

Antoyne de Mucio. Il a six ducas, assignés a nulli.

Nicolas de Plaisance. Il a viij ducas, assignés audit Trot.

Baptestin Squarzafig. Il a dix ducas, assignés a Loys d'Ars.

Dominique Petrobon. Il a xv ducas, assignés a m ͬ Guill ͤ Stuard.

Symonin Taure. Il a xv ducas, assignés audit Stuard.

Jehan Marc Cremel. Il a trois ducas, assignés a nulli.

Tomen Col. Il a trois ducas, a nulli assignés.

Hieronyme de Ferugie. Il a ung ducat et demy, a nulli assignés.

Luquin Cavalaire. Il a x ducas, assignés audit mess ͤ Guill ͤ.

Gasparin Cerniel. Il a deux ducas, assignés a nulli.

Baptista de la Val. Il a viij ducas, assignés audit m ͤ Guill ͤ.

Gerard de Varcio. Il a ducas lij, assignés a mons ͬ de Saraval.

Michiel Petrobon. Il a xviij ducas, assignés audit Saraval.

Jehan Guill ͤ Rique. Il a xv ducas, assignés audit mess ͤ Guill ͤ.

Luchin de Vercio. Il a x ducas, aussignés audit Guill ͤ.

Nicolas, dict Gagie. Il a xv ducas, assignés audit Guill ͤ.

Bernard Tarchie. Il a viij ducas, a mess ͤ Francisque Trot.

Symon Inviciat. Il a vj ducas, assignés a nulli.

Jacques Tasca. Il a xij ducas, assignés audit Trot.

Guill ͤ de la Museta. Il a xv ducas, assignés audit Saraval.

Gasparin Lanzavegie. Il a xiij ducas, assignés audit Trot.

Jaquemin Corniel. Il a trois ducas, assignés a nulli.

Jehan Albert Favon. Il a xxv ducas, a nulli assignés.

Andrie Viola Inviciat. Il a cinq ducas et demy, assignés audit Trot.

Nicolas Parazol. Il a xxxvij ducas, a nulli assignés.

Lorans Viola. Il a xxx ducas, assignés audit Saraval.

M⁰ Jehan Inviciat, docteur. Il a xxx ducas, assignés audit Saraval.

Blais Villaregia¹. Il a trois ducas, assignés a nulli.

George Villaregia. Il a cinq ducas, assignés audit Trot.

Bernardin Philibert. Il a xv ducas, assignés audit Trot.

Jehan Nicolas Ferrier. Il a ducas L, assignés audit Saraval.

Et toutes lesdites sommes sont de revenu chascun an.

*Ceulx d'Alixandrie, qui n'ont riens.*

Bernardin Col, *filius familias*; Jehan Jaques Gramir, *filius familias*; Dominique, son frere; Baptista Gramir, *filius familias*; Marc, Cornel, Anibal, freres de Col, *filii familias*; Cesar Inviciat, *filius familias*; Jehan Bernardin et Jehan, freres des Gavons, pouvres; Spigali de Sezadio, pouvre; Fabrice, Alpin, Augustin et Boniface, tous de Col, *filii familias*; Blasin Bulla, *filius familias*; Estienne Lanzavegia, *filius familias*; Magaron Millanegia, *filius familias*; Bartholomie Rebut, *filius familias*; Francisque Muranegie, *filius familias*; le serviteur du chevalier Ferussin, Lorans Cler, *filius familias*; Tibaldin de Casate, *filius familias*; Bertramin Innevald, *filius familias*; Jaquemin Levinge, dict Padele, pouvre; Jehan Tomas Inviciat, pouvre; Bernardin Bergamin, pouvre; Bastian Filibert, *filius familias*; Gerardin, dict Cheura, pouvre; Dominique Pavesie, pouvre; Daniel Tanz, *filius familias*; Jacques Brambilla, *filius familias*; Innocent Cabalaire, *filius familias*; Marc Villaregia, pouvre; Manfred Facie, pouvre, *filius familias*; Martin de Sezadio, *filius familias*; Ubertin Aguzot, pouvre; Vincent Tasca, *filius familias*; Jehan Tasca, *filius familias*; Lucas Gavon, pouvre; Thomas Stanque, pouvre; Barthelemie Tacon, pouvre; Bartholomie, dict Agnexe, pouvre.

1. Cf. page 340, ligne 1.

*Ceulx du Bosc. Et sont vagabuns, et se retirent pour la plus grant partie es quartiers de Montferrat, Gennes et de Piemont*[1].

Marc Passera. Il a en biens xvj ducas, assignés a nulli.

Federic Zelant. Il a quatre ducas, assignés a nulli.

Bernard Zuchot. Il a xxiiij ducas, assignés a monsʳ de Gibanel.

Jehan Gamond, Bernardin Gamond. Ilz ont xix ducas, assignés audit Gibanel.

Jehan Francisque Gamond, Anselme Gamond. Ilz ont viij ducas, assignés a nulli.

Jehan Mathieu Gamond, Guillaume Gamond. Ilz ont trois ducas, assignés pour la guarde du chasteau.

Parmesan Grindel. Il a demy ducat, assigné comme dessus.

Conrad Cagnata. Il a ung ducat et demy, assigné comme dessus.

Ruffin Passera. Il a ung ducat, assigné comme dessus.

Marquni de Costa. Il a ung ducat et demy, assigné comme dessus.

Zanin Cavagnie, Guillᵉ Cavagnie. Ilz ont quatre ducas et demy, comme dessus.

Alexie Polastre. Il a v ducas et demy, assigné comme dessus.

Jaquemon du Lac, Conrad du Lac. Il ont trois quartz de ducat, chascun an, assignés comme dessus.

Blason Polastre. Il a deux ducas, assignés comme dessus.

Gabriel du Lac. Il a deux ducas, assignés comme dessus.

Lanzelot Passera. Il a cinq ducas, assignés comme dessus.

Estienne Passera. Il a xij ducas et demy, assignés comme dessus.

Nicolas Passera. Il a cinq ducas, assignés comme dessus.

Jehan Francisque Polastre. Il a iiij ducas, assignés comme dessus.

Galeot Vita. Il a ung ducat, assigné comme dessus.

Aloys Barbarin. Il a trois ducas, assignés comme dessus.

---

1. *Note marginale* : Toutes les sommes s'entendent de revenu chascun an.

Jehan Andrie Gamond, Hieronyme Gamond, Francesquin Gamond. Ilz ont deux ducas et ung quart, assignés comme dessus.

Innocent Roman. Il a xj ducas, assignés a Gibanel.

Bernardin Costa. Il a deux ducas, assignés pour la guarde du chasteau.

Santin de Costa. Il a dymy ducat, assigné comme dessus.

Julian Brocard. Il a ung quart de ducat, comme dessus.

Jaquemin Panzon. Il a deux ducas, assignés comme dessus.

Gasparin du Lac. Il a demy ducat, assigné comme dessus.

Pierre Costa. Il a autant.

Paulin Costa. Il a autant.

Jehan de Costa. Il a ung quart de ducat, comme dessus.

Paulin Roman. Il a ung ducat, assigné comme dessus.

Jehan Dominique Passera, Baptestin Passera. Ilz ont xv ducas, assignés comme dessus.

Julian Bonabel. Il a demy ducat, pour ledit chasteau.

Lorans Polastre. Il a deux ducas et ung quart, comme dessus.

Bernardin de Terzag. Il a deux ducas, assignés comme dessus.

Gabriel Gamond. Il a xxv ducas, assignés audit Gibanel.

Antoyne Grindel. Il a xviij ducas, assignés audit Gibanel, et xvj ducas, sur certains meilloramentz de l'eglise pour xvj ducas, assignés pour la guarde du chasteau.

Lancelot Grindel. Il a xviij ducas, assignés audit Gibanel, et xvj ducas, assignés comme dessus.

Pierre Zelant. Il a vij ducas, assignés a nully.

Dominique de Anda. Il a quatre ducas, a nulli assignés.

Busthelle de Tixa. Il a ducas quatre et dymy, assignés a nulli.

*Les dessoubz nommés du Bosc n'ont nulz biens.*

Julian Polastre; Gerard de Tervilio; Morel Cultela; Jaquemin de Pavye; Pierre Antoyne Saint; Guillaume Zelant; Percival Vita; Jaques de Costa; Jehan Francisque Passera; Pierre de Lac; Bogirel de Lac; Roland de Lac; Bernardin Polastre; Cesar de Baldrino; Hieronyme de Unda; Guillaume Gamond; Nicolin Roman; Luquin de Cose; Bernardin Bonabelle; Charles, Eusebe, Parmeser, Gulliemel de Passoris; Bartholomie de Lac; Francesque Arnulf; Paulin Vita; Galeot Zelant; Augerel du Lac.

*Ceulx de Tortonne*
*se retirent es terres de Monteferra, de Piemont et montaignes de Genes.*

Lorans de Opizonibus. Il a, chascun an, l ducas, assignés a mess° Janot de Arbomille[1].

Jehan Antoyne Rat, Estienne Rat. Ilz ont xv ducas, assignés a messere Bernardin Guast.

Bernardin Guidebon. Il a lx ducas, assignés audit Janot.

Jehan Pierre Rat. Il a cent ducas, assignés au chastellain de Gennes.

Galet de Sancta Agata. Il a l ducas, assignés audit d'Alon.

Jehan Antoyne, dit Cagnaz, de Saint Alvise. Il a iij ducas et dymy, assignés a nulli.

Jehan Dominique Guidobon. Il a iiij$^{xx}$ cinq ducas, assignés a miss° Bernardin Guasc.

Hiero[n]yme Caluin. Il a xx ducas, assignés audit Guasc.

Manfrin Malcolza. Il a soixante quinze ducas, assignés a Janot dessusdit.

Pierre, Blais et Lorans de Medasino. Ilz ont xx ducas, assignés audit Guasc.

George de Busseto. Il a l ducas, assignés audit Guasc.

Hieronyme Guidobon. Il a lx ducas, assignés audit Guasc.

Jehan et Antoyne, freres, des Rampins. Ilz ont dix ducas, assignés audit Guasc.

George Opizon. Il a vij ducas et dymy, assignés audit Guasc.

Bartholomie et Antoyne, freres, de Cereto. Ilz ont xxv ducas, assignés audit Guasc.

Masin de Saint Alosio. Il a vij ducas et demy, assignés audit Guasc.

Bartholomie de Cereto. Il a xv ducas, assignés a Janot dessusdit.

George Ferrier. Il a xxij ducas, assignés audit Saraval.

Antoyne Maria de Saint Aloisio. Il a iij$^c$ ducas, assignés au capitayne de la Lande.

Perin et Otto, freres, de Montelegali. Ilz ont iiij$^c$ ducas, assignés a mess° Aymar de Prie.

1. Arbouville.

PIÈCES ANNEXES. 345

Ambrois Aliprand. Il a poyé v<sup>c</sup> escuz audit de Prie, pour une foys seulement.
Jehan, Antoyne et Maint de Riali. Ilz ont deux ducas[1].
Jehan Andrie Caluine. Il a vij ducas.
Gasparin de Busseto. Il a l ducas.
Aloys et Francisque de Vulponis. Ilz ont x ducas.
Charles Opizon. Il a cinq ducas.
Anthoinet Guidebon. Il a xj ducas.
Thomasin Omermie. Il a deux ducas.
Anthoyne Guidebon, de feu Cavalquin. Il cl ducas.
Estienne, Hieronyme et Nicolas de Busset. Ilz ont l ducas.
Julian Guidebon. Il a v ducas.
Bernardin Guidebon, filz de Pagan. Il a lx ducas.
Castelin de Ceret. Il a vij ducas et demy.
Estienne de Ceret. Il a trois ducas.
Et tous de revenu.

*Ceulx sont de Tortonne, ayans nulz biens.*

Jehan Philippe et Jaques, freres, de Opizonibus, *filii familias*; Jehan Francisque Opizon; Bartholomie de Riali, *filius familias*; Tebald de Butero, *filius familias*; Jaques Masinat, pouvre; Joseph et Janon, freres, des Gualons, *filii familias*; Pierre de Actendolis; Daniel Tanz; Nicolas et Pierre, freres, de Silvan; Sebastian et Bartholomie de Medasino, *filii familias*; Michiel de Palenzola, *filius familias*; Lorans Rat, *filius familias*; Jaques Guidobon, *filius familias*; Jehan Pierre de Montbon; Bartholomie de Signerio; Bomfort de Cassan; Lorans de Calabre; Augustin Cagnamot; Antoyne Marie et Jehan Estienne, freres, de Pouzan; maystre Paulin de Lugano frere, son filz; Jehan Jaques de Cereto, *filius familias*; Hieronyme de Cereto, *filius familias*; Bartholomie de Cormigliusca; Jehan de Sezano; Antoinet Catellie; Pin Lec; Francisque Aliprand.

*Les dessoubz nommés sont aussi des quartiers de dela de Po.*
Le conte Federic de Verme se tient a Verone.
Le conte Pierre de Verme par[e]illement est a Verone, ou ilz

---

1. *Note marginale :* Tous les dessobz nommés n'ont point estez assignés.

ont plusieurs biens. Et, en la duché et pays de Milan, ilz n'ont riens, si non les terres que tient monsʳ de Ligny.

Francisque de Verme se tient à Mirinbergami[1], en Alemaigne. Il estoit filz bastard du conte Pierre de Verme, et n'a riens en ce pays.

Le conte Fregosin[2] se tient en Mantuane. Il estoit filz du cardinal de Gennes, et n'a aucuns biens au pais de Milan.

Anthoine Ferussin, chevalier hierosolomitan, se tient a Rege. Il a de patrimoyne iijᶜ ducas de revenu, assignés au capitayne de la Roquete de Milan, et a aussi de benefices, lesquelz tient la chambre.

Ilz sont aussi plusieurs bannys qui ne sont point nommés es procès, ny sont condamnés, pour ce que le fisque n'en avoit eu aucune notice, et maintenant leur absence a esté entendue.

Gaspar du Conte, autrefoys chastellain de Cremonne, est en Alemaigne. L'on dit qu'il a de revenu, chascun an, ducas ijᶜ.

Jehan Antoyne Bilia estoit chambrier du sʳ Ludovic; se tient en Alemaigne. Il n'a riens.

Vincent de la Toile, aussi chambrier comme dessus, est en Alemaigne. Il n'a riens.

Silvestain de Lodde, chambrier comme dessus, se tient en Alemaigne. Il n'a riens.

Le conte Philippes Ros est a Mantue. Il n'a riens, pour ce que ses predecesseurs ont estez despoillés et deschassés.

Ambrois de Valle est en Alemaigne. Et n'a riens.

Jehan Antoyne de Castillion est en Alemaigne. Et n'a riens.

Messᵉ Antoyne Maria de Saint Severin est en Alemaigne. Et n'a riens ou pays de Milan.

Francesquin de Mayno, Antoyne de Landrian sont aveques les filz du sʳ Ludovic Sforce, en Alemaigne. Et n'ont riens.

Ilz sont plusieurs de Lugan es pays voysins, qui ont estez rebelles, tant pour le temps de la rebellion au retour du sʳ Ludovic que au temps du tumulte des Suysses; lesquelz, combien ne soient de valeur, neantmoins esdits quartiers ilz meuvent beau-

---

1. Nuremberg.
2. Fregosino, jadis fait prisonnier par les Français à Rapallo, en 1494.

cop de tumulte[1]; leurs bien ne sont encores extimés ne distribué par la chambre. Et sont en nombre environ cinquante.

(Note contemporaine, sur cahier de papier, in-4°, orig., aux Archives nationales, J 507, n° 22.)

## III.

### Budget du duché de Milan pour l'année 1510.

*Estat de Millan pour l'année finissant mil V<sup>c</sup> dix.*

Estat faict a m<sup>e</sup> Jehan Grolier, tresorier et receveur general des finances es pays et duché de Millan et Astizanne, de la Recepte et despence du revenu desdits duché, pour une année commançant le premier jour de janvier l'an mil cinq cens et neuf et qui finira le dernier jour de decembre l'an mil cinq cens et dix.

Et premierement.

Du revenu dudit duché de Millan, qui consiste en l'emolument des daces, gabelles de sel et choses declairées en ung roolle signé de la main du Roy a Millan, le sixiesme jour de novembre l'an mil CCCC IIII<sup>xx</sup> XIX, lesquelles choses ont esté baillées a ferme pour le Roy nostre sire a Alexandre Gamberanne et ses compaignons pour cinq années, dont l'année de ce present estat est la premiere, a la somme de iij<sup>c</sup> xxxvj<sup>m</sup> ducatz imperiaulx, comprins iij<sup>c</sup> escuz pour la pension dudit Gamberanne, iij<sup>c</sup> ducatz pour les gaiges de ... (*sic*), conseiller au senat, et vj<sup>xx</sup> ducatz pour Bertholemy Ferrier, maistre des Intrades ordinaires, dont despence est faicte en ce present estat, payable a quatre termes; assavoir, est le premier paiement le premier jour de may, le second au premier jour d'aoust ensuyvant, le tiers au premier jour de novembre, et le quart et dernier au premier jour de fevrier, aussi après ensuyvant, et ce oultre et dessus les ventes observées aux crediteurs du s<sup>r</sup> de Ludovic, selon la forme et

---

1. Allusion à l'affaire de Bellinzona.

contenu des chapitres, lettres et declaracion sur ce faictes par le Roy. Ainsi monte ceste partie, a raison de xxxij s. iiij d. pour chascun ducat, la somme de v$^c$ lx$^m$ l. t.

II[1]. De mess$^{rs}$ de Sainct Gorges de Gennes, qui doibvent chascun an au Roy la somme de xvj$^m$ vj$^c$ lxvj ducatz deux tiers, vallant, au feur de xxxvij s. vj d. p$^{ce}$, la somme de xxxj$^m$ ij$^c$ L l. t., dont se faict autre estat a part; pour ce, neant.

III. De la comté d'Ast, pour ladite année, la somme de iiij$^m$ l. t.

IIII. Des habitans de Bosque[2], la somme de vj$^c$ ducatz imperiaulx, qu'ilz doibvent par chascun an; pour ce, cy m l.

V. Des habitans de Mortaire[3], la somme de iij$^m$ vj$^c$ lxxiiij l. xj s. vj d. imperiaulx, pour les daces qu'ilz doibvent chascun[4] an; pour ce, cy ladite somme de xj$^c$ lvj l. j s. vj d.

VI. Du revenu de Casago[5], sur quoy il fault desduyre et rabatre ce qu'on a accoustumé de paier pour aucunes terres qui ont esté desmembrées et baillées a l'abbé et religieulx de Sainct Victor de Millan, en recompense d'autres terres qu'ilz avoient a la porte Verseline, que ledit s$^r$ Ludovic feist prendre, ou l'on a faict ediffier des maisons. Pour ce, cy ij$^m$ c l. t.

VII[6]. Pour le proffict et esmolument du seel de la chancellerie de Millan, dont sera rapporté notifficacion de vichancellier, tant des années finies M V$^c$ et VII, huict et neuf, que de l'année du present estat, de la vraye valleur, la somme de xij$^c$ l.

VIII. Item, sera faict recepte du revenu de la taxe des chevaulx, montant de nect par an, non comprins les gaiges des officiers et commissaires, la somme de lxv$^m$ ij$^c$ iiij$^{xx}$ iij l. xiiij s. x d., au feur de xL s. imperiaulx par mois pour cheval. Neantmoings, pour ce que le tresorier dict qu'il y a aucuns lieux qui sont exemps, a cause de ce que l'on loge les gens d'armes, ne[7] pourra revenir de nect que soixante mil livres; dont

---

1. Un trait de vérification est tiré sur les articles ij, iij, iv, v, vj.
2. Bosco Marengo.
3. Mortara.
4. *Au bas du fol.* : S. v$^c$ lxv$^m$ l. t.
5. Cusago.
6. Un trait est tiré sur les articles vij, viij, ix, x, xj, xiij.
7. *Au bas du fol.* : S. iiij$^m$ iiij$^c$ lvj l. j s. vj d. t.

il sera tenu apporter notifficacion des gens des Intrades, tant des années passées que de celle du present estat, de la vraye valleur, et aussi prandre lesdites exemptions de mons$^r$ le grand maistre. Pour ce, cy  lx$^m$ l.

IX. Item, fera recepte ledit tresorier des restes des comptes en son estat prochain, tant des années passées que de ceste presente.

X. Plus fera recepte du revenu des terres que tenoit feu mons$^r$ de Ligny, dont sera tenu faire apparoir par les maistres des Intrades de la vraye valleur, pour ce, rabatu ce que le Roy en a donné,  xj$^m$ vj$^c$ l. t.

XI. Du revenu des villes de Galleras et Castellas[1]; que tenoit feu mess$^{re}$ François Bernardin Viscomte, la somme de ij$^m$ l. t. Et sera tenu ledit tresorier faire apparoir par certifficacion des maistres des Intrades de la vraye valleur desdits lieux, sur lesquelz le Roy a faict don aux enffans dudit Visconte de deux mil livres par an. Ainsi reste pour le Roy sur lesdites terres, dont ledit tresorier[2] fera recepte,  ij$^m$ l. t.

XII. Et veult et entend le Roy que les daces, fermes et autre revenu desdites terres soient baillées et receues par ses officiers et que par les mains dudit tresorier soit baillé sur ledit revenu ausdits enffans d'icelluy feu Bernardin ladite somme de ij$^m$ l. t., ou cas qu'il face difficulté de bailler pour le Roy audit tresorier lesdites ij$^m$ l. par an.

XIII. Du revenu de Pyolle[3], mil cinquante escuz sol., a raison de iiij l. ix s. imperiaulx pour escuz, valleur
  xix$^c$ xlvj l. xvij s. vj d.

[XIIII]. Plus, est cy faict recepte de ce que reste de bon pour l'estat de l'année derniere passée, montant a xlviij$^m$ iiij$^c$ iij l. xvj s. x d., dont fault, rabatu les partyes obmises, coucher en l'estat precedent : c'est assavoir, pour le faict de la Thoriselle[4] dont le tresorier estoit chargé et n'en avoit riens receu pour

1. Gallarate, Castellazzo-Bormida.
2. *Au bas du fol.* : S. lxxj$^m$ vj l. t.
3. Piola.
4. Sans doute Torricella Verzate, près de Voghera.

deux années, ij^m iiij^c l.; pour les habitans de Cassan[1], vj^xx xj l. viij s. iiij d.; pour Anthonin Comel, ij^c l.; pour Marc Sabouret, ij^c lx l. alexandr. vall. vij^xx l.; pour m^e Lambert Amones[2] et Veraud Mondard, pour les mortespaies de Gennes, iiij^c l.; pour le comte Montfroy, ij^c iiij^xx xiij l. vj s. viij d.; pour mess^rs de la Palice et d'Aubigny, viij^m l.; pour le bastard de Baviere, viij^c l.; au feu tresorier des guerres de Millan, xviij^c l.; a Bley chat, ix^xx l., et Loys Diesbach, vj^xx l. Ainsi reste dudit bon xxxiij^m vj^c lxxix l. j s. x d., cy     xxxiij^m vj^c lxxix l. j s. x d.

XV[3]. Et au regard des xx^m escuz que doivent les Sennoys, dont a esté faict appoinctement avec eulx, duquel les seurtez ont esté baillées au feu tresorier de Millan, il fault envoier devers eulx pour recouvrer ladite somme pour le Roy.

XVI. Plus, fera dilligence de ce qui viendra du faict de l'extraordinaire des confiscacions, amendemenz et autres condempnacions de la duché de Millan, et en apportera a la fin de l'année ung estat signé et bien veriffié par le vichancellier, les deputez du senat et les maistres des Intrades, affin que doresnavant le Roy s'en puisse ayder a ses affaires[4].

XVII. Il y a encores a Pavye de la blave a vendre pour le Roy.

XVIII. Plus fera cy recepte ledit tresorier de ce que a peu valoir la taxe des chevaulx, oultre soixante mil livres tournois, dont recepte est faicte cy devant par estimation de iij^m l.; pour ce, cy     iij^m l.

XIX. Ledit tresorier sera tenu de rapporter a son estat prochain la valleur au vray de ladite taxe des chevaulx, certiffié par lesdits maistres des Intrades ordineres, et pareillement des deux années precedentes, pour luy en faire estat au vray.

XX. Plus, sera faict recepte du revenu de la seigneurie de Theriselle, que tenoit feu Symon Rigon, apres que la declaracion en sera faicte au profflct du Roy par mess^rs des Intrades extraordinaires commissaires en ceste partie.

XXI. Plus, est faict recepte des deniers extraordinaires en

---

1. Cassano.
2. *Au bas du fol.* : S. iij^m ix^c xlvj l. xvij s. vj d.
3. Un trait est tiré sur les articles xv, xviij, xxj, xxij, xxiij.
4. *Au bas du fol.* : S. par icy.

ensuyvant ung estat envoyé par Rollet de la Faye, contrerolleur de la chambre extraordinaire, en janver, l'an du present estat, de v$^m$ vj$^c$ iiij$^{xx}$ vj l. vij s. iiij d. ob.[1].

XXII. Item, touchant les composicions et moderations faictes en la chambre d'icelles Intrades par ung autre estat envoyé par ledit Raoulet de la Faye oudit mois de janver, de la somme de vj$^m$ cxx l. xiij s. ix d.

XXIII. De la pension de feu mons$^r$ de Chastellart, pour trois quartiers de l'an finissant, v$^c$ ix [l.]

XXIIII[2]. Pour l'onnorance de la peste, avoit esté couché en l'estat precedent iij$^m$ l.; sur quoy fauldra desduyre ce qui aura esté payé depuis le xiij$^{me}$ jour d'avril M V$^c$ et huict, que l'on dit monter environ v$^c$ l., cy bon ij$^m$ v$^c$ l. t.

XXV. Plus, qui luy a esté baillé comptant par le tresorier de Languedoc pour payer la pension des trois quentons de la Ligue grise, pour le terme de la chandeleur M V$^c$ et six, la somme de ix$^m$ l. t.

XXVI. Plus, que luy a esté baillé comptant par ledit tresorier de Languedoc, pour paier la pension generalle et particulieres des Vallesiens et autres partyes deppendans de l'aliance faicte avet lesdits Vallesiens, pour le terme de la chandeleur M V$^c$ et neuf, iiij$^m$ iiij$^c$ xl l.[3]

XXVII. Plus, sera cy faict recepte des amendes et condempnacions et autres choses en la chambre des depputez de bledz, iij$^m$ v$^c$ l.

XXVIII. Plus, sera cy faict recepte a cause de lxiiij mortespaies cassées, c'est assavoir en Alixandrie viij, a Licerne xviij, et a Dandolse xxxviij, pour six mois de l'an finissant V$^c$ et X. Pour ce, cy xix$^c$ xx l.

S. v$^m$ iiij$^c$ xx l. t.

Somme totale de la recepte du present estat : Sept cens quinze mil sept cens quarente neuf livres, ung sol, dix deniers obole t.

---

1. *Au bas du fol. :* S. viij$^m$ vj$^c$ iiij$^{xx}$ vj l. vij s. iiij d. ob.
2. Un trait est tiré sur les articles xxiiij, xxv, xxvj, xxvij, xxviij, xxix, xxxj, xxxij.
3. *Au bas du fol. :* S. xxij$^m$ ix$^c$ lx l. xiij s. ix d. t.

## Charges sur ce.

XXIX. Pour le paiement de vj<sup>c</sup> L lances, compris M l. t. pour les tresoriers des guerres, ij<sup>c</sup> xlij<sup>m</sup> viij<sup>c</sup> l.

XXX. Et au regard des commissaires a faire les monstres, ilz seront paiez sur les absens, places vuydes et deniers revenans, et seront paiez par l'ordonnance du Roy, ainsi qu'il se faict en France.

XXXI. Pour le paiement de quatorze cens quatre vingtz quatorze mortes paies establyz es places dudit duché de Millan, a raison de c s. t. pour chascune morte paye, par mois; cy
iiij<sup>xx</sup> ix<sup>m</sup> vj<sup>c</sup> xl l.

XXXII. Aux tresoriers des guerres, pour convertir au paiement de iiij<sup>c</sup> iiij<sup>xx</sup> xv lances, qui seront payez a raison de c s. t. pour homme d'armes, et L s. t. pour archer de creue, oultre leur ordinaire de quinze livres tournois pour homme d'armes et sept livres dix solz pour archer par mois, a prendre sur la partie de lx<sup>m</sup> l. pour la taxe des chevaulx, compris iij<sup>c</sup> l. pour les clercz qui payent ladite creue, par an, la somme de lx<sup>m</sup> l.[1].

XXXIII. Et seront tenuz lesdits tresoriers des guerres d'apporter sur l'estat prochain le compte ou estat des deniers revenans bons au Roy a cause de leurs charges, pour l'année du present estat.

XXXIIII. Pour l'extraordinaire de la guerre, la somme de trente mil livres t.; pour ce, cy xxx<sup>m</sup> l. t.

### *Pensions a Milan.*

XXXV[2]. A mons<sup>r</sup> d'Alegre, pension, vj<sup>m</sup> l.

XXXVI. A mons<sup>r</sup> de la Palisse[3], oultre xv<sup>c</sup> l. qu'il prent en France, ij<sup>m</sup> l.

XXXVII. A mons<sup>r</sup> de Monthoison[4], pour semblable iij<sup>m</sup> l.

---

1. *En bas du fol.* : S. iij<sup>c</sup> iiij<sup>xx</sup> xij<sup>m</sup> iiij<sup>c</sup> xl l. t.

2. Un trait est tiré sur les articles xxxv à xlij inclusivement, xlv, xlvj, xlviij à xj<sup>xx</sup>iv inclusivement.

3. Capitaine de Novare.

4. Mort l'année suivante.

XXXVIII. Au chevalier de Louvain, a present capitaine du chasteau de Milan, iij^m l.

XXXIX. A mess^e Galleas Palvesin, a mess^e Anthoine Marie Palvoisin, son frere, compris м l. de creue, iiij^m l.

XL. Audit mess^e Anthoine Marie Palvoisin, pour creue de pension, м l.

XLI. A Guyon Criston, escossois, capitaine de la Roquette de Millan, compris ij^c l. de creue, xij^c l.

XLII. A Robert Stuart, capitaine de c lances escossoises, ij^m l.[1].

XLIII. A André Vielle, escossois, ij^c l.
XLIIII. Au comte Manfroy[2], ij^m l.
XLV. Au comte Apusin[3], ij^m l.
XLVI. A luy, pour le revenu de Mortaire, xj^c lvj l. j s. v d.
XLVII. A Marrolles, cappitaine de Dandolse, v^c l.
XLVIII. Au frere du bailly de Dijon, oultre iiij^c l. qu'il prent en Bourgogne, pour luy parfere, ij^m l., xvj^c l.
XLIX. Au cappitaine[4] de Lugan[5], v^c l.
L. Au cappitaine[6] de Lech[7], v^c l.
LI. Au cappitaine de Tresse[8], vj^c l.
LII. Au cappitaine[9] de Lucarne[10], v^c l.
LIII. A Lemuyeulx de Villernal, cappitaine de Breny[11], la somme de iiij^c l.
LIIII. A messire Theodore de Trenolce[12], iij^m l.[13].
LV. A Montfoulcon, iij^c l.

---

1. *Au bas du fol.* : S. lij^m ij^c l.
2. Tornielli, appointé depuis 1495.
3. Opicino, de Novare, appointé de même.
4. Le sire de Maugiron.
5. Lugano.
6. Philippe de Marconnay.
7. Lecco.
8. Trezzo.
9. Locarno.
10. Le baron de Béarn.
11. Remplacé, l'année suivante, par Pierre d'Aidie.
12. Teodoro Triulcio.
13. *Au bas du fol.* : S. xij^m ix^c lvj l. j s. v d. t.

LVI. A monsʳ de Roqueberty, gouverneur de Plaisance, vᶜ l.

LVII. Ne luy sera aucune chose baillé de ladite partie pour aucunes parties par luy paiées en Suysse, non veriffiées jusques a ce que par le Roy autrement en soit ordonné. Et pareillement ne luy sera riens paié des autres parties couchées en son nom en ce present estat que par ledit sʳ autrement n'en soit ordonné.

LVIII. A monsʳ de Gimel, gouverneur de Parme, la somme de vᶜ l.

LIX. A madame Fleur de Lyz[1], iijᶜ l., et a chascune de ses deux filles c l. : pour ce, la somme de vᶜ l.

LX. Au comte Jehan Anthoine de Sommaille, la somme de vᶜ l.

LXI. Au comte Charles de Bel Joyeulx[2], la somme de vᶜ l.

LXII. A messᵉ Bernardin Unasque et a son[3] frere, seigneurs de Gouy, comprins iiijᶜ l. de creue, cy xijᶜ l.

LXIII. A vingt canonniers, qui demouront en la duché de Millan; dont sera faict estat par le Roy ou son lieutenant general.

LXIIII. A autres vingt canonniers de creue, pour leurs gaiges, xviijᶜ l.

LXV. A monsʳ le marquis de Montfarat, compris iiijᵐ l. de creue, xiijᵐ l.

LXVI. A l'abbé de Sartais[4], de la Ligue grise, viijˣˣ xv l.

LXVII. A monsʳ de Corsinges, vjᶜ l.

LXVIII. A messᵉ Gilles de Sainct Sevrin, oultre vᶜ l. qu'il prent en France, vᶜ l.

LXIX. A Roqueberty, pour la cappitainerie des gallyons de Pavye, iijᶜ l.

LXX. A messᵉ Loys de Castillon, iiijᶜ l.

LXXI. Au general de Millan, pour ses gaiges ordinaires et chevaulchées, iijᵐ l.

1. Mᵐᵉ Fleur de lis Sforza.
2. Carlo Belgiojoso.
3. *Au bas du fol.* : S. ijᵐ viijᶜ l.
4. Disentis, abbaye bénédictine des Grisons, appelée Isentis dans des textes contemporains, que nous communique M. Édouard Rott. L'abbé était alors, d'après M. de Mülinen, Jean VII Brügger.

LXXII. A luy, pour sa pension, xij$^c$ l.[1].
LXXIII. Au trésorier general de Millan, pour ses gaiges ordinaires, la somme de ij$^m$ l.
LXXIIII. A deux clercz de la tresorerie generalle, qui tiennent le pappier de ladite tresorerie generalle et a prendre la nature des daces, la somme de ij$^c$ xl l. a departir entre eulx par esgalle pourtion. Pour ce ij$^c$ xl l.
LXXV. A mons$^r$ de Duras, oultre iij$^c$ l. qu'il prent en France, comprins v$^c$ l. de creue, la somme de xv$^c$ l.
LXXVI. A luy, creue de pension, v$^c$ l.
LXXVII. A mons$^r$ de la Palisse, pour la cappitainerie de Novarre, m l. t.
LXXVIII. Au cappitaine Ricault, iiij$^c$ l.
LXXIX. A mess$^e$ Alexandre de Trevolce, vj$^c$ l.
IIII$^{xx}$. A Bes Ferrier, pension, vj$^c$ l.
IIII$^{xx}$ I. A mons$^r$ de Fontrailles, compris iiij$^c$ l. de creue, xij$^c$ l.
IIII$^{xx}$ II. A mons$^r$ de Buno, vj$^c$ l.
IIII$^{xx}$ III. A domp Loys de Beaumont, iiij$^c$ l.[2]
IIII$^{xx}$ IIII. A Peralte, iiij$^c$ l.
IIII$^{xx}$ V. A Ymbercourt, pension, comprins viij$^c$ l. de creue, la somme de ij$^m$ l. ij$^m$ l.
IIII$^{xx}$ VI. Au conte Ludovic Bourromée, m l.
IIII$^{xx}$ VII. A mess$^e$ Hercules Rusque, pension ij$^c$ l.
IIII$^{xx}$ VIII. A Guillaume de la Hicte, a present capitaine du chastellet de Gennes, m l.
IIII$^{xx}$ IX. A Andreas Cezaro, iij$^c$ l.
IIII$^{xx}$ X. A mons$^r$ de Sarraval, pension, m l. dont est pris v$^c$ l., couchez cy apres a Pierre Marie de Sarre, qui querelle ledit Sarraval, jusques a ce que l'arrest diffinitif dudit lieu soit donné. Pour ce, cy le reste, montant v$^c$ l. par an, v$^c$ l.
IIII$^{xx}$ XI. A luy, pour creue en lieu desdits v$^c$ l., pour luy parfaire mil livres, v$^c$ l.
IIII$^{xx}$ XII. A mess$^e$ Jehan Loys de Flisco, vj$^m$ ducatz a xxxvij s. vj d. p$^{ce}$. Pour ce, cy xj$^m$ ij$^c$ l l.

---

1. *Au bas du fol.* : S. xxiij$^m$ ij$^c$ xxv l.
2. *Au bas du fol.* : S. ix$^m$ xl l. t.

IIII×× XIII. A madame Batine Cyba, iij° l.¹.

IIII×× XIIII. A Pierre Marie de Sarre, qui querelle ledit Sarraval, la somme de mil livres, que le Roy luy a ordonné par maniere de pension, jusques a ce que l'arrest diffinitif touchant la querelle dudit Sarraval soit vuydé. Pour ce, cy ladite somme de  ᴍ l. t.

### Mortespaies a Gennes.

IIII×× XV. A Veraud Moudard, pour le paiement des cent cinquante mortespayes mises au chastellet de Gennes soubz le cappitaine La Hicte.

IIII×× XVI. Plus, pour trente mortespaies a Savonne.

IIII×× XVII. Plus, pour douze mortespaies a Dessano².

IIII×× XVIII. Pour dix mortespaies a Portfin³.

IIII×× XIX. Plus, pour vingt mortespayes a Vingtemille⁴.

C. Qui est pour tous, compris iiij° l. pour les gaiges du paieur, cy      xiijᵐ iij° xx l.⁵.

CI. Cy n'est rien couché pour les mortespaies de l'Espesse⁶ et de Noly⁷, car le Roy a ordonné piessa qu'elles soient cassées.

CII. Aux cinquante hommes d'armes, a dix livres par mois, et cent archers compris les canonniers a vij l. x s. par mois, qui est le paiement de ij° cinquante paies establyz pour la garde du chasteau de Godefa⁸, soubz la charge du sʳ de Hodetot, la somme de      xvᵐ l.

### Pour le senat et grant conseil de Millan.

CIII. A monsʳ le president du Daulphiné, vichancellier de Millan, tant pour l'office de vichancellier que pour l'office du senat,      iijᵐ l.

CIIII. A l'evesque d'Ast, ou lieu de feu monsʳ de Cosme, ᴍ l.

---

1. *Au bas du fol.* : S. xvijᵐ iiij° ʟ l.
2. Diano-Marina (?).
3. Portofino.
4. Vintimiglia.
5. *Au bas du fol.* : S. xiiijᵐ iij° xx l.
6. La Spezzia.
7. Noli.
8. A Gênes.

CV. A mess⁰ Jacques de Trevolce, ou lieu de son pere, la somme de viij⁰ l.¹.
CVI. A messire Galeas Visconte, ij^m l.
CVII. A messire Estienne de Castillon, vj⁰ l.
CVIII. A (sic), ou lieu de feu le comte Gilbert Bourroimé, viij⁰ l.
CIX. A messire Jherosme de Cuzan, vj⁰ l.
CX. A messire Albert Cataigne², prevost de Sainct Lazare, vj⁰ l.
CXI. A messire Jacques Symonnete, ou lieu de Scipion, vj⁰ l.
CXII. A deux françoys, mess⁰⁵ Falco d'Auvillar et François le Charron, a chascun viij⁰ l., cy xvj⁰ l.
CXIII. A mess⁰ Francisque de Marrillan, vj⁰ l.
CXIIII. A mess⁰ Augustin Panguerolle, viij⁰ l.
CXV. A mess⁰ Cesar Gasco, conseiller, vij⁰ L l.
CXVI. A ⁰ (sic), conseiller au senat, iij⁰ ducatz, pour ce, cy v⁰ l.³.
CXVII. Au vicaire de la justice, mess⁰ Jehan Françoys de Balsano, vij⁰ L l.
CXVIII. A mess⁰ Jheronime Moron⁴, vj⁰ l.
CXIX. A mess^rs Fer et Fournier, conseillers françois, la somme de ij^m l.
VI^xx. A mess⁰ Françoys Unyasque, advocat, la somme de iiij⁰ l.
VI^xx I. A mess⁰ Philipes Visconte, contre advocat, la somme de iiij⁰ l.
VI^xx II. Au procureur du Roy Birago⁵, iiij⁰ l.
VI^xx III. A l'autre procureur Aubertin, iiij⁰ l.
VI^xx IIII. A (sic), ou lieu de messire Philipom Guyetan, la somme de M l.
VI^xx V. Et seront payez lesdits senateurs par la notifficacion des chancellier et vichancellier de Millan, de leur servicy.

1. *Au bas du fol.* : S. xix^m viij⁰ l.
2. Alberto Cattaneo.
3. *Au bas du fol.* : S. ix^m iiij⁰ l.
4. Girol. Morone.
5. Jean de Birago.

VI$^{xx}$ VI. A dix secretaires, dont les deux serviront d'audienciers et contrerolleurs de l'audiance, deux autres greffiers au senat civil et criminel et [1] tous despecheront les quittances. La somme de v$^c$ l. par an, a icelle avoir sur l'emolument du seel, qui se departira par l'ordonnance de mons$^r$ le chancellier ou vichancellier de Millan. Cy ladite somme de  v$^c$ l.

VI$^{xx}$ VII. A quatre huissiers du senat, deux françoys et deux ytaliens, la somme de deux cens quatre vingtz livres, assavoir au premier françoys c l. et aux autres, a chascun d'eulx, lx l. Pour ce, en ensuyvant leur servicy, qui sera depesché par le president du senat, cy  ij$^c$ iiij$^{xx}$ l.

VI$^{xx}$ VIII. Au chauffecire qui ne prent rien sur le seel,  L l.

### *Officiers ordinaires oudit duché.*

VI$^{xx}$ IX. Et, premierement, en la chambre des Intrades ordinaires, qui sont ceulx qui baillent les fermes.

VI$^{xx}$ X. Au greffier Ferrier, president, pour ses gaiges, xij$^c$ l.

VI$^{xx}$ XI. A deux maistres françoys, a chascun iiij$^c$ l., qui sont a mess$^e$ Raphael Buygnes et Bernardin de Maillebaille, la somme de  viij$^c$ l.

VI$^{xx}$ XII. A dix ytaliens, a chascun la somme de deux cens livres par an, assavoir Berthelemy Moresin, Francisque de Breny, messire Ambroise Guidobon [2], Fransisco de Bulco, Alexandre Gamberanne, messire Anthoine de Bust, Francisque Nourry, Jehan Francisque de Chastillon, Denys Cohere et Berthelemy Ferrier, cy  ij$^m$ l.

### *Cancelliers.*

VI$^{xx}$ XIII. A quatre ytaliens, assavoir Loys Viconte, Jullioce de Pribra, Miquel Cipho et Camille Cathino, cy  ij$^c$ l.

### *Notaires en ladite chambre.*

VI$^{xx}$ XIIII. A Alexandre Vaillant,  vij$^{xx}$ l.
VI$^{xx}$ XV. A Menart Gras,  c l.

---

1. *Au bas du fol.* : S. v$^m$ ix$^c$ L l. t.
2. *Au bas du fol.* : S. ij$^m$ viij$^c$ xxx l. t.

PIÈCES ANNEXES. 359

*Rationnateurs generaulx.*

VI<sup>xx</sup> XVI [1]. A Nycolas Gedoyn, ij<sup>c</sup> l.

A deux ytaliens, Jehan Jacques Sacrovago, ou lieu de Mery Sourdin, et Angelo Carissime, la somme de v<sup>c</sup> viij l., c'est assavoir audit Jehan Jacques Sacrovago ij<sup>c</sup> lxxij et audit Angelo ij<sup>c</sup> xxxvj l., pour ce, cy      v<sup>c</sup> viij l. t.[2]

*Huissiers en ladite chambre.*

VI<sup>xx</sup> XVIII. A cinq huissiers, c'est assavoir Bernardin de Clavere, Ambrois de Claveron, Jehan Anthoine de Holienart, d'Almaigne, et Andreas de Bussaro, la somme de iiij<sup>xx</sup> x l., qui est a chascun xviij l. par an. Pour ce, cy     iiij<sup>xx</sup> x l.

*Administrateurs de sel.*

VI<sup>xx</sup> XIX. A mess<sup>e</sup> Galias Visconte, qui se paiera de ses gaiges sur le traffigaige du sel.

*Contrascripteurs dudit sel.*

VII<sup>xx</sup>. A ung Françoys, nommé Jehan André Gabion, la somme de      vj<sup>xx</sup> l.

VII<sup>xx</sup> I. A deux ytaliens, c'est assavoir Seffarin de Fessan et Jehan Albert de Sermena, a chascun vj<sup>xx</sup> l., dont ledit Seffarin se paiera par les mains de ce present tresorier, et ledit Albert sur le traffigaige dudit seel; pour ce, cy seullement la somme de      vj<sup>xx</sup> l.[3]

*Commissaires dudit sel.*

VII<sup>xx</sup> II. A Alixandre Ferrier, pourveu qu'il apportera de son service notiffication de mons<sup>r</sup> le grand maistre ou vichancellier, la somme de      ij<sup>c</sup> l.

VII<sup>xx</sup> III. A Mathieu de Castellaz, Centobrasque, Francisque Merveille, Jehan Ange de Conte et Jehan Francisque Beurre, a deppartir entre eulx, esgallement exerceans ledit office, vj<sup>c</sup> l.

---

1. Un trait est tiré sur les articles vj<sup>xx</sup> vj à viij<sup>xx</sup> xiij inclusivement.
2. *Au bas du fol.* : S. iij<sup>m</sup> cxlviij l.
3. *Au bas du fol.* : S. iij<sup>c</sup> xxx l. t.

par an, et les deux premiers vaccans dudit office seront suprimez, pour ce qu'il en y a assez de trois; pour ce, cy ladite somme de vj$^c$ l.

VII$^{xx}$ IIII. A Baptiste Crivel, vj$^{xx}$ l.

VII$^{xx}$ V. A l'ytalien André de Cauton, L l.

VII$^{xx}$ VI. A Jehan Bordier, refferandaire de Millan, la somme de ij$^c$ L l.

*Huissiers de ladite chambre du sel.*

VII$^{xx}$ VII. A deux huissiers ytaliens, a chascun xx l. tournois; pour ce, cy xl l.[1].

*Racionnateurs a la quarte.*

VII$^{xx}$ VIII. A ung françoys, nommé Bertholemy Romuault, ou lieu de Jehan Prectre, la somme de ij$^c$ l.

VII$^{xx}$ IX. A Paulo Guizolfe, la somme de vj$^{xx}$ l.

*En la chambre des Intrades extraordinaires.*

VII$^{xx}$ X. Au premier, qui est mess$^e$ Jehan Moresin, la somme de iij$^c$ l.

VII$^{xx}$ XI. A messire Nycolas Girault, françoys, v$^c$ l.

VII$^{xx}$ XII. A trois autres ytaliens, v$^c$ xlv l.

VII$^{xx}$ XIII. A messire Ludovic de Nassiniis, de Bresse, la somme de iiij$^c$ l.

*Rationnateurs en ladite chambre.*

VII$^{xx}$ XIIII. A Beraud Moudart, ou lieu de m$^e$ Lambert Amours, la somme de ij$^c$ l.[2].

VII$^{xx}$ XV. A Baptiste de Opreno, ytalien, c l.

VII$^{xx}$ XVI. A ung greffier nommé Jehan Ange de Castillon, cancellier, L l. A Bernardin Maudrée, conducteur, xx l. A Baptiste de Michaelis, exacteur en ladite chambre, x l. A Felix Viconte, xxx l. A Baptiste Boz, x l. Et a Opri, dix livres. Pour ce, cy vj$^{xx}$ x l.

VII$^{xx}$ XVII. A ung greffier ou cancelier, nommé Jacques Philippom Bille, vj$^{xx}$ x l.

---

1. *Au bas du fol.* : S. xij$^c$ lx l. t.
2. *Au bas du fol.* : S. ij$^m$ ij$^c$ lxv l. t.

### Huissiers en ladite chambre.

VII$^{xx}$ XVIII. A quatre huissiers, a chascun xxij l. x s. t., par an; pour ce, cy  iiij$^{xx}$ x l.

### Notaires en ladite chambre.

VII$^{xx}$ XIX. A deux notaires en ladite chambre, c'est assavoir, a Jehan Pierre Bousse et Jheronyme Choquerel, la somme de
iiij$^{xx}$ xiij l. vij s. viij d.

VIII$^{xx}$. Aux officiers et depputez de la chambre des bledz, pour leurs gaiges de l'année de ce present estat, en ensuyvant le roolle qui en sera faict par le Roy, la somme de iij$^m$ v$^c$ l., a icelle avoir et prendre sur une partie montant pareille somme, dont est faicte recepte cy devant des deniers extraordinaires, qui viendront sur le faict desdits bledz, cy  iij$^m$ v$^c$ l.[1].

### Vicaires generaulx.

VIII$^{xx}$. I. A messire Gregoire Panguerolle, Françoys Porre, Françoys Mer[v]elle, Jheronyme Perque, et Mer[2] Angoris, ytaliens, cy  vj$^c$ l.

VIII$^{xx}$ II. A messire Florimont Pignon, françois,  ix$^{xx}$ l.

### Autres officiers.

VIII$^{xx}$ III. Augustin Lavezar, archivaire, pour les chartres qu'il a en garde,  c l.

VIII$^{xx}$ IIII. Au potestat de Millan,  xij$^c$ l.

VIII$^{xx}$ V. A Boniface de Gardoy, qui lit l'Institute a Millan, la somme de  xxvj l.

### Recompenses.

VIII$^{xx}$ VI. Pour la recompense des restes deues pour aucunes possessions de certaines maisons, qui furent prinses dez long temps du duc Philippes Marie,  xxj l.

VIII$^{xx}$ VII. A messire Loys de Galleas[3], pour recompense de

---

1. *Au bas du fol.* : S. iiij$^m$ xliij l. vj s. viij d.
2. Marc.
3. *Gallera* (à cet article et à l'article suivant), dans le compte de 1511.

la taverne de Monsse[1], laquelle a esté prise pour la chambre des Intrades par le duc Francisque, dont luy fut ordonné par chascun an iiij$^c$ l. imperialles, vallant viij$^{xx}$ vj l. xiij s. iiij d.[2].

VIII$^{xx}$ VIII. A Jacques de Galleas, pour ung livel[3] de xxix l. xij s. imperiaulx qu'il souloit avoir chascun an sur une maison et jardin qui furent encloz dedans le parc de Millan du temps du feu sgr Ludovic, dont ledit tresorier rapportera certiffication des m$^{es}$ des Intrades ordinaires, cy  xij l. vj s. viij d.

VIII$^{xx}$ IX. A luy pour les arreraiges dudit livel, qui luy sont deuees de unze années finies le xij$^{me}$ jour d'octobre V$^c$ et IX dernier passé, a raison desdits xxix l. xij s. imp. par chascune année, montant iij$^c$ xxv l. imp., dont ledit tresorier rapportera aussi certifficacion desdits m$^{es}$ des Intrades, cy

vj$^{xx}$ xv l. xiij s. iiij d.

VIII$^{xx}$ X. Au commun de Lugan, pour certaine recompense,

xx l. xvj s. viij d.

VIII$^{xx}$ XI. A Loys Pousson, officier des navilles[4], pour faire entretenir le navigaige sur les rivieres de la duché de Millan durant l'année de ce present estat, la somme de lj l. iij s. iiij d.

VIII$^{xx}$ XII. A l'official des bulletes, qui est Galeas de Serin, cinquante ducatz imperiaulx, vaillant par chascun an la somme de  iiij$^{xx}$ iij l. vj s. viij d.

VIII$^{xx}$ XIII. A mons$^r$ de Concressault, cap$^{ne}$ de la justice de Millan, la somme de  iiij$^c$ xlvij l. xviij s. iiij. d.[5].

VIII$^{xx}$ XIIII. Pour les menues neccessitez des chambres du senat, des Intrades ordinaires et extraordinaires, comme bois, papier, parchemin, ancre, cire, verniz et autres choses neccessairez, viij$^c$ l. par chascun an; laquelle somme se prendre (*sic*) sur l'extraordinaire et se distribuera par l'ordonnance des presidens mess$^e$ Geuffroy Carles et Geoffroy Ferrier, et m$^{es}$ des Intrades, cy  neant.

1. Monza.
2. *Au bas du fol.* : S. ij$^m$ ij$^c$ iiij$^{xx}$ xiij l. xiij s. iiij d.
3. *Livello* : en français, *cens*.
4. *Naviglij*, canaux.
5. *Au bas du fol.* : S. vij$^c$ lj l. v s. t.

VIII$^{xx}$ XV[1]. A trois fiffres et menestriers de Millan, par esgalle portion, xxvij l. x s.

VIII$^{xx}$ XVI. A Prothaiz de Lacquez, orelogeur du brouet[2] à Millan, la somme de xix l. x s. iiij d.

VIII$^{xx}$ XVII. A Jehan Pierre de Come, orlogeur, qui se tient a Saint Gotart en Court[3] pres la grand eglise, lequel conduict et gouverne l'orloge de Millan, la somme de lx l.

VIII$^{xx}$ XVIII. A six trompettes de Millan, pour faire les cryées accoustumées pour bailler les daces par cry, liiij l. iij s. iiij d.

VIII$^{xx}$ XIX. A deux portiers de la ville de Millan, qui prennent chascun jour les clefz et les portent au soir au gouverneur de Millan, apres que les portes sont fermées, la somme de
xxxviij l. vj s. viij d.[4]

IX$^{xx}$. A unze officiers de la Sanita de Milan, qui ont esté et seront nommez, ainsi qu'ilz estoient au paravant, pour leurs gaiges a deppartir entre eulx, la somme de
v$^c$ lxxiij l. vj s. viij d.

IX$^{xx}$ I. Pour les robes my parties de rouge et de blanc, qui est la devise de Millan, qu'il fault bailler chascun an aux serviteurs de la Sanita dudit Millan, le jour et feste S$^t$ Ambrois, la somme de ij$^c$ viij l. vj s. viij d.

IX$^{xx}$ II. A Gaspart Stremit[5], pour les reparations des pontz et portes de Milan, l'an de ce present estat, selon la composition et marché faict avet les maistres des Intrades pour lesdites reparations, chascun an, la somme de ix$^{xx}$ vij l. x s.

*Condestables des portes.*

IX$^{xx}$ III. A Guillaume Gras, condestable de la porte orientalle[6], la somme de iiij$^{xx}$ xiij l. vj s. viij d.

---

1. Un trait est tiré sur les articles viij$^{xx}$ xv à ix$^{xx}$ x inclusivement.
2. La grande place, plantée, de Milan, en latin *Brolethum; Il Broletto vecchio.*
3. S. Gottardo, nel palazzo di Corte.
4. *Au bas du fol.* : S. ix$^{xx}$ xix l. x s. iiij d.
5. Appelé *Stremido*, dans l'état de 1518.
6. *Porta Orientale,* ou *Venezia.*

IX$^{xx}$ IIII. A Protais Crivel, condestable de[1] la porte Tonze[2], la somme de  iiij$^{xx}$ xiij l. vj s. viij d.

IX$^{xx}$ V. A Georges Mollebaille, condestable de la porte Senoise (*sic*)[3], la somme  iiij$^{xx}$ xiij l. vj s. viij d.

IX$^{xx}$ VI. A            (*sic*), condestable de la porte Commaise[4],  iiij$^{xx}$ xiij l. vj s. viij d.

IX$^{xx}$ VII. A Alixandre Ferrier, condestable de la porte Verseline[5],  iiij$^{xx}$ xiij l. vj s. viij d.

IX$^{xx}$ VIII. A          (*sic*), condestable de la porte Romaine, la somme de  iiij$^{xx}$ xiij l. vj s. viij d.

IX$^{xx}$ IX. A Clement Juston[6], condestable de la porte Ludovic, la somme de  iiij$^{xx}$ xiij l. vj s. viij d.

IX$^{xx}$ X. A Pierre Frepet[7], condestable de la porte Beatrix, la somme de  iiij$^{xx}$ xiij l. vj s. viij d.

### *Chastellenies.*

IX$^{xx}$ XI. Au chastellain de Tresse, neant, pour ce que le Roy y mect mortespayes soubz le baron de Bearn, qui a ses gaiges et pension de luy couchée cy devant[8] et seullement avoit de gaiges[9] ledit chastellain par an ij$^c$ ducatz imperiaulx; pour ce, cy  neant.

IX$^{xx}$ XII. Au chastellain de Cassan, qui souloit avoir de gaiges iiij$^{xx}$ x l. xv s. x d., neant, pour ce que le Roy a donné le chasteau a mess$^e$ Anthoine Palvesin; pour ce, cy  neant.

IX$^{xx}$ XIII[10]. Au chastellain de Biegras[11], pour ses gaiges, la somme de  c iij l. j s. iij d.

---

1. *Au bas du fol.* : S. ᴍ lxij l. x s. t.
2. *Porta Tosa*, actuellement *Vittoria*.
3. Appelée habituellement *Ticinoise* ou *Thicinoise*; *Porta Ticinese* (au sud).
4. *Porta Comasina*, actuellement *Garibaldi*.
5. *Porta Vercellina*, actuellement *Magenta*.
6. *Joston*, dans l'état de 1518.
7. *Fripa*, dans l'état de 1511.
8. Page 353.
9. *Au bas du fol.* : S. vj$^c$ liij l. vj s. viij d. t.
10. Un trait est tiré sur les articles ix$^{xx}$ xiij, xiiij, xv.
11. Abbiategrasso.

IX^xx XIIII. Au chastellain de Binasque¹, gaiges,
iiij^xx iij l. xiij s. iiij d.
IX^xx XV. A Jehan Descoulabre, chastellain de Monsse, gaiges,
ix^xx ij l. xiij s. iiij d.
IX^xx XVI. Au chastellain de Vigesve², qui soulloit avoir de gaiges ij^c l., neant, pour ce que le Roy a donné le chasteau au s^r Jehan Jacques, pour ce ·· neant.

IX^xx XVII. Au chastellain de Gayas, qui soulloit avoir vj^xx ducatz, neant, pour ce que ledit s^r Jehan Jacques³ la tient par don du Roy, pour ce, cy neant.

IX^xx XVIII. Au chastellain d'Anglerre⁴ qui souloit avoir de gaiges cent soixante trois ducatz seize solz, neant, pour ce que ledit s^r Ludovic l'avoit osté par force aux contes Bourromés⁵, et depuis le Roy leur a restitué ; cy neant.

### Pavye.

IX^xx XIX^c.⁶ A Françoys Noyer, tresorier particulier de Pavie, pour porter les deniers de la tresorerie a la chambre de la tresorerie de Millan, xv ducatz imperiaulx, vallant la somme de
xxv l.

II^c. A Hugo, cavallere ordinaire de Pavye, nommé, la somme de lx l., pour porter lettres du senat, maistres des Intrades et autres choses necessaires pour la conté de Pavye, et j s. qu'il dict avoir sur chascun mil qu'il faict, oultre les xx^m accoustumez, et pour ce que, le temps passé, ilz soulloient estre deux cavalleres a Pavye ; pour ce, cy lx l.⁷

II^c l. A m^e Bernard de Brisaro⁸, maistre des euvres du chasteau de Pavye, lequel est tenu fournir de sa penne et travail

---

1. Binasco.
2. Vigevano.
3. *Au bas du fol.* : S. iij^c lxix l. vij s. xj d.
4. Angera.
5. En 1495.
6. Un trait est tiré sur les articles ix^xx xix à ij^c xxvij inclusivement.
7. *Au bas du fol.* : S. iij^xx v l. t.
8. Appelé *Busaro* dans l'état de 1511, *Binas*, en 1518.

quant il fault fere reparacions en luy baillant et fournissant les matieres, la somme de xxx ducatz imperiaulx, vallant     L l.

II<sup>c</sup> II. Aux nobles des Diverses, pour recompense de la maison Rousse, assise sur la place de Pavye, et aussi d'une possession assise dedans la place dudit Pavye, lesquelles maison et possession le duc Jehan Galeas Visconte, pere dudit Philippes, print desdits nobles des Diverses, dont ilz prenent chascun an, sur le revenu de Millan, la somme de vij<sup>c</sup> lxxv l. imp., vallant      iij<sup>c</sup> xxij l. xiij s. iiij d.

II<sup>c</sup> III. Au chastelain de la Rocque du pont de Thezin, devers la cité, pour ses gaiges, la somme de
     iiij<sup>xx</sup> xiij l. xij s. x d.

II<sup>c</sup> IIII. Au condestable du pont de Thezin, du costé du Bourg, pour ses gaiges,     lxxviij l. j s.

II<sup>c</sup> V. Au condestable de la porte Neufve de Pavye, pour semblable,     lxxviij l. j s.[1].

II<sup>c</sup> VI. Au condestable de la porte Sainte Justice, la somme de     lxxviij l. j s.

II<sup>c</sup> VII. Au condestable de la porte Sainte Marthe Impertica, la somme de     lxxviij l. j s.

II<sup>c</sup> VIII. Au potestat de Pavye, pour ses gaiges, la somme de
     c xv l. xij s. vj d.

II<sup>c</sup> IX. Au refferandaire de Pavye, pour ses gaiges, la somme de     c xxxvij l. xvij s. x d.

II<sup>c</sup> X. A l'official des bulletes de Pavye, pour ses gaiges, la somme de     xxxix l. j s. iij d.

II<sup>c</sup> XI. Au capitaine du parc de Pavye, pour ses gaiges, la somme de     xlviij l.

II<sup>c</sup> XII. A trois campars, qui ont charge de garder les bois et fere arrouser les prez du parc, la somme de     lj l. xiij s. iiij d.

*La gabelle du sel de Pavye.*

II<sup>c</sup> XIII. A          (*sic*), cavenaire et[2] distributeur du sel de Pavye, pour ses gaiges, la somme de    lxxj l. xiij s. ix d.

---

1. *Au bas du fol.* : S. vj<sup>c</sup> xxij l. viij s. ij d.
2. *Au bas du fol.* : S. v<sup>c</sup> xlviij l. vj s. xj d.

IIᶜ XIIII. Au cavalere, pour porter les deniers, la somme de
xij l. x s.

IIᶜ XV. Au contrascripteur du cavenaire de Pavye, qui distribue le sel par le menu, avec les autres, en la cité de Pavye,
xlviij l.

IIᶜ XVI. Au conducteur du sel, pour ses gaiges, la somme de
xxxvij l. xj s. iiij d.

IIᶜ XVII. Au contrascripteur de la cave et grenier, qui se distribue aux villes de la duché de Milan, lequel vient de Gennes et Venise ; pour ses gaiges, xxix l. xvij s. xj d.

IIᶜ XVIII. Au contrascripteur dudit sel, la somme de
xxix l. xvij s. xj d.

IIᶜ XIX. Au cavenaire de la cave de dessoubz, pour ses gaiges, la somme de lxxj l. xiij s. iiij d.

IIᶜ XX. Au pesadeur de la cave de dessus[1], lequel distribue le sel, pour ses gaiges, la somme de xxix l. xvij s. xj d.

IIᶜ XXI. A sept mesureurs de sel, qui chargent et mesurent ledit sel, pour leurs gaiges, ijᶜ iiij l. viij s. iiij d.

IIᶜ XXII. A ung sergent, pour servir a ladite cave du sel, pour ses gaiges, xvj l.

IIᶜ XXIII. L'entretenement de l'université de Pavye, en ce comprins ceulx qui liront a Millan, et aussi les gaiges de ceulx qui nestoyent les escolles, et les reparations qui convient faire en icelles par le roolle de monsʳ le chancellier ou vichancellier de Millan, la somme de xijᵐ l.

IIᶜ XXIIII. A la communaulté dudit Pavye, pour la reparation de leur pont et choses neccessairez, ijᵐ ijᶜ xx l. imp., et pour papier, ancre, cire et vernis, pour les affaires de la cité, xxij l. iij s. t. et lxvj l. vj s. pour trois vallez de la cité, montant le tout, par chascun an, la somme de
ixᶜ lxj l. xvij s. vj d.[2].

*Vallance.*

IIᶜ XXV. Au chastelain de Vallance, pour ses gaiges, la somme de c l.

1. *Au bas du fol.* : S. iijᶜ j l. iiij s. iij d.
2. *Au bas du fol.* : S. xiijᵐ ijᶜ xij l. iij s. ix d. t.

### Lode.

II<sup>c</sup> XXVI. A Pierre Barallet, tresorier, pour ses gaiges, neant; mais il prent chascun an, pour porter les deniers a la tresorerie de Millan, xvj l., cy xvj l.

II<sup>c</sup> XXVII. A André Gabien, cavalaire de Lodde, pour ses gaiges ordinaires, par chascun an, comme a celluy de Pavye, pour ce que audit Lodde y en souloit avoir deux, compris x l., a ce que ledit cavalaire porte lettres du Roy, oultre les vingt mille accoustumez, la somme de lx l.

II<sup>c</sup> XXVIII. Au chastellain de Lodde, qui avoit xx ducatz et lxxv s. millanois, neant, pour ce que le Roy y a mis capitaine qui a gaiges de luy, pour ce, cy neant.

II<sup>c</sup> XXIX[1]. Au condestable de la porte Realle a[2] Lode, pour ses gaiges, vj$^{xx}$ iiij l. xvij s. vj d.

II<sup>c</sup> XXX. A Regnault, grenetier, condestable de la porte de Pavye, pour ses gaiges, iiij$^{xx}$ xiij l. xix s. iiij d.

II<sup>c</sup> XXXI. A Pierre Groz, condestable de la porte qui va a Cremonne, pour ses gaiges, iiij$^{xx}$ xiij l. xix s. iiij d.

II<sup>c</sup> XXXII. A Pierre Godard, condestable du pont d'Agde, qui avoit de gaiges cxij ducats a xxxvj s. vj d. millannois, cy neant, pour ce que la Roquette est abbatue, et aussi le pont n'est pas en bonne reparation; pour ce, cy neant.

II<sup>c</sup> XXXIII. Au condestable de la porte d'Agde, pour ses gaiges, c lvj l. j s. vj d.

II<sup>c</sup> XXXIIII. Au chastellain de Saint Colomban, qui souloit avoir de gaiges xxvij l. xiij s. ij d., neant, pour ce que le Roy l'a baillé aux Chartreux de Pavye; pour ce, cy neant.

II<sup>c</sup> XXXV. A la communaulté de Lodde, pour emploier aux officiers de ladite communaulté, la somme de huict vingtz dix huict livres[3] tournois; pour ce, cy ladite somme de viij$^{xx}$ xviij l. t.

II<sup>c</sup> XXXVI. Au potestat de Lodde, pour ses gaiges, la somme de c xv l. xij s. vj d.

---

1. Un trait est tiré sur les articles ij<sup>c</sup> xxix à ij<sup>c</sup> xxxiij inclusivement.
2. *Au bas du fol.* : S. viij$^{xx}$ xvj l.
3. *Au bas du fol.* : S. iiij<sup>c</sup> lxviij l. xvij s. viij d.

## PIÈCES ANNEXES.

IIᶜ XXXVII. Au refferandaire de Lodde, pour ses gaiges, la somme de iiijˣˣ xij l. x s.

IIᶜ XXXVIII. A l'official des bullettes, pour ses gaiges, la somme de xvij l. vj s. vij d.

IIᶜ XXXIX. Au condestable d'Agde, qui avoit de gaiges c xij ducatz a xxxv s. vj d. mill., neant; pour ce, cy neant.

### Officiers de gabelle de Lodde.

IIᶜ XL[1]. Au cavenaire du sel de l'evesché de Lodde, la somme de viijˣˣ xvij l. xiiij s. ij d.

IIᶜ XLI. Audit cavenaire, pour porter les deniers du sel a Millan au tresorier general[2], la somme de x l.

IIᶜ XLII. Au contrascripteur du sel de la cave de Lodde, pour ses gaiges, lj l. j s. viij d.

IIᶜ XLIII. Au contrascripteur du sel de l'evesché et diocese dudit Lode, pour ses gaiges, la somme de lxxvij l. x s.

### Plaisance.

IIᶜ XLIIII. Au tresorier de Plaisance, neant des gaiges; mais prent pour porter l'argent du Roy au tresorier de Millan, par chascun an, la somme de xxv l.

IIᶜ XLV. A Cassin et Jacquemin Malsano, cavaleres, l'un pour ledit Plaisance et l'autre pour le bourg Sᵗ Denys, pour leurs gaiges, a chascun, ʟ l. Pour ce, c l.

IIᶜ XLVI. A monsʳ de Rocqueberti, chastellain de la cita-[de]lle de Plaisance, pour ses gaiges, la somme de
iiijˣˣ vj l. xiiij s. vj d.[3].

IIᶜ XLVII. A luy, pour la chastellenye de Sᵗ Anthoine[4], pour ses gaiges, pourveu que ce soient les gaiges anciens, la somme de ciiij l. j s. iiij d.

IIᶜ XLVIII. Au chastellain de la rocque de Belleveder[5], la somme de xvj l. xij s. iiij d.

---

1. Un trait est tiré sur les articles ijᶜ xl à ijᶜ liij inclus.
2. *Au bas du fol.* : S. vᶜ lxj l. iiij s. iij d.
3. *Au bas du fol.* : S. iijᶜ ʟ l. vj s. ij d.
4. S. Antonio, sur la route de Stradella.
5. Sans doute Belvedere al Po, près Pavie.

IIᶜ XLIX. Au chastellain de la porte Sᵗ Remond¹, pour ses gaiges, xvj l. xiij s. iiij d.

IIᶜ L. A Estienne Guyot, chastellain de la porte Fronte², pour ses gaiges, xvj l. xiij s. iiij d.

IIᶜ LI. Au capdet de Ricault, condestable de la porte Sᵗ Ladre³, pour ses gaiges, la somme de lxxv l. iiij s. v d.

IIᶜ LII. A Roqueberti, condestable de la porte Sᵗ Bourget⁴, pour ses gaiges, vjˣˣ v l. iij s. ix d.

IIᶜ LIII. A Thierry Almant, condestable de la porte Serade Levade⁵, pour ses gaiges, la somme de lxxv l. iij s. vj d.

IIᶜ LIIII. Au chastellain du chastel Sᵗ Jehan⁶, qui souloit avoir de gaiges quarante ducatz⁷, neant, pour ce qu'il est comprins en la partye des officiers des terres de feu monsʳ de Ligny, et le tient a present messᵉ Anthoine Marie Palvoisin. Pour ce, cy neant.

### Gaiges du commun de Plaisance.

IIᶜ LV. Aux officiers du commun de Plaisance, qui ont deniers communs, neant; pour ce, neant.

IIᶜ LVI⁸. A Rocqueberti, commissaire de Plaisance, pour ses gaiges, vijˣˣ iij l. vij s. j d.

IIᶜ LVII. Au potestat de Plaisance, pour ses gaiges, cxv l.

IIᶜ LVIII. Au refferandaire de Plaisance, pour ses gaiges, la somme de iiijˣˣ xij l. x s.

IIᶜ LIX. A Jehan de Montagnyn⁹, official des bullectes dudit lieu de Plaisance, pour ses gaiges, la somme de xxiiij l. viij s. ix d.

### Officiers de gabelle a Plaisance.

IIᶜ LX. Au cavenaire du sel dudit lieu, pour ses¹⁰ gaiges, la somme de xix l. ij s. vj d.

---

1. Porta S. Raimondo.
2. *Fondeste,* dans l'état de 1518 (Porta Fodesta).
3. S. Lazzaro.
4. Porta di Borghetto.
5. Porta S. Antonio.
6. Castel S. Giovanni, en Émilie.
7. *Au bas du fol.* : S. iiijᶜ xxix l. xij s. xj d. t.
8. Un trait est tiré sur les articles ijᶜ lvj à ijᶜ lxxj inclus.
9. Montagnini (F. C.).
10. *Au bas du fol.* : S. iiijᶜ lxxv l. v s. x d. t.

IIᶜ LXI. Au cavenaire du sel de l'evesché, pour ses gaiges, la somme de iiij$^{xx}$ vj l. xiij s. iiij d.

IIᶜ LXII. Aux peseur et mesureur du sel, pour leurs gaiges, xxiij l. xvij s. vj d.

IIᶜ LXIII. A (sic), contrascripteur assistant continuellement, pour ses gaiges, la somme de xlij l. viij s. vj d.

IIᶜ LXIIII. Au commissaire de Salce[1], pour ses gaiges, la somme de viij$^{xx}$ xij l. vij s. t.

IIᶜ LXV. Au contrascripteur du pais de Salce, comprins son ayde, pour ses gaiges, la somme de lx l.

IIᶜ LXVI. Pour huict sergens, qui gardent le sel, la somme de iiij$^{xx}$ xiij l. vj s. viij d.

IIᶜ LXVII. A l'abbé de Clerval[2], pour recompense du bois que l'on prent en ses terres pour faire le sel, en ce compris ung puis qu'il a remys de nouvel[3] en la chambre ducal, a cause de la recompense de lonnorance des beufz, ij$^c$ l.

IIᶜ LXVIII. Au mesureur du puis de Salce, pour ses gaiges, la somme de xxvj l. xviij s. j d.

IIᶜ LXIX. Au cavenaire du sel dudit puis, pour porter l'argent du sel au tresorier general de Millan, xxv l.

*Parme.*

IIᶜ LXX. Au filz du fra de Parme, cavallaire dudit lieu, pour ses gaiges, L l.

IIᶜ LXXI. A messᵉ Georges Flere, tresorier de Parme, pour porter les deniers au tresorier general, la somme de xl l.

IIᶜ LXXII. Au cappitaine de la citadelle, qui soulloit avoir de gaiges xxx ducatz vj d. millan., neant, pour ce que quelqu'un tient la cappitainerie ou lieu de monsʳ de Chandes. Pour ce, cy neant[4].

IIᶜ LXXIII[5]. Au condestable de la porte neufve[6], nommé

---

1. Salsomaggiore, près Borgo San Donnino.
2. La célèbre abbaye cistercienne de Chiaravalle, en Lombardie.
3. *Au bas du fol.* : S. iiij$^c$ iiij$^{xx}$ xvij l. xv s. vj d. t.
4. *Au bas du fol.* : S. iij$^c$ xlj l. xviij s. j d.
5. Un trait est tiré sur les articles ij$^c$ lxxiij à ij$^c$ iiij$^{xx}$ inclus.
6. Actuellement, Nuova.

(sic), pour ses gaiges, xlviij ducatz lxj s. viij d. millan., vallant iiij (sic) l. t.

IIᶜ LXXIIII. A Jehan Frànçoys Videl, condestable de la porte Sᵗᵉ Croix[1], pour ses gaiges, la somme de xxiiij l. xij s. vj d.

IIᶜ LXXV. A Jheronyme de Maria, condestable de la porte Sᵗ Françoys de Parme, pour ses gaiges, la somme de lxxviij l. j s. t.

IIᶜ LXXVI. Au condestable de la porte Neufve, pour ses gaiges, lxxviij l. j s. t.

IIᶜ LXXVII. Au condestable de la porte de Boulongne, pour ses gaiges, iiijˣˣ xiij l. iij s. j d.

IIᶜ LXXVIII. A Germain Frustre, condestable de la porte Sainct Bernabé[2], pour ses gaiges, la somme de lxxviij l. j s. t.

IIᶜ LXXIX. A Jehan le Prince, condestable de la[3] porte Sainct Michel[4], pour ses gaiges, la somme de iiijˣˣ xiij l. ij d.

IIᶜ IIIIˣˣ. A Angelo de Chicelle, condestable du pont de la Selle[5], pour ses gaiges, xxxviij l. xv s.

IIᶜ IIIIˣˣ I. Au chastellain et cappitaine de Troyas, neant, pour ce que monsʳ le mareschal du Roy a tenu la terre et seigneurie par don du Roy et depuis vendue; pour ce, cy neant.

*Officiers du commun de la ville de Parme.*

IIᶜ IIIIˣˣ II. Aux officiers du commun d'icelle ville de Parme et pour les oblations que le Roy leur a accordées par lettres patentes, la somme de xixᶜ xviij l. viij s. imperiaulx, vallant vijᶜ iiijˣˣ xix l. vj s. viij d. t.; dont ne sera cy rien couché en despence, mais sera seullement payé ce que sera neccessaire pour la reparation, par l'ordonnance de monsʳ le grand maistre, du chancellier, vichancellier et maistre des Intrades, ou l'un d'eulx, cy neant[6].

1. Sᵗᵃ Croce.
2. Actuellement, San Barnaba.
3. *Au bas du fol.* : S. iiijᶜ xlj l. xviij s. vij d.
4. San Michele.
5. Sans doute un des ponts de la ville : les ponts s'appellent di Caprazucco, di Mezzo e Verde.
6. *Au bas du fol.* : S. vjˣˣ xj l. xv s. ij d.

IIᶜ IIIIˣˣ III¹. Au commissaire de Parme, pour ses gaiges, iiijˣˣ ducatz ij s. de millan, par chascun an, vallant
vijˣˣ iij l. vij s. vj d.

IIᶜ IIIIˣˣ IIII. Au potestat de Parme, pour ses gaiges, la somme de ijᶜ j l. xviij s. vj d.

IIᶜ IIIIˣˣ V. A Julien Jehan de Marus², refferendaire dudit Parme, pour ses gaiges, iiijˣˣ xij l. x s. t.

IIᶜ IIIIˣˣ VI. A l'official des bullettes de Parme, pour ses gaiges, xlij l. xvj s. viij d.

IIᶜ IIIIˣˣ VII. Au cavenaire du sel dudit lieu de Parme, pour porter les deniers du sel a Millan, pour ses gaiges, xxvj l. xiij s. iiij d.

IIᶜ IIIIˣˣ VIII. Aux officiers et chastellain du bourg Sᵗ Denys, neant, pour ce qu'il est donné à messire Anthoine Marie Palvoisin. Pour ce, neant.

### *Officiers a Pontremolle*³.

IIᶜ IIIIˣˣ IX⁴. A l'evesque de Lalun⁵, quatre ducatz⁶, pour les sens de la terre de Pontremolle, vaillant ciij s. j d.

IIᶜ IIIIˣˣ X. Aux officiers dudit Pontremolle, neant, pour ce que les Palvesings en prennent le revenu, dont le Roy leur a faict don, et paieront lesdits officiers. Pour ce, neant.

### *Gaiges d'officiers a Cosme.*

IIᶜ IIIIˣˣ XI. Au tresorier, pour porter les deniers au tresorier de Millan, xxiiij l. xvj s. viij d.

IIᶜ IIIIˣˣ XII. A Bernardin de Conte, cavalaire, pour ses gaiges, c l.

IIᶜ IIIIˣˣ XIII. Au chastellain de Barreul⁷, pour ses gaiges, neant, pour ce que le feu bailly de Dijon en avoit la charge. Pour ce, cy neant.

---

1. Un trait est tiré sur les articles ijᶜ iiijˣˣ iij à ijᶜ iiijˣˣ vij inclus.
2. Mari (F. C.).
3. Pontremoli.
4. Un trait est tiré sur les articles ijᶜ iiijˣˣ ix, xj, xij, xiij, xv à iijᶜ inclus.
5. Silv. Benetti, titulaire, depuis 1497, de l'ancien siège épiscopal de Luni, devenu évêché de Sarzana en 1465.
6. *Au bas du fol.* : S. vᶜ vij l. vj s. t.
7. Barzola?

IIᶜ IIII×× XIIII. Au chastellain de la Tour ronde, neant, pour ce que ledit feu bailly de Dejon en avoit la charge, cy neant.

IIᶜ IIII×× XV. A Christofle de Lunas[1], condestable de la[2] porte Ture[3], pour ses gaiges, la somme de lxxxiij l. xj s. t.

IIᶜ IIII×× XVI. A Jehan Perdral[4], condestable de la porte Salle[5], pour ses gaiges, lxxviij l. xj s. t.

IIᶜ IIII×× XVII. Au cappitaine de Benissonne[6], neant, pour ce que les Suisses la tiennent. Pour ce, cy neant.

IIᶜ IIII×× XVIII. Au chastellain de la Tour longue, pour ses gaiges, iiij×× xiij l. xiij s. vij d.

IIᶜ IIII×× XIX. A[u] chastellain de la rocque de Baye de Bulsasur[7], pour ses gaiges, la somme de lxxij l. vj s. viij d.

IIIᶜ. Au chastellain de Plattemarre[8], pour ses gaiges, la somme de lxvj l. xiij s. iiij d. t.

IIIᶜ I. Au chastellain de Tiran[9], qui souloit avoir de gaiges c ducatz, neant, pour ce qu'il a gaiges et mortespayes, cy neant.

IIIᶜ II[10]. Au sallariez du commun de Cosme, pour ce que ledit Cosme n'a aucun revenu, la somme[11] de lxix ducatz viij s. de Millan. C'est assavoir a trois raisonnatz, a trois cancelliers, la somme de vj×× iij l., par chascun an, cy vj×× iij l.

IIIᶜ III. A deux procureurs et deux trompettes, liij ducatz xij s. millan., par chascun an, vallant iiij×× viij l. xj s. viij d.

IIIᶜ IIII. Au gouverneur de l'orloge, xiij ducatz vingt solz millannois, par an, vallant xxij l. ij s. vj d.

IIIᶜ V. Au chastellain de Marcoux[12], qui avoit de gaiges ijᶜ

---

1. Lunati (F. C.).
2. *Au bas du fol.* : S. vj×× ix l. xix s. ix d. t.
3. *Turque*, dans l'état de 1518 (porta Torre).
4. Pedrali (F. C.).
5. Actuellement, porta Sala.
6. Bellinzona.
7. Bulgaro Grasso, près d'Appiano.
8. Le château de Piattamala, près Tirano.
9. Tirano.
10. Un trait est tiré sur les articles iijᶜ ij, iij, iiij, vj, vij, xiij, xv, xvij à xxvj inclus.
11. *Au bas du fol.* : S. iijᶜ iiij×× ix l. xv s. vij d.
12. Morcotte (F. C.).

xlix l., par an; mais le Roy a ordonné que le capitaine de Lugan en aura la garde, sans autres gaiges; pour ce, cy neant.

III<sup>e</sup> VI. A trois serviteurs dudit conte (*sic*), xxvij ducatz lxv s. de Millan, vallant xlvj l. xij s. vj d., cy xlvj l. xij s. vj d.

III<sup>e</sup> VII. Aux courriers, pour pappier, ancre, cire et verniz, la somme de xxvij ducatz v s. de Millan, vallant

xlvj l. vij s. j d.

III<sup>e</sup>. VIII. A l'oblation de S<sup>t</sup> Ambrois, trois ducatz[1] L s., par an.

III<sup>e</sup> IX. A l'oblation de sainct Ladre, iij ducatz vingt solz millannois, par an.

III<sup>e</sup> X. A l'oblation S<sup>t</sup> Agnes, ij ducatz lxvij s. millan., par an.

III<sup>e</sup> XI. A l'oblation S<sup>t</sup> Ambrois, vj ducatz lij s., par an.

III<sup>e</sup> XII. De ces quatre parties accollées, neant, pour ce qu'elles se prennent sur la partye des aulmosnes.

III<sup>e</sup> XIII. A la cité de Cosme, que les ducz de Millan ont accoustumé luy donner pour ce qu'elle n'a nulz deniers communs, et aussi que les habitans d'icelle ville de Cosme ont pris[2], pour le temps passé, les droictz d'imbotature qui estoient a eulx, xv<sup>e</sup> l. millann., vallant la somme de vj<sup>c</sup> xxv l.

III<sup>e</sup> XIIII. Et leur sera rabatu ce qu'ilz ont trop receu esdites années passées, à cause de ladite partye, dont le tresorier respondra a son premier estat, et en tiendra compte au Roy[3].

III<sup>e</sup> XV. Au gardien des navilles de Come, pour ses gaiges, lxxiij l. xvij s. x d. Pour ce, lxxiij l. xvij s. x d.

III<sup>e</sup> XVI. Au commissaire de Come, neant, pour ce que le feu bailly de Dejon tenoit le lieu de commissaire. Pour ce, neant.

III<sup>e</sup> XVII. Au potestat de Come, pour ses gaiges, la somme de viij<sup>xx</sup> xiij l. x s. x d.

III<sup>e</sup> XVIII. A André Georges de Cazemont, refferendere, pour ses gaiges, iiij<sup>xx</sup> xij l. x s.

III<sup>e</sup> XIX. A l'official des bulletes, pour ses gaiges, la somme de xvij l. vj s. viij d.

---

1. *Au bas du fol.* : S. iij<sup>c</sup> xxvj l. xiij s. ix d. t.
2. *Sic.* Il faut lire *délaissé* (état de 1511).
3. *Au bas du fol.* : S. par icy vj<sup>c</sup> xxv l.

III̊ XX. A l'official, sur la licence de la traicte des bledz, la somme de xvij l. vj s. viij d.

### Sallariez de la gabelle de Come.

III̊ XXI. Au cavenaire du sel de la cité de Come, pour ses gaiges, lviij l. iiij s. ij d.

III̊ XXII. Audit cavenaire, pour la cavenairie du lac[1], pour ses gaiges, la somme de lxxvij l. xiij s. iiij d.

III̊ XXIII. A la Corbisse, qui est ung navire qui porte le sel par le lac aux extremitez de la duché de Millan, pour garder les abuz dudit sel, la somme de lxij l. xviij s. ij d.

III̊ XXIIII. Audit cavenaire dudit sel, pour porter l'argent au tresorier de Millan, x l.

### Novarre.

III̊ XXV. Au tresorier de Novarre, pour porter l'argent a Millan au tresorier de Millan, lequel n'a aucuns gaiges, xx l.

III̊ XXVI. Au cavalere, l l.

III̊ XXVII. Au chastellain de Novarre, qui souloit avoir de gaiges, par an, c l ducatz, neant, pour ce que le Roy y a mis cappitaine, qui a entretenement de luy et mortespayes. Pour ce, cy neant[2].

III̊ XXVIII[3]. Au condestable de la porte S$^t$ Godance, pour ses gaiges, lxxviij l. xij d.

III̊ XXIX. Au condestable de la porte S$^{te}$ Agathe, pour ses gaiges, iiij$^{xx}$ xiij l. xiij s. iiij d.

III̊ XXX. Au condestable de la porte Citadelle, pour ses gaiges, lxxiij l. x s. xj d.

III̊ XXXI. Au condestable de la porte S$^t$ Estienne, pour ses gaiges, lxxiij l. x s. xj d.

III̊ XXXII. Aux officiers et sallariez du commung de Novarre, qui avoient aucuns deniers communs a cause de leurs daces, que les princes leur ont ostées : assavoir deux serviteurs, xiiij ducatz xij s. ij d. millan.;

---

1. *Au bas du fol.* : S. iiij$^c$ xxxij l. xvj s. ij d. t.
2. *Au bas du fol.* : S. ij$^c$ xx l. xj s. vj d.
3. Un trait est tiré sur les articles iij$^c$ xxviij à xxxj inclus., xl à l inclus., lij et liij, lvij à lxv inclus., lxix à lxxiij inclus., lxxv à lxxix inclus., iiij$^{xx}$, iiij$^{xx}$ iij.

IIIᶜ XXXIII. A deux serviteurs du refferendaire, xj ducatz xxij s. millannois;

IIIᶜ XXXIIII. A deux trompettes, xiiij s. millannois;

IIIᶜ XXXV. Au maistre de l'Orloge, iiij ducatz;

IIIᶜ XXXVI. A deux raisonnatz du commun, xviij ducatz xviij s. millannois[1];

IIIᶜ XXXVII. Au gardien du campanyn[2], ix ducatz;

IIIᶜ XXXVIII. Pour pappier, ancre, cire, verniz et parchemin, xij ducatz;

IIIᶜ XXXIX. Aux aulmosnes et oblations de Sᵗ Godance, vij ducatz;

IIIᶜ XL. Pour ung pallyo, ou parement d'autel, iiij ducatz lxx s. millann.;

IIIᶜ XLI. Pour l'oblation sainct Ambrois, lxiiij s. millannois;

IIIᶜ XLII. Pour les freres Sᵗ Anthoine de Vienne, xvj s.;

IIIᶜ XLIII. Lesquelles partyes, accollées ensemble, se prennent sur les aulmosnes et oblations, qui se montent la somme de xᵐ l., par an. Pour ce, cy neant.

IIIᶜ XLIIII. Au commissaire de Novarre, ijᶜ ducatz, par an, pour ses gaiges. Pour ce que ledit sʳ de la Pallice en est gouverneur, neant.

IIIᶜ XLV. Au potestat, pour ses gaiges, cxv l. ij s. vj d.

IIIᶜ XLVI. A Gilles Escarlie, refferandaire de Novarre, pour ses gaiges, iiijˣˣ xij l. x s.

IIIᶜ XLVII. A l'official des bulletes, pour ses gaiges, la somme de xj l. iij s. j d.

IIIᶜ XLVIII. Au cavenaire de la gabelle du sel, pour ses gaiges, xix l. ij s. vj d.

IIIᶜ XLIX. Au contrascripteur du sel, pour ses gaiges, xiiij l. iij s. vj d.

IIIᶜ L. Audit cavenaire, pour porter l'argent a Millan au tresorier general, la somme de xx l.

IIIᶜ LI. Au chastellain de Materel[3], qui est près de Dandolse, pour ses gaiges, xxx ducatz xij s. millannois, par an; neant,

---

1. *Au bas du fol.* : S. iiijᶜ xviij l. xvj s. j d.
2. Campanile (F. C.).
3. Le château de Mattarella, à Domo d'Ossola.

pour ce que celluy qui a la garde dudit Dandolse a estat. Pour ce, cy neant.

### Gaiges d'officiers a Alixandrie.

III⁰ LII. A Pierre Garvison[1], cavallere, pour[2] ses gaiges, la somme de L l.

III⁰ LIII. A Scipion Bonnet, tresorier, pour porter les deniers au tresorier de Millan, L l.

III⁰ LIIII. Au cappitaine de la citadelle, qui avoit de gaiges xxxj ducatz xvj s. viij d. millann., par an, cy neant.

III⁰ LV. Au capitaine de la Rocque d'Alixandrie, qui avoit de gaiges iiij$^{xx}$ iiij ducatz xxx s. vj d. millann., par an, cy neant.

III⁰ LVI. Au cappitaine de la Rocquedarze, de la Rocquedamon, Rocquedetamon et Rocquedetaire, qui avoit de gaiges M xlvij l. xix s. ix d. millann., par an, cy neant.

III⁰ LVII. Au connestable de la Porte Gaire, pour ses gaiges, lxxviij l. xj d.

III⁰ LVIII. Au condestable de la Porte Marie[3], pour ses gaiges, la somme de lxxviij l. xj d.

III⁰ LIX. A deux raisonnatz du commun, pour leurs gaiges, la somme de xiiij l. ij s. ij d.

III⁰ LX. A deux notaires pour le commun, pour leurs gaiges, vj l. v s.

III⁰ LXI. A deux cavalleres, huict ducatz, par an, qui vallent, xiij l. xij s. j d.

III⁰ LXII. A trois serviteurs de la communaulté, pour leurs gaiges, xxij l. ij s. vj d.

III⁰ LXIII. A deux trompettes, pour leurs gaiges, la somme de xxix l. ij s. vj d.

III⁰ LXIIII. A deux serviteurs des refferandaires, vij l. vij s. vj d.

III⁰ LXV. Pour pappier, ancre, cyre, verniz et autres choses, pour ladite communaulté, ix l.

III⁰ LXVI. Pour oblations xliiij ducatz xxxij s. millannois,

---

1. Genvasone? (F. C.).
2. *Au bas du fol.* : S. ij⁰ lxxij lj s. vij d.
3. *Au bas du fol.* : S. vij$^{xx}$ xiij l. xj d.

PIÈCES ANNEXES.

par an, neant, pour ce qu'elles ne prendront sur les aulmosnes, cy neant [1].

III<sup>c</sup> LXVII. Au cappitaine de Bourgual[2], qui soulloit avoir de gaiges vj ducatz xviij s. millannois par an, neant, pour ce que le cappitaine de la ville la garde ; pour ce neant.

III<sup>c</sup> LXVIII. Au commissaire d'Alixandrie, neant, pour ce que (sic) en est gouverneur, et a pension ; pour ce, neant[3].

III<sup>c</sup> LXIX. Au potestat d'Alixandrie cxv l. xij s.

III<sup>c</sup> LXX. A Georgen Farel, refferendere d'Alixandrie, pour ses gaiges, iiij$^{xx}$ xij l. x s.

III<sup>c</sup> LXXI. A l'official des bullectes, xvij l. j s. iiij d.

*Gaiges d'officiers a Tortonne.*

III<sup>c</sup> LXXII. A Jacques de Saulay[4], cavalleur de Tortonne, pour ses gaiges[5], l l.

III<sup>c</sup> LXXIII. Au tresorier, pour porter les deniers au tresorier general de Millan, xxv l.

III<sup>c</sup> LXXIIII. Au chastellain et cappitaine de la cytadelle, neant, pour ce que mons<sup>r</sup> de Prye en a la garde, et souloit avoir par an xvij<sup>c</sup> xlvij l. millann.; pour ce, neant.

III<sup>c</sup> LXXV. Au condestable de la porte Sainct Guerin[6], pour ses gaiges, lxxviij l. xj d.

III<sup>c</sup> LXXVI. Au condestable de la porte Sainct Estienne, pour ses gaiges, lxxviij l. xj d.

III<sup>c</sup> LXXVII. Au condestable de la porte Sainct Martin, pour semblable, lxxviij l. xj d.

III<sup>c</sup> LXXVIII. Au condestable de la porte Leon, pour ses gaiges, lxxviij l. xj d.

III<sup>c</sup> LXXIX. Au potestat de Tortonne, pour ses gaiges, la somme de cxv l. xij s.

1. *Au bas du fol.* : S. viij$^{xx}$ xix l. xij s. vij d. t.
2. Borgoratto Alessandrino.
3. « Au commissaire dudit Alexandrye, neant, pour ce qu'il y a ung gouverneur, qui a pension du Roy. Pour ce, neant » (état de 1511).
4. Solera? (F. C.).
5. *Au bas du fol.* : S. ij<sup>c</sup> lxxv l. iij s. iiij d.
6. Cette porte et les suivantes n'existent plus.

III$^c$ IIII$^{xx}$. Au refferendaire de Tortonne, la somme de
iiij$^{xx}$ xij l. x s.[1].

III$^c$ IIII$^{xx}$ I. Au contrascripteur de la gabelle, pour ses gaiges,
xvij l. xviij s. ix d.

III$^c$ IIII$^{xx}$ II. Au chastellain de Nove[2], pour ce qu'il est rendu a mess$^e$ Baptiste de Campefregoze; pour ce, neant.

III$^c$ IIII$^{xx}$ III. Au cavenaire de la gabelle, xxxiij l. xvij s. vj d.

*Autres parties.*

III$^c$ IIII$^{xx}$ IIII[3]. Au marquis de Montferrat, pour Felissen et Cassine[4], qu'il tient en hommaige du Roy, dont le revenu vault v$^c$ xiij l. xv s., qu'il fault mettre en despence par ce qu'il n'en a esté faict recepte, et dont le tresorier ne sera tenu rapporter que la certifficacion du general et des fermiers, et de l'ung deulx, sans autre acquict; pour ce, cy v$^c$ xiij l. xv s.

III$^c$ IIII$^{xx}$ V. A Jehan Ambrois de Lodde, commis a tenir[5] le compte des advitaillemens et reparacions des places de la duché de Millan, qui se feront par ordonnance de mons$^r$ le grand maistre tant en la charge des vivres que es autres choses neccessaires, veuees et verifflées par mondit s$^r$, pour son estat,
ij$^c$ l.

III$^c$ IIII$^{xx}$ VI. A messire Laurens de Messanicque, collateral general, la somme de iiij$^c$ l. par an, lequel sera tenu collateraller les provisions de places fournies, affin que lesdites provisions soient bien gouvernées; pour ce, iiij$^c$ l.

III$^c$ IIII$^{xx}$ VII. A Jehan Anthoine Imperial, maistre des euvres de maçonnerie et charpanterie, pour diviser et visiter les ouvraiges et reparations, vj$^{xx}$ l.

III$^c$ IIII$^{xx}$ VIII. Pour diverses recompenses deues a plusieurs personnes, chascun an, pour leurs maisons desmolies et abatues, en la place du chasteau de Millan, ainsi qu'il est en l'estat pre-

---

1. *Au bas du fol.* : S. v$^c$ xlv l. v s. viij d.
2. Novi Ligure.
3. Un trait est tiré sur chacun des articles jusqu'à la fin, sauf sur les articles iij$^c$ iiij$^{xx}$ xiij, iiij$^c$ x et xvj, où le trait suit.
4. Felizzano, Cassine.
5. *Au bas du fol.* : S. v$^c$ lxv l. xj s. iij d.

cedent, la somme de vij° lxxvij l. viij s. viij d. t.; pour ce, cy ladite somme de vij° lxxvij l. viij s. viij d. t.[1].

III° IIII°° IX. Pour autres recompences, deues a plusieurs personnes, a qui le s' Ludovic avoit print possessions et heritaiges pour faire le Jardin de Millan, en ce comprins les nonnains du convent de Capuis, recluses, pour tant de terres prinses pour faire le Jardrim, comme ilz font apparoir, v° lj l. lxvij s. ij d.

III° IIII°° X. Pour les aulmosnes accoustumées, oblations et autres euvres peteables, la somme de x$^m$ l. par an, qui se distribueront par ordonnance du Roy, pendant et durant le temps que ledit s' sera de la les montz, comprins c ducatz imperiaulx, par chascun an, pour l'eglise de Nostre Dame de Consolacion, et, en son absence, par le chancellier ou vichancellier; pour ce, cy x$^m$ l.

III° IIII°° XI. A Jehan de Layve, et ung ayde, armozier, pour tenir le compte des harnois et brigandines du chasteau de Millan, avec autres habillemens de guerre, et les entretenir nectz, ix$^{xx}$ l.

III° IIII°° XII. A monsr le grand maistre, iiij$^m$ viij° l.[2]

III° IIII°° XIII. Pour l'onnorance de la peste, dont ledit tresorier sera tenu apporter l'ordonnance de monsr le chancellier, iiij$^m$ l.

III° IIII°° XIIII. Pour les cas inoppinez, iiij$^m$ l. t.

III° IIII°° XV. Pour la passe desdits cas inopinez, des deux années precedentes, vj$^m$ viij° lxxiiij l. ix s. iij d.

III° IIII°° XVI. A monsr le duc de Ferrare, pour l'estat qu'il prent sur la Parmesanne, pour Condinople en ensuivant les lettres que le Roy en a faictes audit duc, lesquelles, ou le vidimus, le tresorier rapportera, sans autre congnoissance, acquict ou quictance, cy ij$^m$ iij° lvij l. x s.

III° IIII°° XVII. A Jaques de Court, qui a, par don du Roy, qu'il prendra sur le parc de Pavye, m ducatz imperiaulx, par an, pourveu qu'ilz soient compris en la ferme; pour ce, cy ladite somme de xvj° lxvj l. xiij s. iiij d.

III° IIII°° XVIII. A mess° Philippom da Flico, que le Roy luy

---

1. *Au bas du fol.* : S. xiiij° iiij$^{xx}$ xvij l. viij s. viij d. t.
2. *Au bas du fol.* : S. xl$^m$ v° xxxij l. xvij s. ij d. t.

a pareillement donné, la somme de mil escuz d'or; pour ce,
xvij<sup>c</sup> ʟ l.

III<sup>c</sup> IIII<sup>xx</sup> XIX. A mess<sup>e</sup> Galeas Visconte, pour le revenu de Piolle, dont le Roy luy a faict don,   xix<sup>c</sup> xlvj l. xvij s. vj d.[1].

IIII<sup>c</sup>. Aux heritiers de feu Loys Gobye, pour une maison que tiennent les daciers de Come,   viij l. xv s.

IIII<sup>c</sup> I. Aux daciers de Plaisance, pour le sel de Bourg Sainct Donnyn, pour la dace de la marchandize dudit lieu, que le Roy a donné a mess<sup>e</sup> Anthoine Marie Palvesin et a ses freres, cy
vj<sup>c</sup> iiij<sup>xx</sup> xvj l. xiiij s. iiij d.

IIII<sup>c</sup> II. Au prevost de l'eglise Saincte Marie Impertica, a Pavye, la somme de v<sup>c</sup> l. imper., que le s<sup>r</sup> Ludovic ordonna a ladite eglise pour recompense de certaines terres qui estoient d'icelles eglise qu'il feist prendre pour faire le parc de Pavye; pour ce, cy   ij<sup>c</sup> viij l. vj s. viij d.

IIII<sup>c</sup> III. Au curé de Laval Langure[2], pres de Dandolse, pour recompense des terres de sa cure qu'il luy a convenu laisser aux Vallesiens, par l'ordonnance de la chambre ducalle, moyennant la somme de xxx l. imp., par an, vallant   xij l. x s.

IIII<sup>c</sup> IIII. A Francisque de Roussetiz[3], dudit Dandolse, pour recompence du peaige que l'evesque de Novarre recouvreroit des Vallesiens[4] audit lieu, et qu'il a remys a la requeste du s<sup>r</sup> Ludovic, duquel peaige luy et les siens sont fermiers pour ledit evesque, la somme de   xl l. vj s. viij d.

IIII<sup>c</sup> V. Aux nobles de Roddes, dudit Dandolse, pour recompence du Val Scommaize, montant pour ceste année c l., qui leur a esté prins et annexé avec ledit Dandolse au proffict de la chambre ainsi qu'ilz ont faict apparoir par certifficacion des maistrés des Intrades, dont ledit tresorier ne sera tenu apporter autre acquict que la certifficacion des maistres des Intrades, ou cas que la partie soit comprise en la ferme, cy la somme de
xvj l. xiij s. iiij d.

---

1. *Au bas du fol.* : S. xxij<sup>m</sup> v<sup>c</sup> iiij<sup>xx</sup> xv l. x s. j d. t.
2. « Laval Laudure » (état de 1511). Valle Anzuno, à Domo d'Ossola.
3. « Rossetis » (état de 1511).
4. *Au bas du fol.* : S. ix<sup>c</sup> xxvj l. vj s. t.

IIII$^c$ VI. Pour l'exemption et don, faict par ledit s$^r$ Ludovic et ses predecesseurs aux Vallesiens, du peaige dudit Dandolse, qui appertenoit au commun et habitans dudit lieu, montant par an vj$^{xx}$ l. imperialles, qu'on a païées les années passées au commun et habitans dudit Dandolse; cy, la somme de L l. x s. x d.

IIII$^c$ VII. Plus, sera payé aux six trompettes qui vont[1] dehors, pour les affaires du Roy quand il est besoing, iiij$^c$ xx l. : c'est assavoir, André Grison, de Bramalle[2], Anthoine de Postreme, Domat Beaulfilz, Julien de Corregio, Pourcien de Septimo et Charles de Coregio, tous trompettes de Millan; pour ce, cy
iiij$^c$ xx l.

IIII$^c$ VIII. A Charles de Varesin, chevalier, pour le sel a luy adjugé par arrest du senat, lx ducatz imp., vallant     c l.

IIII$^c$ IX. Aux habitans de Laval de Boulonne, la somme de iiij$^c$ iiij$^{xx}$ l. iiij d. imperiaulx, que le Roy leur a remys, chascun an, pour les affranchir de leurs tailles, qu'ilz soulloient paier, cy, pour l'année presente, ladite somme, vallant viij$^{xx}$ viij l. vj s. viij d., en rapportant l'ordonnance du Roy ou dudit senat; pour ce, cy     viij$^{xx}$ viij l. vj s. viij d.

IIII$^c$ X. Et fera apparoir ledit tresorier a son prochain estat, si ledit affranchissement est faict a temps.

IIII$^c$ XI. Aux habitans de Samaritanie de Saixians, pour certaines terres que ledit s$^r$ Ludovic[3] a faict prendre pour faire le Jardin[4] de Millan, lesquelles terres ont esté extimées ij$^m$ cviij l. xij s. imp., dont fault coucher en despence, par chascun an, pour ladite Samaritanie xliij l. j s. t., en rapportant certifficacion desdits maistres des Intrades; pour ce,    ij$^c$ iij l. xv s. t.

IIII$^c$ XII. A Bernard de Conte, officier a Millan, sur les cavalleres de la ville et duché de Millan, v$^c$ L l., pour fournir cinq cavalleres audit Millan, comme les années passées, pour les affaires du Roy, et ij$^c$ L pour ses gaiges dudit office, comprins la croisée que souloit, par cy devant, avoir; lesquelz cavalleres seront nommez par mons$^r$ le grand maistre; pour ce, cy v$^c$ L l.

IIII$^c$ XIII. A deux chevaulcheurs d'escuyrie, qui serviront

---

1. *Au bas du fol.* : S. vj$^{xx}$ xij l. x s. x d. t.
2. Di Bramaiano.
3. *Au bas du fol.* : S. vj$^c$ iiij$^{xx}$ viij l. vj s. viij d. t.
4. Le parc du château.

residemment a Millan, avec mondit s⁰ le grand maistre, la somme de iij⁰ lx l., pour leurs gaiges, par chascun an, qui se paieront par ordonnance de mons⁰ le grand maistre, au feur de xv l. par mois; pour ce, iij⁰ lx l.

IIII⁰ XIIII. Pour les reparations des chasteaux de Millan et autres de la duché, qui seront faictes¹ par ordonnance de mons⁰ le grand maistre, la somme de iiij^m l.

IIII⁰ XV. Aux officiers des terres que tenoit feu mons⁰ de Ligny, qui ont esté remises au dommaine, et en faict recepte en ce present estat dudit tresorier, et en ensuyvant l'estat qu'il plaira au Roy en faire et ordonner, tant pour lesdits officiers que mortespaies, ou par ordonnance de mondit s⁰ le grand maistre, comprins ung canonnier pour vj^xx l., cy ij^m ij⁰ l.

IIII⁰ XVI. Et ne pourront prendre aucuns cappitaines des places desdites terres autre chose que leur estat sur les fictables² desdites terres, soient vignes, prez ou terres.

IIII⁰ XVII. A Jhierosme Vismale³, qui a la charge de toutes les ambassades venans a Millan, va en commission et faict a ses despens plusieurs autres services; pension, ij⁰ l.

IIII⁰ XVIII. Au bastard de la Clayette, lieutenant de la compaignye de mons⁰ de Ravastin, la somme de iiij⁰ l.⁴.

IIII⁰ XIX. Au baron de Bearn, oultre v⁰ l. qu'il prent en France, la somme de iiij⁰ l.

IIII⁰ XX. A S^te Colombe, lieutenant de la compaignye de mons⁰ d'Allegre, ij⁰ l.

IIII⁰ XXI. A mess⁰ Galleas de Sainct Sevrin, comprins le revenu de Cuzanne, pour xij⁰ escuz, par an, vallant ij^m c l.

IIII⁰ XXII. A mess⁰ Guillaume de Diesbach, m l.

IIII⁰ XXIII. A mons⁰ de Luzanne, pension, m l.

IIII⁰ XXIIII. A Gaston de Saulx, oultre ce qu'il a en l'estat de France, pension, iij⁰ l.

IIII⁰ XXV. Aux comtes de Lucarne⁵, pour l'exemption qui a

---

1. *Au bas du fol.* : S. xj⁰ xiij l. xv s.
2. *Fittabile*, en idiome lombard : fermier, détenteur à cens (en italien, fittajuolo).
3. Vincimala (Vismara) (F. C.).
4. *Au bas du fol.* : S. vj^m viij⁰ l. t.
5. Ruscha.

esté faicte aux Suisses et a ceulx de Bellisonne, du dace et peage de la ville de Lucarne, qui appertient ausdits contes, dont, par lesdits maistres des Intrades, a esté faicte declaracion que lesdites daces et peaiges ont monté, pour l'année finie M V$^c$ et six, la somme de v$^m$ iiij$^c$ lv l. iij s. ix d. imp., vallant ij$^m$ ij$^c$ lxxij l. xix s. x d. t. Laquelle a[1] esté moderée a la somme de xv$^c$ l., par chascun an, cy       xv$^c$ l.

IIII$^c$ XXVI. Au conte Bourroimé, pour semblable recompence des daces non paiées en leurs terres par lesdits de Bellisonne, en ensuyvant l'appoinctement faict avec eulx, mil livres t., par chascun an, cy       m l. t.

IIII$^c$ XXVII. A l'evesque de Boby[2], qui luy a esté deu sur les terres que tenoit feu mons$^r$ de Ligny en fiefz de son eglise, lesquelles sont a present en la chambre, montant ij$^c$ lxxix l. iij s. iiij d. t., par an, que luy ont esté adjugez par les maistres des Intrades de la chambre extraordinaire, cy ij$^c$ lxxix l. iij s. iiij d.

IIII$^c$ XXVIII. A l'evesque de Millan[3], pour l'exemption faicte aux Suisses, par chascun an, ij$^c$ l l. imperiaulx, vallant
       iiij$^{xx}$ iij l. vj s. viij d.

IIII$^c$ XXIX. Aux s$^{rs}$ Palvesins, la somme de v$^c$ l., pour la terre de Castillon[4], que tenoit en son vivant mess$^e$ Charles de Flisco, a luy adjugée par le senat, du possessoire, jusques a ce que le senat ayt veu plus amplement[5] les droictz du Roy et de mess$^e$ Jehan Loys de Flisco, ou jusques a ce que par ledit s$^r$ autrement en soit ordonné, et sera tenu ledit tresorier apporter l'advis dudit senat en ensuyvant ce que dessus, pourveu que le contenu ou present article soit contenu en la ferme. Pour ce iij$^c$ lxxv l.

IIII$^c$ XXX. A mons$^r$ le marquis de Mantoue, pour la terre de Poy, estimée a iij$^m$ ij$^c$ l. imperiaulx, par chascune année, en ensuyvant le don que le Roy luy en faict, cy
       xiij$^c$ xxxiij l. vj s. viij d.

IIII$^c$ XXXI. A André Darestz, pour le faict des advittaille-

---

1. *Au bas du fol.* : S. v$^m$ l. t.
2. Giov. Bat. Bagarotto, évêque de Bobbio depuis 1500.
3. Hippolyte d'Este, beau-frère de Ludovic Sforza, archevêque de Milan, Gran en Hongrie, Capoue, Ferrare et Narbonne.
4. Castiglione d'Adda, près Lodi.
5. *Au bas du fol.* : S. ij$^m$ viij$^c$ lxij l. x s.

mens des places fortes de Gennes, et pour entretenir lesdits advittaillemens sans aucune perte et degastz, selon les articles de convenance par luy accordez avec monsʳ le grand maistre, cy viijᶜ l.

IIIIᶜ XXXII. A Boisy, sʳ de Bonivet, pension, iiijᶜ l.

IIIIᶜ XXXIII. A messᵉ Baptiste Visconte, pension, vᶜ l.

IIIIᶜ XXXIIII. A messᵉ Escamuche Viconte[1], pension[2], la somme de iiijᶜ l.

IIIIᶜ XXXV. Au sʳ Albert de Carpy, compris viijᶜ l. de la creue, la somme de ijᵐ l.

IIIIᶜ XXXVI. A mᵉ Leonnard, painctre[3], iiijᶜ l.

IIIIᶜ XXXVII. A Perot Dogas, pour l'artillerie, comprins ijᶜ l. de creue, iiijᶜ l.

IIIIᶜ XXXVIII. Au maistre d'hostel, quartier, pension, ijᶜ l.

IIIIᶜ XXXIX. Pour la garde du castellet de Rocque de Baye, que tenoit feu Symon Rigon[4], la somme de ijᶜ l.

IIIIᶜ XL. A messᵉ Richard Huguefy, chevalier du royaume d'Angleterre, pension, vᶜ l.

IIIIᶜ XLI. A Blanquin de Palu[5], en recompense de certaine querelle qu'il faisoit sur le parc de Pavye, par vertu de certaines lettres patentes qu'il a du Roy, iiijᶜ l. par an, cy iiijᶜ l.

IIIIᶜ XLII. Aux sʳˢ Palvesins, pour le revenu de Pontremolle, par estimacion iiijᶜ ducatz imp., en don, vᶜ iiijˣˣ iij l. vj s. viij d.

IIIIᶜ XLIII. Pour le revenu du navire de Beau Regard[6], donné a Madame Barbe de Trevolce, iiijᶜ xxxiij l. vj s. viij d.[7].

IIIIᶜ XLIIII. A messᵉ Jherosme de Cuzan, oultre ses gaiges du senat, cy devant couchez pour vjᶜ l., par an, cy, pension, ijᶜ l.

---

1. Scaramuzza Visconti-Aicardi (F. C.).

2. *Au bas du fol.* : S. iijᵐ iiijᶜ viij l. vj s. viij d. t.

3. Léonard de Vinci. Il était à Milan à cette époque, et fut consulté, le 21 octobre 1510, pour divers travaux de la cathédrale (Franchetti, *Storia del duomo di Milano*, p. 144). L'état de 1511 porte la mention suivante : « vjˣˣ v. A Mᵉ Leonnard Vincy, florentin, iiijᶜ l. t. »

4. Simon Arrigoni, qui avait tué le trésorier Landriano (F. C.).

5. En 1511 : « A Anthoine Marie de Palu, filz et heritier de feu Blanquyn de Palu... »

6. Naviglio di Berlguardo.

7. *Au bas du fol.* : S. vᵐ iiijᶜ xvj l. xiij s. viij d. t.

IIII$^c$ XLV. A mess$^e$ Falco Daurillac, pension, oultre ses gaiges;
ij$^c$ l.

IIII$^c$ XLVI. Au frere du cardinal Cezarin, la somme de ij$^m$ l.

IIII$^c$ XLVII. A mess$^e$ Jehan Dorie de Gennes, pension, la somme de                                                iiij$^c$ l.

IIII$^c$ XLVIII. A mess$^e$ Ambroys de Flisco de Gennes, pension, pour ladite année,                        iiij$^c$ l. t.

IIII$^c$ XLIX. A mess$^e$ Luc Spinolle de Gennes, pour l'année de ce present estat,                         iij$^c$ l.

IIII$^c$ L. Pour la recompence des maisons abatues a Come et a Lodde pour les fortifficacions et rampars desdites places dont sera expedié acquict du Roy sur ce qui pourra estre deu, oultre vj$^m$ l. t. couchées en l'estat de l'année precedente, la somme de
vj$^m$ l.[1].

*Pensions nouvelles ordonnées par le Roy.*

IIII$^c$ LI. A Jacomo Corsé[2],                              iiij$^c$ l.
IIII$^c$ LII. Au filz de mess$^e$ Jehan de Trevolce,         iiij$^c$ l.
IIII$^c$ LIII. Au frere du conte Manfroy, nommé Dinique, iiij$^c$ l.
IIII$^c$ LIIII. A Jehan Gaspart Darconnat[3],                iiij$^c$ l.
IIII$^c$ LV. A Berthelemy Ferier[4],                         iij$^c$ l.
IIII$^c$ LVI. Au conte Anthoine Crivel,                      iiij$^c$ l.
IIII$^c$ LVII. Au baron de Lische,                           iiij$^c$ l.
IIII$^c$ LVIII. A Anthoine Marie Crivel,                     ij$^c$ l.

IIII$^c$ LIX. A Alixandre Gamberanne, pension, iij$^c$ escuz, sol., vallant                                    v$^c$ lvj l. v s.

IIII$^c$ LX. Aux trois quantons de la Ligue grise, pour leur pension generalle, du terme de la chandelleur V$^c$ neuf, vj$^m$ l.

IIII$^c$ LXI. A eulx, pour la particuliere dudit terme, iij$^m$ l.[5]

IIII$^c$ LXII. A eulx, pour le terme de la chandelleur de l'année V$^c$ dix, tant pour la pension generalle que particuliere, ix$^m$ l.

IIII$^c$ LXIII. Pour la pension generalle et particuliere des Vallesiens, pour le terme de la chandelleur M V$^c$ IX, comprins ij$^c$ l. de creue pour la particuliere,           iij$^m$ ij$^c$ l.

1. *Au bas du fol.* : S. ix$^m$ iiij$^c$ l.
2. Corsi (F. C.).
3. Arconati (F. C.).
4. Ferrero (F. C.).
5. *Au bas du fol.* : S. xij$^m$ iiij$^c$ lvj l. v s. t.

IIIIᶜ LXIIII. A messᵉ Georges de Souppresas, pension, ᴍ l.

IIIIᶜ LXV. Au baron de Chastellart, pour le service qu'il a faict a cause de l'alliance faicte avec les Vallesiens, pension,
ijᶜ xl l.

IIIIᶜ LXVI. Pour les six escoliers de ladite Ligue grise, que le Roy entretient a Paris, pour ledit terme de chandelleur Vᶜ neuf, iijᶜ l.

IIIIᶜ LXVII. A eulx, pour le terme de chandelleur M Vᶜ X, pareille somme de iijᶜ l.

IIIIᶜ LXVIII. A Charles de Gambecourte, pension, vᶜ l.

IIIIᶜ LXIX. A Terlatin, pension, ᴍ l.

IIIIᶜ LXX. A messᵉ de Bouzy, cappitaine d'estradiotz, pension, iijᶜ l.

IIIIᶜ LXXI. Pour la soulde de xxx estradiotz, dont le Roy luy a donné charge[1], ijᵐ vijᶜ l.

IIIIᶜ LXXII. A monsʳ de Concressault, cappitaine de la Justice de Millan, oultre ses gaiges ordinaires dudit office, vjᶜ l.

IIIIᶜ LXXIII. A messire Ludovic de Vismercat, pension,
iijᶜ l.

IIIIᶜ LXXIIII. A messire Ludovic de Nassinis de Bresse, maistre des Intrades, oultre ses gaiges, pension, ijᶜ l. t.

S. xjᶜ l. t.

*Ordonnances faictes par le Roy, en ensuyvant l'expedition de l'estat precedent, qu'il veult et entend par expres estre gardées, observées et entretenues.*

Premierement, touchant les condestables de Millan et autres villes de la duché, qui serviront et feront residence, seront paiez de leurs gaiges, et ceulx qui les feront servir n'auront que la moictié de leurs gaiges, et le reste seront deniers revenans au Roy.

Et entend ledit sʳ que lesdits officiers facent residence et excercent leursdits offices a Millan et autres lieux dudit duché, en personne; autrement, qu'il ne leur soit faict nul paiement : et, si lesdits condestables et officiers françois ne les excercent en personne a la garde desdites portes et excercice de leursdits offices, ledit sʳ declare lesdits offices vaccans et impetrables.

---

1. *Au bas du fol.* : S. xviijᵐ vᶜ xl l. t.

Touchant les tresoriers particuliers des villes de la duché, couchez en l'estat dont l'article est cause que c'est pour apporter desdites villes de Millan l'argent des daces au tresorier general, que, de present, et depuis que ledit s$^r$ est venu a ladicte duché n'a eu aucun effect, et, a ceste cause, les deniers de leurs gaiges, qui sont en somme toute iij$^c$ L l., ou environ, sont deniers revenans audit s$^r$ : neantmoings, pour ce que ceulx qui a present ont et possedde lesdits offices, s'ilz leurs estoient levez et ostez, ilz et leurs parens et amys n'en serviroient le Roy de si bon cueur, pour ce qu'ilz sont des plus apparens desdites villes, est ordonné que ceulx qui a present ont lesdits offices seront paiez de leursdits gaiges que ledit s$^r$ leur donne par maniere de pension, tant qu'il luy plaira, et, apres les trespas d'iceulx, lesdits gaiges et pensions n'auront plus de lieu, et seront deniers revenans bons au Roy.

Item, ledit s$^r$ veult et ordonne que nul ne puisse tenir plus d'un office, et, s'il est trouvé aucune personne qui en ayt deux ou trois, ledit s$^r$ en pourvoyera de l'un ou des deux ou bon luy semblera, et declare ledit office ou offices vaccans et impetrables.

*Somme totale de la despence du present estat* : Sept cens neuf mil sept cens quatre vingtz treize livres, ung solz, deux deniers tournois[1].

*Reste bon pour le Roy* : Cinq mil neuf cens cinquante six livres, viij d., obole, tournois[2].

Faict a Paris, le xxj$^e$ jour de mars, l'an mil cinq cens et neuf.

Ainsi signé : Loys et Robertet[3].

(Copie contemporaine, aux Archives nationales, à Paris, carton J 910, n° 1.)

(Dans le même carton, sous le n° 2, copie semblable de l'état de 1511 ; sous le n° 6, de l'état de 1518.)

1. En 1511 : 646,092 l. 18 s. 10 d. t.

2. En 1511 : 39,208 l. 7 s. 6 d. t.

3. Ordonnance de clôture de 1511 : « *Ordonnances faictes par le Roy, en ensuivant l'expedicion de l'estat precedent, qu'il veult et entend par expres estre gardées, observées et maintenues.*

« Premierement, touchant les condestables de Milan et autres villes de la duché qui serviront et feront residence seront paiez de leurs gaiges par certifficacion du lieutenant general dudit s$^r$ de la les mons de leur servicy.

## IV.

### Rémission pour des actes de rébellion en Bourgogne.

On a vu, par le récit de Jean d'Auton, que Louis XII fit, au commencement de l'année 1501, un voyage politique en Bourgogne, où l'influence allemande, soutenue, d'ailleurs, en 1499, par une entrée en campagne de Maximilien, cherchait à susciter des difficultés à l'administration française. La lettre suivante établit nettement le rôle et le caractère de l'intervention étrangère. Elle explique aussi pourquoi Louis XII confirma comme chancelier Guy de Rochefort, alors qu'on s'attendait à voir appeler aux affaires Denis Le Mercier, chancelier du duché d'Orléans, compagnon du roi dans toutes ses épreuves. Le public ne se rendit pas compte des motifs du roi, et il nous reste à ce sujet une chanson satirique, qui plaisante Le Mercier de sa disgrâce.

Ajoutons que la lettre de rémission est datée de Pluvot[1], le

« Touchant les tresoriers particulliers des villes de la duché couchez en l'estat dont l'article est cause que s'est pour apporter desdites villes à Millan l'argent des daces au tresorier general, qui de present et depuis que ledit s$^r$ est venu a ladite duché n'a eu aucun effect. Et a ceste cause les deniers de leurs gaiges, qui sont, en somme toute, trois cens cinquante livres ou environ, sont deniers revenans audit s$^r$. Neantmoings, pour ce que ceulx qui a present ont et possedent lesdits offices s'ilz leur estoyent levez et ostez, ilz et leurs parens et amys n'en serviroient le Roy de si bon cueur, pource qu'ilz sont des plus apparens desdites villes, est ordonné que ceulx qui a present ont lesdits offices seront paiez de leursdits gaiges que ledit s$^r$ leur donne par maniere de pension, tant qu'il luy plaira, et apres les trespas d'iceulx lesdits gaiges et pensions n'auront plus de lieu, et seront deniers revenans bons au Roy.

« Item, ledit s$^r$ veult et ordonne que nul ne puisse tenir plus d'un office, et s'il est trouvé aucune personne qui en ait trois, ledit s$^r$ en pourvoiera de l'un ou des deux ou bon luy semblera, et declare ledit office ou offices vaccans.

« Faict a Lyon, le xviii$^e$ jour d'avril, l'an mil cinq cens et dix avant Pasques. Ainsi signé : Loys et Robertet. »

1. Pluvot (Côte-d'Or).

château même de Guy de Rochefort, et le théâtre des désordres mentionnés.

Loys, etc., savoir faisons, etc. Nous avoir receue l'umble supplication de Guyot de Hubines, escuyer, sʳ de la Mothe lez Rouvray, en noz pays et duchié de Bourgongne : contenant que ledit suppliant a esté, dès le temps de son jeune aage, nourry et entretenu en la maison et service du sʳ de Villarnon l'aisné, scitué et assise en nosdits pays et duchié de Bourgongne; et peult avoir cinq ou six ans ou environ que ledit suppliant, estant lors en sa maison dudit lieu de la Mothe, qui est scituée et assise en noz pays et duchié de Bourgongne, voyant que le filz dudit sʳ de Villarnon et autres ses voisins, prez dudit lieu de la Mothe, avoient esté, par ordonnance et commandement de feu nostre tres cher seigneur et cousin le Roy Charles, dernier decedé, que Dieu absoille, prins, constituées et menez prisonniers en nostre ville de Paris pour aucuns cas a eulx imposez, et que, ung jour entre autres, aucuns archiers ou autres gens de guerre, jusques au nombre de cinq ou six, estoient venuz audit lieu de la Mothe et avoient rompu la porte de sa maison, icelluy suppliant, craignant qu'on le voulsist prandre comme les autres dessusdits ou autrement luy faire oultrage et desplaisir en sa personne, combien qu'il ne fust aucunement coulpable desdits cas, fut contrainct s'en aller et absenter dudit lieu de la Mothe et de nosdits pays et duchié de Bourgongne, et soy retirer et tenir en la maison dudit sʳ de Villarnon en la ville de Bezançon et ailleurs hors des pays de nostre obeyssance : et, aucun temps apres, et en l'an mil cccc iiiiˣˣ xvi, icelluy suppliant, pour obeyr et obtemperer au commandement dudit sʳ de Villarnon, son maistre, auquel il n'osoit desobeyr, pour doubte qu'il ne le mist hors de sa maison et service, parce qu'il n'avoit autrement de quoy vivre, fut induit et incité de aller, avec et en la compaignie de Glaude de Fleurance et autres ses aliez et complices, au lieu et place de Pluvot, et estoient en armes et de nuyt, furtivement, contrevenant contre le traicté de paix; ou illec ilz prindrent prisonnier nostre amé et feal, lors conseiller et premier president en nosdits pays et duchié de Bourgongne, Guy de Roichefort, chevalier, sʳ dudit lieu de Pluvot, et a present chancellier de France. En quoy faisant, l'un desdits complices s'esforça, par plusieurs fois, de tuer et occire ledit de Roichefort et luy coupper la gorge d'une dague, qu'il tenoit toute nue en sa main : ce qu'il eust fait, n'eust esté ledit suppliant qui, de toute sa force et puissance, l'empescha et garda qu'il n'eust aucun mal ne oultrage en sa personne. Et prindrent, pillerent et emporterent les dessusdits tous et chascuns les biens qu'ilz trouverent en icelle maison et place de Pluvot, et icelluy de Roicheffort menerent prisonnier oudit conté de Bourgongne, et de la ou chastel de Montjoye, es pays d'Allemaigne, ou ilz le tindrent par certaine longue espace de temps ; et firent et disposerent les dessusdits entre eulx desdits biens par eulx prins et raviz audit lieu de Pluvot, ainsi que bon leur sembla, sans ce que ledit suppliant en ayt riens eu jamais en sa part. Pour occasion duquel, ledit suppliant, qui est nostre subgect, doublant rigueur de justice, n'oseroit jamais retourner en sadite maison, en nosdits pays et duchié de Bourgongne, ne en iceulx ne autres de nosdits obeyssance bonnement ne seurement repa[i]rer, converser ne demourer, se noz grace, etc. : en nous humblement requerant que, actendu ce que dit est, et que, pour craincte et doubte de desobeyr et desplaire audit sieur de Villarnon, son maistre, et de perdre son service, sans lequel il n'avoit de quoy vivre, il a esté par luy induit et incité a aller et adherer avecques les dessusdits a ladite prinse et ravissement; que ledit suppliant, en faisant icelle prinse, garda et empescha de toute sa puissance que ledit de Rochefort ne fust tué et occiz, qu'il n'a eu aucune chose desdits biens ainsi prins et raviz que dit est ; que ledit suppliant a ses femme et enffans au pays, sans l'ayde duquel ilz sont en voye de mandier leurs vies, et que, en toutes autres choses, ledit suppliant a tousjours par cy devant esté de bonne vié, renommée et honneste conversation, sans jamais avoir esté actainct ne convaincu d'aucun autre villain cas, blasme ou reprouche. Il nous plaise. Pour ce est il etc. Sy donnons etc. A noz amez et feaulx conseillers les gens tenens nostre court de parlement en Bourgongne, et a tous noz autres justiciers etc. Que de noz presens, grace, etc. Et affin etc. Sauf etc.

Donné a Pluvot, ou mois de may, l'an de grace mil cinq cens et ung, et de nostre regne le quatriesme. Ainsi signé : Par le Roy, Vous, le conte de Liney, le s$^r$ de la Trimoille et autres presens. Garbot. Visa. Contentor. Budé.

(Archives nationales, Reg. de chancellerie JJ 235, fol. 75.)

## V.

### ENGAGEMENT DU ROI DON JUAN DE NAVARRE
#### ENVERS LES ROIS CATHOLIQUES.

Nos Don Johan, por la gracia de Dios Rey de Navarra, Duch de Nemog, de Gandia, de Montblanch y de Peñyafiel, Conde de Foix, Señor de Bearn, Conde de Begorra, de Ribagorça, de Pentiebre, de Peyregorch, Vizconde de Limoges, Par de Francia, e Señor de la Ciudat de Balaguer. Visto el mucho amor et boluntat que todos tiempos conoçimos e fallamos en vos los muy altos e muy poderosos, Rey e Reyna de Castilla, de Leon, de Aragon, de Sicilia, de Granada, etc., nuestros muy caros thios Señores, entanos e la Serenisima Reyna, vuestra sobrina, nuestra muy cara e muy amada muger y para nuestras cosas e negocios e por el deudo llegado que con V. A. tenemos desseando no solamente conservarlo, masacreçentar y perpetuarlo quanto en nos es y que riendo demostrar por obra la mucha affeccion voluntat e gana que en nos es para ello y qual quiere conplazimiento que a V. A. podamos fazer, ofrezemos adaquellos por los presentes que fallandonos libres la dicha Reyna nuestra muger e nos del casamiento de la Yll. Princesa Doña Ana nuestra muy cara e muy amada fija que de presente esta contractado, y en caso que dios nos diesse yjo heredero, o, veniendo por voluntat divina la suscesion en otra de las yjas nuestras daremos el tal yjo, o, yja suscessor, o, suscessora principal nieto, o, nieta de V. A. de manera que nuestra intencion e voluntat es que qualquiere que aya de ser nuestro suscessor yjo, o, yja venga en casamiento al nieto, o, nieta que es o, sera de V. A. E por quanto acerca desto mesmo havia otro assiento y capitulo por la dicha Reyna e por nos ante de agora fecho y otorgado a V. A. de la siguiente forma, Otrossi prometemos e damos nuestra palabra Real que queriendo los dichos Señores Rey e Reyna de Castilla contraher matrimonio de la muy Yll. Princessa Doña Ana nuestra fija con el muy esclarecido Principe su fijo o con el nieto que dios les diere e dandonos dios fijo varon e los dichos Señores Rey e Reyna de Castilla lo quisiessen para alguna de las infantas sus fijas, o, de las nietas que dios les diere que podrian ser en mas conforme hedat que faremos e concluyremos el tal casamiento o, casamientos ante todo otro, qualquiere E quando el tal casamiento, o, casamientos no se fisiessen por algunos Respectos, o, causas que los dichos Señores Rey e Reyna de Castilla para ello toviessen que en tal caso por corresponder al deudo que con ellos tenemos y al amor y buena voluntat que nos han mostrado y muestran les faremos saber del tal casamiento o, casamientos que assi nos sallieren antes de lo fazer e concluyr para que se faga con su sabiduria buena voluntat y consentimiento y no en otra manera en testimonio de lo que dicho es mandamos fazer e damos la presente seguredat firmada de nuestros nombres e sellada con el sello de nuestras Reales armas e a mayor cumplimiento lo juramos a dios y a esta señyal de cruz † y a las palabras de los santos evangelios que con nuestras manos tocamos en manos del dicho don Johan de Ribera, capitan general por los dichos Señores Rey e Reyna nuestros thios que de nos Recebio y en presencia de mos. Pedro de Hontañyon su embaxador de tener servar e cumplir e fazer seruar e cumplir lo en el capitulo suso dicho contenido en la forma suso dicha y de no yr ni venir contra ello por cosa alguna que sea, fecha en la nuestra Ciudat de Pamplona a xix dias del mes de heñero año de la natividat de nuestro S$^{or}$ Jhesu Xristo m cccc lxxxxiiii. Johan. Cathalina. Por mandato del Rey e de la Reyna, Miguel del Spinal.

Por tanto haviendo por bueno el dicho capitulo e assiento e todo lo suso dicho que por nos se ofrece en virtud de las presentes prometemos en nuestra fe y palabra Real e juramos a la Cruz e santos evangelios por nos tocados manualmente, de lo assi observar guardar e cumplir en todo y por todo sin nengun contravenimiento. En testimonio de lo qual damos las presentes firmadas de nuestra mano e selladas del sello de nuestras armas Reales. Fecha en la Ciudat de Sevilla a xiiij dias dal mes de Mayo, año de la natividat de nuestro S$^{or}$ Jhesu Xristo Mil e quinientos.

JOHAN.

Por mandato del Rey,                                              Mejanteguiçan.

(Copie ancienne, aux Archives générales de Simancas, *Patronato Real, Capitulaciones con Aragon y Navarra*, leg° n° 2.)

## VI.

### Pouvoirs de Stuart d'Aubigny.

*(Analyse.)*

Béraud Stuart d'Aubigny paraît avoir reçu des pouvoirs de commandant en chef d'armée par patentes de Louis XII, sans date, portant, pour « Bernard Stuard, chevalier de nostre ordre, grand connestable de nostredit royaume de Sicille, capitaine de cent archers escossois de nostre corps, » commission de « nostre lieutenant en l'armée, que, pour la conqueste et recouvrement dudit royaume de Sicille, avons fait et fesons mettre sus et dresser; et luy avons donné et donnons plain pouvoir et authorité specialle de mener et conduire nostredite armée ez lieux ou besoin sera qu'il verra et reconnoistra bon estre. » En vertu de cette commission, Béraud Stuart recevait tous pouvoirs pour assurer la subsistance et le passage des troupes, pour attaquer tout ennemi, et aussi tout pouvoir « de requerir et demander en celluy affaire l'ayde et assistance de tous princes et seigneurs, nos amis et alliez et bienveillan[ts], en telle maniere que besoin sera; de prendre et retirer a nostre bonne grace et mercy tous ceux qui liberalement s'y voudront rendre, sur toutes les choses dessusdites et leurs dependances bailler et decerner ses lettres patentes et commissions au cas pertinents et generallement de faire exploicter poursuivre et besogner touchant ledit regne et advantage de nous et de nostredite entreprise. »

(Copie, *Titres originaux*, Stuart d'Aubigny, n° 10.)

## VII.

### Mémoire sur l'organisation du royaume de Naples [1].

Memoire de ce qu'il semble qui est tres necessaire et ou le

---

1. Au dos : *Memoire [sur les] afferes de Naples, pour monstrer a monsr d'Alby* (Louis d'Amboise).

Roy, entre autres chozes, doit promptement pourvoir pour le bien de son Royaulme de Naples.

Et premierement, est tres necessaire que ledit s^r pourvoye d'un notable et bon personnage en l'office de grant prothonotaire, lequel est le chef de la justice dudit Royaulme ou d'autres qui face ledit office, jusques a ce qu'il plaira audit s^r de pourvoir en chef oudit office, affin que les sugectz du Royaulme congnoissent que ledit s^r les vuelt tenir, entretenir et maintenir, regir et gouverner en toute bonne et vraye justice ; qui est la choze qui plus fera avoir audit s^r le cueur et vraye amour de ses sugectz. Et pourra celuy qui tiendra ledit office tenir la garde du seel dudit Royaulme sans y avoir autre chancelier.

Et au regard de l'office de grant Justicier, le visroy le pourra tenir, ainsi que faisoit feu mons^r de Montpensier.

*Item*, semble aussi qu'il est besoing que led. s^r pourvoye d'un bon et sage personnage et qui ait que quoy, en l'office de tresorier dudit Royaulme, affin que, s'il estoit besoing, il puisse avanser quelque somme d'argent. Et aussi qu'il puisse avoir le credit avecques les marchans, pour remectre sus et faire valoir les douanes dudit Royaulme, lesquelles, obstant les divisions et mutac[i]ons qui ont esté oudit Royaulme, sont fort diminuées.

*Item*, semble estre necessaire de pourvoir aux cappitaineries des Chastel Neuf, du chasteau de l'OEuf et de Gayette, et que ledit s^r mande quelx cappitaines il luy plaira que y demeurent.

*Item*, et semblablement est tres necessaire que ledit s^r mande que, après que le Royaulme sera reduit à son obeissance, quel nombre de gens de guerre, tant de pié, que de cheval, et lesquelz il luy plaira, qu'ilz demeurent pour la garde dudit Royaulme, affin que, pour eviter la charge et foule du peuple, on puisse renvoyer les autres le plus tost que l'on pourra. Car le sejour d'iceulx pourroient aucunement retarder et empescher les deniers dudit seigneur, obstant les plaintes que en pourroient faire ceulx des villes, de la charge et foule que leur auroient fait lesdits gens de guerre.

*Item*, et pour ce que les Napolitains fuytifz qui ont esté en France vouldront entrer en leurs maisons, terres et pocessions et seigneuries, que eulx ou leurs predecesseurs ont tenus oudit Royaulme, et que les aucuns en demandent beaucoup, dont jamais ou de long temps n'en furent en pocession, et que des plus grans des habitans de Naples tiennent et les ont pocedez par long temps et pocedent encores de present, dont il pouroit advenir de grans debatz, car il fera bien mal audits Napolitains d'estre depocedez et mys hors de leurs maisons, sans estre oys : le bon plaisir dudit seigneur soit de mander si on les souffrira mectre summierement et de plain en pocession, ou se on mectra lesdites terres et seigneuries en la main dudit seigneur, jusques a ce qu'il soit congnu du droit des parties, ou la maniere qu'il luy plaira que on y tienne.

*Item,* et que le bon plaisir dudit seigneur soit de mander et declarer les personnages qu'il luy plaira qui soyent pour faire le departement dudit Royaulme, avecques les gens du Roy d'Espagne. Et, si la partie du Roy d'Espagne estoit de plus grant valeur que celle dudit seigneur, sy on prandra le surplus en acroissement de pays ou en somme de deniez, assignée sur la part dudit Roy d'Espagne, qui en demourra chargée. Et semblablement, sy la part dudit Roy d'Espagne estoit de plus petite valeur que celle dudit seigneur, et ledit seigneur entend que on baille le surplus audit Roy d'Espagne en accroissement de pays ou en somme de denicz, assignée sur la part dudit seigneur.

*Item,* et pour ce qu'il est aussi besoing de pourvoir aux offices des douanes, de la chambre de la summaire, des receptes et autres offices dudit Royaulme, le bon plaisir dudit seigneur soit de mander ce qu'il luy plaira que on en face et mander a puissance pour y pourvoir a celuy ou ceulx qu'il luy plaira.

(Minute orig. à la Bibliothèque nationale de Paris, ms. fr. 3087, fol. 176-177 [1].)

---

1. Il en existe une copie défectueuse dans les Portefeuilles Fontanieu (portef. 152-153).

## VIII.

Mandat de paiement pour exécution des mesures de réforme contre les Cordeliers et Jacobins de Rouen.

Pierre Dare, conseiller du Roy nostre sire, lieutenant general de hault et puissant seigneur monsr le marquis de Cotron, bailly de Rouen, a Jehan Lassanourt, recepveur ordinaire du demaine du Roy en la viconté de Rouen, salut. Pour ce que, par tres reverend pere en Dieu et seigneur monsr le legat, cardinal d'Amboise, archevesque de Rouen, a esté requis, et, ce neantmoins, par lui mesmes, lieutenant general du Roy, nostredit sr, en Normendie, nous ait esté ordonné de bailler l'aide du bras secullier et assister avecques main forte pour faire wider des couvens des cordelliers et jacobins de ceste dite ville aucuns relligieux rebelles et desobeissans de tenir l'ordre de leur relligion, et y mectre en leur lieu autres notables relligieux a ce ordonnez et venus de plusieurs parties et contrées de ce Royaulme, par le commandement de mondit sr le legat : ait convenu faire assembler les sergens de ceste dite ville avec les capitaine et compaignons du college des cinquante arbalestriers de ladite ville, ainsi que en telz cas ou semblables on a coustume faire. Lesquelz sergens et arbalestriers par nostre commandement sont venus a nostre aide et en la compaignie des delleguez de mondit sr le legat ; c'est assavoir, le quatriesme jour de fevrier, audit lieu des cordelliers, auquel lieu ont esté fais vuider tous les cordelliers estans lors oudit couvent, et pour leurs rebellions et desobeissances menez comme prisonniers devers mondit sr le legat, et mis oudit monastaire autres bons et notables religieux par lesdits delleguez. Pour lesquelz garder de la force et viollence d'aucuns autres cordelliers ou leurs complices et adherens, dont l'en avoit vehemente presumption qui eussent peu venir ou estre avanchez audit couvent, oult esté deliberé et ordonné laisser aucun bon nombre tant desdits sergens que desdits compaignons arbalestriers pour les garder de force et viollence : et de fait, leur en laissasmes jusques au nombre de quarante quatre desdits compaignons et dix sergens. Lesquelz y furent tout le jour, et la nuyt s'en retournerent en leurs maisons, aprez qu'ilz oulrent souppé, reservé deux desdits sergens et quatre desdits arbalestriers, qui y furent toute la nuyt. Lesquelz, tant sergens que arbalestriers, despenserent tant pour leur desjuner, disner, soupper, que mesmes pour le desjuner lendemain de ceulx qui y coucherent, la somme de saize livres dix solz, qui sont encore deubz aux tavernes ou ilz allerent querir leur pourveance, pour ce qui leur estoit deffendu de prendre aucune chose ausdits couvens.

Et le lundi, septiesme jour dudit moys, furent de rechef mandez comme dessus, pour aller au couvent des jacobins, auquel lieu y furent jusques a quarante quatre desdits arbalestriers et dix sergens ung jour entier, et la nuyt n'y en demoura que saize desdits compaignons avec lesdits sergens qui tous, avecques aucuns autres serviteurs des gentilzhommes, illec mandez pour ladite main forte, despenserent, tant en leur desjuner, disner, souper que mesmes pour le desjuner du lendemain, pour ceulx qui y demourerent la nuyt, en tout la somme de dix huit livres dix solz, qui est, pour toute ladite despence, la somme de trente cinq livres t., ainsi qu'i nous est apparu par les singullieres parties de ladite despence communiquées au procureur du Roy.

Pour subvenir a laquelle despence, nous a esté ordonné par mondit seigneur le legat, lieutenant general et gouverneur pour le Roy oudit pays, faire taxacion de ladite somme ausdits compaignons, et icelle somme estre prinse sur les deniers du demaine du Roy. Pour quoy nous, du consentement dudit procureur du Roy, vous mandons que des deniers de vostre recepte vous baillez et delivrez a Cardin Gosmont, capitaine desdits arbalestriers, et Pierre Mullet, sergent a ce deputé, ladite somme de trente cinq livres tournois, et en rapportant ces presentes avec quictance desdits Gosmont et Mullet, ladite somme vous sera alouée en vos comptes et rabbatue des deniers de vostre recepte.

Donné audit lieu de Rouen le dix huitiesme jour de mars, l'an de grace mil cinq cent ung.

DARE.     GOIREL.

(*La quittance est au dos.*)

(Orig. à la Bibl. nat. de Paris, ms. fr. 26107, n° 347.)

# TABLE DES MATIÈRES

Les cronicques du Roy tres cristien, Loys, douziesme de ce nom, commencées a l'an mil v<sup>c</sup> et ung et continuées jusques a l'an mil v<sup>c</sup> et six.

### Les Cronicques de France.

|  | Pages |
|---|---|
| L'exorde de ce present livre . . . . . . . . . . . . | 1 |
| I. — Commant le Roy fut visiter ses pays de Bourgongne et d'aucuns traistres qui furent lors executez a Disjon et a Lyon sur le Rosne . | 4 |
| II. — Commant le Roy mist son armée sus, du nombre des gens d'armes ordonnez pour aller au voyage de Naples. . . . . . . . . . | 11 |
| III. — Commant le Roy mist sur mer gros navigage pour aller guerroyer les Turcz qui estoient en Grece, ou la Royne desploya grant tresor, et fist plusieurs navires singler celle part. . | 15 |
| IV. — D'une reformation faicte sur les Vauldoys du Daulphiné, et commant ung nommé frere Laurens Bureau, confesseur du Roy, accompaigné de plusieurs grans clercz, fut iceulx Vauldoys prescher et refformer . . . . . | 22 |
| V. — Commant le Roy envoya maistre Georges, cardinal d'Amboise, dela les mons, pour trecter de ses affaires. . . . . . . . . . . | 25 |
| VI. — De l'armée de France ordonnée pour aller a Naples et du voyage d'icelle . . . . . . | 28 |
| VII. — Commant les lieutenans du Roy et aucuns capitaines de l'armée furent veoir le pape au palais de Romme, et d'ung banquet que le cardinal Sainct Severin fist audit capitaine . | 33 |
| VIII. — Commant l'armée de France partit de devant Romme pour aller a la conqueste du Royaume de Naples, et commant elle passa par la ville de Romme, a grant triumphe et en armes . | 35 |

## TABLE DES MATIÈRES.

| | | Pages |
|---|---|---|
| IX. | Commant messire Beraud Stuart, lieutenant du Roy, transmist deux ayraulx d'armes sommer la ville de Cappe de faire obbeissance au Roy; et de la responce de ceulx de Cappe. | 40 |
| X. | Commant le duc de Vallentinoys, avecques quatre cens hommes de pié, se rendit à l'armée de France, et des aproches que on fist a Cappe. | 42 |
| XI. | Commant les Françoys assiegerent la ville de Cappe en Itallye, et des escarmouches qui la furent faictes, et de la baterye et des assaulx qui la furent donnez. | 48 |
| XII. | Commant la ville de Cappe fut prise d'assault par les Françoys, destruyte et pillée, et les souldartz qui dedans estoyent mys a sang avecques grant nombre de peuple d'icelle. | 55 |
| XIII. | Commant les lieutenans du Roy entrerent a Naples, ou furent honnourablement receuz | 70 |
| XIV. | Commant messire Phelippes de Ravestain, gouverneur de Gennes et lieutenant du Roy sur l'armée de mer, fut a Naples, et ne voulut tenir l'appoinctement faict par messire Beraud Stuard, le duc de Vallentinoys, le conte de Gayace, lieutenans du Roy, et le Roy domp Frederich; et commant fut transmys ledit Frederich en France, a lasseurté du Roy. | 76 |
| XV. | Commant Loys d'Armaignac, duc de Nemours, fut, par le vouloir du Roy, envoyé à Naples, pour estre chief et viroy audit Royaume de Naples | 92 |
| XVI. | Commant les ambaxades de l'archiduc vindrent devers le Roy a Lyon, pour trecter du mariage de madame Glaude de France et du filz dudit archiduc. | 98 |
| XVII. | D'aucunes merveilles qui advindrent en ce temps au Royaume de France et en plusieurs lieux de la cristienté | 101 |
| XVIII. | D'une descente que firent lors les Suyces en Lombardye sur les pays du Roy. | 108 |
| XIX. | Commant messire Charles d'Amboise, seigneur de Chaumont et lieutenant du Roy dela les mons, fut de Millan a Marquireueil, avecques | |

|   |   | Pages |
|---|---|---|
|  | quatre cens hommes d'armes, les gentishommes de la maison du Roy, quatre mille hommes de pié, deux cens archiers de la garde et grant force artillerye, pour faire la guerre auxdits Suyces . . . . . . . . | 116 |
| XX. | — Du conte Françoys d'Orleans, conte de Dunoys, et de la maison ouverte qu'il tinst a tous venans au camp de Marquireueil en Lombardye, xv jours durans que les Françoys furent la | 119 |
| XXI. | — Commant ung capitaine françoys, nommé Bernard de Ricault, avecques xxv hommes a cheval, rencontra lesdits cent Suyces, et les desfist tous . . . . . . . . . . . | 122 |
| XXII. | — Commant les Suyces, qui estoyent a Lugant, deslogerent dudit lieu et se retirerent a Bellinsonne, et des escarmouches que leur donnerent les Françoys. . . . . . . . . | 124 |
| XXIII. | — Commant messire Gabriel de Monfaulcon fut d'oppinion que le combat ne se devoit donner ausdits Suyces, pour plusieurs raisons . . | 127 |
| XXIV. | — De la mort du seigneur de Monpensier et de plusieurs autres, lesquelz, ce temps durant, moururent de la les mons . . . . . . . | 135 |
| XXV. | — Commant la Royne s'en retourna de Lyon a Bloys. . . . . . . . . . . . . . | 139 |
| XXVI. | — Commant le cardinal d'Amboise fut en ambaxade devers Maximilian, Roy des Romains. | 140 |
| XXVII. | — Commant une grosse armée de Françoys et d'autres chrestiens furent par mer contre les Turcz, en l'isle de Metellin, pres de Constantinoble . . . . . . . . . . . | 149 |
| XXVIII. | — Commant les Françoys, Gennevoys et Venissians aprocherent l'isle de Metellin, et de la descente qu'ilz y firent, avecques les escarmouches, sieges et assaulx qui la furent faictz | 162 |
| XXIX. | — Commant les crestiens firent de rechief une descente en l'isle de Metellin a la suasion des Venissiains. . . . . . . . . . . | 186 |
| XXX. | — Du retour que firent les Françoys de l'isle de Metellin, et des tourmentes et nauffrages qu'ilz eurent sur mer . . . . . . . | 193 |
| XXXI. | — Commant Phelippes, archiduc d'Autriche, et |  |

TABLE DES MATIÈRES.

Pages

dame Jehanne de Castille, l'archiduchesse, sa femme, vindrent en France devers le Roy et furent de la en Espaigne . . . . . . 205

XXXII. — Du trecté et accomplissement du mariage de Ladislahus, Roy de Hongrye, et madamoiselle Anne de Foix, fille du seigneur de Candalle . . . . . . . . . . . . . . 212

XXXIII. — Commant le Roy fut a Paris pour ses affaires, et le legat, cardinal d'Amboise, fist la son entrée comme legat en France, et de la reformation des estatz. . . . . . . . . . 217

XXXIV. — Commant les Jacopins de Paris furent chacez de leur colliege, et les Cordelliers refformez. 220

XXXV. — D'une segonde appellacion faicte en court de Romme par aucuns des religieux de Sainct Germain des Prez, pres Paris, contre frere Jehan Rolin et Phelippes Bourgoing, commissaires sur la reformacion de l'ordre Sainct Benoist, contenant ladicte appellacion les motz qui s'ensuyent. . . . . . . . . 228

DE LA CRONICQUE DE FRANCE DE L'AN MILLE CINCQ CENS ET DEUX.

I. — Disant au premier commant le Roy s'en alla de Paris a Bloys, et du partement de la Royne de Hongrye . . . . . . . . . 240

II. — Commant le Roy partit de Bloys pour aller dela les mons . . . . . . . . . . . 242

III. — Commant, apres la conqueste de Naples, faicte par le Roy, entre les Françoys et les Espaignolz se meut la guerre. . . . . . . . 247

IV. — Commant les Espaignolz faillirent a prendre la ville de Troye, en Poille, sur les Françoys qui dedans estoyent, et d'aucunes courses qu'ilz firent audit pays . . . . . . . . . . 256

V. — Commant Gonssalles Ferrande fist prendre et destrousser ung coureur de poste, que le visroy envoyoit devers le Roy; et d'aucunes autres courses que firent les Espaignolz . . 259

VI. — D'une cource que le seigneur d'Aubigny fist devant la Tripaulde en Puille, ou grant nombre d'Espaignolz furent deffaictz . . . 265

# TABLE DES MATIÈRES.

|  | Pages |
|---|---|
| VII. — Commant la Tripaulde fut vuydée des Espaignolz, et mise sus appoinctement, avecques la divise des terres, dont question estoit . . | 269 |
| VIII. — Commant le Roy, estant au voyage de Lombardye, manda a ses capitaines, qui lors estoyent au Royaume de Naples, qu'il ne vouloit paix aux Espaignolz, veu que la guerre avoyent ouverte, couru ses pays et ses gens destroussez . . . . . . . . . . . | 274 |
| IX. — Commant Gaspar de Colligny, lieutenant du duc de Nemours, prist Nochere en Poille sur les Espaignolz . . . . . . . . . . . | 275 |
| X. — Commant les Françoys, qui estoyent au royaume de Naples, s'assemblerent tous a Troye en Poille, pour faire camp et marcher en pays contre les Espaignolz qui la estoyent . . . | 276 |
| XI. — Du siege de Canoze en Poille, et comment elle fut prise par les Françoys sur les Espaignolz, qui la firent deffence merveilleuse . . . . | 283 |
| XII. — Commant Gonssalles Ferrande, apres la prise de Canoze, voulut detenir les hostages françoys, qui pour la seurté de ses souldartz avoyent estez baillez . . . . . . . . . . . | 293 |

*Pièces annexes.*

| I. — Testament politique de Ludovic le More. . . | 296 |
|---|---|
| II. — État des rebelles du Milanais . . . . . . | 328 |
| III. — Budget du duché de Milan pour l'année 1510 . | 347 |
| IV. — Rémission pour des actes de rébellion en Bourgogne. . . . . . . . . . . | 390 |
| V. — Engagement du roi don Juan de Navarre envers les rois catholiques . . . . . . . . | 393 |
| VI. — Commission pour Stuart d'Aubigny . . . . | 395 |
| VII. — Mémoire sur l'organisation du royaume de Naples . . . . . . . . . . . | 395 |
| VIII. — Mandat de paiement pour exécution des mesures de réforme contre les Cordeliers et Jacobins de Rouen . . . . . . . . . . . | 398 |

Nogent-le-Rotrou, imprimerie DAUPELEY-GOUVERNEUR.

www.ingramcontent.com/pod-product-compliance
Lightning Source LLC
Chambersburg PA
CBHW071859230426
43671CB00010B/1403